中国语言战略研究中心学术丛刊第一种
语言资源与语言规划丛书

徐大明　吴志杰　主编

语言教育政策：关键问题（第二版）

［美］詹姆斯·托尔夫森　编
俞玮奇　译
张治国　审订

南京大学"985工程"三期项目
江苏高校优势学科建设工程专项资金
南京大学中国文学与东亚文明研究协同创新中心资助出版
教育部人文社会科学研究青年基金项目"语言资源与规划理论的本土化"（12YJC740112）成果之一
上海市教育科学市级项目（B12011）、上海市教委晨光计划项目（12CG29）阶段性成果

外语教学与研究出版社
北京

京权图字：01-2014-3747

Language Policies in Education: Critical Issues, 2nd Edition/ by James W. Tollefson/ ISBN: 978-0-415-89459-3
© 2013 Taylor & Francis
Authorized translation from the English language edition published by Routledge, a member of the Taylor & Francis Group; All rights reserved.
本书原版由 Taylor & Francis 出版集团旗下的 Routledge 出版公司出版，并经其授权翻译出版。版权所有，侵权必究。
Foreign Language Teaching and Research Press is authorized to publish and distribute exclusively the Chinese (Simplified Characters) language edition. This edition is authorized for sale throughout the mainland of China. No part of the publication may be reproduced or distributed by any means, or stored in a database or retrieval system, without the prior written permission of the publisher.
本书中文简体翻译版由外语教学与研究出版社在中国大陆地区独家出版、发行。未经书面许可，任何人不得以任何方式复制或发行本书的任何部分。
Copies of this book sold without a Taylor & Francis sticker on the cover are unauthorized and illegal.
本书封面贴有 Taylor & Francis 公司防伪标签，无标签者不得销售。

图书在版编目（CIP）数据

语言教育政策：关键问题：第2版 ／（美）托尔夫森（Tollefson, J. W.）编；俞玮奇译．——北京：外语教学与研究出版社，2014.8（2025.2 重印）
（语言资源与语言规划丛书 ／ 徐大明，吴志杰主编）
ISBN 978-7-5135-5046-8

Ⅰ.①语… Ⅱ.①托… ②俞… Ⅲ.①语言教学－教育政策－文集 Ⅳ.①H09-53

中国版本图书馆 CIP 数据核字（2014）第 209690 号

出 版 人	王　芳	
责任编辑	王　琳	
封面设计	高　蕾	
版式设计	吕　茜	
出版发行	外语教学与研究出版社	
社　　址	北京市西三环北路 19 号（100089）	
网　　址	https://www.fltrp.com	
印　　刷	河北虎彩印刷有限公司	
开　　本	710×1000　1/16	
印　　张	21.5	
版　　次	2014 年 9 月第 1 版 2025 年 2 月第 5 次印刷	
书　　号	ISBN 978-7-5135-5046-8	
定　　价	79.00 元	

如有图书采购需求，图书内容或印刷装订等问题，侵权、盗版书籍等线索，烦请打以下电话或关注官方服务号：
客服电话：400 898 7008
官方服务号：微信搜索并关注公众号"外研社官方服务号"
外研社购书网址：https://fltrp.tmall.com

物料号：250460101

顾 问（按音序排列）

陈 骏、陈章太、戴庆厦、李 嵬、李宇明、穆夫温（Salikoko Mufwene）、斯波斯基（Bernard Spolsky）

主 编

徐大明、吴志杰

副主编

王铁琨、姚小平、范德博（Marinus van den Berg）

编 委（按音序排列）

蔡永良、陈 敏、陈新仁、丁言仁、范德博、方小兵、葛燕红、顾利程、郭龙生、郭 熙、刘丹青、刘 骏、王海啸、王建勤、王 琳、王铁琨、吴志杰、徐大明、徐建中、姚小平、张治国、赵蓉晖

和谐语言生活　减缓语言冲突
——序"语言资源与语言规划丛书"

　　语言（也包括文字）职能主要分工具和文化两大范畴，且两范畴又都有显隐二态。就工具范畴看，语言作为显性的工具是用于交际，作为隐性的工具是用于思维。就文化范畴看，语言既是文化的重要组成部分，同时也是文化最为重要的承载者，这是语言的显性文化职能；语言的隐性文化职能是起到身份认同、情感依存的作用。

　　百余年来，中国因语言国情所定，一直侧重于从显性工具的角度规划语言，要者有四：其一，统一民族语言和国家语言，消减因方言、语言严重分歧带来的交际障碍。其二，进行汉字的整理与改革，为一些少数民族设计文字或进行文字改革；当年还为这些文字全力配置印刷设备，近几十年专心于进行面向计算机的国际编码，使中华语言文字进入电子时代。其三，探索汉语拼音的各种方法，最终制定了《汉语拼音方案》，使国家通用语言有了优越的拼写和注音工具。其四，大力开展外语教育，以期跨越国家发展中的外语鸿沟。这些语言规划，保证了国家政令畅通，为各民族、各地区甚至为海内外的相互交流提供了方便，为国家的信息化奠定了基础，为建设中华民族共有的精神家园做出了贡献。

　　这些语言规划主要是改善语言的工具职能，当然也兼及语言的文化职能，比如一些少数民族的语音、文字规范化工作等。当今之时，普通话作为国家通用语言，已经成为不胫而走的强势语言，全国已有百分之七十左右的人口能够使用；文化大发展大繁荣已是响彻大江南北的时代强音。当此之时，当此之世，语言规划也应当以时以势逐渐调适：国家通用语言文字的工作重心应由"大力推广"向"规范使用"转变；语言规划在继续关注语言工具职能的同时，要更多关注语言的文化职能。

　　规划语言的文化职能，首先要坚持"语言平等"的理念。语言平等是民族平等的宪法精神、人人平等的普世理念在语言政策、语言观念上的体现。要尊重各民族的语言文字、珍重各民族的方言，同时也要平心对待外国语言文字。

其次要具有"语言资源"意识。中华民族的语言文字（包括方言土语），贮存着中华民族的历史过程和"文化基因"，镌刻着"我是谁？我从哪里来？"的文化身世说明书，滋养着弥足珍贵的非物质文化遗产，必须科学卫护它，传承研究它，开发利用它。

再次要理性规划"语言功能"。由于历史上的多种原因，各语言的发育状态和能够发挥的语言职能是有差异的，比如，在使用人口多少、有无方言分歧、有无民族共同语、有无文字、拥有的文献资料、适用的社会领域等等方面，都各不相同或者大不相同。因此，应在"语言平等"理念基础上，根据语言的实际状态进行合理有序的语言功能规划，使各种语言及其方言在语言生活中各自发挥应当发挥的作用。

最后要遵循"自愿自责，国家扶助"的方针。民族区域自治制度是中国的基本政治制度之一，宪法规定"各民族都有使用和发展自己的语言文字的自由"，各民族如何规划自己的语言，民族自治地方如何规划自己的语言生活，应当按照本民族本地方的意愿进行决策，并为这些决策负责。当在进行和实施这些决策而需要国家帮助时，国家应依法提供智力、财力等方面的援助与扶持。

中国是多民族、多语言、多方言、多文字的国度，拥有丰富的语言文字资源，但也存在着或显或隐、或锐或缓的多种语言矛盾。对这些语言矛盾认识不足，处理不当，就可能激化矛盾，甚至发生语言冲突，语言财富变成"社会问题"。语言矛盾是社会矛盾的一种，也是表现社会矛盾的一种方式，甚至在某种情况下还是宜于表现社会矛盾的一种方式。近些年，中国的各项改革都进入"深水期"，语言矛盾易于由少增多、由隐转显、由缓变锐，许多社会矛盾也可能借由语言矛盾的方式表现出来，因此，中国也可能进入了语言矛盾容易激化甚至容易形成语言冲突的时期。

在这一新的历史时期，科学地进行语言规划，特别是重视对语言文化职能的规划，特别是重视从语言的隐性文化职能上进行语言规划，就显得尤其重要。这就需要深入了解语言国情，工作做到心中有数，规划做到实事求是；这就需要着力研究语言冲突的机理，透彻剖析国内外语言冲突的案例，制定预防、处理语言冲突的方略，建立解决语言矛盾、语言冲突的有效机制；这就需要密切关注语言舆情，了解社会的语言心理及舆论动向，见微知著，提高对语言冲突的防范应对能力。当然从根本上来说，还是要提高全社会的语言意识，树立科学的语言观，特别是树立科学的语言规范观和语言发展观，处理好中华各语言、各方言之间的关系，处理好本土汉语与域外汉语的关系，处理好母语与外语的关系，构建和谐的语言生活，并通过语言生活的和谐促进社会生活和谐。

  中国的改革开放表现在方方面面，但更重要的是思想上、学术上的改革开放。语言规划是社会实践活动，同时又是一门科学。徐大明先生具有中外语言学背景，不仅自己学有专攻，而且数年来一直致力于中外的学术交流与合作，具有学力、眼力和行动力。他所主持的"语言资源与语言规划丛书"此时出版，恰得其时，相信能为新世纪的中国语言规划起到重要的学术借鉴作用。

李宇明

2012 年 12 月 12 日

序于北京惧闲聊斋

中文版前言

在本书中，并没有哪一章是与中国直接相关的，但对于中国的语言教育政策而言，书中每一位作者所讨论的核心议题都至关重要。事实上，本书所关注的议题也会启发中国的语言政策制定者做出如下的思考：

1. 在学生是多种语言使用者的学校里，什么样的教学语言政策最能满足所有学生的教育需求，并最能符合语言所牵涉的更高的社会政策目标？

2. 母语教育和第二语言学习的最佳平衡点在哪里？尤其是在将汉语作为第二语言学习的地区，因为在那里汉语是广泛参与社会经济活动的重要保证。

3. 对少数族群语言使用者，可以采用何种语言保持计划？这些计划在何种环境下是有效的？

4. 全球经济是如何影响语言使用和语言习得的？何种语言政策会有利于国家经济发展计划？

5. 国家教育部门应如何应对日益增长的英语学习需求？英语在教育系统，尤其是在高等教育中，应发挥什么样的作用？

正如本书所揭示的，这些问题不仅在中国，在印度、肯尼亚、美国、尼加拉瓜、日本以及其他地区，也都是语言政策的关键。

在过去的十年里，中国越来越多的语言研究开始探讨有关双语教育、英语作为教学语言、少数民族语言保护、汉语教学国际推广等方面的政策。这些政策与中国自20世纪90年代以来的教育国际化紧密相关。教育国际化导致了越来越多的外国院校在中国设立校区，还促使中国的国际学生人数每年以10%的速度递增，截至2011年，这一人数已高达29.2万人（2012年外国学生人数超过了29万）。正如中国前总理温家宝先生在2009年的一次讲话中所指出的，中国有3亿国民正在学习英语（Bardsley, 2011）。

英语的使用通常与汉语结合在一起，成为了众所周知的"双语教育／双语教学"。国家也出台了鼓励英语推广的一些重要政策。例如，从2002

年起，高校评估标准中包括该学科所提供的双语课程数量（Hu，2009；Ministry of Education，PRC，2002）。此外，来自财政部的特定经费也鼓励大学开发采用英语的双语课程，其结果是双语课程数量在不断地增长（Ministry of Education，PRC，2010，2013）。

在中国，英语作为教学语言的快速增长也给政策制定者带来了一系列的挑战。尤其是英语使用的增长导致了师资短缺，其结果就是，学校不得不以提供更高的工资、奖金、补贴以及开展培训并减少工作量等方式，来吸引教师。由于这些激励措施增加了经费预算，而部分经费又来自于学费和社会捐赠，学校间的不均衡加剧了，由此也扩大了城市和农村、沿海和内陆之间的差距（Feng，2005）。因此，支持推广英语的政策制定者所面对的就是寻找途径缓和这些问题。

在汉族和少数民族之间，获得以英语为教学语言的教育机会也是不均衡的。对于大部分汉族学生而言，英语从小学一年级或三年级开始就成为一门课程，甚至有些学校将英语作为某些课程的教学语言。与之相对应的是，在相同的时间，不少少数民族学生学习的是汉语，汉语有时也被用作一些科目的教学语言。其结果就是，不少少数民族学生很难达到较高的英语水平，由此也削弱了其进入中国顶尖大学的竞争力。英语推广的另一个后果是，在少数民族地区，以前可能会学习当地少数民族语言的汉族学生，现在的主要精力是学习英语，由此也潜在地削弱了他们掌握当地语言的能力。

中国作为新兴经济体的崛起，带动了海外汉语教学的蓬勃发展。例如，在马来西亚，越来越多的非华裔学生会选择那些在部分时段里使用汉语作为教学语言的学校。总的来说，从世界数据统计来看，汉语学习者的数量在快速增长，在2006年海外学习汉语的人数已超过4000万，在不久的将来估计会有1亿人学习汉语（Graddol，2006）。

因此，考虑到中国教育体系所面临的重要语言问题以及中国巨大的国际影响力，其复杂的语言状况和语言政策无疑需要世界语言政策学者的更多关注。我希望借助《语言教育政策：关键问题》一书，将更多的学者的目光吸引到中国语言政策的研究上来。

十分感谢华东师范大学对外汉语学院的俞玮奇博士能承担本书的翻译工作。翻译本书极具挑战性，因为本书的特点是专业性术语繁多、概念理论复杂。此外，对出版本书的外语教学与研究出版社，我也表示衷心的感谢，是他们让全世界的汉语读者能够阅读到本书。

詹姆斯·W. 托尔夫森（James W.Tollefson）
2014 年 6 月，于香港

参考文献

Bardsley，D. (2011，August 22). English the lingua franca in China. *The National*. Retrieved from http://www.thenational.ae/thenationalconversation/industry-insights/economics/english-the-lingua-franca-in-china

Feng, A. (2005). Bilingualism for the minor or the major? An evaluative analysis of parallel conceptions in China. *International journal of bilingual education and bilingualism, 8*, 529–551.

Graddol，D. (2006). *English next*. British Council. Retrieved from http://www.britishcouncil.org/learning-research-english-next.pdf

Hu，G. (2009). The craze for English-medium education in China: Driving forces and looming consequences. *English Today*，25(4)，47-54.

Ministry of Education，PRC. (2002). *Putong gaodeng xuexiao benke jiaoxue gongzuo shuiping pinggu fang'an (shixing)* [Assessment of quality of undergraduate teaching in higher education institutions (pilot)]. Retrieved from http://jw.zzu.edu.cn/glwj/new_page_2.htm

Ministry of Education，PRC. (2010). *Jiaoyubu caizhengbu guanyu pizhun erlingyiling niandu shuangyu jiaoxue shifan kecheng jianshe xiangmu de tongzhi* [Ministry of education and ministry of finance circular on approval of 2010 exemplar bilingual courses development project]. Retrieved from http://www.gov.cn/zwgk/2010-07/27/content_1664810.htm

Ministry of Education，PRC. (2013). List for English-taught programmes in Chinese higher education institutions. Retrieved from http://www.moe.edu.cn/publicfiles/business/htmlfiles/moe/moe_2812/200906/48835.html

目　录

第二版前言…………………………………………………………………… 1
致谢…………………………………………………………………………… 5

第一部分　语言教育政策………………………………………………… 7
 第一章　语言教育政策中的关键问题 …………………………………… 8
 第二章　危机与变革时代下的语言政策 ………………………………… 17
 第三章　语言政策演进中的多重影响因素与领域 ……………………… 41

第二部分　冲突的计划…………………………………………………… 67
 第四章　美国语言权利的发展简史及评价 ……………………………… 68
 第五章　多语环境下的语言政策纠错：尼加拉瓜加勒比海岸
    地区的语言政策与实践 ………………………………………… 99
 第六章　语言政策决定者的定位：美国费城学区的治理与立场 …… 127

第三部分　后殖民教育中的本土语言…………………………………… 149
 第七章　肯尼亚的语言和教育：殖民遗产与新宪法秩序 …………… 150
 第八章　非洲莱索托和斯威士兰单语王国里的语言教育政策
    及规划 …………………………………………………………… 166

第四部分　语言和全球资本主义………………………………………… 183
 第九章　英语教育的日本化：在外语中推进本民族语言发展
    的政策 …………………………………………………………… 184

第十章　印度经济转型中的英语教育：代价与收益 …………… 200

第五部分　语言和社会冲突 ………………………………………… 217
　　第十一章　卢旺达转用英语后的冲突、认同以及语言教育政策 … 218
　　第十二章　重访重要村民：所罗门群岛语言和教育的持续转型 … 240

第六部分　语言政策和社会变化 …………………………………… 261
　　第十三章　美国土著人的语言规划与文化传承 ………………… 262
　　第十四章　克丘亚语和艾马拉语的新功能域：大众传媒和
　　　　　　　社会媒体 ……………………………………………… 287
　　第十五章　语言政策和民主多元化 ……………………………… 312

作者名单 ………………………………………………………………… 322
译后记 …………………………………………………………………… 329

第二版前言

2002年，《语言教育政策：关键问题（第一版）》出版后，收到了多位读者和评论家的热情反馈，这深深地鼓舞了为此工作的每一个人，尤其是作者们，他们在该书中展现了各自在社会、政治和经济背景下诠释语言政策这一复杂性工作所做的努力以及表现出的专长和积累的经验。他们做研究的最终目标是为了推动进步的语言政策的发展，这些语言政策回应了人们对现实社会、经济和政治的关注，以及所有人在面对日益不确定的未来时表现出的深深的焦虑。以此为目的，他们的工作致力于发现新的语言政策，以替代之前通过不平等的结构体制赋予一部分人特权的那些语言政策。所有的作者都在思考着这样的问题：进步的语言政策是如何帮助人们实现切实可行的民主多元化愿景的？在这一愿景中，语言权利将得到保证，多语现象将得到保护，各种各样的语言使用都将是被允许的并且得到热心的保护。这就是我们写作第一版的动机，这一动机将继续推动当今语言政策的批判性研究。

第二版将延续汤姆·唐纳休（Tom Donahue）在第一版中称之为攻击型政策分析的批判性语言政策分析方式，该分析的作用是确定和描绘政策的深层目的和背后的意识形态。以此为目的，第二版将探求理解语言政策与广阔的社会、经济背景以及政治进程之间的联系。

在第二版中，我们能继续看到几位参与写作第一版的作者的身影：戴维·韦尔什曼·基迪欧（David Welchman Gegeo）、阿拉明·马兹瑞（Alamin Mazrui）、特蕾莎·L.麦卡蒂（Teresa L. McCarty）、玛丽·麦克格罗蒂（Mary McGroarty）、卡伦·安·沃森-基迪欧（Karen Ann Watson-Gegeo）和特伦斯·G.威利（Terrence G. Wiley）。但对于第二版而言，他们所写的各章完全是新的。威利所写的美国语言政策历史包含了第一版的资料，但他增添了针对最近一些州发生的引人注目的语言政策变化的重要分析。

新的撰稿人为第二版提供了新的个案研究，他们是：E.安纳马莱（E.Annamalai）、塞拉菲尼·M.科罗内尔-莫利纳（Serafín M. Coronel-Molina）、简·弗里兰（Jane Freeland）、桥本加代子（Kayoko Hashimoto）、戴维·卡斯尔斯·约翰逊（David Cassels Johnson）、卡姆万咖马鲁（Nkonko Kamwangamalu）和贝丝·刘易斯·塞缪尔森（Beth Lewis Samuelson）。这些学者之所以被邀请加入本书的写作团队，是因为他们之前的研究与本书的主旨及理论框架非常契合，同时他们已发表的研究都是非常重要的且得到了世人的关注。

在选择撰稿人的过程中，我所寻求的国别个案研究中的国家都具有社会经济和政治发展的一系列历史经验。让我特别欣喜的是第二版的相关章节关注了卢旺达、莱索托（Lesotho）[1]、斯威士兰（Swaziland）[2]、尼加拉瓜和所罗门群岛[3]等被以往的语言政策研究者忽视的国家。其他个案如肯尼亚、日本、印度、安第斯地区（克丘亚语[Quechua][4]和艾马拉语[Aymara]）和美国等所提出的根本性问题对于世界范围内的其他许多地方都有着重大的参考意义。本书各章节的作者都是目前在这些领域中最有经验的学者，我相信他们提供给大家的分析也是最为透彻有力的。

第二版会引起语言政策学、教育学、应用语言学、社会语言学和批判语言学等领域的学者和高年级学生的兴趣。它也可以作为语言政策、语言教育和社会语言学的研究生和本科高年级阶段的课程教科书。

读者们可能会发现能从本书的第一至第三章中得到不少收获，因为这三章提出了个案研究的历史、理论和分析的框架。本书最后一章总结了前面所提出的主要研究问题，因此在各案例研究章节之前或之后阅读都将有所裨益。

本书分为六个部分。第一部分"语言教育政策"，开篇即是编者对本书的介绍，包括了对各章的简要回顾。第二章是从民族主义和身份认同对语言政策的影响、全球化背景下新近所发生的变革及这些变化对语言政策研究的意义等角度进行了批判性历史分析。在第三章，玛丽·麦克格罗蒂探讨了在学校语言政策仍然受到传统意识形态、多变的政治和经济压力、制度惰性以及资源萎缩的制约的情况下，语言政策的各类参与者（包括公立的和私立的）的情况和当代教育的重要发展趋势。

在第二部分"冲突的计划"，特伦斯·G.威利在第四章回顾了美国教

1　莱索托是非洲南部的国家，1966年10月4日独立。——译者注（本书注释多为译者注，后面不再另标，仅标出"作者注"）

2　斯威士兰是非洲东南部的国家，1968年9月6日独立。

3　所罗门群岛是南太平洋的岛国，1978年7月7日独立。

4　又译作盖丘亚语。

育领域语言权利的历史和当代的教育环境。该章主要关注于语言政策与相关社会政策、主流观念及不同集团间权力关系的联系。简·弗里兰在第五章讨论了多民族多语言的加勒比海岸地区少数民族语言权利政策的发展和实施情况，该地区以权利保障为基础的语言政策显示出其自身潜在的意识形态与其所要服务的当地人民的语言意识形态和实践之间所存在的重要差异。戴维·卡斯尔斯·约翰逊在第六章运用民族志方法调查了费城学区语言政策的变化，这一变化与中央管理机构的重组和关键性人事的变化息息相关。约翰逊在分析中特别探讨了个人在语言政策制定和实施过程中的重要影响。

第三部分"后殖民教育中的本土语言"中的各章探讨了语言政策在当今肯尼亚、斯威士兰和莱索托的变革。阿拉明·马兹瑞在第七章中首次分析了肯尼亚新宪法将斯瓦希里语（Kiswahili）和英语共同作为官方语言的最新变化和政治经济影响。卡姆万咖马鲁在第八章中比较了斯威士兰和莱索托的语言政策，证明那些影响多语国家政策制定的因素在单语国家也同样有着重要影响。

第四部分"语言和全球资本主义"包含了两个语言政策与全球化进程紧密相关的案例。桥本加代子在第九章中分析了日本的英语推广政策，发现其最近语言政策变化的核心悖论：英语的传播是被放在更大的推广日语的框架体系之下的。E.安纳马莱在第十章描述了在印度通过英语而获得平等的经济机会的目标有可能会产生不平等的教育后果，这又将加剧社会和经济的不平等。

第五部分"语言和社会冲突"的两章调查了政府官员与普通公民在政治暴力和社会变化的大环境下为处理复杂的教育语言问题所做出的努力。贝丝·刘易斯·塞缪尔森在第十一章中探讨了最近卢旺达教学媒介语由法语转向英语背后的社会政治力量。塞缪尔森分析了有关当前教学媒介语的争论与民族认同（包括1994年卢旺达种族大屠杀事件背后的问题）之间重要的历史联系。戴维·韦尔什曼·基迪欧和卡伦·安·沃森－基迪欧在第十二章调查了马莱塔岛（Malaita）卡伍村（Kwara'ae）[1]里的本土教育项目中所发生的事情，这一项目曾因过去十年中所罗门群岛的政治暴力灾祸而中断过。他们的分析揭示了在大规模的社会瓦解和政治暴力过程中，当地为重建和调整教育所做出的创造性和创新性的努力。

---

1 又译作夸赖、夸拉艾、夸拉阿依。

第六部分"语言政策和社会变化"讲述了两个有关通过创造性的社区努力来复兴濒危语言及该语言社区的案例。特蕾莎·L.麦卡蒂在第十三章中详尽地分析了美国印第安社区的语言复兴历史及当今情况。塞拉菲尼·M.科罗内尔-莫利纳在第十四章中分析了安第斯山脉地区克丘亚语和艾马拉语的大众媒体与新的社会媒体。两位作者都记录了濒危语言走向新的社会语言领域的重要过程。我在最后一章对本书的核心主题和结论进行了综合与总结。特别需要指出的是，最后一章分析了语言政策对于世界范围内民主政治运动的重要性。

致 谢

和第一版一样，第二版《语言教育政策：关键问题》是令人钦佩的学者们通力合作的产物。对于他们，我深表感谢，不仅是因为他们展示了具有挑战性的重要研究成果，还在于他们揭示了语言政策是如何与当今人们所面临的一些最为重要的议题紧密相关的。很幸运这次能够和劳特利奇出版社（Routledge）最出色的编辑娜奥米·西尔弗曼（Naomi Silverman）共事：她多年来致力于评论、教育、社会语言学和教学法领域的编辑工作，她的经验对本书中语言政策研究框架和研究方向的确立大有裨益。对于本书所获得的鼓励和经费支持，我首先要感谢日本东京国际基督教大学的下属单位——媒体、沟通和文化系，尤其是该系的约翰·马赫（John Maher）教授；教育研究和服务协会；21世纪和平安全共存研究教育卓越计划中心。我还要感谢中国香港大学教育学院，尤其是院长史蒂芬·安德鲁斯（Stephen Andrews）教授和徐碧美讲座教授[1]，这里就像我的一个新家，随时为我提供支持。我要向华盛顿大学的英语系表示感谢，尤其是桑德拉·西尔伯斯坦（Sandra Silberstein）教授，30年来她毫不动摇地鼓励和支持着我的工作。

谨以此书来纪念查尔斯·A.弗格森（Charles A.Ferguson）。他以渊博的语言学知识、持之以恒的宽容博爱精神以及乐意与人分享的智慧，教导出一代语言学家去关注语言和使用这些语言的人。

詹姆斯·W.托尔夫森
写于香港和东京

---

1 讲座教授是法定大学颁发授予全职教学人员中拥有崇高学术地位或重大研究成就的教席名衔。虽然在各大学规定不同，但作为荣誉性质的名衔，讲座教授常可不受一般教授授课时数以及退休年龄的限制，是一所高等大学具有最高学术地位的学者。

第一部分　语言教育政策

本书第一部分的三个章节主要探讨下列关键性问题：什么是影响语言教育政策的主要因素？这些因素是怎样限制政策选择的？全球资本主义的发展进程，诸如移民、日益加剧的经济不平等、普遍存在的国家暴力（state violence）以及现有经济体系中的严重危机等，对学校中的语言政策有何影响？商界和其他非政府组织的作用是什么？何种语言政策研究的方法论适用于研究当前的语言政策问题？

在第一章即全书概述部分，托尔夫森交代了本书的主要结构和主题，包括贯穿各章节的核心观点。第一章也对后续各章节进行了进一步总结。在第二章，托尔夫森就民族主义、全球化和变化的身份观念对语言政策的影响进行了批判性的历史分析。这一章强调了在全球化背景下发生的历史性转变，以及这些转变对语言教育政策和语言政策研究的影响。在第三章，玛丽·麦克格罗蒂探讨了当前教育发展的主要趋势，诸如私有化、教师教育方式的多元化以及商业和非营利机构的作用等。她的分析指出了未来教育可能存在的问题，特别是启发人们思考目前的教育体制是否具有以下潜能：能够充分发展学习者在民主参与、批判性意识和拓展想象力方面所需的语言能力。

第一章 语言教育政策中的关键问题

詹姆斯·W.托尔夫森

在《语言教育政策：关键问题》的第一版中，书中各位作者主要围绕六个关键问题编写各章。这六个问题以提问的形式罗列如下：(1) 影响语言教育政策的主要因素是什么？这些因素是如何影响政策制定以及围绕政策选择而引起公众讨论的？(2) 国家权力机关是如何利用语言教育政策来控制民众对语言权利和语言教育的获取的？针对语言少数族群而实施的特定教育项目和教育政策的效果又如何？(3) 国家权力机关是如何运用语言政策来实现政治统治和文化统治的目的的？(4) 语言教育政策是如何促使不同语言族群间的政治冲突发生、持续或减少的？(5) 地方语言教育政策和教育计划是如何受殖民主义、反殖民运动、英语传播、资本主义经济一体化等全球化进程影响的？(6) 在面对更为强势的社会群体和语言集团所施加的巨大压力时，土著族群和其他语言少数族群应如何制定出能够满足其社会需求和语言需求的教育政策和教育计划？

在探讨这些问题的过程中，第一版（共16章）的各位作者将语言教育政策主要归纳为以下四点：(1) 尽管反映单语政策意识形态的规划十分常见，但在现代国家中多语化已成为普遍现象；(2) 语言政策是解决社会政治冲突的重要机制；(3) 语言政策上的冲突通常根源于与语言象征有一定联系的经济资源和政治权力的分配矛盾；(4) 政策和意识形态联系紧密，因此要想了解政策的制定过程、政策选择的制约因素以及具体政策和实践的社会建构意义，就必须研究二者之间的关系。

第二版除了继续关注权力、不平等、语言少数族群为争取社会权利、政治权利和经济权利所进行的斗争等一系列重要问题之外，还将针对过去十年来政治、经济危机所带来的问题进行更为深入的探讨：(1) 全球资本主义的发展进程，诸如移民、日益加剧的经济不平等、普遍存在的国家暴力以及现有经济体系中的严重危机等，是如何影响学校语言政策的？(2) 在语言政策制定过程中，商业资本和其他非政府组织的作用是什么？(3) 诸如民族主义运动、反移民运动及一些类似的政治性运动是怎样影响语言政策的？语言少数族群以及他们的盟友又该如何抵制这些运动？(4) 人权话语（discourse of human rights）的传播是如何影响语言政策的制定的？(5) 新出现的各种认同观念与语言教育政策有着怎样的关系？（6）在对语言政策中的热点问题进行研究时，最合适的方法是什么？这些问题都直接牵涉当今世界意义最为深远的议题：资本主义危机、对少数族群的政治极端主义和政治暴力、商业资本的主宰性力量、国家认同和社会认同的观念转变以及争取人权的斗争等。

本书的各位作者在剖析语言教育政策的个案时，探讨了以下三种常见现象：(1) 在许多情况下，民族主义和身份认同在语言政策中的作用发生了转变；(2) 由于受到全球资本主义的强势冲击，民族国家的政府机构以及其他传统社会组织的力量都受到了削弱，这对语言教育政策带来了巨大的影响；(3) 语言政策的研究范式正在发生变化。这些观点将在本书第二章中进一步得到阐发。

各章概述

本书各章探讨了不同背景下的各种重要议题，虽然这些背景有所不同，但都受到了自 20 世纪 80 年代以来日益加快的经济、文化、社会主流变化的深远影响。这些根本性的转变，尤其是移民潮、城市化、语言消失（language loss）和语言转用（language shift）[1]，通常被认为是"全球化"所带来的。这些转变催生了新的政治运动和各种形式的抵制活动，此外还有新的社会关系、新的社会认同以及严重的个人焦虑。在第二章"危机与变革时代下的语言政策"中，我探讨了这些重要变革对语言教育政策的影响。这章还包括了对语言教育政策的研究历史的概述，尤其关注了研究问题和研究方法的变化。这一历史性回顾同时也剖析了意识形态的转变，尤其是对权力和公平越来越多的关注，这一点已经成为 20 世纪 90 年代以来语言政策研究的主要特征。这一章主要是分析当前政治经济危机对语言教育政策的影响、民族国家和民族主义受到削弱后所产生的影响，并最后讨论了语言政策研究的新方法。

在近几十年的时间里，影响语言政策制定的因素日益增多，所涉及的社会领域也不断扩展，深受语言政策影响的教育领域便是其中之一。在第三章"语言政策演进中的多重影响因素与领域"中，玛丽·麦克格罗蒂分析了这些新的影响因素，尤其是在私有领域中的因素。她强调，尽管在公立教育中语言教育政策仍然受到传统的意识形态、多变的政治压力、体制

---

1 又译作语言转换、语言转移。

惰性以及日益萎缩的资源基础等因素的制约，但政策日益呈现偶发性和多面性的特点。在许多领域，公立机构正在将对语言教育政策的控制权让渡给私立机构以及各种形式的公私联合机构。尽管"教学媒介语"（medium of instruction）政策在许多领域仍然显得极为重要，但一些新出现的因素，比如教育的碎片化、教师教育形式的日益多样化、教学过程的微观化以及当地情况的偶发性等，对于当前的教育系统所培养出来的语言能力能否满足下一代参与民主、运用批判性思维以及发挥人类想象力的需要，提出了严重质疑。

在美国，公立机构作用的弱化趋势日益明显。而在第四章"美国语言权利的发展简史及评价"中，特伦斯·G.威利总结了两项主要权利的发展历史：（1）享受教育的权利，这项权利涉及人们对社会、经济和政治活动的参与度；（2）享受用母语接受教育的权利。他认为，如果语言少数族群的学生想要进入经济体系和社会政治体制，同时又延续其社区和文化的发展，上述这两项权利都是必不可少的。在分析过程中，威利将语言教育政策置于与其他社会政策（如移民政策）、社会主流观念以及不同群体间权力关系的相互联系中进行分析。他所分析的对象包括了隐性的、未公开的和非正式的惯例，这与官方政策有着同样的影响力。该章提出并阐述了一些关键性联邦判例的重要性，这些判例主要涉及获得教育公平、教育途径及调整的权利，此外这章还记录了美国联邦政府对双语教育支持的兴衰过程。威利的分析主要关注于过去20年间不断限制少数族群语言权利的政策所造成的负面影响，尤其是美国亚利桑那州在推行这种倒退政策中所起的作用。这种限制少数族群权利的运动与"州权"（states' rights）[1]观念的复兴紧密相关，后者贯穿于整个美国历史，并形成了影响少数族群教育的政策。

在其他地区，语言权利也同样是语言政策论争所关注的焦点，其中一个最突出的有关语言权利的论争就发生在尼加拉瓜，具体是在该国加勒比海岸地区的少数族群多语社区。在第五章"多语环境下的语言政策纠错：尼加拉瓜加勒比海岸地区的语言政策与实践"中，简·弗里兰详细论

---

[1] 州权，按字面解释就是州的权力。这种权力的法律根据就是于1791年12月15日生效的合众国宪法修正案第十条："本宪法所未授予合众国或未禁止各州行使之权力，均由各州或由人民保留之。"美国历史上的州权，是一种特殊历史条件下的产物。它在美利坚合众国诞生和发展过程中，起过特别作用，并在很大程度上影响美国历史的发展。

述了自 1979 年桑地诺革命（Sandinista revolution）[1]以来，少数民族语言权利政策的发展与实施情况。在经历数个世纪的多语接触后，加勒比沿海地区的土著少数民族逐渐形成了动态多元的身份认同，这些身份认同体现在复杂的多语库和多语实践之中。加勒比沿海地区的历史和社会语言生态（sociolinguistic ecology）十分复杂，该地区有三个土著民族和两个非裔加勒比少数民族，主体民族则是说西班牙语的混血人种麦士蒂索人（Mestizo）。由于该地区比较小，我们可以比较细致地考察政策决策的影响，尤其引起我们关注的是该地区公立学校的跨文化双语教育项目。该地区实行的是以语言权利为基础的语言政策，主要的问题就在于政策自身的语言意识形态与政策所指向的对象（即少数民族）的当地语言意识形态及语言实践不一致。由此所导致的紧张局面，显示出两种语言意识形态之间的巨大鸿沟，语言政策的意识形态是基于特定语言与稳定的族群身份直接相关的欧美观念，而当地的语言意识形态则产生于抵制同化的历史和以社区为核心的认同观念之上。因此，仅关注于每种少数民族语言与西班牙语之间关系的国家政策并不符合多语实践的现实，也不符合加勒比海岸地区居民动态变化的社会认同。

除了发现在某些社会环境下，僵化的语言政策无法适应当地社区复杂多变的社会语言生态以外，我们还发现在其他环境下，语言政策自身可能就是不固定的、变化的，受制于各种解读和实施的情况。戴维·卡斯尔斯·约翰逊在第六章"语言政策决定者的定位：美国费城学区的治理与立场"中，展示了自己从历时三年的"费城学区双语教育与语言政策"民族志研究（ethnographic study）[2]中获得的发现，研究重点关注了治理术（governmentality）[3]在语言政策制定过程中所发挥的作用（Foucault, 1991）。约翰逊认为，对于语言政策的理解必须将其作为宏观层面政策和话语的延伸，并通过微观话语的实践来理解。他的分析指出了当前语言政策研究

---

[1] 指桑地诺民族解放战线于 1979 年 7 月推翻了尼加拉瓜的独裁政权。桑地诺民族解放战线的名称源自 20 世纪 30 年代尼加拉瓜民族革命领袖奥古斯托·塞萨尔·桑地诺。

[2] 民族志研究，又称作人种志研究，是从人类学发展而来的，指的是研究者努力深入某个特殊群体的文化之中，"从内部"提供有关意义体系与行为习惯的报告。

[3] 又译作统治性、统治心态、统治术、治理性、统管理性等，由法国思想家福柯首先提出，其最简单的定义就是"对行为的指导（conduct of conducts）"。这些指导区别于古代宗法时期的严法苛令，也不同于近代早期通过警察对民众个体的直接规训和限制，这些指导是通过设计环境和采用各种技术来使身处其中的人自然而然改变行为。

中的一个重要问题：语言政策的理论研究与语言政策的实证研究之间存在着不一致，前者把语言政策视为对少数民族语言及其使用者进行社会控制的一种方式，而后者则关注教育工作者在语言政策实施过程中的积极作用。通过分析美国联邦教育法案《不让一个孩子掉队法》(*No Child Left Behind*)[1]在费城学区实施过程中由于人事变动所造成的影响，约翰逊指出，如果能将对宏观层面政策文本及话语的批评分析与对语言政策解读和实施的民族志研究相结合，那么上述这种紧张将得到圆满解决。

  2010年8月，肯尼亚公民就新宪法进行了公投，这可能会给肯尼亚的社会政治生活带来变革性的变化。新宪法中特别重要的一项条款就是赋予斯瓦希里语和英语同等的地位，把它们共同作为国家的官方语言来使用。目前关于两者共同成为官方语言的细则仍在草拟之中。在第七章"肯尼亚的语言和教育：殖民遗产与新宪法秩序"中，阿拉明·马兹瑞分析了斯瓦希里语获得新的国家地位的意义。这一章描绘了从殖民地时期到制定新宪法的后殖民时期有关英语和斯瓦希里语的教育政策的历史变化。经过历史上纷繁复杂的竞争与适应，如今这两种语言有可能成为新双语教育政策的核心。

  如果说肯尼亚是以斯瓦希里语和英语两种语言为主的多语国家，那么莱索托和斯威士兰则基本上是单语国家。在这两个国家几乎所有人都说是土著语言同时也是官方语言的塞索托语（seSotho，在莱索托）和斯瓦特语（siSwati，在斯威士兰），这两个国家面临什么样的语言政策问题呢？在第八章"非洲莱索托和斯威士兰单语王国里的语言教育政策及规划"中，卡姆万咖马鲁认为，两国的语言教育政策分别将塞索托语和斯瓦特语作为公立学校教学媒介语时遇到了与非洲多语国家相似的问题，问题包括如精英教育的封闭性（Scotton，1990），以及与前殖民语言相比，土著语言经济价值有限等。卡姆万咖马鲁运用博弈论和语言经济学的理论框架（Grin，2001；Harsanyi，1977；Laitin，1993），分析了英语在斯威士兰和莱索托分别与斯瓦特语和塞索托语共同作为官方语言的同时，其日益明显的霸权地位所带来的一系列困扰。卡姆万咖马鲁还探讨了在斯威士兰、莱索托以及其他非洲多语国家，在教育领域对非洲土著语言进行地位规划（status planning）的前景。

---

1 美国政府于2001年颁布的法案，它为美国义务教育质量提供了一系列法律性保障。

尽管在全球范围内英语在教育领域的霸权地位已经十分明显，但是，也许没有任何国家比日本将英语教育作为国家政策讨论的核心来得那么突出。更为重要的是在日本，新的全国小学英语课程大纲将于 2011 年或 2012 年实施，而新的高中课程大纲也将于 2013 年开始实施。[1] 这些重要的课程大纲变化对于日本政府旨在培养"能使用英语的日本人"的计划至关重要（Monbukagaku-shô, 2003），这一政策的目标主要是基于一个普遍的语言观念，即日本若想继续在全球化经济中保持竞争优势，日本国民必须具备一定的英语能力。尽管政府强调了英语在当前教育政策中的重要地位，但是这些新的课程大纲并没有直接追求英语在早期教育中的推广，或者说扩大英语的用途，将其作为教学媒介语。事实上，正如桥本加代子在第九章"英语教育的日本化：在外语中推进本民族语言发展的政策"中所说的那样，这些详尽的新课程计划主要是为了培养一种独特的与外国人交流的态度，也就是强调外国语言文化与日本语言文化之间的差异。通过对课程大纲内容的细致分析，桥本判定新课程大纲不仅仅是要推动英语学习，还要推动本民族语言（日语）以及与日语紧密相连的日本民族认同的再次复兴。

　　与日本政府相似，印度政府基于经济方面的考虑在公立学校中实施了英语推广政策。近年来印度政府做出了向市场经济转型的历史性决定，这意味着公立教育教什么内容在很大程度上是由商业领域的交际需要和新经济的知识需求来决定的。由此，全球市场一体化取代民族主义、民族文化认同、民族整合和文化多元主义，成为了教育的最主要目标。印度人（包括乡村的穷人）日益相信英语的璀璨前景：英语在印度将会像非常容易售完的商品一样抢手，英语也将是创造新的大量中产阶级劳动力的关键。除了这些乐观情绪，安纳马莱在第十章"印度经济转型中的英语教育：代价与收益"中认为，政府、全球资本主义和民众在利益上的表面一致掩盖了英语推广政策的真实代价。安纳马莱在对英语霸权的批判过程中指出，印度通过英语推动了经济转型，由此也承担了隐形的社会代价，例如社会经济不平等的扩大，社会动荡的威胁，新的教育政策无法惠及数千万民众等。

　　在某些情况下，潜在的经济不平等以及与之相关的社会不公正将引发暴力，语言在这种暴力事件中也是诱发因素之一。1994 年春天，由于一

1　本书第一版出版于 2002 年，所以部分文章仍保留当时的时态。

起游击队的暴力事件[1]，卢旺达爆发了种族大屠杀，声称有大约937,000名卢旺达人被说法语的胡图族（Hutu）[2]政府（Republic of Rwanda, 2008）屠杀，其中大多数受害者是图西族（Tutsis）。直到说英语的卢旺达爱国阵线（Rwandan Patriotic Front）取得了反政府军事行动的胜利后，屠杀才停止；卢旺达爱国阵线是由1959年后因躲避迫害而长期流亡国外的卢旺达图西族后裔所组建的。在大屠杀之前，卢旺达属于"法语国家国际组织"（La Francophonie）[3]，而战争结束后卢旺达由说英语的政府所掌控，英语也随即成为了官方语言。在第十一章"卢旺达转用英语后的冲突、认同以及语言教育政策"中，贝丝·刘易斯·塞缪尔森主要就这个国家的三种主要语言——卢旺达语（Kinyarwanda）、法语和英语，回顾了卢旺达语言政策的历史。然后她分析了在卢旺达语言选择与种族之间的紧密关系，尤其是分析了在当前政府禁止公开讨论种族问题的政治环境下两者之间的关系。当前卢旺达人面临着在师资和资金都不充裕的教育系统之下英语作为全球化语言的影响与多语人口的需求之间的矛盾，作者就当前的语言状况以及为解决上述矛盾而努力的前景对卢旺达人进行了访谈，并在文中展现了这些访谈的结果。

与卢旺达一样，所罗门群岛也深受暴力困扰。在第十二章"重访重要村民：所罗门群岛语言和教育的持续转型"中，戴维·韦尔什曼·基迪欧和卡伦·安·沃森-基迪欧继续了25年来他们对瓜达卡纳尔岛（Guadalcanal）[4]及其周边岛屿马莱塔岛上的马莱塔人（Malaitan）的研究。在本书第一版的有关章节中，作者描述了一个重要的教育计划：马莱塔岛卡佤村的村民要求掌握乡村发展和学校教育的领导权，比如在课堂教学中当地老师使用卡佤语，并加入本土文化实践的教学内容。此外，还有关注于卡佤语、本土文化实践以及本土认识的卡佤宗谱项目（Kwara'ae Genealogy Project）。然而在过去的十年里，持续的暴力冲突使得居住在瓜达卡纳尔岛上的2万名马莱塔人带着家人逃回了马莱塔岛。大量难民的涌入导致了马莱塔岛暴力冲突和严重的社会混乱，同时也意味着之前从未踏

1　1994年4月6日，卢旺达总统朱韦纳尔·哈比亚利马纳和布隆迪总统西普里安·恩塔里亚米拉乘坐的飞机在卢旺达首都基加利附近被击落，两位胡图族总统均罹难，是谁击落客机至今不明，有传闻说是图西族游击队策划了这起暗杀事件。这起事件成为后来卢旺达大屠杀的导火索。

2　又称作巴胡图人（Bahutu）或瓦胡图人（Wahutu）。

3　又译作法语国家组织。

4　又译作瓜达康纳尔岛。

足过该岛的孩子们在这场危机中要突然离开瓜达卡纳尔岛的学校进入马莱塔岛的学校，这对孩子们的教育而言是一个很大的挑战。在这样的环境下，基迪欧和沃森－基迪欧在前期研究中所描述的本土计划宣告结束。在作者最新的研究中，他们调查了新学校的组建与本土计划的重生情况，这些都是新一代人为解决孩子们所面临的社会和教育危机而进行的探索。他们的研究显示马莱塔人（包括卡佤村民）仍然在社会局势持续紧张与坚持自己本土文化认同、语言及知识两者之间不断探寻出路。

基迪欧和沃森－基迪欧所撰写的第十二章，展现了在艰难的环境下为实现"文化传承"的坚定不移的努力，同时也显示了对霸权势力的集体性反抗和维护语言文化社区的坚定意志。而在第十三章"美国土著人的语言规划与文化传承"中，作者特蕾莎·L.麦卡蒂利用教育人类学、语言人类学、土著研究以及应用批评语言学的理论和实践，对北美土著人的语言转用和语言复活（language recovery）现象进行了批评分析。她在分析过程中将语言复兴（language revitalization）与语言再生（language reclamation）的过程置于努力维系文化社区的大背景下展开。麦卡蒂根据最近完成的两个有关青少年参与语言传承和文化传承的民族志研究成果，分析了土著青少年所面临的语言选择难题，认为祖裔语言（heritage language）[1]一方面是"真正"土著人身份的核心要素，另一方面也阻碍了青少年的社会经济流动。

美国土著青少年的社会语言实践是发生在竞争激烈的传媒环境下的。除了像出版、广播、电视、电影这样的传统媒体，手机、脸谱网（Facebook）、聊天室等新兴媒体极大地拓展了获取文化和信息的途径。新媒体会给濒危语言带来什么样的影响？在第十四章"克丘亚语和艾马拉语的新功能域：大众传媒和社会媒体"中，塞拉菲尼·M.科罗内尔－莫利纳探讨了新媒体的发展是如何有助于语言政策和语言规划的，尤其是如何有助于对安第斯山脉地区土著语言的复兴和保存的。在这些新媒体中，多模式的识字教育是如何开展的？在土著社区的环境下，新型多模式的识字教育和新型媒体的发展将带来什么样的影响？科罗内尔－莫利纳罗列了数量惊人的克丘亚语和艾马拉语可以利用的多媒体资源与多模式资源，这其中包括了为语言保持（language maintenance）和将语言扩展至新的社会语言领域的教学资源。他的分析同时指出了克丘亚语和艾马拉语可以运用于电影、录像、电

---

[1] 又译为继承语、族裔语等。

脑程序、电子游戏、搜索引擎、电子书、电子词典、软件、网站、博客、脸谱网等无数领域的可能性。在新媒体时代将自上而下和自下而上的语言规划相结合，能够改变濒危语言的前景吗？这是科罗内尔－莫利纳所撰这一章的核心问题。

在最后一章"语言政策和民主多元化"中对前面各章进行了总结，并探讨了语言政策与民主政策制定之间的关系。这一章先后总结分析了语言权利运动、社会政治斗争的作用，以及本书所研究的内容对于政策多元化、语言政策研究方法和政策制定的民主化进程的意义。

参考文献

Foucault, M. (1991). Governmentality. In G. Burchell, C. Gordon & P. Miller (Eds.). *The Foucault effect: Studies in governmentality* (pp. 87–104). Hemel Hempstead, UK: Harvester Wheatsheaf.

Grin, F. (2001). English as economic value. *World Englishes, 20* (1), 65–78.

Harsanyi, J. C. (1977). *Rational behavior and bargaining equilibrium in games and social situations.* New York: Cambridge University Press.

Laitin, D. (1993). The game theory of language regimes. *International Political Science Review, 14*(3), 227–239.

Monbukagaku-shô. (2003).「英語が使える日本人」の育成のための行動計画の策定について [Regarding the establishment of an action plan to cultivate Japanese who can use English]. Retrieved from http://www.mext.go.jp/b_menu/houdou/15/03/030318a.htm

Ortiz, S. (2002). *Out there somewhere.* Tucson: University of Arizona Press.

Republic of Rwanda. (2008). Official website of the Republic of Rwanda. Available at www.rw.gov

Scotton, C. M. (1990). Elite closure as boundary maintenance. In B. Weinstein (Ed.), *Language policy and political development* (pp. 25–52). Norwood, NJ: Ablex.

第二章 危机与变革时代下的语言政策

詹姆斯·W.托尔夫森

《语言教育政策：关键问题》的第一版强调了语言政策研究重要方法的迅速发展，这些研究集中于权力、不平等、语言歧视、语言权利，还尤其关注国家和机构通过强制性的语言政策对语言使用和语言习得过程的影响与作用。正如第一版中指出的那样，对语言教育政策的批判性审视提出了如下几个关键性的问题：

> 学校语言政策是如何造成学生间的不平等现象的？政策如何边缘化一部分学生，同时又给予另外一部分学生以特权？语言教育政策是如何为社会强势团体的利益服务的？语言少数族群应如何通过设法改变学校语言教育政策来进一步维护自身的利益？(Tollefson, 2002a: 3—4)

正如本书第一版所指出的，以下问题是社会所有根本性问题的核心：学校的角色问题，教育和就业之间的联系问题，以及不同种族、民族和语言集团之间的不平等关系问题。

第一版编写于2000—2001年，自那时起，世界发生了很多变化。残酷的、弱肉强食的全球资本主义相较于其他经济制度已经取得了暂时性的胜利。由此带来的一个结果就是，许多国家制定了以牺牲儿童母语为代价鼓励英语学习和使用的政策，在这一情况下，英语传播和其他语言消失的步伐迅速加快。中国的经济改革仍在继续，与此同时其教学媒介语的政策也发生了重要变化，其政策旨在鼓励英语在高等教育和特定科技领域中的使用。保守和右翼势力已经在北美、欧洲等地区赢得了选举，在一些地方，新法西斯主义对政策制定的影响日趋显著。对极端分子的支持（即右翼政治运动）导致了大范围的反移民政策，其中包括重申强势语言在教育中的作用（如在法国、英国、澳大利亚和美国）。美国入侵并占领阿富汗和伊拉克，推翻了当地政府，点起的战火延续至今。其结果之一便是政府不断增强对阿拉伯语、波斯语（Farsi）[1]及其他中东和中亚语言教学的支持，同时也增强了那些表现为中东或者使用该地区语言的人的特征。更广泛地来说，"反恐战争"所导致的永久战争状态必然意味着旨在主张传统国家认同形式的"爱国的"和右翼的行动已经在许多国家取得了成功，这通常还伴随着对公民自由的明显限制以及民族主义与爱国主义的新话语。例如，只讲英语的政策，作为国家认同和爱国主义的象征和实际表达，得到了美国大多数州的支持，而多元化政策的支持者却基本都从政策讨论中被除名，例如，最近美国最高法院对霍恩诉弗洛里斯案（Horne v. Flores）做出裁定，将公认的双语教育反对者作为唯一的双语教育政策的法定专家（Yamagami，即将发表）。

在某些地区，民粹主义和民主运动已经取得了显著的成果。中东和北非地区的民众起义挑战了突尼斯、埃及、利比亚等地区根深蒂固的统治者。其中一些运动由年轻人领导，他们支持与多语主义和跨种族交流（包括数字的和面对面的）相关联的世界性身份，这暗示着一轮新的英语热潮可能会在该地区兴起。但是，民主改革运动通常会带来一段时期的民族主义复兴或者是对民族身份认同的主张，除此之外，对语言教育政策的影响可能会因社会环境的变化而趋向复杂多变。在拉丁美洲，选举出了一些激进的左翼政府，当地土著居民的领导者如今开始竞选国家公职，除西班牙语外的其他语言已经在教育和其他领域中获得了越来越多的支持（如在玻利维亚和秘鲁）。在其他地区，欧洲（如希腊和英国）的民众抗议，北美的大规模示威游行（如威斯康星州和俄亥俄州，以及"占领华尔街"运动[2]）都表明民主的危机已经进入了一个动荡不安的新时期。全世界对民主改革的强烈呼声已经引起了语言政策制定过程中的广泛变化，而贫困阶层、工人阶级和中产阶级的联盟，这其中包括了越来越多的语言少数族群，有可能会把我们引向保护和促进多语化的政策。

也许最重要的是，资本主义经济体系于2008年进入了持续的危机和紧缩阶段，这给世界各国的贫困阶层、工人阶级和中产阶级造成了灾难性的恶果。因为经济的崩溃减少了除富人之外所有人的就业机会，接受中等

1　又称作法尔西语。

2　2011年9月17日，上千名示威者聚集在美国纽约曼哈顿，试图占领华尔街。示威组织者称，他们的意图是要反对美国政治的权钱交易、两党政争以及社会不公正。2011年10月8日，"占领华尔街"抗议活动呈现升级趋势，千余名示威者在首都华盛顿游行，后逐渐成为席卷全美的群众性社会运动。纽约警方11月15日凌晨发起行动，对占领华尔街抗议者在祖科蒂公园搭建的营地实施强制清场。

以及高等教育就越来越成为某些人结束失业状态的选择以及打开全新机遇之门的尝试。然而，许多国家对教育经费的大幅度削减意味着诸如双语教育、扫盲工程和对语言少数族群的教学支持一类的项目都被缩减或取消。确实，财政预算的大幅削减使得教育本身也陷入了危机，而这一危机可能将持续多年。

自第一版发行后，世界所发生的巨变给语言政策领域的学者和实践者提出了新的问题：全球资本主义进程，尤其是劳动力的流动、与日俱增的经济不平等、普遍的国家暴力以及严重的经济危机，是如何影响学校中的语言教育政策的？日益强大的商业（和其他非政府机构）的作用是什么？极端右翼和新法西斯政治团体势力是如何影响语言政策的，语言少数族群又该如何抵抗这些团体？语言人权运动是怎样影响语言政策制定的？新产生的认同观念是如何与语言教育政策发生关联的？语言政策研究中的哪些方法适合于研究这些问题？

为了解决这些问题，第二版各章围绕以下三大中心观点展开：（1）民族主义和身份认同在语言政策中的角色发生了转变；（2）在全球资本主义的强势冲击下，民族国家机构和其他传统社会组织的作用不断被削弱，这对语言教育政策造成了重要的影响；（3）语言政策研究的范式正在发生变化。接下来，我将对这三个主要中心观点分别进行探讨。

民族主义和身份认同在语言政策中的角色改变

尽管对民族主义和身份认同的详细解释超出了本书的范围，但为了充分理解各章中的案例，我们需要理解民族主义和民族国家在18—19世纪的兴起及其对语言政策的影响，需要理解当前全球资本主义经济体系如何瓦解民族国家语言的制度、文化及社会形式和实践，这些都是相当重要的。的确，只有当我们理解了民族主义及民族国家一方与全球化及非政府机构（尤其是跨国组织）强势地位的另一方之间的紧张关系，我们才能充分解释以下现象：英语的崛起及其日渐多样化的发展趋势，世界范围内数百种语言的消失，双语化和身份认同的新表现，欧洲和北美众多国家对单语政策的重申，移民对语言政策的影响以及语言人权运动。因此，现在先讨论民族主义和民族国家的兴起及其在身份概念中的意义，接着分析它们对语言教育政策的影响，然后再分析民族国家及其他社会组织形式在权势和权力方面的衰退。

民族主义和民族国家的兴起

在过去 120 年间有关民族主义研究的学术文献汗牛充栋。在这些学术文献中,对于语言和民族主义的研究成为费什曼[1](Fishman, 1972a, 1972b)、安德森(Andenson, 1993)、达斯–顾普塔(Das Gupta, 1970),费什曼、弗格森和达斯–顾普塔(1968)等人特别关注的焦点。欧洲的民族主义和民族国家值得特别的关注,因为它们为 20 世纪的身份认同提供了关键性的所需话语,并且为其他地方相似的进程和制度树立了典范。

自 18 世纪起,民族主义经历了调整和变化的过程。正如安德森(1993)所指出的,正是通过纸质印刷品为全世界所知的法国大革命使得民族主义革命的概念具体、形象且易记好学,同时也成为之后欧洲以外的革命运动的榜样。民族主义革命需要有民族社团,即一群可以转变为"民族"或"国家"并为民族国家索要合法权利的人,这一群体产生于一定历史进程中。对于欧洲民族社团形成尤为重要的是在 17 世纪和 18 世纪蓬勃发展的国语标准化运动。这些语言变体最初是在使用较广的当地语言(vernaculars)的基础上形成的,其后才逐渐被标准化和文字化(graphized)而用于国家间交流,并成为有用的实体语言,成为民族主义运动的基础。因此,语言是民族认同基础的观念在很大程度上是在标准化过程中形成的(Andenson, 1993)。语言和民族主义之间的关联性首先是在欧洲得以建立,之后成为马来西亚、印度尼西亚、坦桑尼亚以及其他地方民族主义运动的核心(虽然在某些情况下处于边缘化,例如在美国)。

18—19 世纪欧洲民族主义的核心观点或许是,集体性政治认同(即国家)的基础是共同的文化,而共同文化的核心就是语言。只有通过语言,个体才能不断地发现并表达出内在的自我和集体性的自我,也就是说,个体和集体认同通过语言得到统一(Herder, 2002)。在某种程度上受到影响逐渐扩大的语文学和历史语言学的启发,民族主义者们将他们所认为的不同语言的经验性事实——这种经验性事实立足于历史,受制于地理条件——视为对人类经验凝聚力的浪漫信念的证据。换句话说,每种"语言"都具有其独特的、历史的和统一的经验,这些也构成了民族的基本属性——即民族(people),其身份认同正是通过民族国家才得以最好地体现。

语言作为个体身份和集体身份的概念并不仅仅是一种浪漫理想,也是一种认知的理想。语言被认为是一种世界观(Humboldt, 1999),因此,

---

1 又译作菲什曼。

根据欧洲的民族主义,学习语言也必须接受该语言使用者所共有的世界观。用伽达默尔(Gadamer,2004:401)的话说:"语言具备一种独立的生命特点,它不取决于语言社区中的个体成员。相反,随着个体成员在语言社区中的逐渐融入,语言可以帮助他形成一种特有的世界观以及与世界之间的特有关系。"语言的具体化意味着语言不仅仅是凝聚个人身份与集体身份的根本力量,也是认识论的基础。

民族主义也被视为社会演变中的一个历史过程,这一历史过程终结于民族国家。人们认为,与部落社会、古老王国或帝国相比,民族国家更现代和更进步(Hegel,2011;Taylor,1975)。这种观点显然影响了马克思(Burns & Fraser,2000)、阿多诺(Adorno,1994)、哈贝马斯(Habermas)(Dallmayr,1987)以及许多其他对社会语言感兴趣的人,其中还包括语言人权的拥护者(Douzinas,2002)。尽管社会发展理论暗含着批判民族国家只是社会组织暂时的、从根本上而言也是有限的形式的观点,但民族主义者常常忽视后国家(全球化)的阶段,反而关注他们对民族国家的需求,这与"民族"和表达民族的根本性认同是一致的。这些社会发展的理念意味着民族国家越来越不可避免地呈现出对人类的"完美性"的表达(Hayes,1968:14)。民族主义的这些原则已经对亚洲、非洲、拉丁美洲和北美洲产生了深远的影响。

值得注意的是,对这些观点最有影响力的拥护者多为专业的语言学家或语文学家。例如洪堡特(Humboldt),他撰写了大量语言学著作,并且是对比语言学[1]的奠基者之一。洪堡特因其对语言独特性的研究被认为是语言相对论的最早提出者(虽然他也相信所有语言背后有更深层的、一致的本质),这种理论之后发展为萨丕尔—沃尔夫假说(Sapir-Whorf hypothesis)。洪堡特同时也担任过普鲁士教育部长,参与德国教育体系的建立工作,该体系后来对美国及世界其他地区的教育体系都产生了影响。因此,我们在作为现代民族主义背景下的语言学家、教育部长及哲学家的洪堡特的著作中看到了20世纪语言教育政策意识形态的三个基础:(1)语言在个体身份、集体身份以及由此在民族国家中的核心作用;(2)细致地关注作为个体身份、集体身份和认识论独特表达基础的特定语言的历史和

---

[1] 对比语言学是现代语言学的一个分支。为了解决教学或翻译问题而对比两种语言的异同,叫对比语言学。对比可以在语音、语法、词汇、语义、语用层次进行,也可以从语言的文化、心理、民族角度进行对比研究,还有人对不同语言的标点符号系统进行对比研究。

结构;(3) 教育在民族主义进程和民族国家制度中的核心的重要性。

总体来看,18、19 世纪关于语言、身份认同和民族主义的观念几乎为语言政策讨论的各方所接受,其中包括完全对立的政策选择(例如单语政策、语言多元化、双语教育以及语言人权)的支持者,他们采用各种形式坚持着各自对社会语言学和语言政策的研究。举例来说,凯尔曼(Kelman, 1971)关于语言政策的著名分析强调了他称之为个人"工具性"归属和"情感性"归属对于民族国家的重要性。凯尔曼对于民族国家如何维持其在民众中正统性的问题充满兴趣;他关注普遍存在的暴力和社会剧变带来的威胁,即使对相对稳定的国家也是如此,他认为国家领导者应当通过采用能同时满足人民情感性需求(与身份认同相关)和工具性需求(实用经济的)的政策来不断争取人民对其统治的支持。凯尔曼认为当一种共同语使个体依附于国家时,这一任务实现起来就变得容易多了:

> 语言因此提供了一种连续性和范围,若缺少这种连续性和范围,首要的民族意识就无从建立;语言的产物是有形的,具有重要情感意义,是个体从先辈那里获得并将继续传于后代的,在当下,这些产物还是联系个体与广为散布的人群的纽带,尽管就个体而言,后者中的绝大部分不曾也不会与该个体产生私人交集……除此之外,联结孩子与母亲及其他直系亲属的原始纽带如今已经扩展至同一母语的所有使用者。因此,对一个(时间或空间上)遥远的集体的归属呈现出一些通常只表现在原始关系中的情感强度和不可简化的特性(1971: 31)。

凯尔曼的论述阐明了一个内含于许多语言教育政策的重要理念,即:语言是民族国家的基石,它被认为是一种"具有深度和广度的同志情谊,(它)使数以百万计的人在过去的两个世纪里,为如此有限的想象之物,与其说是杀戮,不如说是自愿牺牲"(Anderson, 1993)。凯尔曼的分析回应了安德森(1993)关于民族身份形成于使用不同共同语的群体之间的观点。

当然,所声称的语言和国家认同之间的关联,经常被用来作为压制少数族群语言的理论依据,这其实是建立在过于简单化的观念之上,这一观念就是不同的语言即具有明确区分界限的不同系统。对于语言和身份之间关联的强调,和对于多语社区中语言复杂性的否认,成为长期以来压制民族国家中少数族群语言权利的基础(Irvine & Gal, 2000)。社会上对语言的普遍观念以及许多对语言概念的学术分析都没有充分理解众多家庭和社区环境中语言异质的本质，这种混合语言库在多语地区或语言接触区的个体世界以及社会语言生态中是常见的（Haugen，1972/2001），多语地区或语言接触区是"在当今世界他们所生活的，通常在统治和从属关系高度非对称的情况下，完全不同的文化接触、碰撞、互相攻击的地区"（Pratt，1992：4）。尽管近年来有关语言政策的研究清楚地显示出语言和身份之间的关系是高度复杂、多变和不稳定的（Rampton，1995），但兴起于19世纪民族主义的有关语言和身份两者之间关系的基本假设仍然继续存在。确实，正如我们在本书各章中所看到的那样，语言与身份认同、与民族国家的紧密相关，以及语言教育政策的重要性，这些认识体现在了所有社会环境以及所有语言政策制定的案例之中，也体现在了那些有关语言保持和语言复兴的活动之中。例如，怀曼（Wyman，2004：256）在对阿拉斯加州尤皮克（Yup'ik）青少年语言转用的分析中指出语言是"当地身份的标记"。与之相似的是，一位在麦卡蒂研究（见本书第十三章）中受访的年轻人表示语言表明身份："当我说这种语言时，我觉得它让我变得更加本地化。"于是，我们会发现人们普遍认同语言在所有各种形式的身份（包括民族的、当地的以及我们之后将会看到的全球的）中起着核心和密切关系的作用。因此，民族国家的崛起及其身份相关信念的盛行，对语言教育政策有着直接和立即的影响，对于这一点大家应该不会有丝毫的质疑。

民族国家与语言教育政策

随着民族国家逐渐发展为经济、政治和社会结构中最重要的表现形式，人类的许多活动都受到了国家的渗透，其中一马当先的大概非教育莫属。阿利杜（Alidou，2004）着重指出，在民族国家和殖民主义出现之前，乡村地区的教育是以当地语言进行的，无须担心任何人强迫他们学习和使用外来语言。国家和殖民地教育体系出现之后，有关教学媒介语的激烈争论才会出现。在这之前，"不存在有关教学媒介语的争论，因为为了满足当地居民的需求，教育融入了当地的语言和文化环境之中"（Alidou，2004：197）。这一深刻见解的重要的直接推论就是教学媒介语政策的出现是随着国家、殖民地及后殖民时期当局的民族主义计划而出现的。因此，要理解语言教育政策，就必须涉及民族国家和相关民族主义进程中的目标和制度，尤其是涉及在不同社会群体间分配经济资源和政治权力的基本国家职能。

语言和国籍都是作为人类的想象行为而形成的，但这些想象行为能够成为人类活动的具体对象，并能以不同的自我意识程度为各种民族主义计划提供服务。当然，教育工作者、国家权力机构以及负责教育的政府部门可能意识到自己在支持民族主义进程中有不同程度的作用。不过，他们的政策选择受到了国家和影响政策制定的强势集团的需求制约，尽管政府官员可能对这些需求的理解和拨款有分歧，这一点约翰逊（2007；本书第六章）有所说明。比如，在18、19世纪，随着国语政策的兴起，对其他语言的压制行为就变得更加常见了。正如苏尔茨巴赫（Sulzbach，1943）所指出的：

> 今天，我们一般都接受像"民族意识"和"帝国主义"这样的表达方式，并认为这是理所当然的事情。因此，人们难以容忍别人的语言，这似乎是自然之事，并为人们所接受，仿佛自古如此。但历史其实并非如此……18世纪末之前，没有任何政府把人们的语言看作是与人们息息相关的东西。当这些政府通过武力征服或非暴力吞并的手段而获得新的属民时，他们并没有想要摧毁一种语言。

尽管在很长的历史时期内，皇室或帝国政府忽略了多样的地方语言变体，但是当民族主义席卷欧洲，语言政策很快成为强制推行社会制度并使其合法化的有效机制。在这一过程中，首先设立的便是军队。随着民族国家取代帝国，平民军队变得常见。对政府来说，问题就在于确保这些平民能够与他们的长官沟通，还有就是他们之间也能够互相沟通。正如苏尔茨巴赫（1943：49）指出的：

> 当19世纪平民军队替代雇佣军时，就是（法国语言政策）巨变来临之日……新兵必须能够听懂指挥官的语言，否则他们就无法遵循命令。因此，原来只会方言的人就不得不学习法语。

近年来，南斯拉夫存在着相似的强制性规则，在该国，塞尔维亚—克罗地亚语是军队的官方语言，相较于其他语言在教育、法庭、政府机构及其他领域享有官方地位。塞尔维亚—克罗地亚语的特权地位后来被证明在推动塞尔维亚强势地位的实现以及在数年之后导致1991年爆发的战争中都起着至关重要的作用（Gjurin，1991；Tollefson，2002b；Vučelić，1991）。

很多这样的事例表明，战争和军事制度常常在语言政策中扮演着主要角色（巴基斯坦；见 Rahman，2007）。

随着 20 世纪教育逐渐普及至越来越多的个人，语言教育政策日益被用来强化民族国家的权力，也因此还包括控制政府机构的社会语言团体的权力。这一过程可见于 19 世纪至今世界范围内的各种实例中：自 19 世纪起法国公立教育中使用标准法语；一战期间及一战后美国限制德语、波兰语及其他语言作为教学媒介语；德国纳粹对其统治下的奥地利南部斯拉夫语区强制推行德语；二战后南斯拉夫南部地区对马其顿语实行标准化，并把它作为官方的教学媒介语来使用；1957 年马来西亚独立后正式采用马来语为教学媒介语；肯尼亚和坦桑尼亚两国脱离英国实现独立后分别确立英语和斯瓦希里语为官方语言；1965 年新加坡独立后英语作为教学媒介语的作用日趋明显，造就了一个"蓬勃发展的懂英语的双语社会"（Pakir，2004：129）；自 1989 年起，科索沃的学校中强制使用塞尔维亚语，阿尔巴尼亚语的使用者们遭驱逐；自 20 世纪 80 年代起，英国再次主张在教育体系中使用标准英语；1998 年加利福尼亚州的全州公民投票通过了《227 号提案》，由此导致加州的许多双语教育计划终止；在卢旺达，法语与英语在教育领域中的冲突，这其实代表着两大种族之间以及卢旺达内战后两派的残余势力之间为了实现政治控制的深层斗争。

然而，自 20 世纪后 20 年以来，社会、经济和政治结构在全球范围内经历了根本性的变化。这些变化，通常我们称之为"全球化"，已经逐渐解构了民族主义、民族国家以及其他社会结构和社会身份认同的传统形式。因此，全球化的进程对于语言教育政策有着直接密切的影响。

全球资本主义环境下民族国家的衰退

我在这一节中的目的并不是要提出当今的全球化是新现象还是旧现象的新表现这样的问题（有关这个问题的讨论，参见 Friedman，2005；Waltz，1999）。而是我对于自 20 世纪后期出现并还在进行中的经济、社会和政治结构变化充满了兴趣，这些变化如此意义深远以致"人类社会的自身结构，乃至包括资本主义经济的一部分社会基础，都正面临被摧毁"（Hobsbawm，1994：584—585）的境地。面对如此强大并正在进行的变化，对于语言和语言政策当前在全球化的驱使下正经历着历史性的变革这一点也就丝毫不会感到奇怪了，这一历史性变革尤其表现为全球第一语言英语的崛起，以及曾经构成 20 世纪人类身份和归属观念核心的语言、语言社区和语言实践的根本性解构。

随着奥匈帝国和奥斯曼帝国[1]的终结以及 1918 年后和平条约的破产，新的国家开始出现。尽管欧洲民族主义的伟大思想已经取得了非凡的成功，但许多新成立的国家实际上仍然呈现多民族和多语言的情况。少数民族在某种程度上受到了宪法和代议制规则的保护，这（在原则上）是通过对公民权利和自由的保护来实现的，虽然在实践中这些准则常常遭到践踏。20 世纪 20 年代爆发的经济危机在 30 年代几乎席卷整个世界，导致了欧洲自由主义的崩溃。大萧条证明经济自由主义甚至无法提供给工人最基本的必需品，政治自由主义也就同样受到了冷遇。尽管在一些国家政治自由主义仍保持着统治地位，尤其是在英国、德国入侵之前的法国、美国、加拿大、哥斯达黎加、乌拉圭、澳大利亚和新西兰。在世界其他地方，极端右翼运动和法西斯运动开始兴起：德国和奥地利的纳粹党、墨索里尼领导的意大利法西斯党、克罗地亚的右翼组织乌斯塔沙（Ustashi）、罗马尼亚的法西斯政党铁卫团（Iron Guard）、西班牙的法西斯主义独裁者弗朗哥、比利时的法西斯组织雷克斯主义运动（Rexist movement）、葡萄牙的萨拉查（Salazar）政权、芬兰的"白军"（"whites"）、日本军国主义者、中国的蓝衣社（Blue Shirt Society）、伊拉克的穆萨纳俱乐部（Al-Muthanna Club）、巴西萨尔加杜（Salgado）的巴西整合主义（Brazilian Integralism）、墨西哥的红衫军（Red Shirts）、智利的人民自由联盟（Chilean Popular Freedom Alliance）及许多其他组织。

为大萧条时代拉下帷幕的第二次世界大战本质上是一场反法西斯战争。法西斯主义的失败使得右翼政治经济理论声名扫地，也预示了战后相对激进的政治和经济政策。除此之外，战后殖民体系的坍塌为非洲和亚洲的民族主义运动创造了新的机会。其中很多运动的领导者都是受过良好教育的少数民族成员，他们会说一种或多种当地方言、地区通用语（例如东非的斯瓦希里语）和殖民者语言，后者通常是在宗主国接受教育时习得的（如胡志明留法期间；见 Nguyên, 1997）。事实上，1945 年之后没有任何政治运动，无论是在欧洲、亚洲、拉丁美洲还是在推翻殖民统治的众多革命地区，会积极支持开放的自由市场的资本主义。当然，世人都普遍认为

---

1 原文"Turkey"应指奥斯曼帝国，第一次世界大战后，领土仅保有土耳其本部。1922 年，奥斯曼帝国被推翻。

为避免重大的经济灾难，政府的干预是有必要的，一战和二战之间的资本主义对那场经济灾难有着不可推卸的责任。此外，1945年之后的经济增长颇为可观，在工人阶级和中产阶级的生活水平稳步增长的情况下，许多国家的企业仍能保持盈利。这段经济增长期也惠及了许多随着殖民统治结束而崛起的新兴独立国家。该阶段在二战后持续了30年，其重要的成果之一便是中等教育和高等教育的迅速普及，还包括工人阶级子女接受教育的途径得到极大的改善，以及明确的语言教育政策越来越多地得到采用等。

然而，从20世纪70年代开始，世界经济体系和政治体系进入了一个至今仍未走出的危机阶段；事实上，自2000年以来危机仍在进一步加剧。这让人联想起两次世界大战之间的各类问题：大规模失业、迅速加剧的经济不平等以及严重的经济低迷。在这种情况下，政治日益具有以下特征：鲜明的个性和煽动性，对外国人、语言少数族群和其他"外人"的敌意，以及维护工人阶级的正式组织（如工会和工人政党）的消亡等。

民族国家无法应对这一危机是其各机构作用被不断削弱的原因之一。另一因素则是跨国公司日益加强的主导地位，其控制经济的力量现在甚至已经超过了最强大的民族国家。在经济中，全球化意味着跨国组织的发展，跨国组织的特点即是其公司没有特定的地盘基地，因此，没有一个民族国家可以对公司行为进行限制；这些跨国公司依赖于离岸金融（offshore finance，离岸即不受该国管制），民族国家也因此失去了对其汇率和货币供应的大部分控制权。其结果就是这种资本主义经济在很大程度上不受民族国家的控制。

正如许多分析者所指出的那样，这一跨国组织最关键的创新清晰地体现在制造业方面，其产品制造分散世界各地。这一关键创新首先就是依靠通信技术方面的革命。随着跨国公司将其活动转移至利润最大化处（例如在刚果搜集原材料，运至中国加工，在泰国组装，在新加坡的市场上销售），单一的具有世界影响的语言变得日益有用，尤其是对于那些在职业生涯中可能会经历数次国际范围内调动的经理和中层管理人员。因此。英语的崛起使得这一切变得非常高效，这也是跨国组织所依赖的。

但是英语的传播并不是经济全球化带来的唯一与语言相关的结果。具体公司职能发生了转移，不再为受过良好教育和（或）低工资的员工提供传统欧洲和北美国家保障员工的规章制度，这导致了城市国家、超小国家和地区（如新加坡、中国香港、科威特、卡塔尔、巴林）以及不受民族国家许多法律规章管辖的经济特区（如孟加拉的出口工业加工区、加纳利经济特区、韩国的自由经济特区、菲律宾的经济特区、中国的深圳经济特区等；巴基斯坦的卡拉奇出口工业加工区；赞比亚的经济特区）的兴起。这种新经济由此为小的民族集团在跨国经济中赢得分一杯羹的机会。其他历史因素（尤其是苏联解体的因素）的共同作用，导致了自20世纪90年初期起迅猛发展的新语言民族主义运动，它主张拥有对（小型）国家的领土主权。语言民族主义的发展、一些大型国家的解体促进了跨国公司的发展。霍布斯鲍姆[1]（Hobsbawm, 1994: 281）揶揄地评论说："对于跨国巨头最有利的世界是由侏儒国家组成的甚至是根本没有国家的世界。"

然而全球化带来的不仅仅是世界经济和构成统治的政治单位的转型；语言民族主义应运而生，并非单纯因为它符合全球资本主义的利益。全球化也同样促生了重要的社会变化（有时导致了反对全球化的激烈甚至是暴力反应）。这些最重要的社会变化包括移民、城市化取代农村生活以及对受过中等和高等教育的工人需求突增。所有这些社会变化都对语言教育政策产生了深远的影响。

在过去的二三十年间，世界范围内劳动力的国内迁移是最重要的社会变化之一。这一迁移表现出了从农村到城市的压倒性趋势。国际性迁移也同样如此，虽然大多数民族国家并不情愿接收不受限制的移民潮，并对此设限（但是其他形式的资本流动大多不受限制），但国际性迁移也同样规模巨大。

迁移意味着世界范围内农民和其他农村人口骤减。例如，1985年日本从事农耕业的人口从1947年的52.4%下降到9.0%，同时，甚至在北非等欠发达地区，农业人口到1990年为止也从总人口的三分之二减少到仅仅五分之一（FAO, 1989; ILO, 1990）。相似的还有拉丁美洲和东南亚的（农村人口）减少，虽然相对来说表现比较平和。值得注意的是，除中国和印度以外，到20世纪80年代为止，世界大部分人口都已实现城市化(United Nations Department of International Economic and Social Affairs, 1984）。农村的空心化伴随着快速的语言流失和语言转用，尤其是地区方言的流失以及城市通用语和学校语言的习得。

另外一个主要的社会变化是要求（员工）有一定教育程度的工作数量

1　埃里克·霍布斯鲍姆(Eric Hobsbawm)是英国著名历史学家、英国皇家科学院院士。其一生著作颇丰，其中"年代四部曲"尤为著名，包括《革命的年代：1789—1848》、《资本的年代：1848—1875》、《帝国的年代：1875—1914》和《极端的年代：1914—1991》。本书中的不少引用来自于其《极端的年代：1914—1991》。

迅速增长。农业生产所需雇佣的劳动力越来越少，世界上成千上万的人离开农村进入城市，现有的空缺职位逐渐开始要求文化水平和其他技能，这些通常都是可以通过学校教育获得的。另外，随着越来越多的国家推行了普及基础教育的政策，学校数量以及入学人数在总人口中的比例在全球范围内激增。例如，第二次世界大战之前，德国、法国和英国总计只有约 15 万名大学生（大约占总人口的 0.10%），但是到 2008 年仅这三个国家的（大学生）总数已达 674 万（Eurostat，2008）。增长多集中在 20 世纪 80 年代之前，当时不仅在欧洲，也包括诸如菲律宾、厄瓜多尔等经济欠发达的国家，学生数量占到了总人口的 2.5% 到 3.0%（Burloiu，1983）。

这些重大的社会变化对于语言和语言政策有着重要的影响。最显著的是，人口涌入城市意味着农村方言的流失，取而代之的是中产阶级、军官和政府官员所使用的城市语言。另外，聚集在城市而非农村地区的地区通用语（regional lingua francas）及前殖民语言的新变体对于多语化城市中群体间的交流日益重要，也逐渐成为城市学校的教学媒介语。随着新的职业种类在服务行业、商业、政府官僚机构和国际援助机构中的增多，家庭语言变体消失，并通常迅速地被中心城市、地区或者是国际商务语言代替。多语化的新形式变得司空见惯，这些新形式包括新的变体，诸如皮钦语（pidgins）、英语的当地变体或者是地区通用语的变体以及普遍使用的语码混合（code mixing）和语码转换（code switching）。然而，入学名额和新工作机会的激烈竞争，要求具有一定文化程度和具有不同熟练程度的英语能力及其他殖民性、地区性语言能力，常常会导致暴力和对少数民族的压制，在这种压制体系中语言教育政策就成为一个关键性机制。所有这些变化都在侵蚀着传统的农村社会结构，包括家庭和亲属关系体系。因为大部分语言的保持有赖于家庭内部的传承（Fishman，2000），当个人为学习或工作迁移至城市或其他国家，语言保持的核心机制（大家庭）或许就会被破坏，并为教育体系中日益服务于全球资本主义的语言政策的规章制度所取代（Spring，2006）。

因此，全球资本主义必不可少的过程（移民、城市化、职业转型）已经侵蚀了保持当地语言变体的社会基础。但同样重要的是，全球化也破坏了民族共同语的基础。民族国家失去了经济和政治权力，个人也做出相应的反应以使自己适应新权力体（即对英语能力、文化程度和其他技能有一定要求的国际公司）的规则。因此，我们看到了一些民族国家，即使是他们的民族共同语看上去很安全，而且所有儿童都在普遍学习这种民族共同语,他们仍然对自己民族共同语的未来表现出深深的担忧(例如日本,见本书第九章)。因此,要理解教育语言政策,我们必须先理解这种对民族语言未来的强烈不安全感和那些深信他们的历史记录在语言中并与语言紧密相关的人的民族认同。

最终,在全球化的作用下,"言语社区"(speech community)这一概念(欧洲民族主义的核心象征)被解构,取而代之的并不是另一种社区而是全球性身份认同的概念。为了表述这一新的身份,许多术语被创造出来,如"世界性"、"后现代"和"全球性"(Makoni & Pennycook, 2007),但关键之处在于这些身份的新形式与"民族"身份的传统概念明显不同,它们是快速变化的、不稳定的、高度个人的而非共同的。当然,所有身份认同的形式从根本上来说都是社会的,没有任何个人完全独立于社会群体之外,但是全球化已经动摇了基于地理和面对面交流基础上的身份认同。借用英国前首相玛格丽特·撒切尔的话:"社会是不存在的,只有独立的男人、独立的女人,还有家庭。"因此,全球化应该被理解为一种意义深远的非民族主义,甚至是反民族主义的过程,这不仅表现在其经济体系中,也体现在其相关话语和意识形态之中。

作为回应,全世界的人们都在谈论各种形式的身份认同政治,包括怀旧运动(如20世纪80年代美国的里根主义),语言民族主义(如匈牙利、南斯拉夫和印度)和好战的民族宗教原教旨主义(如尼日利亚和美国的反现代主义的基督教原教旨主义)。然而这样的运动既没有带来有效的令人满意的可替代的新身份形式,也没有提供一系列的连贯政策来对抗全球资本主义的绝对统治。恰恰相反,这样的身份认同运动是"求救的呼喊声……在社会道德沦丧的世界中寻求一个可以归属的'社区';在孤独的世界中寻找一个可以投靠的家;在全球资本主义尔虞我诈的环境中寻求一处避难所"(Hobsbawm, 1994:342)。

但是,英语作为一种全球性语言崛起后,世界又会怎样?难道英语没有为建立在共同语言之上的新全球社区提供基础吗?在某种意义上,英语是必胜的,因为它被普遍认为对所有人而言可以在任何情况下使用,不受语言和民族之间任何关联的限制(Pennycook, 2007),即使有明确证据证明学习英语的机会与经济阶层及其他结构性因素有关(Tollefson, 1989, 1991)。但是,这表面上一体化的社会语言学现象也会产生分化,最为明显的是新英语变体的崛起(Hoffmann & Siebers, 2009)。此外,英语的强势地位削弱了世界范围内数百乃至数千种作为社区基础的语言。互联网、万维网和虚拟现实是人类社区的不充分替代品；它们是全球交际的想象世界中的构成要素。这是一个虚拟的世界——不是用人类言语交流的世界。再者，近年来互联网的发展已经扩展至除英语以外的更多语言中。连接互联网和万维网的并不是能够跨越地理和文化界限的英语或其他有限的交际形式，而纯粹是信息的可及性（accessibility）：那些有足够的钱接入互联网的个体通过连接谷歌、脸谱网及其他在线媒体联系，而不是通过语言或其他复杂的交际形式来实现互动。事实上，正如科罗内尔-莫利纳（2007）所指出的，新媒体与其说是为统一的全球性社区的发展，还不如说是为濒危语言的保持和复兴提供了更大的机会。

换句话说，尽管英语的发展会威胁和破坏作为地区及民族身份认同基础的语言，但英语的传播并不意味着一个单一、统一的全球标准或"社区"真正意义上的胜利。相反，尽管全球资本主义在意识形态上声称所有人类都通过电子技术和英语联系起来了，但全球化所产生的是多重的、不稳定的、变化的以及个体身份完全碎片化的意识形态，这通常用来为资本主义服务。正如我们将在本书中看到的那样，任何地区的语言政策都必须面对以下基本进程：语言的流失、英语的强势和分化、语言转用以及长期以来为社会群体带来身份和归属感的语言基础所面临的崩溃与重建。

变化中的语言政策研究范式

现在，我要转向探讨这些语言政策新问题研究所受到的影响。何种研究形式能够被用来研究由全球性的经济、政治、文化变化带来的语言政策的深刻转变？这一问题将我们的注意力聚焦到了语言政策研究的方法和概念体系上。

作为语言研究的特殊领域，对语言政策的学术研究已经发展出自身特有的基本概念，以用来理解不同社会环境下的语言政策制定过程。这些概念体系包括：制定、实施和评估之间的区别（Rubin, Jernudd, Das Gupta, Fishman & Ferguson, 1977）；地位规划、本体规划（corpus planning）和习得规划（acquisition planning）间的区别（Cooper, 1989；Haugen, 1959；Kloss, 1968）；成本—收益分析和解释性政策分析（Grin, 2006；Yanow, 2000）；各种版本的自上而下和自下而上的政策制定方式（Kaplan & Baldauf, 1997）；语言生态学（Haugen, 1972/2001；Mühlhäusler, 1996）和治理术（Foucault, 1991；Moore, 2002；Pennycook, 2002）。这一系列的概念体系被广泛关注，并已经被证实能够有效地让我们更好地理解社会语言政策，但是这并不等同于语言政策的"理论"（Ricento，2006；Williams，1992）。这些不同的概念体系根据自身特点分别被归入强调社会结构的相对决定论"历史—结构方法"或强调个人和社区创造性作用的"公共领域"方法。该领域内的研究范式对立对于语言政策和规划的研究方法有着重要的影响。

语言政策中的历史—结构研究和公共领域研究

到21世纪初，语言政策研究可以被划分为两个主要阶段，各个阶段有着各自的核心研究问题、方法论和概念体系（Blommaert，1996；Tollefson，1991，2010）。第一阶段的研究始于20世纪60年代及70年代初的早期语言政策研究（Das Gupta，1970；Fishman，1968，1972b，1974；Fishman, Ferguson, Das Gupta, 1968；Haugen，1966；Rubin and Jernudd，1971），被称作为"新古典主义方法"（Tollefson，1991），"传统语言规划"（Kaplan & Baldauf，1997）和"自主模型"（Street，1993）。新古典主义方法的研究特点是集中关注民族国家，尤其是中央政府教育部门的语言政策。比如说，在多语国家，如东非的坦桑尼亚和肯尼亚，东南亚的印度尼西亚以及南亚的印度，国家权力机关必须就有关教学媒介语、学校教科书和材料所使用的语言以及第二或第三语言教学计划做出决定。早期的学者普遍认为制定该类语言政策的基础是技术性的专业知识。个体的学习者和社区很少被顾及，只有当他们给国家政策的实施造成困难时才会成为关注的焦点。大多数早期研究的乐观性假设是：国家语言政策能够对语言社区施加明显的有益影响，特别是能够为社会文化融合、经济的现代化和发展提供基础。因此，新古典主义方法的两大假设是：（1）民族国家应当是语言规划活动的核心，这主要是以发展和现代化为目标；（2）语言问题的解决方案应该是技术性的而不是政治性的，这应该由语言学专家来设计，这些专家通常不属于受语言政策决策影响的社区。

20世纪90年代伊始，语言政策研究进入了一个新的发展阶段，其特点愈发表现为关注权力、不平等现象及强迫性语言学习和语言行为政策所造成的影响。这类研究被称为"历史—结构方法"（Tollefson，1991）或"意识形态模型"（Street，1993），它受到了批评理论（critical theory）、马克思主义和新马克思主义分析以及各种世界主流范式内的帝国主义研究的影响（Phillipson，1992）。这一方法属于广义的批评语言研究，而批评语言研究是20世纪90年代以来发展最迅速并且最具活力的语言研究领域之一（Pennycook，2001）。同新古典主义研究一样，历史—结构方法同样集中关注于国家政策和制度，但是和前者的不同之处在于：语言政策被视为造成并维持不平等体系的机制，这一平等体系有利于有钱有势的个人、群体、机构和民族国家，同样，语言也是反抗不平等体系的机制（Tollefson，1995）。总体来说，采用历史—结构方法以及批评语言研究中的相关框架（例如批评教育学）的研究者都认定语言政策是造成经济资源和政治权力不平等分配的重要机制。

近来，历史—结构方法因其仍旧关注于政府而受到了批评。例如，约翰逊（2007）提出这一方法过多地关注于教育部门、公立学校、法定课程和官方政策声明。批评家指出历史—结构方法过分强调自上而下的规划和决策，而他们认为应当更多地关注于语言使用者个体、教师、家长、管理者和社区的局部性决策。对历史—结构研究的大部分批评主要是对其相对决定论观点的不满。例如阿布-卢格霍德（Abu-Lughod，1975）指责历史—结构方法把人类看作受磁力控制的铁屑，只有很小的创造性选择的空间。他批评历史—结构方法过分夸大了语言学习者和语言使用者被控制决策过程中的强大外力强行固定在某个特定语言习得、语言流失和语言使用模式中的程度。相比之下，近来的研究则强调个体和社区所做决定具有创造性的有利条件。对社区而非政策的反复强调使得研究者更多地将民族志作为语言政策研究的主要研究方法（McCarty，2010）。

因此，对历史—结构方法的批判开创了语言政策研究的新方向，即强调能动作用而不是结构，也就是说个人和团体有可能可以抵制、破坏和改变为强势集团利益服务的语言政策的运行方式。这一新方向减少了对国家内部间和国家间冲突的关注，更多地关注民族、地区和社区的边缘和边界；减少了对种族语言集团的关注，更多地关注混合的多重性身份；减少了对民族主义的关注，更多地关注世界公民；淡化对社会冲突根源的关注，更多地重视流动人口和网络；不过度重视商业资本主义的力量，而更多关注新型媒体和社区组织；减少对英语强势地位的关注而更多地关注新语言变体的崛起（包括英语的新变体）。

这一新的研究方向，以对个人和社区的力量和能动作用持相对乐观的观点为特点，受到了文化研究、人类学和全球化研究等跨学科研究的影响。其对社区组织和交际，对新媒体，对社区、政策制定者和各种机构间不稳定、不断变化的关系的强调，可以追溯至哈贝马斯的"公共领域"理论[1]，这是一个关于公共空间——也就是一个公共场所——的理想化（且不确定的）观念，公共空间是可以用来讨论公众热点话题的公共场所。"公共领域"这一术语体现了通过社区内日常实践活动制定出政策的公共过程观点（Swales，1990），这与历史—结构研究认为政策的制定和实施要包括政策制定者及其机构的任务、计划和实践的观点明显不同。

虽然哈贝马斯提出了一个理想化的、奇特的和理性的公共领域，在其公共领域中，种族、阶级和性别几乎都缺席（Lin，2010），但是，由他的批评者（Crossley & Roberts，2004）所提出来的多元化的观点看似更有效，即"多重的、通常非理性的、常常有辩论的公共领域"同时并存着（Jacobs，2000：3）。虽然处于主导地位的公共领域通常由国家权力机关、大型国家媒体和其他强势力量所掌控，但同时还会有许多更小的公共领域，其中一些（如美国的非洲裔美国人媒体）形成了"次反公众"（subaltern counterpublics），他们提供了挑战主流公共领域话语的反霸权话语（Gegeo & Watson-Gegeo，2002）。尽管强制实行的自上而下的语言政策部分地通过现代媒体拓展了其公共空间的管辖领域，但在讨论、协商和妥协的隐喻空间下，在这一范式下进行研究的学者们对社区内创造性行为的可能性持乐观的态度（Jacobs，2000）。

由此，我们发现在当今的语言政策研究中，强调相对决定论的历史—结构范式和强调相对创造性的公共领域范式之间的分歧。前者注重社会结构（尤其是阶级、种族和性别）在塑造、限制学校语言政策上的重要作用。而与之相对的是，公共领域范式强调在政策制定过程中所有参与者的能动作用，尤其是他们改变以阶级为基础的政策制定主体及其他制度性形式结构的运作方式的能力，而这种运作方式看起来具有着强制性和确定性（Ahearn，2001）。因此，在某种意义上，相对乐观主义的公共领域研究的兴起暗含了对历史—结构研究中的悲观主义的批判。

这两种研究范式之间的差异不是理论性的，而在于所强调和所关注的内容不同，甚至可能是由于不同研究者的性格所造成的。事实上，历史—结构方法和公共领域方法可能会在同一研究主体中出现（McCarty，2010；

---

[1] 所谓公共领域，哈贝马斯指的是一种介于市民社会中日常生活的私人利益与国家权力领域之间的机构空间和时间，其中个体公民聚集在一起，共同讨论他们所关注的公共事务，形成某种接近于公众舆论的一致意见，并组织对抗武断的、压迫性的国家与公共权力形式，从而维护总体利益和公共福祉。

本书第十三章）。不过，其差异也指明了研究中的关键问题，即在何种情况下政府和其他有权力的机构（如一些企业和非政府组织）能够通过语言政策将其意愿强加给个体和社区？在何种情况下个人和社区能够主动地参与他们自身的语言学习和语言使用？

这些问题贯穿于本书的所有章节。例如，安纳马莱强调，在印度，经济因素在国家语言政策的选择和语言学习者个体的决定过程中发挥着核心作用（第十章）。马兹瑞在第七章中分析了殖民遗产对肯尼亚语言政策的压制性影响以及近来努力重建语言学习和语言使用政策的原因。在第四章中，威利回顾了对美国语言政策历史造成重大影响的社会政治力量，包括了其对语言使用者个人所造成的影响。这些研究的相同之处在于都是对形成及制约社区和个人语言学习同语言使用的深层历史因素和结构因素的研究。

相反，约翰逊在第六章中对费城公立学校实施的名为《不让一个孩子掉队法》的联邦教育法进行了分析，强调了在联邦政策实施过程中人事变动的影响。在第十二章中，基迪欧和沃森-基迪欧分析了近年处在暴力和内乱中的所罗门群岛马莱塔人，探究了父母、孩子和教师创造性地应对教育挑战的能力。麦卡蒂在分析针对美国土著人社区年轻人的语言规划中（第十三章），直接运用了新语言政策研究的理论框架，该理论框架并不关注政策声明和计划，而是关注语言政策"所处的社会文化进程"（McCarty，Collins & Hopson，2011：335），这一进程涉及了个人、社区和制度之间复杂多变的关系。弗里兰在确认了尼加拉瓜加勒比沿岸地区的殖民主义和民族政治的遗留问题后，研究了以权力为导向的语言政策以及多语化社区对语言政策和政治的影响力（第五章）。这些章节的相同之处在于：他们都强调了创造性行为能力即使是在对个人行为高度限制的教育环境下仍然是可能有的。通览全书各章节，我们能够看到历史—结构范式和公共领域范式之间的紧张关系，即国家及其他权力机构的强制性力量与个人及其社区的创造性潜能之间的紧张关系。因此，我们也就看到了一系列的研究方法，包括适用于历史—结构范式的研究方法和公共领域范式的民族志（或其他定性的）研究方法。

结　语

在《语言教育政策：关键问题》的第一版中，多纳休关注于批评语言学家[1]在民主化进程中所能够发挥的重要作用。在他看来，批评语言学家和语言政策专家必须积极地分析政策，确定并描述深层意识形态的特征，对以社区为实施对象的政策的影响进行批判性的分析。只有这样，语言政策专家才能够为培养出多纳休所说的有见识、有理智、有怀疑精神的世界公民做出贡献，而后者正是民主政治体系的基础。

如今，在以下人类所面临的巨大挑战中，批评语言学家也同样起着重要的作用：日趋严重的经济不平等，环境危机，种族间和民族间的冲突，加剧的国际不稳定和暴力，寡头政治和煽动性政治，宗教原教旨主义和新法西斯主义及其对移民或语言少数族群等"异者"的敌视，维护贫困阶层和工人阶级的制度被破坏，等等。这些问题通常伴随着国家对人权的暴力与限制。如其不然，人类要面对这些问题并想出解决方案，就必须整合国际力量以协调世界范围内不同民族的利益。种族、语言和文化的差异是社会、政治和军事冲突的根源，为了调和这些差异，就不可避免地需要跨语言、跨种族和跨国性的努力。批评语言学家如果想为这一努力出一份力，就必须理解社会、经济和政治不平等的产生、伪装和维持过程，知道语言政策如何削弱等级制度并为所有语言变体的使用者提供更广泛的生活方式选择。我们坚信减少不平等和追求更大社会公正的进程终将成功，正是怀着这一希望，这本论文集也得以问世。

参考文献

Abu-Lughod, J. (1975). Comments: The end of the age of innocence. In B. M. Du Toit & H. I. Safa (Eds.), *Migration and urbanization* (pp. 201–208). The Hague: Mouton.

Adorno, T. W. (1994). *Hegel: Three studies* (S. W. Nicholsen, Trans.). Cambridge, MA: MIT Press.

Ahearn, L. (2001). Language and agency. *Annual Review of Anthropology, 30,* 109–137.

Alidou, H. (2004). Medium of instruction in post-colonial Africa. In J. W. Tollefson & A. B. M. Tsui (Eds.), *Medium of instruction policies: Which agenda? Whose agenda?* (pp. 195–214). Mahwah, NJ: Lawrence Erlbaum.

Anderson, B. (1993). *Imagined communities: Reflections on the origin and spread of nationalism* (2nd ed.).

1　批评语言学起源于20世纪70年代，旨在关注社会现实中不平等和不公正现象以及话语呈现权力和意识形态的方式，同时致力于发现改进这种不平等的方法。

London: Verso.

Blommaert, J. (1996). Language planning as a discourse on language and society: The linguistic ideology of a scholarly tradition. *Language Problems and Language Planning, 20*, 199–222.

Burloiu, P. B. (1983). *Higher education and economic development in Europe 1975–1980.* Bucharest: UNESCO.

Burns, T., & Fraser, I. (2000). *The Hegel-Marx connection.* Basingstoke, UK: Palgrave Macmillan.

Cooper, R. L. (1989). *Language planning and social change.* Cambridge: Cambridge University Press.

Coronel-Molina, S. M. (2007). Language policy and planning, and language ideologies in Peru: The case of Cuzco's High Academy of the Quechua Language (Qheswa-Simi Hamut'ana Kuraq Suntur). Unpublished Ph.D. dissertation, University of Pennsylvania, Philadelphia.

Crossley, N., & Roberts, J. M. 2004. *After Habermas: New perspectives on the public sphere.* Oxford: Blackwell.

Dallmayr, F. (1987). The discourse of modernity: Hegel and Habermas. *Journal of Philosophy, 84* (11), 682–692.

Das Gupta, J. (1970). *Language conflict and national development.* Berkeley: University of California Press.

Donahue, T. S. (2002). Language planning and the perils of ideological solipsism. In J. W. Tollefson (Ed.), *Language policies in education: Critical issues* (pp. 137–162). Mahwah, NJ: Lawrence Erlbaum.

Douzinas, C. (2002). Identity, recognition, rights, or what can Hegel teach us about human rights? *Journal of Law and Society, 29* (3), 379–405.

Eurostat. (2008). Students in tertiary education, 2008. Retrieved from http://epp.euro- stat.ec.europa.eu/portal/page/portal/eurostat/home/

FAO (UN Food and Agriculture Organization). (1989). *The state of food and agriculture: World and regional reviews – Sustainable development and natural resource management.* Rome: FAO.

Fishman, J. A. (Ed.). (1968). *Readings in the sociology of language.* The Hague: Mouton.

Fishman, J. A. (1972a). *Language and nationalism: Two integrative essays.* Rowley, MA: Newbury House.

Fishman, J. A. (Ed.). (1972b). *Advances in the sociology of language.* The Hague: Mouton.

Fishman, J. A. (Ed.). (1974). *Advances in language planning.* The Hague; Mouton.

Fishman, J. A. (Ed.). (2000). *Can threatened languages be saved?* Clevedon, UK: Multilingual Matters.

Fishman, J. A., Ferguson, C. A., & Das Gupta, J. (Eds.). (1968). *Language problems of developing nations.* New York: Wiley.

Foucault, M. (1991). Governmentality. In G. Burchell, C. Gordon, & P. Miller (Eds.), *The Foucault effect: Studies in governmentality* (pp. 87–104). Hemel Hempstead, UK: Harvester Wheatsheaf.

Friedman, T. L. (2005). *The world is flat: A brief history of the twenty-first century.* New York: Farrar, Straus & Giroux.

Gadamer, H.-G. (2004). *Truth and method* (2nd revised ed., J. Weinsheimer & D. G. Marshall, Trans.). New York: Crossroads.

Gegeo, D. W., & Watson-Gegeo, K. A. (2002). The critical villager: Transforming language and education in Solomon Islands. In J. W. Tollefson (Ed.), *Language policies in education: Critical issues* (pp. 309–325). Mahwah, NJ: Lawrence Erlbaum.

Gjurin, V. (1991). *Slovenščina zdaj!* Ljubljana: Art agencija.

Grin, F. (2006). Economic considerations in language policy. In T. Ricento (Ed.), *An introduction to language policy: Theory and method* (pp. 77–94). Malden, MA; Blackwell.

Habermas, J. (1982). *The structural transformation of the public sphere: An inquiry into a category of bourgeois society.* Cambridge: Polity.

Haugen, E. (1959). Planning for a standard language in Norway. *Anthropological Linguistics, 1* (3), 8–21.

Haugen, E. (1966). *Language conflict and language planning: The case of modem Norwegian.* Cambridge, MA: Harvard University Press.

Haugen, E. (1972/2001). The ecology of language. In A. Fill & P. Mühlhäusler (Eds.). *The ecolinguistics reader: Language, ecology and environment* (pp. 57–66). London: Continuum.

Hayes, C.J. H. (1968). *The historical evolution of modern nationalism.* New York: Russell and Russell.

Hegel, G. W. F. (2011). *Philosophy of history.* Calgary: Theophania.

Herder, J. G. von. (2002). *Herder: Philosophical writings* (M.N. Forster, Ed.). Cambridge: Cambridge University Press.

Hobsbawm, E. (1994). *The age of extremes: A history of the world, 1914–1991.* New York: Vintage.

Hoffmann, T., & Siebers, L. (Eds.). (2009). *World Englishes: Problems, properties and prospects.* Amsterdam: John Benjamins.

Humboldt, W. V. (1999). *On language: On the diversity of human language construction and its influence on the mental development of the human species* (M. Losonsky, Ed.). Cambridge: Cambridge University Press.

ILO (International Labour Organization). (1990). *ILO Yearbook of labour statistics: Retrospective edition on population censuses 1945–1989.* Geneva: ILO.

Irvine, J., & Gal. S. (2000). Language ideology and linguistic differentiation. In P. V. Kroskrity (Ed.), *Regimes of language: Ideologies, polities and identities* (pp. 35–84). Santa Fe, NM: School of American Research Press.

Jacobs, R. N. (2000). *Race, media and the crisis of civil society: From Watts to Rodney King.* New York: Cambridge University Press.

Johnson, D. C. (2007). Language policy within and without the School District of Philadelphia. Unpublished Ph.D. dissertation, University of Pennsylvania, Philadelphia.

Kaplan, R. B., & Baldauf, R. B. (1997). *Language planning from practice to theory.* Clevedon, UK: Multilingual Matters.

Kelman, H. (1971). Language as an aid and barrier to involvement in the national system. In J. Rubin & B. H. Jernudd (Eds.), *Can language be planned? Sociolinguistic theory and practice for developing nations* (pp. 21–51). Honolulu: University of Hawaii Press.

Kloss, H. (1968), Notes concerning a language-nation typology. In J. A. Fishman, C. A. Ferguson, & J. Das Gupta (Eds.), *Language problems of developing nations* (pp. 69–85). New York: John Wiley.

Lin, A. M. Y. (2010). Researching intercultural communication: Discourse tactics in non-egalitarian contexts. In J. Streeck (Ed.), *New adventures in language and interaction* (pp. 125–144). Amsterdam: John Benjamins.

Makoni, S., & Pennycook, A. (Eds.). (2007). *Disinventing and reconstituting languages.* Clevedon, UK: Multilingual Matters.

McCarty, T. L. (Ed.). (2010). *Ethnography and language policy.* New York: Routledge.

McCarty, T. L., Collins. J., & Hopson, R. K. (2011). Dell Hymes and the New Language Policy Studies. *Anthropology and Education Quarterly, 42* (4), 335–363.

Moore, H. (2002). "Who will guard the guardians themselves?" National interest versus factional corruption in policymaking in ESL in Australia. In J. W. Tollefson (Ed.), *Language policies in education: Critical issues* (pp. 111–135), Mahwah, NJ: Lawrence Erlbaum. Mühlhäusler, P, (1996). *Linguistic ecology: Language change and linguistic imperialism in the pacific region.* London: Routledge.

Mühlhäusler, P. (1996). *Linguistic ecology: Language change and linguistic imperialism is the Pacific region.* London: Routledge.

Nguyên Van Ky. (1997). Le Modèle français. In G. Boudarel & Nguyên Van Ky (Eds.). *Hanoi 1936–1996: Du drapeau rouge au billet vert* (pp. 56–83). Paris: Autrement.

Pakir, A. (2004). Medium-of-instruction policy in Singapore. In J. W. Tollefson & A. B. M. Tsui (Eds.), *Medium of instruction policies: Which agenda? Whose agenda?* (pp. 117–133). Mahwah, NJ: Lawrence Erlbaum.

Pennycook, A. (2001). *Critical applied linguistics: A critical introduction.* Mahwah, NJ: Lawrence Erlbaum.

Pennycook, A. (2002). Language policy and docile bodies: Hong Kong and governmentality. In J. W. Tollefson & A. B, M. Tsui (Eds.), *Medium of instruction policies: Which agenda? Whose agenda?* (pp. 91–110). Mahwah, NJ: Lawrence Erlbaum.

Pennycook, A. (2007). The myth of English as an international language. In S. Makoni & A. Pennycook (Eds.), *Disinventing and reconstituting languages* (pp. 90–115). Clevedon, UK: Multilingual Matters.

Phillipson, R. (1992). *Linguistic imperialism.* Oxford: Oxford University Press.

Pratt, M. L. (1992). *Imperial eyes: Travel writing and transculturation.* London: Routledge.

Rahman, T. (2007). The role of English in Pakistan, with special reference to tolerance and militancy. In A. B. M. Tsui & J. W. Tollefson (Eds.), *Language policy, culture and identity in Asian contexts* (pp. 219–239). Mahwah, NJ: Lawrence Erlbaum.

Rampton, M. B. H. (1995). *Crossing: Language and ethnicity among adolescents.* Harlow, UK: Longman.

Ricento, T. (2006). Language policy: Theory and practice - An introduction. In T. Ricento (Ed.), *An introduction to language policy: Theory and method* (pp. 10–23). Malden, MA: Blackwell.

Rubin, J., & Jernudd, B. H. (Eds.). (1971). *Can language be planned? Sociolinguistic theory and practice for developing nations.* Honolulu: University of Hawaii Press.

Rubin, J., Jernudd, B. H., Das Gupta, J., Fishman, J. A., & Ferguson, C. A. (Eds.). (1977). *Language planning processes.* The Hague: Mouton.

Spring, J. (2006). *Pedagogies of globalization: The rise of the educational security state.* New York: Routledge.

Street, B. V. (Ed.). (1993). *Cross-cultural approaches to literacy.* Cambridge: Cambridge University Press.

Sulzbach, W. (1943). *National consciousness.* Washington, DC: American Council on Public Affairs.

Swales, J. (1990). *Genre analysis: English in academic and research settings.* Cambridge: Cambridge University Press.

Taylor, C. (1975). *Hegel.* Cambridge: Cambridge University Press.

Tollefson, J. W. (1989). *Alien winds: The reeducation of America's Indochinese refugees.* New York: Greenwood.

Tollefson, J. W. (1991). *Planning language, planning inequality: Language policy in the community.* London: Longman.

Tollefson, J. W. (Ed.). (1995). *Power and inequality in language education.* Cambridge: Cambridge University Press.

Tollefson, J. W. (2002a). Introduction: Critical issues in educational language policy. In J. W. Tollefson (Ed.), *Language policies in education: Critical issues* (pp. 3–15). Mahwah, NJ: Lawrence Erlbaum.

Tollefson, J. W, (2002b). Language rights and the destruction of Yugoslavia. In J. W. Tollefson (Ed.), *Language policies in education: Critical issues* (pp. 179–199). Mahwah, NJ: Lawrence Erlbaum.

Tollefson, J. W. (2010). Perspectives on language policy and planning. In R. B. Kaplan (Ed.), *The Oxford handbook of applied linguistics* (2nd ed., pp. 463–473). Oxford: Oxford University Press.

United Nations Department of International Economic and Social Affairs. (1984). *Population distribution, migration, and development: Proceedings of the expert group, Hammamet, Tunisia, 21–25 March 1983.* New York: United Nations.

Vučelić, M. (1991). *Razogvori sa epohom.* Novi Sad: Politika.

Waltz, K. (1999). Globalization and governance. *Political Science and Politics, 32* (4), 693–711.

Williams, G. (1992). *Sociolinguistics: A sociological critique.* New York: Routledge.

Wyman, L. T. (2004). Language shift, youth culture, and ideology: A Yup'ik example. Unpublished Ph.D. dissertation. School of Education, Stanford University.

Yamagami, M. (in press). The political discourse of the campaign against bilingual education: From Proposition 227 to *Horne v. Flores. International Multilingual Research Journal.*

Yanow, D. (2000). *Conducting interpretive policy analysis.* Thousand Oaks, CA: Sage.

第三章 语言政策演进中的多重影响因素与领域

玛丽·麦克格罗蒂

在最近几十年，学者们发现与语言政策和语言规划（以下简称语言政策及规划）相关的作用因素和领域要比之前所知道的多。由此，也促使人们对语言政策及规划的认识不断提高：与20世纪50年代到80年代所得出的理论模型相比，语言规划活动更加复杂，充满了更多的变数。当代对其理解是建立在二战后重要的语言政策及规划基础性工作之上的，由于应用语言学家及其他社会科学家对语言规划理论及成果的解释力和预测力的批评，促使了语言规划理论不断完善，同时也使其面临更多挑战。这些新的认识也为在各种环境下进行语言规划活动的研究者和实践者带来了新的启示（Ricento，2000；Tollefson，2010）。洛·比安科[1]（Lo Bianco，2010：152）曾这样评论，产生于二战后的语言规划模式往往把语言规划行为看作一种具有机械性特点的客观科学，于是，人们过度简化问题的解决过程，完全忽视这些模式所面对的变化和动态的环境。与之相反，他将语言规划定义为"一种情境化的活动，它的特定历史和实际情况将影响人们对语言问题的判定，它的政治动因将决定哪些语言问题要通过政策的方法来解决"。本章的写作目的在于阐明这种对语言政策及规划更为复杂的当代理解，并讨论了近些年大部分在美国完成并以语言教育政策为重点的语言规划研究。这里需要说明的是，语言教育政策目前仍然是这一领域的主要热点，尽管它并不是唯一具有影响力的领域。此外，本章还将说明语言教育政策领域是如何在社会科学发展的洪流中树立典范的。本章旨在增进人们对该领域的了解，因此着重介绍了与当前语言教育政策相关的多个领域内的研究成果，提出问题，并为理论建构和研究指明方向，这样一来对这些问题感兴趣的读者就可以以此为指导来开展研究、采取行动。虽然所选的材料主要来自美国教育环境中的实例，但论述时将详细描述，以便读者能够确定它们与其他地区情况的相似程度。

传统研究主要关注于有关学校教育的语言规划活动，这一研究趋势仍

---

1 洛·比安科，澳大利亚墨尔本大学外语教育政策专家。又译作楼必安可、毕安寇。

在继续；语言教育规划问题，如教学媒介语问题，在美国等国家仍然长期受关注，并常引发各种争议（Tollefson & Tsui，2004）。公立教育项目体现了国家对其共同未来的期望，因为教育为社会经济成功和个人成就提供了能力、价值观、态度和技能等核心的也是最为理想的要素（Lo Bianco，2008a；Nussbaum，2010，2011a，2011b；Reich，2002）。政府的类型（专制的、民主的或其他）、不同国家乃至国家内部多样化的教育专业人士同非专业人士的参与程度和参与类型（McGroarty，2008）形成了多样的支持教育的可用资源。这些结构性差异，连同获取和参与教育资源的历史模式一起，影响了各层次教育供给的程度和性质。首先，让我们明确这一点，语言教育政策仍然是一个核心问题。然而，与此同时，为了理解影响语言教育政策的多重因素，有必要罗列出其他的作用因素、涉及的领域、宏观进程以及与语言教育政策相关的全国性和地方性的趋势与紧张局势。我们应当强调的是，以上很多因素早已在多年前就被学者认可了；我们之所以要在本章中进行罗列是因为这些因素在不同程度上体现了复杂的社会政治形态，尽管这些形态在不同地区和时期的影响力有所不同，但仍会持续地影响普通教育和语言教育——包括母语和其他语言的教育。

与语言政策及规划相关潜在发生作用的因素和领域

在众多与语言规划活动相关的场域中，哪些场域是为当前研究所证实的？斯波斯基（Spolsky，2009）提出了语言管理（language management）的众多管理域，"语言管理"是斯波斯基（2004）提出的语言政策三个组成部分中的一个（语言政策包括：语言信仰，或语言意识形态；语言实践，即人们的实际语言行为；以及语言管理，为控制语言选择和语言使用而表现出来的有目的的行为）。斯波斯基借用了费什曼在社会语言学领域所提出的语言使用域（domain）概念（它包括以下三个因素：具有代表性的地点，在该地点参与活动的人物，在该地点所谈论的话题和所使用的语言文字材料）来阐述在以下语言使用域里的语言管理问题：家庭域、宗教域、职场域、公共语言空间域、司法与医疗卫生域、学校域、军队域、各级政府域、国际组织域以及专门的语言管理机构。他所得出的结论是，就大部分而言，在这些语言使用域所进行的语言管理努力，其所产生的结果是复杂的，通常有利于单语霸权而不是多元主义和多语主义；比起"民主国家还在考虑如何在交际效率与自由之间实现平衡"，集权统治所能运用的控制性强制手段，已经更好地实施了自己的选择（2009：260—261）。肖哈米（Shohamy，2006）对于"语言"采用了一个更为宽泛的定义，其包括了以上所列语言使用域以及所有形式的社会符号和身份标记；还包括了可观察到的，如服装、音乐、饮食习俗和建筑等所有具有交际功能且与语言实践和政策相关的因素。

全球化、公私间的平衡和软硬实力的作用

我们分析对语言教育规划产生影响的众多因素和多样的校外环境之前，要特别关注另外三个宏观因素，因为它们在上文所提到的所有管理域中都起着作用，它们是：全球化，公有和私有权利责任观念的转变，实力的观念。这些因素对社会政治生活，对普通教育和语言教育都有着多重影响。

全球化

全球化，表现为人口、商品、资本和信息的加速流动，这在历史的长河中以及动态的现实中尤为明显，现在全球化影响着语言政策及规划、教育、语言学习和教学。全球化并没有唯一的确定的定义，致力于跨文化接触和适应研究的心理学家约翰·贝里（John Berry，2008：329）解释道，全球化涉及了联系的多样性，这些联系跨越了民族国家，构成了"一个复杂的过程……在这一过程中，世界某一地区的事件、决定和活动会对其他地区的个人和社区产生显著的影响"。他的研究以及许多其他学者的研究（Aleinikoff & Klusmeyer，2000；Louie，2004；Sassen，2001，2007；Suárez-Orozco & Suárez-Orozco，2001；Suárez-Orozco，Suárez-Orozco & Todorova，2008；Tollefson，本书第二章）表明全球化加速了各种形式的跨文化接触，这对个人和群体产生了多样的影响，但又不是以单一的方式产生影响的。库玛（Kumaravadivelu，2008）有关全球化对文化、教育和语言影响的思考证实，全球化与个人和社区的语言态度及语言行为之间有着复杂、多变和特殊的联系，因此也就对普通教育（包括语言教育）可能产生多样的影响。几十年来，在经济利益的驱动下，有利于制造业与服务业外包的经济和政治趋势促使了英语学习在海外的大规模扩张（Friginal，2007；Rahman，2009）。客户导向的技术在美国和欧洲兴起，比如自动取款机，它们的运用也迅速在全球范围内普及，但这与美国

英语或英国英语都没有任何特定的联系（Marling，2006）。在全球化背景下，人们的英语熟练程度越高，就意味着在当地经济中越有可能获得相对更好的就业机会，而这与对美国或英国政治社会习惯的特定忠诚并无关系（Kumaravadivelu，2008；McKay & Bokhorst-Heng，2008）。

视域和场域转变下的公有化与私有化努力

与20世纪大多数时候不同，21世纪全球化在新的政治形势中发展。社会学家保罗·斯塔尔（Paul Starr，2007：117）解释道，从第一次世界大战开始直到冷战，"全面战争，全球经济大萧条以及核武力集团之间的长期对抗"构成了20世纪大部分时期的特征，这也构成了自由国家发展的环境。20世纪末，随着苏联和东欧社会主义国家的解体，各国的实力对比发生了巨大的改变；在这一转折点上，当西方势力沉浸于"一种可以理解的解脱感"之中时，西方社会主义联盟的终结也带来了"一种对历史终极目标的必胜把握，这尤其体现在右翼阵营之中"（Starr，2007：182）。

支持者对这一观点是如此之确信，他们的反对者又是如此之少、分散在公共媒体中几乎看不见（至少是在"占领华尔街"运动之前），以至于很快"单一而又高于一切的世界政治规则使东西方的政府又重新回到了从前，这或是体现在俄罗斯的经济私有化进程中，或是体现在美国的社会保障制度中"（Starr，2007：183）。因此，在20世纪80年代后期和90年代早期，在限制政府权力并将许多政府功能（包括税收）部分或全部地转移到私有部门的计划下，强劲的国际政治势头又重新一致起来，这是由20世纪自由主义带来的巨大变化，后者始终坚持"建立高效可信公共机构"（Starr，2007：183）。由于这一势头是在从社会主义到某种形式的选举民主制的转变过程中出现的，因此民主统治能取得成就也成为了权力日渐萎缩的政府部门的希望，当然这部分也是"对政府根深蒂固的犬儒主义削弱了建立功能完善的市场和新民主体制的努力"（Starr，2007：183）所造成的。紧随着政府集权体制的消亡，这二者，即完善的市场和新的民主制度成为了一种迫切的需要。

斯塔尔（2007：182）强调，近年来，许多知识分子和记者已经不再试图在为公众奋斗和为个人奋斗之间实现平衡，以至于"许多作家和政客用'民主'来代替'自由民主'的说法，仿佛民主就是唯一可能的形式"。苏联及东欧社会主义国家的解体以一种特定的方式改变了美国政治的精神地图：原本在人们的理解中，自由主义是真正的中立立场，保守主义属于右翼而社会主义属于左翼，但是现在，许多美国人将"自由"这一术语作为"左"的同义词来理解和使用（2007：185）。但是，当美国政治中出现了这些意识形态上的转变时，欧洲则在经历着一种截然不同的政治和结构变化，欧洲共同市场按照计划向欧盟转变，"在大陆上建立了一个欧洲的自由规则，这是我们这个时代安静的，也是有待人们充分认识的革命"（2007：191）。虽然欧盟的建立最初是一个精英计划，对大多数成员国来说，它顺应了民意却未赢得广泛的赞誉，但是，欧盟建立的目的是要创建一个真正意义上的比第一次世界大战以来的任何一个时代都更加自由的欧洲，消除成员国之间的关税壁垒，建立单一货币，接手处理"关键性问题，如环境政策、农业政策和竞争政策"，并开始接管外交关系和国防实务（2007：192）。尽管在当前经济形势不稳定的大环境的压力下，斯塔尔所说的"联合主权"的建立仍在有条不紊地进行：一体化一步一步地从一个地区渗透到另一个地区，而且面对来自美国和东亚的竞争压力，欧洲国家的主要领导人已经反复确认，共同的国家利益在于不走回头路，在于推动经济政治一体化进程不断向前发展（2007：193）。

另外，拥有共同欧洲公民身份这一理想，现在已经在某些领域得以实现，如欧盟公民可以在成员国之间自由旅行。除此之外，教育合作交流的许多领域，如语言学习和教学项目以及对小语种的保护和复兴，都展现出教育政策制定者广阔的、全方位的视野（van Els, 2000）。在苏联解体之后，美国"自由主义"的含义实际上已经发生了改变，其话语和实践都已变得不再是实现公私之间的平衡，而是偏向于后者私有化，与此同时，欧盟在地理和所涉及领域两个层面上都在不断扩张，展现出一个"混合……社会市场的自由主义"的新模式（Starr, 2007：192），这将是一个大趋势，它将超越国界，有利于创造共同财富，也利于推动多语学习的发展。这些截然不同的景象对于教育政策，包括一系列语言教育问题在内，都有着重要的影响。

软硬实力的影响度

个人、社区和国家被卷入全球化进程之中，在许多方面，也改变了公有与私有的领域，值得注意的是，他们的力量将不仅仅是影响全球化的进程和结果。洛·比安科（2010）和托尔夫森（2010）对语言政策及规划的特征描述显示出，语言政策像政治政策、军事政策和商业政策一样，已经被人们意识到其越来越明显的可能性、动态性和多面性的特点。这些正是权力关系的特征，这些关系是通过各种软硬实力群来体现的，软硬实力是由身兼多职（学者、政府官员和外交家）的约瑟夫·奈（Joseph Nye，2010）[1] 所提出的概念。在系统地阐述在未来几年会影响个体、政府和国际机构行为的实力的本质时，奈注意到，传统的对实力的定义是建立在国家对资源的控制（包括物质、人力、资金、企业和技术）、国家表现（外部约束、基础设施和理念）以及这些要素结合起来所决定的军事力量（Nye，2010：4）。但是，武力并非能同等地适用于任何社会问题。而且，到了20世纪后半叶，社会学家对这一方法愈发不满，并开始从行为和关系角度来详细阐释实力。

约瑟夫·奈对比了"实力作为资源"的模式与"实力作为行为结果"的模式，发现后者将实力视作"改变他人行为以获得所想要结果的能力"（Nye，2010：10）。他介绍了关系型实力（relational power）的三个方面：使用威胁或奖励来改变他人行为的能力（强制力或控制力）；控制行为计划以限制他人选择的能力（建构力或计划设定力）；创造并形成他人的信仰、认识和偏好的能力（或者说是软实力，即劝服他人有意或无意地赞同某种信仰和偏好）（Nye，2010：14）。关系型实力的这三个方面一直都是与社会背景相关的；后两个方面尤为关键，因为它们把社会网络的重要性置于最突出的地位，这种社会网络也是权力结构中一个至关重要的方面。社会网络的范围、社会网络内部交际的性质、社会网络连接的紧密程度以及社会网络交际中存在的距离和缺陷等因素，都会影响到社会网络的强度以及网络内部的信任程度；继而影响网络内部为共同目标而努力的群体能力，或者说是"综合实力"（Nye，2010：17）。

因此，交际策略始终对于具有影响最终结果的能力起着关键性的作用。此外，如今的交际工具不仅包括文字，也包括图像；新技术不仅使交际变得更快，同时也使交际可以通过各种方式来实现，这意味着越来越多的个人和群体有了获得更多种信息的机会。将所有这些信息整合为连贯的

---

[1] 约瑟夫·奈是国际关系理论中新自由主义学派的代表人物，以最早提出"软实力"（soft power）概念而闻名。他在1990年出版的《注定领导世界：美国权力性质的变迁》一书及同年在《对外政策》杂志上发表的题为《软实力》一文中，最早明确提出并阐述了"软实力"概念。约瑟夫·奈所说的"软实力"，主要包括文化吸引力、政治价值观吸引力及塑造国际规则和决定政治议题的能力，其核心理论是："软实力"发挥作用，靠的是自身的吸引力，而不是强迫别人做不想做的事情。

叙事的能力,在某种意义上将吸引别人相信并改变其行为;正如约瑟夫·奈所评论的,"在信息化时代,……除了强大的武装力量之外,吸引人的故事也同样可以决定最终结果"(Nye,2010:19)。在过去的十年中,有关学习和教学的各种叙事已经在美国声名鹊起,它们的倡导者在许多教育领域中发挥着重要的影响,例如学校组织、师生评价、课堂材料、教学评估、教师招聘和培训以及教育质量认定等领域。这些叙事在不同程度上影响了母语和其他语言的教学与评估。

我们现在转向思考来自于教育和语言学习领域的各类叙事,目的是探讨日益增多的新作用因素和相关领域,以及不同性质的全球化进程和权力动力,是如何引发对语言学习的目标和方式的坚定信奉与激烈争论的,而后者——语言学习的目标和方式是语言教育规划的基础。讨论将聚焦于美国中小学教育中的语言政策及规划,这是因为近年来该领域的变革影响了大批学生和教师,并涉及学校管理和经费的根本性问题,该领域改革所产生的不同意见的声音要比成人教育领域的大,这也同样反映出全球化的影响(Burns & Roberts,2010)。我们罗列了当前美国公立教育和语言教育领域的争论,读者可以以此来与他们本国语言教育规划领域的影响因素进行对比。

美国在全球英语热潮中所处的孤立地位

在国家话语和实践层面上,美国学校教育基本上一直不受二语或外语学习的全球热潮影响,也不去关注在该领域的投资,除非是考虑到它会与国家安全相关(Lo Bianco,2008b)。在美国,围绕双语教育项目的争议急剧增多,与此同时,全球其他地区却在不断致力于为更低年龄层的儿童提供双语教学和必需的外语教育,尤其以英语为代表,但不仅限于英语(García,2009;Nikolov & Mihaljević Djigunović,2011)。虽然全球化的趋势点燃了人们对英语学习的热情,但目前在美国,此类鼓励人们精通多种语言的全国性运动仍未出现(虽然某些地方实际上给予了英语以外的语言学习更多的关注,后有详述)。全球性的英语学习热潮和美国在语言学习上所处的孤立地位可以被看作一枚硬币的两面:学校倾向于把教育转化为高级培训,因为后者可以更容易地培养出经济上成功的学生。当然,期待教育为经济做出贡献这件事本身并没有任何不妥,但是如果将其视为教育的唯一目标,那么将不仅危及所有的课程安排,还会破坏教育的根本意义。正如哲学家、法学家玛莎·努斯鲍姆（Martha Nussbaum，2010：2）所说的：

> 我们或许会认为，自然科学和社会科学的人文性在于其具有想象力和创造性，具有缜密的批判性思维，但是，当各国倾向于发展有助于谋利的实用性技能来追求立竿见影的效益，我们对这些科学在人文方面的认识也就随之失去了根基。

她进一步讨论了这一趋势并认为，从总体上来看，在美洲、欧洲和亚洲的许多国家中出现了两种截然不同的教育观，一种关注"谋利"，而另一种则关注培养学生成为"一个更具包容性的世界公民"（Nussbaum，2010：7）。

当前社会在强调教育是完全建立在预期经济回报的基础之上的，即使是在这一论调充斥社会之前，美国通常被认为具有"非英语的语言学习最终会失败的社会预期"（Reagan & Osborn，2002，转引 Larsen-Freeman 和 Tedick[即将发表]）。此外，由于学校的预算被缩减，甚至由于日益仅关注作为衡量学生个人进步和学校质量的英语和数学成绩，许多地方性和全国性的教育机构只能减少第二语言学习的机会（Moran，2011；Ravitch，2010）。政治修辞（political rhetoric）[1] 强调美国学生有必要发展参与全球经济的能力，因此这也在很大程度上限制了对数学能力、科学能力以及理解数学等学科所需英语阅读能力的过度讨论。如今已不像当年那样，当苏联的第一颗人造卫星成功发射后，美国开始改革教育，其中包括为了获悉非英语国家的科技发展情况，支持日益增长的第二语言学习，尤其是提升俄语教学。在冷战之后的一段时间内，总的来说，对外语或第二语言学习唯一的政策性支持是针对涉及国防的语言而非针对所有有利于推动全球交流的语言（Lo Bianco，2008b）。因此，当前在对什么才是合适的教育内容进行政治性论证时，忽视了诸如艺术、历史、其他语言以及（本族语或其他语言的）文学研究等领域，而这些是培养同理的想象（empathic imagination）和发展第二语言习得（SLA：Second Language Acquisition）的重要领域，这些领域可以用来增强对跨民族和跨国界的人类表达与体

1　政治修辞是政治主体围绕政治利益，运用一定的政治语言技巧所进行的修辞行为，其目的是说服受众、达到政治主体的政治目标。

验的理解，而这又正是为许多学者所推崇的教育目标（Nussbaum，2010，2011b；Reich，2002）。

美国人普遍缺乏学习第二语言的兴趣，除了因为预期有可能会失败之外，在大多数地区，许多美国人的日常活动局限在了一个单一化的社会中，因此人们普遍认为能说英语就行了，不需要再学习其他任何语言。最近的经济衰退已经缩小了中产阶级的规模；最新的研究表明，在美国最大的117个大都市区中，大约有44%的家庭生活在中等收入居住区，与1970年的65%相比有了明显的下降；大约三分之一的家庭生活在富裕或贫困之中，这一比例是1970年15%的两倍多（Tavernise，2011；Duncan & Murnane，2011）。在美国的许多大城市及其周边，以及一些郊区和小城镇，工作场所都根据人种与种族进行隔离和内部分层（Waldinger & Lichter，2003）。成年人即便是在大型公司或组织中工作，每天见面的同事也通常是几个人的小团体；生产过程中的各个领域完全可以由只说一种语言的人掌控；工作的性质和节奏意味着人们在工作期间没有时间也没有动力去学习另一种语言。如果美国人是任何一种宗教传统的积极参与者的话，他们不太可能归属于一个由各种人种和种族构成的宗教团体，尽管不同的主流教派在这一点上或许会有些差异（Putnam & Campbell，2010）。虽然日益明显的经济、社会和公民的两极分化本身并不能扼杀人们对第二语言正式学习的兴趣，但是，它却给社会中上阶层在日常生活中接触除英语以外的其他语言带来了一系列问题，与此同时，也给其他语言的使用者在日常生活中接触英语带来了不利。

尽管在地区和地方层面，一些公立学区和私立学校从历史上至今一直尊重并致力于语言学习，但这种情况通常是与使用非英语的人口分布情况密切相关（Crawford，2004；García & Bartlett，2007；McCarty：本书第十三章）。美国大多数典型的公立教育项目至今仍然受到以下因素的制约：制度的不作为、资源基础萎缩、高度指定性地强调"标准英语"发展的传统意识形态、支持语言同化观念的政治压力以及国家和地区的历史因素。虽然美国和加拿大的不少学者已经对掌握多语的个人价值与社会价值做出了具有说服力的论证（Carens，2000；Nussbaum，2006，2011a；Reich，2002），但是他们所证明的多语对受教育者个人而言具有重要价值的观点，在最近的许多实践中，让位给了另一种教育话语，这种教育话语的基本观点是：只有从经济和商业领域汲取经验的改革及行动方式才是实现教育成功的唯一途径。这一观念甚至影响到了针对美国学习者的以祖裔语言西班牙语开展的教学，这些学习者现在发现，教材与课程更强调作为商业语言的世界西班牙语的学习，而并非许多美国社区中存在的西班牙语变体的学习（Leeman & Martinez, 2007）。现在我们要转而讨论美国教育中最重要的趋势之一，也就是教育的碎片化和私有化，以及形成这一趋势过程中的叙事与反叙事，和由此所带来的对语言教育政策及规划的影响。

扮演核心教育角色的私立、公立及公私合营机构

对公立机构的不满与不信任，以及不断紧缩的公共教育预算，意味着影响学校为学生服务能力的资金缺口越来越大，特别是影响了那些家庭不好的学生，当然受到影响的也不仅限于他们。各种有影响力的参与者，包括商业界精英和企业在内，为自己的信念（有时也为自己的产品和服务）寻找到了肥沃的土壤，有些人是无偿提供（Molnar, Boninger & Fogarty, 2011），而另一些人则贴上了自己的价格标签。在许多国家，其中也包括美国，商业以各种形式参与到了教育之中，这一现象已经持续了几十年。随着政府不断通过各种形式的评估和评价向学校施压，要学校展示出对各类学生的培养成果，政府要求学生所达到的专业知识和技能超出了许多地方教育机构甚至国家教育机构的培养能力，这也就导致商业渗入教育中的现象日益普遍。

在我们讨论商业渗入部分语言教育领域之前，有必要简要回顾形成以下观念的深层原因：美国公立教育几十年以来一直是失败的（有相反的观点，见 Rothstein, 1998），与此同时公众希望并预期私立教育更有可能获得成功。语言学家乔治·莱考夫[1]（George Lakoff, 2006, 2008）根据近年来认知科学的研究成果，对政治信念进行了解释，并引起多方关注（Westen, 2007）。根据研究可以了解到：当大脑回路在瞬时连续的激活中连接起来时，大脑不同领域的神经网络的迅速激活将形成新的完整的整体感知。当大脑"连接部位"被相似的经历反复激活，连接部位的功能也就不仅仅是加速，事实上也将创造出新的体验（Westen, 2007：26—27）。神经网络的无意识功能使得人类能够在感知和解释信息过程中通过一系列"框架"来理解复杂的世界，这些"框架"连接了原因和结果。这些能产生积极、消极情感也能产生喜悦、厌恶情感的连接，在意识之前并在意识

---

[1] 乔治·莱考夫是认知语言学领域的代表人物。他与人合著的《我们赖以生存的隐喻》奠定了他在隐喻研究方面的学术地位，并使隐喻研究成为认知语言学研究中的一个重要领域。

之下发挥作用，使我们能够瞬时做出社会政治判断，之后每当这些判断被获取时都会被不断地强化。此外，强化的框架"不仅会影响人们对于某个问题的想法和感受，而且还将影响他们选择性地忽视一些东西"（Westen，2007：264），因此也就会破坏人们把握全局的能力。莱考夫把这些建立在神经结合基础上的框架称为具有连贯性的"事件结构"（2008：26），这些事件结构有利于信息的事先筛选和解释，从而实现能够引起积极或消极联想的即时评价。对于许多美国选民来说，提及公有领域就会引发他们的消极联想，而私有领域则充满了积极的期望。针对这一观点，莱考夫（2006：70）评价道："未经私有化就被用于生产的东西不会产生任何价值……只要被私有化过的东西都可以用于发展。"教育的私有化进程对于建构基本问题、提出相关的行动方案都有着实质性的影响。

当前美国政治和经济现实中的一个不利状况就是莱考夫所说的"私掠行为"，它影响了最近教育以及医疗保健、灾难援助、军事等许多其他领域的发展，就当前所讨论的话题来说，它对教育的影响是更为关键性的。莱考夫（2008：133）将私掠行为定义为：

> 私有化的一种特殊情况，在该情况下，政府执行道义上的关键任务的能力被政府自身由内而外地系统地破坏了，而公共基金则为私有企业提供资本以使其接管政府的重要职能，并因此要求政府支付一大笔费用，同时避免承担所有的责任。

美国所采取的措施在全球范围内都具有影响力，如果一个国家能赶上美国的水平，那就有可能会在其他国家也找到当代私掠行为的例子，但是这里的讨论将只会关注私掠行为给美国教育带来的影响。各州层面和国家层面的言辞论争和立法变化，尤其是教育领域内的，已经被用于建立并保持对教育改革的支持，比如支持并不平等服务于所有儿童的特许学校（charter school）[1]和网络学校的改革。

由于对包括学校在内的公立机构的普遍不满和公立机构自身内部的不足，使得原本主要由公立机构履行的职责（包括普通的公共教学）被移交

---

1 特许学校是一种"公办民营"性质的学校，最早于1991年出现在明尼苏达州。这类学校由教师、家长、教育专业团体或其他非营利机构等向地方学区提出申请，经学区核转教育局批准后由申请人组织成自治团体独立经营。学校经费由政府负担，但由私人来经营，不受例行性教育行政规定约束，为例外特别许可的学校，所以称之为"特许学校"。特许学校像其他公立学校一样，必须接纳所有的学生，不得有任何限制。

给了混合或组合各种公私行为特征和资助体系的机构（Sánchez，2011）。于是在美国，出现了一些新的现象，如特许学校的发展，教师认证形式的改变，商业赞助教学材料和课程的开发，此外还有商业出版社越来越多地参与到课程和评估领域等。所有这些新情况都曾被教育领域的研究者和学者拉里·库班（Larry Cuban，2007）、吉恩·格拉斯（Gene Glass，2008）和黛安娜·拉维奇（Diane Ravitch，2010）等详细地讨论过，本文这里的分析在很大程度上得益于他们所做的工作。此外，尽管这些因素被期望能有助于学生群体构成的某种多样性，以及教育责任（如教师选拔和课程规划的责任）的界定和划分，但是人们却不约而同地强调提升学习的唯一核心方法，就是高风险的标准化测试，测试的结果可以用于判断全体学习者（包括因残疾而产生特殊需求的学生和将英语作为第二语言学习的学生）的进步程度（Menken，2008；Rothstein，Jacobsen & Wilder，2008）。所有这些发展为特定的语言教育和普遍的真正民主的学校教育带来了实质性的挑战与新的机遇。

教学的分散化：特许学校及其他选择

特许学校在美国的发展可以被理解为是"公立学校私有化"过程的一部分（Glass，2008：154；Ravitch，2010）。在美国，家长和老师在向州教育部门提交了正当理由和课程规划后就可以成立一所特许学校；不同的地区会存在着不同的要求，但是总体上来说，与教师认证和财务透明制度这些核心领域相比要更为宽松。如果申请通过，特许学校就会接收那些本来要进入当地公立学校的学生。美国教育心理学家、教育研究协会前任主席格拉斯（2008：146）指出："在美国，解决'教育危机'的大部分提案都带有削减成本或'挑选'的特点……然后用激发竞争效应或呼吁个人自由的方式来为这些提案辩解。"

通过对20世纪90年代和本世纪头十年美国K-12[1]招生模式的描述，他得出的结论是，教育补助券[2]、特许学校、税收优惠、开放入学和家庭学校等形式的改革已经逐渐被白人中产阶级用于"在公立教育体系内资助一种变相的私立或部分私立的教育"（2008：155）。确实，当本章正在写作

1　K-12为美国基础教育的简称。"K-12"中的"K"代表Kindergarten（幼儿园），"12"代表12年级（相当于我国的高三）。

2　教育补助券，就是政府发给学生家长的一种有价证券，学生家长可以凭此在任何政府许可的学校，包括私立学校中代替学费或其他教育费用。目的是促进学校特别是私立学校与公立学校之间的竞争，以提高教育质量。实质是运用市场手段来运作公立学校，以恢复其活力。

之时，亚利桑那州参议院财政委员会通过了一项将现有的私立学校学费税收减免再增加一倍的决定，但这项措施只适用于从公立学校转到私立或者是教区学校的学生，同时完全免除任何形式的年度考核，而这些考核要求在其他所有公立学校和特许学校中都作为一种绩效责任制度存在（Fischer，2012）。前年曾有过一次类似的尝试被来自共和党的亚利桑那州州长否决，对其否决并非是出于思想观念上的不同，而是出于担心这种措施将会进一步消耗已经入不敷出的财政。最近所提的建议遭到了教育团体代表的反对，反对者中包括亚利桑那州学校董事会协会的说客[1]，他们反对免除在亚利桑那州内所有其他学校中都在实行的考核制度。然而，这一观点遭到支持该提案的州参议员的反驳，该参议员称："只要父母做一些调查，就可以做出选择，然后……将他们的孩子送到一个他们认为最合适的学校。我不知道你所需要的绩效责任制有比这样更有效的吗？"（Fischer，2012：46）立法最终能否成功仍是一个未知数，但是这明显体现出政治决策者在州议会中的影响，他们可以不受已有研究、民主公平和财务责任的束缚，提出一种将公共资金引向私立和半私立教育机构的新管理模式。然而与此同时，人们也开始意识到，仅仅是对学校的选择并不能保证学生成绩的飞跃；一份近期的报纸在头版报道中称，某些特许学校的支持者已经开始呼吁"不仅要选择，还要好的选择"（Kossan，2012）。

特许学校的招生情况很难反映出学校周围人口在种族与文化上多样性的特点（Frankenberg，Siegel-Hawley & Wang，2011）。这是由于特许学校的课程设置规模各不相同，通常都不及公立学校的课程广泛，所以就限制了获取用各种外语进行教学的机会。除了特许学校以外，目前的教育图景（educational scene）中还包括许多在家自学的年轻人和一些在线完成部分甚至是大部分教育的人。以百分比来计算，美国的家庭学校教育已经快速发展成为代替传统公立教育的新选择，其部分原因在于这种教育形式的起始基数小。现有的数据表明，这是"一场迅速发展的、带有宗教意味的白人中产阶级的运动"（Glass，2008：171）。在所有的这些环境中，国家标准的执行反复变化，持续连贯的第二语言学习的机会也是在不断变化。从世界范围上来看，有证据表明，公立教育质量的不均衡性推动了人们对私

---

[1] 此处原文为 lobbyist（"说客"）。lobbyist 这个词已经深深植根于美国政治文化中。在美国，利益集团花钱请来专业人士作为说客，通过"第三院"（lobby，美国的每个行业协会一般都有自己的院外游说集团，称为"第三院"），来实现本集团利益在立法院中的代表。说客们频频出入于国会两院，进行疏通、收买或胁迫活动，以影响国会立法和政府决策。

人辅导的需求增长，但是只有家庭经济条件允许的学生才能够得到这样的辅导，这并不是在发展中国家中特有的现象，但在发展中国家中表现得尤为明显（Hamid, Sussex & Khan, 2009）。

在线学习——更受欢迎的教学模式

除了人们以巨大的热情将特许学校作为更受欢迎的学校组织模式外，我们同时还看到人们以相似的热情，甚至有时以更大的热情，将在线学习作为最理想的有时也是唯一的教学模式。事实上，不少特许学校只在网络上存在（Saul, 2011）。通常，在商业界领袖和州议会议员等有影响力的政策影响者看来，以科技为媒介的教学是具有优越性的，对许多工作而言也是必需的，因此也是不同背景的学生取得经济成功的途径（Ravitch, 2010；Ryman & Kossan, 2011）。但支持这一推测的证据毫无疑问是混乱的（Cuban, 2001）。虽然对这个新领域的研究很少，但迄今为止的研究结果仍然有力地驳斥了这种观点。在最近一个针对全国11.6万名在线学习者的研究中，我们发现，只有约27%的学生符合美国联邦的"适度年度进步"（adequate yearly progress）标准[1]，而在私立传统学校或实体学校中有52%的学生达到这一标准，这一比例不亚于美国公立学校中的比例（Anderson, 2012）。教师们可能已经发现，或许可能还没有发现，对教学技术运用的强调与什么才是最佳教学的评判直接挂钩。当然，这会由于学科及师生背景的情况而有所变化。但是，即使是在校外日常活动中经常运用技术工具的教师，也不总是希望课程或教学活动完全建立在以技术为媒介的基础上。最近，一个有关这种分歧的案例就发生在美国爱达荷州。2011年该州议会通过了一项法律，要求所有学生必须至少参加一门网络课程才能从高中毕业，此外该法律还规定为所有学生和教师配备笔记本电脑或平板电脑（Richtel, 2012）。这两条措施都需要额外的资金，爱达荷州议会提议通过减少教师和管理者的工资来获得一部分资金，由此技术开支与教育工作者的报酬形成了直接的对立。

如果暂时将目光只聚焦于在线技术为第二语言学习所创造的机会

---

[1] 美国教育部在《标准和绩效责任指南》中对此做出了具体的解释。"适度年度进步"表明学生学术表现以实现规定课程标准而持续有所提高。对一所学校的绩效责任而言，它有三个方面的含义：一是学生成绩每年都能得到持续、实质性的提高，达到州课程标准所设定的年度目标，二是这种进步和提高将与州对学校的最终评估联系起来，三是除此之外还需要运用辍学率、出席率、保持率等指标来确定这种进步。

上，我们就会发现，在目前研究领域，对相关问题进行探讨时更关注于与使用电脑及其各种功能有关的"生态"问题（Lafford，2009）。重要的是，各种技术工具都为学生发挥更大的能动作用提供了可能（Warschauer，2005），也使得这些能动作用能够在许多不同环境中得以发挥，这些环境包括一系列广泛的室外活动，如玩视频游戏（Piirainen-Marsh & Tainio，2009）和听音乐（Grau，2009）等。针对有关现象的大量研究主要集中于：解释为什么年轻人使用以英语为媒介的技术；研究所关注的英语主导地位，有可能弱化其他语言的使用；在非正式交际中具有代表性的混合语言和语言混杂等。通常，年轻人总是和志趣相投的朋友一起从事以科技为媒介的活动的，因此有证据表明，在选择参与模式时存在着性别差异，而且可以感受到年轻人对以科技为媒介的教学活动的看法与他们的老师所强调的语言发展的理论途径是相当不同的（Grau，2009）。这些各种各样的由个人所驱动的技术应用，主要是针对非正式的学习，与当下提供了一整套在线学习课程、有标准化能力测试、强调教学目标和教学任务统一的学校情景，形成了强烈的反差。

教师和其他教育工作者之所以反对科技密集型教学方式，并非仅仅是因为其将角逐本已稀缺的教育资金。一些学者长期致力于研究如何通过技术来解决人类的问题，比如用机器人为老年人提供护理或者是照顾痴呆患者，但即使是这些学者也开始认为长期、频繁地使用电子设备有可能会造成不良的影响（Turkle，2011）。如果我们认为与工具互动在教育及日常生活领域中有着高于一切的地位，那么感受并享受跟家人、同学、同事和朋友的人与人间陪伴的能力又有什么意义呢？通过将更多的传统方式与技术手段方式相融合，学会调整和平衡与他人的交流方式（比如，与他人交谈而非发送邮件），这将给教育、语言教育以及更大范围内的社会生活带来持续的挑战。

标准化测试——学生学习和教师教学成功的证明

近几十年来，美国许多政策制定者、议会议员以及学校董事会成员都对建立一个普遍适用的教育质量评价标准深感兴趣，它类似于商业和技术中的质量标准，尽管学校与制造部门有着本质上的区别（Cuban，2007）。《不让一个孩子掉队法》的测评需求要比之前我们所遇到的更为多样化，也更为迫切，它要求所有的孩子以及可识别的亚群体（sub-group），如英语学习者和有特殊需求的孩子，每年实现"适度年度进步"（Eick & Valli, 2010；McGuinn, 2006；Menken, 2008）。测试只限于英语和数学，并且几乎都以英语进行。虽然有关测评调整的规定已经形成，包括对测评内容进行翻译等，但到目前为止的证据显示，在所有符合条件的学生中，只有不到一半的学生系统性地享受了这些规定（Rivera & Collum, 2006）。很多评论家指出，为了测评那些《不让一个孩子掉队法》所规定的学生、学校和老师，对发展测评标准的热衷已经使学习和教学被过度地简化，已经导致了课程枯竭，以及教育体验的减少，这在少数族群人口聚集的地区或是贫困地区表现得尤为突出，通常来说这两类地区常常是互相重叠的（Glass, 2008；Hazi & Rucinski, 2009；Ravitch, 2010；Tyack, 2003）。另外，这种测评标准可能会由于过分强调教育的专业化层面，而牺牲了孩子的道德和人际交往能力的发展，而后者是父母和教师同等重视的。

教师资格认证的替代形式以及新形式的发展

由于毕业于传统师资预备类大学专业的教师稀缺，以及对教师队伍总体质量的不满意，全国性和地方性的教育机构只能招聘没有教育背景或没有接受过教育培训的教师。这些机构通常所关注的是一些被认为是有着迫切需要的领域，或是在课程上（通常是主干学科的，即科学、技术和数学的，但根据我的经验绝对不会是外语或第二语言方面的教师，但有时候需要双语教师，这是由于有些机构意识到教师语言能力的重要性）或是在地理分布上（通常来说是市中心的学校）。为教师提供更多的基础性知识、更有效的早期职业支持和更精确的定制性培训等愿望很早就为世人所关注（Sarason, 1993）。有能力的教师总是强过没有能力的教师。没有证据显示通过非传统方式招聘来的新教师能够为学生提供更有效的教学，或者说在实际上比受传统教育的教师更优秀。另外，我们有理由相信有效性会随着时间的改变而改变（Ravitch, 2010）。

无论是在传统教育项目中还是在新型教育项目中，使新教师能够在课堂中长期保持高效的因素，就是他们所受培训和指导的质量。在许多非传统项目中对新教师的岗前培训和连续指导是不稳定的，大多数新教师很少受到反馈或指导，因此这也就剥夺了他们工作上的社会资本[1]或"关系财富"

---

[1] 社会资本是指个体或团体之间的关联——社会网络、互惠性规范和由此产生的信任，是人们在社会结构中所处的位置给他们带来的资源。

(relational wealth)（Pil & Leana，2009）。所谓的社会资本或"关系财富"是指与教授相同课程的同事建立关系，长期合作并最终提升特定情境下专业技能的能力。在学校内部和学校与公众之间，互相支持的信任关系网是学校获得成功的重要资源之一（Bryk & Schneider，2002），这也是在当前绩效责任制下几乎完全被忽视的资源。这种专业分享的资源能够提升教师能力，也能够减轻由外界强加的不良课程内容所造成的影响（Pease-Alvarez et al.，2010）。在教师资格认证替代形式出现的同时，成为一名教师的标准也越来越明确明晰，国家委员会对教师资格认证中学科教学所应掌握标准的认定也越来越被人们接受。尽管也有人批评这些标准过分强调"技术理性"，只考虑教学，但是就像其他标准一样，这些标准引起了人们对基础性关键技能的重视，比如，语言教师必须要很好地掌握所教语言，这之前在美国并不认为是理所当然的（Donato，2009）。

非营利性基金会的影响

教育工作者作为专业人士的受尊重程度下降；学习和评估的商业导向模式受到推崇；在财政上，一些私营实体，尤其是大企业，可以不受实际预算限制用尽财力，而学校却必须遵循预算，所有这些都有意无意地推动了某种话语和行为模式，也就是富有的个人或商业通过在美国教育政策制定过程中有影响力的非营利性基金会来获取回报。和支持特许学校发展的税收政策一样，与基金会有关的法律法规也是"背景结构特征"的一部分（Putnam & Feldstein，2003：271），其在过去十年凸显于美国教育之中。拉维奇在讨论盖茨基金会、布罗德基金会和沃尔顿基金会（创始人分别是技术界、房地产界和零售业界获得数十亿美元的成功代表）的教育活动时，发现"各种公益创投（venture philanthropy）开始时各有侧重，但最后都毫无例外地支持那些变革性的行动计划，这些行动计划折射出了他们在追求巨额财富过程中的自身经验：如竞争、选择、违反常规、激励和其他市场手段"，所有这些经验都与教育中更具代表性的合作模式相去甚远（2010：200）。这些行动计划是否有效并不确定，但如果要将其作为提升教育的手段，就需要进行大量精心设计的研究，并在不同环境下有组织地进行，长时间地积累经验（Mosteller & Boruch，2002）。对于这一范式，许多当前具有影响力的决策者都没有耐心。试举例来说，当盖茨基金会支持了某项改革，比如将规模较大的中学拆分为几所较小的中学，但并没有显示出带来更好的发展时，观察接下来所发生的事情就很具有启示性：在那时，基金会不再资助相应的评估，转而大力资助专业教育机构和支持的组织，尤其是那些与学校改革相关的机构和组织，比如特许学校。此类组织获得的捐赠从 2002 年的仅约 25 万美元增长到了 2005 年的 5700 万美元。接受资助的组织有全美州首席教育官理事会、美国教育信托、州教育董事会全国协会、公立特许学校全国联盟、美国中学校长联盟、全国州长协会和州立法机构全国大会（Ravitch，2010：210）。因此许多出自这些组织的政策文件对由基金会推动的改革都予以良好评价时，我们就一点儿也不会感到奇怪了。很明显，这些私人基金会利用财力将他们喜好的"故事"放进媒体和公众话语中，哪怕现有的研究结果并不能支持他们的叙事。

教材和测试的出版商也通过他们自己的非营利性基金会，来拉拢那些负责推荐教材或测评方案的教育工作者。最近的一条新闻显示，一家著名的教育出版社通过它的基金会为美国教育工作者提供了多次国际旅费，旅行目的地包括了澳大利亚、新加坡、英国、芬兰、中国和巴西等，而该家出版社经常负责向英语作为第二语言学习者供应教材。旅行费用是通过专业机构，也就是全美州教育官理事会和美国学校管理者协会来支付的（Winerip，2012）。在这一点上，我们可以看到企业界相似的行为，这主要是在制药行业（当然不只是存在于该行业），通过相关活动来影响那些正在接受培训或已经正式执业的医师的职业判断。当然医药行业这些行为已经受到了严密的监督；行业和公众的关注导致出台了针对企业相关行为更为明确的指导方针和禁止某些行为的负面清单（美国医学院协会，2008）。人们从改革医学教育及实践中所得到的启示就是：那些看上去"免费"的午餐、旅行、处方垫等等，通常会不恰当地、无意识地影响了专业人士。但很明显这些启示还没有被引入到普通教育活动之中。

公平和公民身份理论的发展：在教育中有用吗？

无论是在美国还是在其他地方，学校通常具有强大的组织惰性，这种惰性束缚了师生双方的学习机会（Sarason，1992，1993）。因此，我们决不能也不应该忽视公众和政界对传统教育机构与课程中可能存在和实际存在的缺陷所表现出来的不耐烦情绪；因为这些情绪源自对每个人未来的深切期望。但是，正如本章所讨论的那样，对学校管理、课程内容、教学测评以及教师选拔和发展所进行的改革，这些表面上的解决方案应该受到不断而且严格的审视。解决方案的依据很关键，但它不能仅仅是由或者大部分是由每年测试成绩的提高或评价标准的提高来体现，尽管后者推动了如此多的国家政策的制定（Haskins & Baron，2011）。有很多种依据可以帮助父母、学生、教师、政策制定者以及公众来理解和推动有效教育的发展。

考虑到教育服务的提供日趋分散化，与教育有关的作用因素和领域也越来越多样化，教育工作者、研究者和领导者应如何为学习者提供全面、合理、连贯的教育并使之具有可持续性？学生和教师又应如何调整以使自己适应这一目标？最近公民行为理论和模式的发展为我们指明了方向。在资深活动家哈里·波蒂（Harry Boyte）[1]看来，一直到了20世纪80年代和90年代，完整的公民角色才成为一种概念，这在很大程度上是由于投票选举，也就是说，是对由专业政治阶层提出并设计的选择的反应（Boyte，2004，2008）。行使公民权确实是在民主政治体制下意识到自己存在的一种方式。然而，理论家和活动家已经越来越意识到投票选举不仅仅只是公民从事民主活动的一个方面：公民，包括那些年轻的还在成长过程中的公民或者说是学生，能够并且必须寻找方式来发现问题，形成并考虑可选择的方案，采取行动解决问题，尽管这些问题未必一定是投票能够解决的。这不只是投票的权利，同时也是为个人和集体的行动考虑和设计方案的权利，后者彰显出真正的公民身份。公民身份可以理解为是一系列道义上的责任，而非特定的法律范畴（Jayal，2009）。

自由主义的公民身份观念强调公民是投票人和消费者；社群主义模式强调公民是志愿者；新出现的公共成就模式将公民视为公共财富的创造者（Boyte，2004：93）。波蒂（2008：126）发现，上一代人认为的"学校的公民使命——教育是为了关怀社会以及实现个人成功——已经被削弱了"。尽管像教育补助券这样的机制可能使低收入家庭或者少数族群的孩子增加了个人成功的几率（并正如我们所看到的，这绝不是必然的），但是这种方式"忽视了将学校与公民生活重新连接起来的作用"（Boyte，2008：132）；的确，上一个世纪的教育改革过于关注学校，忽视了家庭、同龄人群体和社区中所发生的情况。事实上，为学生及其家庭在家中和社区中提供各种形式的主动性支持，是当代一些教育项目的特点，例如纽约的哈莱

---

[1] 哈里·波蒂，美国政治学家。曾著有《后院革命》（*The Backyard Revolution*）。在书中，"后院"指的是生长"公民思维"与"公民权利"的家庭场院与邻里街区，而"后院革命"指的则是社区居民通过自治组织掌握自己生活的朴素革命，一场缔结公民共同体的新公民运动。

姆儿童地带（Harlem Children's Zone）[1]（Tough，2008）。

要想构建教育的成功，就需要我们关注学生所面对的所有一系列情形，帮助学校和教师"尊重超越所有阶级和阶层的关系价值和种族及移民文化，并与它们紧密相连"（Boyte，2008：131）。我们要再次重视"关系财富"的重要性，以及人际知识和人际间信任的价值，这些之前曾作为教师工作者和学校的关键性资源而有所提及。这些资源极其重要，值得庆幸的是，也是可以再生的，而且并不属于任何专业人士，尽管后者曾帮助建设这种资源。这种资源在互动过程中产生，因此也就需要在社会集团内部以及跨社会集团之间不断地进行交流。来自传统教育机构的"体验服务团队"（Experience Corps）项目，就是这样的一个例子，这个项目每周三次将退休人员带至小学，请他们为那些有可能掉队的孩子进行阅读和数学的个人辅导。尽管该项目主要关注于教育，但教育并不是它唯一的目标；它有一个明确的计划，就是为学生和他们的辅导者们建立社会资本，建立"有社会、情感和教育效果的关系"（Putnam & Feldstein，2003：196）。在另外一个更加复杂的案例中，波蒂描述了在"邻里学习型社区"（Neighborhood Learning Community）项目下一个有目的地培养关系财富的过程，发生地点是在明尼苏达州圣保罗市的西区——一个具有独特历史的低收入地区。当地在一系列倡议下，最终将17个组织联系在了一起，这其中包括：一个公共图书馆、一个社会服务中心、一个青年实习项目、一所高中、一个儿童夏令营和一个教师协会等，所有人都是通过参与活动联系了起来，并显示出"每个人都是教师、学生和社区成员"（Putnam and Feldstein，2003：140）。在这两个项目中，新的技术手段通常表现为创新的一面，同时又融入了支持相关活动的传统且多样的交流模式。

真正的民主参与思考、具有共同情感的全球意识以及人类想象力的介入与感受都需要一定的语言能力作为基础，而上文所有这些发展对于美国教育体系以及其他类似体系能否培养出这种语言能力提出了质疑（Ackerman & Fishkin，2004；Nussbaum，2006，2011a，2011b）。语言政策及其相关实践在表达公民的声音以及提高对表达形式、生活方式和信仰形式多元化的认识上，发挥着重要的作用。单一语言的、机械的教学和测

1　哈莱姆儿童地带是非营利儿童关爱机构，领导人为杰弗里·卡纳达（Geoffrey Canada）。哈莱姆是纽约的黑人居住区。所有居住在此的小孩都能享有组织提供的服务，包括课后辅导计划、气喘照护、大学入学准备，以及给即将为人父母上的成年人课程。

评模式将减少学生、教师和公众创造社会资本的机会，降低当前参与和未来发展的可能性。这有可能是美国及其他建立已久的民主国家在热衷于支持教育和语言学习（通常也一直是英语学习，但也包括其他语言的学习）过程中的教训，但这也把许多国家推向了国际交流的前列（Zakaria, 2011）。无论新技术是彻底改变了教育还是仅仅有选择地提升了教育，它们无疑已经为全球范围内政治话语的表达打开了新的渠道。与当代语言教育相关的因素是多样的，每个因素在各种特定环境下都会带来不同的挑战和机遇，如果能够更好地理解这一点，那么教育工作者、研究者和所有公众都将从中获益。这一认识最终可能反过来以减少对立，并以更富成效的方式，来形成公共话语、社会行动和决策（McDonnell, 2009）。在任何一个民主国家，当前和未来的公民都需要并且应当这样。

参考文献

Ackerman, B., & Fishkin, J. S. (2004). *Deliberation day.* New Haven, CT: Yale University Press.

Aleinikoff, T. A., & Klusmeyer, D. (Eds.). (2000). *From migrants to citizens: Membership in a changing world.* Washington, DC: Carnegie Endowment for International Peace.

Anderson, J. (2012, January 6). Students of online schools are lagging. *New York Times,* p. A14.

Association of American Medical Colleges. (2008, June). Industry funding of medical education: Report of an AAMC Task Force. Washington, DC: Author. Retrieved from https://www.aamc.org/download/157370/data/industry_funding_report.pdf (accessed January 10, 2012)

Berry, J. W. (2008). Globalisation and acculturation. *International Journal of Intercultural Relations, 32,* 328–336. doi: 10.1016/j.inintrel.2008.04.001

Boyte, H. C. (2004). *Everyday politics: Reconnecting citizens and public life.* Philadelphia: University of Pennsylvania Press.

Boyte, H. C. (2008). *The citizen solution: How you can make a difference.* St. Paul: Minnesota Historical Society Press.

Bryk, A., & Schneider, B. (2002). *Trust in schools.* New York: Russell Sage.

Burns, A., & Roberts, C. (2010). Migration and adult language learning: Global flows and local transpositions. [Introduction to special issue]. *TESOL Quarterly, 44* (3), 409–419.

Carens, J. H. (2000). *Culture, citizenship, and community: A contextual exploration of justice as evenhandedness.* Oxford: Oxford University Press.

Crawford, J. (2004). *Educating English language learners: Language diversity in the classroom* (5th ed.). Los Angeles: Bilingual Educational Services.

Cuban, L. (2001). *Oversold and underused: Computers in the classroom.* Cambridge, MA: Harvard University Press.

Cuban, L. (2007). *The blackboard and the bottom line: Why schools can't be businesses.* Cambrige, MA:

Harvard University Press.

Donato, R. (2009). Teacher education in the age of standards of professional practice. *Modern Language Journal, 93* (2), 267–270.

Duncan, G., & Murnane, R. (Eds.). (2011). *Whither opportunity? Rising inequality, schools, and children's life chances.* New York: Russell Sage Foundation.

Eick, M., & Valli, L. (2010). Teachers as cultural mediators: A comparison of the accountability era to the assimilation era. *Critical Inquiry in Language Studies, 7* (1), 54–77.

Fischer, H. (2012, January 13). More private subsidies, less accountability: A legislative panel doubles the tax credit for private school tuition while eliminating the requirement for AIMS testing. *Arizona Daily Sun,* pp. Al, A6.

Frankenberg, E., Siegel-Hawley, G., & Wang, J. (2011). Choice without equity: Charter school segregation. *Educational Policy Analysis Archives, 19* (1). Retrieved from http:// epaa.asu.edu/ojs/article/view/799 (accessed March 1, 2011).

Friginal, E. (2007). Outsourced call centers and English in the Philippines. *World Englishes, 26* (3), 331–345.

García, O. (2009). *Bilingual education in the 21st century: A global perspective.* Malden, MA: Blackwell.

García, O., & Bartlett, L. (2007). A speech community model of bilingual education: Educating Latino newcomers in the USA. *International Journal of Bilingual Education and Bilingualism, 10,* 1–25.

Glass, G. V. (2008). *Fertilizers, pills, and magnetic strips: The fate of public education in America.* Charlotte, NC: Information Age Publishing.

Grau, M. (2009). Worlds apart? English in German youth cultures and in educational settings. *World Englishes,* 28(2), 160–174.

Hamid, M. O., Sussex, R., & Khan, A. (2009). Private tutoring in English for secondary students in Bangladesh. *TESOL Quarterly, 43* (2), 281–308.

Haskins, R., & Baron, J. (2011, September). *Building the connection between policy and evidence: The Obama evidence-based initiatives* [report commissioned for British innovation and policy organization NESTA, National Endowment for Science, Technology and the Arts]. Retrieved from http://www.futureofchildren.org/futureofchildren/press/ noteworthy/noteworthy-092011.pdf (retrieved November 13, 2011)

Hazi, H. M., & Rucinski, D. A. (2009). Teacher evaluation as a policy target for improved student learning: A fifty-state review of statutory and regulatory action since NCLB. *Education Policy Analysis Archives, 17* (5). Retrieved from http://epaa.asu.edu/ epaa/vl7n5/ (accessed September 2010).

Jayal, N. G. (2009). The challenge of human development: Inclusion or democratic citizenship? *Journal of Human Development and Capabilities, 10* (3), 359–374.

Kenway, J., & Bullen, E. (2001). *Consuming children: Education - entertainment - advertising.* Buckingham, UK: Open University Press.

Kossan, P. (2012, January 17). Charters put to test: State shifts focus from fostering schools to holding them accountable. *Arizona Republic,* pp. Al, A4.

Kumaravadivelu, B. (2008). *Cultural globalization and language education.* New Haven, CT: Yale University Press.

Lafford, B. A. (2009). Toward an ecological CALL: Update to Garrett (1991). *Modern Language Journal,*

93, 673–696.

Lakoff, G. (2006). *Thinking points: Communicating our American values and vision*. New York: Farrar, Straus & Giroux.

Lakoff, G. (2008). *The political mind: A cognitive scientist's guide to your brain and its politics*. New York: Penguin Books.

Larsen-Freeman, D., & Tedick, D. J. (in preparation). Teaching world languages. To appear in G. Gitomer & C. Bell (Eds.), *Handbook of research on teaching* (5th ed.). American Educational Research Association.

Leeman, J., & Martinez, G. (2007). From identity to commodity: Ideologies of Spanish in heritage language textbooks. *Critical Inquiry in Language Studies, 4*, 35–65.

Lo Bianco, J. (2008a). Educational linguistics and education systems. In B. Spolsky & F. Hult (Eds.), *Handbook of educational linguistics* (pp. 113–126). Malden, MA: Blackwell.

Lo Bianco, J. (2008b). Tense times and language planning. *Current Issues in Language Planning, 9 (2)*, 155–178.

Lo Bianco, J. (2010). Language policy and planning. In N. H. Hornberger & S. L. McKay (Eds.), *Sociolinguistics and language education* (pp. 143–174). Bristol: Multilingual Matters,

Louie, V. S. (2004). *Compelled to excel: Immigration, education, and opportunity among Chinese Americans*. Stanford, CA: Stanford University Press.

Marling, W. H. (2006). *How "American" is globalization?* Baltimore: Johns Hopkins University Press.

McDonnell, L. M. (2009). Repositioning politics in education's circle of knowledge. *Educational Researcher, 38 (6)*, 417–427.

McGroarty, M. (2008). The political matrix of linguistic ideologies. In B. Spolsky & F. Hult (Eds.), *Handbook of educational linguistics* (pp. 98–112). Malden, MA: Blackwell.

McGuinn, P. (2006). *No Child Left Behind and the transformation of federal educational policy, 1965–2005*. Lawrence: University Press of Kansas.

McKay, S. L., & Bokhorst-Heng, W. D. (2008). *International English in its sociolinguistic contexts: Towards a socially sensitive EIL pedagogy*. New York: Routledge.

Menken, K. (2008). *English language learners left behind: Standardized testing as language policy*. Clevedon, UK: Multilingual Matters.

Molnar, A., Boninger, F., & Fogarty, J. (2011). The educational cost of schoolhouse commercialism. Boulder, CO: National Educational Policy Center. Retrieved from http://nepc.colorado.edu/publication/schoolhouse-commercialism-2011 (accessed November 14, 2011)

Moran, M. (2011, December). The effects of the discontinuation of the LOTE Regents on LOTE programs in New York State. Unpublished paper for English 708 (Seminar in Language Policy and Planning), Northern Arizona University, Flagstaff.

Mosteller, F., & Boruch, R. (Eds.) (2002). *Evidence matters: Randomized trials in education research*. Washington, DC: Brookings Institution Press.

Nikolov, M., & Mihaljević Djigunović, J. (2011). All shades of every color: An overview of early teaching and learning of foreign languages. *Annual Review of Applied Linguistics, 31*, 95–119.

Nussbaum, M. C. (2006). Education and democratic citizenship: Capabilities and quality education. *Journal of Human Development, 7 (3)*, 385–395.

Nussbaum, M. C. (2010). *Not for profit: Why democracy needs the humanities.* Princeton, NJ: Princeton University Press.

Nussbaum, M. C. (2011a). Capabilities, entitlements, rights: Supplementation and critique. *Journal of Human Development and Capabilities, 12* (1), 23–37.

Nussbaum, M. C. (2011b). *Creating capabilities: The human development approach.* Cambridge, MA: Belknap Press of Harvard University Press.

Nye, J. S., Jr. (2010). *The future of power.* New York: Public Affairs,

Pease-Alvarez, L., Samway, K. D., & Cifka-Herrera, C. (2010). Working within the system: Teachers of English learners negotiating a literacy instruction mandate. *Language Policy, 9,* 313–334.

Pil, F., & Leana, C. (2009). Applying organizational research to public school reform: The effects of teacher human and social capital on student performance. *Academy of Management Journal, 52* (6), 1101–1124.

Piirainen-Marsh, A., & Tainio, L. (2009). Other-repetition as a resource for participation in the activity of playing a video game. *Modern Language Journal, 93,* 153–169.

Putnam, R., & Campbell, D. E. (2010). *American grace: How religion divides and unites us.* New York: Simon & Schuster,

Putnam, R., & Feldstein, L. (2003). *Better together: Restoring the American community.* New York; Simon & Schuster.

Rahman, T. (2009). Language ideology, identity and the commodification of language in the call centers of Pakistan. *Language in Society, 38,* 233–258.

Ravitch, D. (2010). *The death and life of the great American school system.* New York: Basic Books.

Reich, R. (2002). *Bridging liberalism and multiculturalism in American education.* Chicago: University of Chicago Press.

Ricento, T. (Ed.). (2000). *Ideology, politics, and language policies: Focus on English.* Amsterdam: John Benjamins.

Richtel, M. (2012, January 4). Teachers resist high-tech push in Idaho schools. *New York Times,* pp. Al, B4.

Rivera, C., & Collum, E. (Eds.). (2006). *State assessment policy and practice for English language learners: A national perspective.* Mahwah, NJ: Lawrence Erlbaum.

Rothstein, R. (1998). *The way we were? The myths and realities of America's student achievement.* New York: Century Foundation.

Rothstein, R., Jacobsen, R., & Wilder, T. (2008). *Grading education: Getting accountability right.* Washington, DC: Economic Policy Institute; New York: Teachers College Press.

Ryman, A., & Kossan, P. (2011, December 11). The race to online: Are the students learning? *Arizona Republic,* pp. Al, A6-A8.

Sánchez, C. (2011, November 8). The rights of immigrant children: A reporter's notebook. [Lecture in series Education as a Human Right]. Northern Arizona University, Flagstaff.

Sarason, S. B. (1982). *The culture of the school and the problem of change* (2nd ed.). Boston: Allyn & Bacon.

Sarason, S. B. (1993). *The case for change: Rethinking the preparation of educators.* San Francisco: Jossey-Bass.

Sassen, S. (2001). *The global city: New York, London, Tokyo.* Princeton, NJ: Princeton University Press.

Sassen, S. (2007). *A sociology of globalization*. New York: W. W. Norton.

Saul, S. (2011, December 13). Profits and questions at online charter schools: Parents get to choose but standards slip and scores suffer. *New York Times,* pp. A1, A18-A19.

Shohamy, E. (2006). *Language policy: Hidden agendas and new approaches*. New York: Routledge.

Spolsky, B. (2004). *Language policy*. New York: Cambridge University Press.

Spolsky, B. (2009). *Language management*. New York: Cambridge University Press.

Spring, J. (2010). *Political agendas for education: From change we can believe in to putting America first* (4th ed.). New York: Routledge.

Starr, P, (2007). *Freedom's power: The history and promise of liberalism*. New York: Basic Books.

Suárez-Orozco, C., & Suárez-Orozco, M. M. (2001). *Children of immigration*. Cambridge, MA: Harvard University Press.

Suárez-Orozco, C., Suárez-Orozco, M. M., & Todorova, I. (2008). *Learning a new land: Immigrant students in American society*. Cambridge, MA: Belknap Press of Harvard University Press.

Tavernise, S. (2011, November 16). Middle-class areas shrink as income gap grows, new report finds. *New York Times,* pp. A15, A21.

Tollefson, J. W. (2010). Perspectives on language policy and planning. In R. B. Kaplan (Ed.), *The Oxford handbook of applied linguistics* (2nd ed., pp. 463–472). Oxford: Oxford University Press.

Tollefson, J. W., & Tsui, A. (Eds.). (2004). *Medium of instruction policies: Which agenda? Whose agenda?* Mahwah, NJ: Lawrence Erlbaum.

Tough, P. (2008). *Whatever it takes: Geoffrey Canada's quest to change Harlem and America*. Boston: Houghton Mifflin/Mariner Books.

Turkle, S. (2011). *Alone together: Why we expect more from technology and less from each other*. New York: Basic Books.

Tyack, D. (2003). *Seeking common ground: Public schools in a diverse society*. Cambridge, MA: Harvard University Press,

van Els, T. J. M. (2000, September 22). The European Union, its institutions and its languages: Some language political observations. Final public lecture, University of Nijmegen, the Netherlands.

Waldinger, R., & Lichter, M. I. (2003). *How the other half works: Immigration and the social organization of labor*. Berkeley: University of California Press.

Warschauer, M. (2005). Sociocultural perpectives on CALL. In J. L. Egbert & G. M. Petrie (Eds.), *CALL research perspectives* (pp. 41–51). New York: Lawrence Erlbaum.

Westen, D. (2007). *The political brain: The role of emotion in deciding the fate of the nation*. New York: Public Affairs.

Winerip, M. (2012, January 2). New questions about trips sponsored by a scholastic publisher. *New York Times,* p. A15.

Zakaria, F. (2011). *The post-American world: Release 2.0*. New York: W. W. Norton.

第二部分　冲突的计划

　　第二部分各章探讨了以下关键问题：国家机关是如何通过语言教育政策来管理语言权利和语言教育的获取途径的？针对少数族群实施的计划与政策产生的结果又是什么？国家机关是如何通过语言政策来实现政治统治和文化统治的目的的？人权话语的传播是如何影响语言政策的制定的？

　　语言教育政策通常控制着个人获取两种重要权利的途径：使人更有机会参与社会、政治和经济活动的教育权以及享有用母语作为教学语言进行教育的权利。为了理解这些权利是如何实现或受到限制的，本书运用历史分析法探究了实践中的这些权利，因为这些权利是源自不同种族、民族和语言集团间有争议的议题。在第四章，特伦斯·G.威利探讨了美国语言少数族群的权利分配问题。他对于双语教育这一有高度争议性的问题尤为感兴趣，特别是各州州权运动再度兴起所产生的影响。亚利桑那州采取的是倒退政策，这一政策在限制除英语以外的其他语言使用的过程中发挥了主要作用。威利集中关注该州，探究了语言政策与其他社会政策（比如在移民问题和公共服务分配）之间的重要联系。

　　尼加拉瓜加勒比海沿岸地区采用的语言政策是以语言权利的显性概念为基础的，在第五章中，简·弗里兰对这种政策进行了分析。她的分析，揭示了以欧美"语言"和"身份"概念为基础的语言政策，和以当地语言意识形态、多语种的语言实践以及复杂的社会身份为基础的语言政策之间的根本性冲突。她提出了一个重要问题，即当前的人权话语在复杂多语的社会语言生态中是否会略显不足。在第六章中，戴维·卡斯尔斯·约翰逊探究了福柯（Foucault）所提出的"治理术"概念，以此来理解在费城学区实施联邦教育法《不让一个孩子掉队法》的过程中政策和政策制定过程的巨大变化。约翰逊的分析将宏观政策文本与微观层面零散杂乱的实践相结合，这一点尤为重要。

第四章 美国语言权利的发展简史及评价

特伦斯·G.威利

本章概述了美国语言教育权利发展的历史情况和现代状况，并主要关注于两项基本权利：(1) 获取参与社会、经济和政治活动所需的教育的权利，特别是优势语言的教育权利；(2) 用母语接受教育的权利。本章之所以为语言少数族群的学生主张这两项权利，是因为如果他们要想更广泛地参与到社会当中并且延续本族的语言社区和文化，上述这两项权利都是必不可少的。这一分析的重要前提就是理解语言教育政策的最佳方式是将其放置在与宏观社会政策、主流观念和不同集团间权力关系的相互联系之中进行考察。本章记录了历史上限制性政策的消极影响，为争取语言少数族群权利的努力，近年来"唯英语"（English Only）的限制性政策和实践的再度出现，以及这些因素对语言少数族群的影响。本章证明并解释了涉及教育平等、教育获取途径和教育调整等权利的关键性联邦法院判例的重要性，因为它们凸显出美国法律中所认定的语言权利。讨论指出，隐性的、未公开或非正式的惯例的影响力丝毫不逊于甚至超越了官方政策的影响力；因此，我们在研究正式政策时也要考虑到这些非正式惯例的影响。本章还记录了由联邦政府所支持的双语教育的兴衰过程，并分析了最近一些州在推行限制语言少数族群教育权利的倒退政策中所扮演的角色。本章还进一步指出，在过去的二十年中，争取教育权利的努力遭受了重大的挫折。最后，作者评价了在州权复兴的情况下语言少数族群的权利现状，并做全章总结。

教育权和语言教育权

和世界其他地方的孩子们一样，美国的许多儿童进入学校后会发现学校的教育媒介语和他们在家所使用的语言或语言变体存在着一些不同。考虑到在美国及整个世界范围内普遍存在的语言多样性，如果我们要确保学习途径和机会均等，那么就必须将这种语言上的不同考虑在内。根据1948年《世界人权宣言》第26条，教育是一项基本人权（Spring, 2000）。

1991年,《在民族或族裔、宗教和语言上属于少数群体的人的权利宣言》第4条指出"各国应采取适当措施,在可能的情况下,使在民族或族裔、宗教和语言上属于少数群体的人有充分的机会学习其母语或在教学中使用母语"(Spring, 2000: 31)。

在所有有关语言教育权利的讨论中,从更广阔的视野来考虑语言权利的前提是十分有必要的。根据马西亚斯(Macías, 1979: 41)的说法,语言权利主要有两种基本类型:第一种是"语言不受到歧视的权利"。这在本质上是一种受保护权。第二种是"在社区生活中使用母语的权利"。这实际上是一种表达权。马西亚斯(1979: 41—42)总结道:"我们并没有语言选择的权利……除非这样的权利是由以上两种权利与其他权利(如程序正义、法律的平等实施等)的结合中产生。"美国及其他西方国家的权利通常被认为是基于"个人"而非基于"集体"的(Macías, 1979; Wiley, 1996a)。在国际法中,"所有现有权利……都是有关个体权(individual rights)和个体自由的内容,虽然这些权利的表现可能会涉及多个个体"(de Varennes, 1999: 118)。

在历史上,美国的权利和优先权是基于法律地位有选择地进行分配的,特别是保护基于种族或民族出身的阶层。为了维护所主张的语言权利,"某个基于语言的阶层的明确的法律地位"需要先得到认可(Macías, 1979: 42)。语言权利主要是通过与其他基于种族、宗教和民族的宪法保护联系起来才得以承认的。因此,语言权利源自其他受保护的社会阶层。

在美国,对于许多人来说,这种使用少数族群语言或方言的儿童应当享有使用其母语进行教育的权利的想法是罕见的:这种想法被认为是与普遍认可的信念(即共同语言远比有关任何少数族群语言权利的主张更为重要)相冲突。然而,语言权利的观念并不是什么新鲜事物。1953年,联合国教科文组织在一项决议指出,所有儿童都应当享有获得母语识字能力的权利。最近,斯普林(Spring, 2000)就接受教育的普遍性权利提出了更详细的论证和建议,这一权利包括文化教育权利和语言教育权利。斯普林的建议反映出对土著民族教育权利的特殊敏感性,这些土著民族不断受到经济全球化入侵的影响,在这种影响下,当地的社会经济生态已经遭到了破坏。

斯普林提出了一个受人关注的观点,即所有人都享有以母语为媒介并以适合于自身文化的教学方法接受教育的权利,也享有接受包含如下内容的教育的权利(2000: 159):

1. 对本族文化及相关内容的理解；
2. 母语；
3. 本国的强势语言或官方语言；
4. 理解世界文化和经济对本民族文化和经济所产生的影响。

前两种权利建立的前提是，为了进行有效学习，儿童需要积极认同自己的文化和母语。第三种权利，即学习强势语言的权利，这是基于能在广大社会中获得机会并主动参与的需要。同时，斯普林意识到全球经济不断威胁着传统生活方式的生态，土著民族面临着挑战，所以他又提出了第四种权利，即理解世界文化经济对本民族文化经济产生影响的权利。在美国，始于20世纪60年代后期但随着2001年《民权法案》第七章的废止而终止的联邦双语教育项目就试图致力于第三种权利。要让由第二种权利（母语权利）所主张的儿童语言人权获得支持并转化为学校政策，这是一个重大挑战，尤其是在学生母语或语言变体的地位几乎无法得到认可的情况下。值得注意的是，即使语言学证据表明一些少数族群语言或变体是合法的，其中包括"非标准化的语言"，如黑人英语（Black English）、阿巴拉契亚英语（Appalachian Einglish）和夏威夷克里奥尔英语（Hawaii Creole English），但学校、政策制定者和专家却通常不承认这些合法语言或变体的地位（Ramírez，Wiley，DeKlerk and Lee，2005；Rickford，1999；Wolfram，Adger & Christian，1999）。

美国语言多样化的历史背景

在被欧洲征服和殖民之前，北美有着丰富的土著语言。在现在的美国这片土地上，英语的强势地位或希斯（Heath，1976）所称的英语的"语言地位成就"（language status achievement）是在殖民时期形成的。传教士是英语和其他殖民者语言的早期传播者，不过，他们还对土著进行扫盲以发展其会话能力（Gray，1999；Gray & Fiering，2000）。美国建国以后，大部分移民主要来自于使用英语的英格兰、爱尔兰、苏格兰和威尔士以及西欧的非英语国家。因此，直到20世纪初，母语教育和双语教育在以语言少数族群为主要人口构成的地区才变得普遍起来（Kloss，1998；Toth，1990）。

有关美国语言多样化和语言教育的讨论大多集中于移民中的语言少数族群。移民为语言多样化提供了重要的来源，同时它也是英语的主要来源。当然其他来源也同样重要。在历史上，美国的语言少数族群主要有三大类：(1) 移民（包括避难者）；(2) 被强行送至北美的受奴役的民族；(3) 当地土著。马西亚斯（1999）对土著的概念进行了扩展，将以下两类族群都归入其中：第一，一些地区在美国进行国土扩张之前已有少数族群居住，后来成为了美国的一部分，这些族群包括一些西班牙语、法语甚至是俄罗斯语的使用者；第二，在欧洲殖民统治之前与美洲有着历史或文化上的联系的族群，其中包括美国土著和阿拉斯加及夏威夷土著。比如，据估计，在1790年2.3万名西班牙语使用者居住的地区后来成为了美国西南部的一部分（Leibowitz, 1971）。对于很多人来说，转而使用英语的行为并非出于自愿，而是通过奴役、吞并或侵略实现的强制移民的结果。表4.1总结了对语言少数族群的教育方针和语言权利产生影响的主要政策和事件。

表 4.1 影响语言少数族群教育方针和语言权利的政策及事件的历史回顾

时间	政策导向和关键事件	对教育语言权利的影响
1740—1845	殖民统治强制实行强制性文盲法[1]，这一系列法律在南方各州的奴隶法典中被保留下来。1783年《巴黎和约》[2]；1803年路易斯安那购买案[3]；1820年佛罗里达与毗邻地区合并；1819年《文明基金法》颁布，旨在推动印第安民族的英语教育，提升其实际能力。	1865年以前，受到奴役的非裔美国人是不准接受教育的，在某些州，教非裔美国人识字的白人也会被处以罚款或其他处罚。接着西北地区的民族亦并入了美国的属地法管辖范围以内，密西西比河与密苏里河峡谷的民族紧随其后，之后他们又被纳入美国的国家法律管辖之中。教会学校在一些印第安民族中建立起来，但是它们在推广英语和盎格鲁民族的价值观方面没有取得什么惊人成效。

1　在殖民时期，无知（ignorance）被认为是控制奴隶的有效手段，强制文盲法（compulsory ignorance law）将教奴隶和自由黑人识字认定为犯罪。该法律当时由弗吉尼亚和南卡罗来纳州通过。

2　1783年，英美签订的《巴黎和约》规定：英国正式承认美国为自由、自主和独立国家，放弃对美国的统治和领土主权的一切要求，确认美国疆界东起大西洋沿岸，西止密西西比河，北接加拿大五大湖区，南至佛罗里达北界。

3　指美国从法国手里购买面积达二百多万平方千米的路易斯安那，使美国的领土扩大到墨西哥湾。

(续表)

时间	政策导向和关键事件	对教育语言权利的影响
1740—1845	塞阔雅（Sequoyah）开发出切罗基语（Cherokee）书写系统[1]（1822）。 德语双语学校在"一无所知运动"（Know-Nothing movement）[2]（19世纪40年代—19世纪50年代）期间仍实现了发展。	切罗基学校成功推广了切罗基识字法及英语双语能力。到1852年，土著乔克托族（Choctaw）、克里克族（Creek）和塞米诺尔族（Seminole）都开始运营他们本族的学校。在美国中西部，通过私人和教派的努力，德语语言教育获得了大发展。1837年，宾夕法尼亚通过一条法律，允许以德语为媒介语进行公立教育。1840年，俄亥俄州通过法律允许德英双语的公立教育。
1845—1905	1845年得克萨斯州被吞并，1846年俄勒冈州、华盛顿州和爱达荷州被吞并；《瓜达卢佩—伊达尔戈条约》（1848）[3]；加兹登购买地案（1853）[4]；阿拉斯加被购买（1867）；夏威夷（1898）和波多黎各（1871）被并入美国国土。"条约期"（"treaty period"）结束（1871）。第一个印第安人指定居住地之外的唯英语的印第安人寄宿制学校建立（1889）。	居住在墨西哥的民族被征服，被并入美国的领土，或受美国政府管辖，当地土著居民人口被并入美国，受美国的领土法管辖，后服从于美国国家法律管理。 美国印第安人不再享有对其本族学校的自治权和管理权。强制性美国化及只说英语教育政策持续到20世纪30年代，这导致切罗基人的文化水平逐步下降。

1　切罗基人是属于易洛魁族系的北美印第安民族。居住在田纳西州东部和北卡罗来纳州及南卡罗来纳州的西部。在吸收外来文化的过程中，一名叫做"塞阔雅"的切罗基人创制了切罗基语的音节表，其中部分符号是仿照拉丁字母制的，但是表示的音值迥异。

2　一无所知运动（Know-Nothing movement）是19世纪40年代至50年代由本土美国人发动的一场政治运动。因为该党党员奉命在回答时要回答"我一无所知"，故名。运动主要在1854年到1856年间进行，致力于控制移民入境。

3　1848年2月2日美国强迫墨西哥在瓜达卢佩—伊达尔戈镇（墨西哥城北）签订的屈辱性和约。条约规定墨西哥把得克萨斯、新墨西哥和上加利福尼亚以及塔马乌利帕斯、科阿韦拉和索诺拉的北部等大片土地割让给美国，美国付给墨西哥1500万美元和放弃墨西哥所欠的325万美元债务作为补偿。

4　美墨战争之后，美国除了与墨西哥签订了《瓜达卢佩—伊达尔戈条约》外，又于1853年买下了亚利桑那和新墨西哥的南边，这就是争议很大的加兹登购买地案。

(续表)

时间	政策导向和关键事件	对教育语言权利的影响
1845—1905	19世纪80年代德国人向美国移民达到高潮。普莱希诉弗格森案(1896)[1]。	针对德国天主教徒的、以学校为核心的只说英语的法律获得通过(1889)，随后又在伊利诺伊州和威斯康星州被废除。最高法院支持种族"隔离但平等"的信条。
1905—1923	东欧及南欧移民人数增长(第一次世界大战之前)。移民在原国籍方面受到限制。	学校中的德语教育逐渐衰落(包括公立和私立)，但影响一直保持到了第一次世界大战前。在第一次世界大战期间，绝大多数州禁止或限制了德语教育。大部分州颁布了正式指定英语为教育语言并限制"外语"的使用的法律。
1923—1950	迈耶诉内布拉斯加案(1923)[2]。法灵顿诉德重聪案(1927)[3]。部落复兴(20世纪30年代)。关岛被划入美国领土(1945)；菲律宾获得独立。	1923年，最高法院推翻了1919年内布拉斯加州颁布的一条禁止以德语为媒介语进行教育的法律。20世纪20年代，一些相似的案例也获得判决，其中包括夏威夷以日语为媒介语的私立教育的案例。指向美国印第安人的文化萎缩政策在20世纪30年代到50年代有所缓和。太平洋岛屿上的民族被吞并。

---

[1] 普莱希诉弗格森案(Pressy v. Ferguson)：1892年6月7日，具有八分之一黑人血统的荷马·普莱西(Homer A. Plessy)故意登上东路易斯安那铁路的一辆专为白人服务的列车，根据路易斯安那州1890年通过的相关法律，白人和有色种族必须乘坐平等但隔离的车厢。根据该条法律，普莱西被认定为"有色种族"，遭到逮捕和关押。于是他将路易斯安那州政府告上法庭，指责其侵犯了自己根据美国宪法第13、14两条修正案而享有的权利。但是法官约翰·霍华德·弗格森(John Howard Ferguson)裁决州政府有权在州境内执行该法，普莱西最终败诉，以违反隔离法为名被判处罚金300美元。普莱西接着向路易斯安那州最高法院控告弗格森法官的裁决，但该法院维持了弗格森的原判。该案的裁决事实上确认了种族隔离政策的合法性。

[2] 在迈耶诉内布拉斯加案中，美国联邦最高法院否决了一项禁止在公立或地方性的学校给九年级以下的学生教授外语的法规。最高法院判决该法规是"专横的且与州的任何目标没有合理的关系"。

[3] 美国联邦最高法院在本案中基于第5条修正案的正当程序条款判决一项联邦法律在夏威夷州领土之内适用无效。这部法律对私立学校的教学内容进行了限制，目的在于对外侨灌输美国的国家理念。法院说这样会远远"超过对私立学校的规制，而孩子们在那里获得了他们父母认为有价值的教导"。

(续表)

时间	政策导向和关键事件	对教育语言权利的影响
1950—1960	美国土著"终止政策"[1]。 布朗诉皮卡教育局案（1954）[2]。	对美国土著居民的限制重新启动。 合法种族隔离的终止（对普莱希诉弗格森案的撤销）。
1960—1980	1964 年《民权法案》[3]。 1965 年《移民法案》[4]。 1968 年《双语教育法》[5]。 部落复兴（第二阶段）。 刘氏诉尼克尔斯案（1974）[6]。 塞尔纳诉波塔利斯市立学校案（1974）[7]。 里奥斯诉里德案（1978）[8]。 美国诉得克萨斯州案（1981）。	民权法案和移民改革为消除歧视提供了法律保护。 美国政府有所突破，允许权宜性的语言教育政策。对美国土著的限制性政策再次放松。 最高法院判定学区必须为语言少数族群儿童提供协助。其他一些联邦案例在当地规定实行双语教育。 联邦法院判决安娜堡[9]学区必须为非裔美国人英语的使用者做出教育调整[10]。 符合要求的项目补救措施的评价标准确立。

---

1 "终止政策"指 1953 年 8 月 1 日，美国第 83 届国会通过了《108 号两院共同决议》，要求联邦政府"尽快"停止向印第安人提供联邦资金与社会服务项目，其宗旨在于"要尽可能快地使美国土地上的印第安人服从与其他美国人一样的法律，给予他们与其他美国人一致的权利与义务，结束他们作为合众国被监护者的特殊地位，授予他们作为美国公民所拥有的一切权利和特权"。

2 布朗诉皮卡教育局案是一件美国史上非常重要、具有指标意义的诉讼案。因为本判决的缘故，终止了美国社会中存在已久白人和黑人必须分别就读不同公立学校的种族隔离现象。

3 1964年民权法案规定了美国境内不得采取种族隔离，也规定对黑人、少数民族与妇女的歧视行为为非法。它结束了美国自立国以来长期的黑白种族隔离政策，被认为是人权进步的里程碑。

4 即《移民与国籍法修订案》，废除了种族配额，代设立八个类别，保障家庭团聚并吸收有才能和技术外国人。

5 美国国会1968年通过的《双语教育法》是为了保证非英语学生也能享有同等教育水准。

6 1974年的刘诉尼克尔斯案是旧金山华裔学生对旧金山联合学区所提起的民权案件。这群学生不会说英语，而学校未为他们提供语言上的帮助。最高法院判决学生胜诉，现在全美境内不会说英语的学生都可以获得学校内提供的语言上的帮助，最高法院并明示，他们在校期间必须受到同等待遇，不得歧视。

7 在此案中，母语为西班牙语的学生及家长作为原告控说，波塔利斯市立学校没有提供双语文化教育，没有聘请墨西哥裔教师以满足母语非英语的学生的需要。

8 这是美国最高法院第一次将美国宪法第十四修正案平等保护条款推及妇女权益保障的案例。

9 安娜堡（Ann Arbor）是美国密歇根州第六大城市，沃什特瑙县（Washtenaw County）的县治。

10 美国联邦法官裁决，安娜堡学区在教授黑人儿童阅读方面必须适应儿童的语言变体，而不是让儿童适应学校，同时指出，由于没有考虑到学生的语言问题，教师对于学生缺乏阅读和使用主流英语的能力应当负责。

(续表)

时间	政策导向和关键事件	对教育语言权利的影响
1980—1998	1981年至今的"唯英语"运动[1]。 加利福尼亚《63号提案》(1986)[2]。 里根政府(1980—1988)时期与刘氏案所确立的刘氏补救方案(Lau Remedies)背道而驰。 《美国土著语言法》(1990,1992)(*The Native American Language Act*)[3]。 加利福尼亚《63号提案》(1986);《187号提案》(1994);《209号提案》(1996);《207号提案》(1998)。	在反移民情绪上涨时期,政策向指定英语为官方语言倒退,并伴随着限制主义。 联邦政府不再强调双语教育作为一种解决方案。 联邦政府认可美国土著使用及保留其语言的权利。 加利福尼亚等州提出并通过了一系列举措,限制移民的教育权,限制双语教育。
1992—2009	弗洛里斯诉亚利桑那州案。	弗洛里斯的反复申诉集中于提供"英语语言学习者"(ELL)充足资金从而确保其平等权利、各州或联邦政府在何种程度上有权决定充足的定义。
2009至今	霍恩诉弗洛里斯案。	

资料来源:Crawford (1992,1995);Hernández-Chávez (1994);Kloss (1998);Leibowitz (1969, 1971, 1974); Lillie et al. (2000); Lyons (1990/1995); Macías (1999); Spicer (1962, 1980); Wiley (1998a, 1998b, 1999b, 2000, 2007a, 2007b, 2010a, 2010b, 2012); Wiley, Lee & Rumberger (2009); Wiley & Lukes (1996); Wiley & Wright (2004)

语言教育政策与更为广阔的社会背景

一些学者主张,理解语言教育政策的最佳方式是将其置于与宏观社会

---

1 这场运动兴起于20世纪末,排斥其他语言,独尊英语,主要特征是试图通过立法确定英语为美国唯一的官方语言。

2 1986年,美国加州通过了《63号提案》,宣布英语为加州的官方语言,这在有着大量少数族裔人口的加州有一定的影响。

3 这是美国第一部专门关于语言的保护法案。这项法律确定了美国政府保护土著语言的政策以及为此设立的拨款项目。

政策、主流观念和集团间权力关系的相互联系之中进行考察。例如，莱博维茨（Leibowitz，1969，1971，1974，1982）总结道，语言政策一直被作为实现社会控制的工具来使用（语言规划作为话语、国家和意识形态权力工具的相关讨论见 Tollefson，1991，1995，2006）。莱博维茨通过分析官方英语政策和限制性语言政策在政治、经济和教育跨领域的影响，对其论点进行了发展。他提出（1974：6）：

> 需要注意的关键点是，在以上三个领域内对语言的指定遵循着一个明显的、相似的模式，因此，这一点非常明显：语言的指定并不是对那一领域（例如，经济领域内的教育问题或者是就业要求）特有问题的反映，而是对社会中更为广泛的问题的反映，对于这些问题来说语言只是众多反映的一个。

莱博维茨总结道（1974：6）：

> 出于一些特定的目的，英语成为了官方指定语言，比如将英语作为教学媒介语或是用于投票选举，这一现象几乎总是伴随着对其他语言使用的限制，除此之外，使用该语言的少数族群在其他领域也面临着歧视性的立法和惯例，其中包括了对个体的侮辱……以上种种明确表示这一问题是具有广泛性的。

莱博维茨还将"唯英语"政策对德国、日本和中国移民的限制性影响与对印第安人、墨西哥裔美国人和波多黎各人的影响进行了比较。他认为在学校中将英语作为官方语言强制推行并限制本族语使用的动机与社会强势群体对少数语言族群的敌视程度是相对应的。

莱博维茨的观点是建立在对 20 世纪 50 年代到 70 年代现代民权运动时代斗争的法律渊源分析和历史分析及反思上的。保障获取教育、政治和经济权利的努力取得了成功，但这种成功是短暂的。1994 年，加利福尼亚《187 号提案》有意限制没有合法居民身份的移民及其后代的健康权和教育权。在有权投票的人中，这一提案以较大的优势得到通过；而该提案所针对的对象因为其"非法"地位无权投票。在针对《187 号提案》的社会讨论中，主要的争论在两方之间展开，一方主张只有公民和合法居民才能享有健康权和教育权，而这一提案的反对方则坚持这些权利是基本人权，儿童不应当仅因其父母的法律地位而被剥夺这些权利。随后,《187号提案》的大部分条例在法庭上被驳回,然而围绕着移民权利的争论却仍在继续。不久之后,在加利福尼亚等州,机会均等的原则也受到了挑战。从这些事件中我们获取的重要经验教训是:对语言教育获得权和平等学习机会的攻击,与那些为争取参与经济政治活动而做出的努力有着紧密的联系。正如马西亚斯(1979)所指出的那样,在这些斗争中,不受歧视的权利和自我表达的权利同样都面临着威胁。

1998年,语言少数族群儿童接受双语教育的权利及父母为孩子选择双语教育的权利开始受到攻击。在加利福尼亚,选举人投票通过了限制双语教育的政策,取而代之的是"唯英语"的教育政策(即《227号提案》)。亚利桑那州(即《203号提案》)和马萨诸塞州(问题2)也紧随其后。但类似的措施在科罗拉多州并未获得通过。

教育政策和语言政策对语言少数族群的历史影响概要如表4.2所示,该表包括了最初的并入模式、针对每一族群的后续政策及各族群的管理方式。虽然这些族群都同样被强制使用英语,但各族群的经历完全是不同的。与其他族群相比,有些族群受到了更大程度的限制和隔离。在历史上,只有非裔美国人遭受了完全非人道的待遇,其中包括了1865年以前"强制性忽视"的法律(Weinberg, 1995)。

表4.2 对美国语言少数族群的初始吸收模式及其后续教育方针的历史比较

语言族群	初始吸收模式	是否被强制使用英语	是否被要求遵守强制性文盲法	是否被合法隔离	是否被排除在学校之外	是否在高等教育中受限制
非裔美国人	奴役	是	是	是	是	是
美国印第安人	侵略	是	否	是	是	是
墨西哥裔美国人	侵略	是	否	是	否	否
波多黎各裔美国人	侵略	是	否	否	否	否
太平洋地区的人民						
菲律宾裔美国人	侵略	是	否	否	否	否
密克罗尼西亚裔美国人	侵略	是	否	否	否	否
波利尼西亚裔美国人	侵略	是	否	否	否	否

(续表)

语言族群	初始吸收模式	是否被强制使用英语	是否被要求遵守强制性文盲法	是否被合法隔离	是否被排除在学校之外	是否在高等教育中受限制
亚裔美国人						
日本裔美国人	移民	是	否	是	否	否
朝鲜裔美国人	移民	是	否	是	否	否
中国裔美国人	移民	是	否	是	是	否
印度裔美国人	移民	是	否	否	否	否
柬埔寨裔美国人	难民	是	否	否	否	否
老挝与赫蒙裔美国人	难民	是	否	否	否	否
越南裔美国人	难民	是	否	否	否	否

资料来源：改编自韦伯格（Weinberg，1997：314）

所有儿童都有权在公立学校获得接受教育的机会，更不必说接受教育的机会本身就应是平等的，但这种观念只是逐渐地得到广泛支持。当然在美国国家建立之初，这种观念并未得到广泛的认可。在19世纪，儿童应当有权接受公立教育的想法获得了支持。尽管如此，在享有平等教育机会的权利时，一些有色人种的儿童仍被有选择性地排除了，这些儿童中有很多人也属于语言少数族群（Spring，1994；Weinberg，1995，1997）。在普莱希诉弗格森案中，最高法院运用法律的力量公开确认了"隔离但平等"的教育信条，这一信条在1896年至1954年间实施。直到里程碑式的布朗诉皮卡教育局案（Brown v. Board of Education，1954）的裁决出现，法院做出如下裁决："任何被教育拒之门外的儿童仍被合理地认为在人生中获得成功是不太可能的。"（Leibowitz，1982：162）在布朗案裁决中，种族已经成为了唯一的关注焦点。斯古纳伯·康格斯（Skutnabb-Kangas，1995：42）针对语言途径也提出了一个类似的论点：

> 如果你希望在你的祖国享有应得的权利和资源（包括物质的和非物质的），你就必须能够参与这个国家的民主进程。你必须有权参与协商，努力发挥影响并且获得话语权。实现这一目标的主要工具就是语言……在民主国家，无论儿童有何语言背景，给予他们相同的、参与民主进程的机会，这应当是教育制度的责任。如果（至少是）一部

分儿童（也就是语言少数族群的儿童）有必要掌握两种或多种语言，那么教育制度就有责任让他们掌握两种或多种语言。

语言政策取向及其对少数族群教育权影响

在评估针对语言多样性的多种政策及其对语言教育权利的影响时，将它们置于语言政策的框架中将会大有帮助。表4.3提供了一种分类，即根据联邦政府、各州及其他有权发布和实施政策的机构的政策导向与立场进行分类。

表4.3 政策立场对语言教育权利的影响

联邦政府/各州/机构对语言权利的政策导向	政策特征	对语言少数族群教育权利影响的实例
发展型政策	联邦政府、州政府或政府机构分配资源以支持特定语言的发展。	《美国土著语言法》（1990）；夏威夷语被指定为并列的州官方语言。
权宜型政策	少数民族语言的实用性应用，通常包括为克服政府机构与当事人之间遇到的交流障碍而做出的调节。	过渡型双语教学模式项目，以帮助非英语使用者调节其英语"缺陷"；双语选票和双语纳税申报表格。
容忍型政策	特征是政府不干预语言少数族群社区的语言生活。	语言学校；利用私人资源在私立/宗教学校中保持祖裔语言/社区语言。
限制型政策	法律上禁止或限制少数族群的语言使用；对儿童学习少数族群语言或外语有年龄要求。	例如，联邦对寄宿制学校中的印第安语言使用进行限制；第一次世界大战时期对外语教学的限制；《227号提案》及其他类似措施。
零政策	承认少数族群语言或语言变体的政策严重缺失。	完全没有考虑到在只用英语教学过程中学生语言与之不同而可能造成的影响。
镇压型政策	积极努力消灭少数族群语言。	在美国以外地区实行，包括将少数族群语言的使用或者以少数民族语言为媒介的教学视为政治犯罪（Skuttnab-Kangas & Bucak, 1994）。

注：本表格借鉴克洛斯模式（Kloss, 1998; Macías & Wiley, 1998）并进行了扩充。"零政策"及"镇压型政策"两类未出现在克洛斯的分类中。同时，克洛斯将类别限定在联邦政府或州的政策中。但是这一模式同样也能够被应用于机构或机构背景，以及隐性或未公开的政策或语言管理惯例之中。

很重要的一点是，我们必须承认语言的多样性通常会受到隐性的或隐蔽的政策以及非正式惯例的影响，这些政策和惯例通常具有与正式官方政策相同乃至更大的影响力（Spolsky，2009；Schiffman，1996；Shohamy，2006；Wiley，1999a，2004）；因此，表4.3考虑到了正式和非正式的政策与惯例。隐性政策包括了那些可能甚至还没有被意识到已经成为了语言政策，但事实上却发挥着实际作用的政策。隐蔽政策，顾名思义，更加不好。这些政策力图通过设置对语言运用或读写能力的要求，来阻止特定人群参与社会、政治、教育或经济的活动（Wiley，1996b，2004）。历史上的例子有对投票人的读写能力提出要求，对试图进入美国的移民提出英语读写能力的要求，这些被用来作为门槛，进而基于种族或民族出身来排除一部分群体（Leibowitz，1969）。

发展型政策受到了政府的支持。到20世纪20年代，英语已在美国大多数州被指定为正式的教学语言。因此，语言发展的资源主要都流入了英语教育中。在制度层面上，许多高等院校长期以来对外语或第二语言有要求，但是自20世纪后期以来，大学入学时所需的英语熟练程度证明推动了大部分与语言有关的课程政策的发展（Wright，1980）。

权宜型政策是为了帮助那些不能充分理解英语或强势语言的人，或是由于政府自身出于某些原因试图改善与少数族群语言使用者之间的关系而出台的调节性政策。权宜性政策用于为少数族裔人口与政府之间建立沟通的桥梁，从而推动交流或同化（Kloss，1998；Wiley，1999a）。联邦政府支持的过渡型双语教育被归入权宜型政策这一类别。

在第一次世界大战之前，除部分地区有例外之外，容忍型政策通常更受非英语的其他欧洲语言使用者的欢迎。在殖民时期及共和政权早期，欧裔民族的教育主要是靠私人和教派的支持。在19世纪，无论英语是否得到了官方的指定，英语都是主要的教学媒介语。而土著语言的读写能力以及英语和某些土著语言（比如切罗基语）的双语读写能力在当地都得到了发展（Lepore，2002；Weinberg，1995）。一些德裔人口众多的州（如俄亥俄州和宾夕法尼亚州）甚至一度允许公立教育使用德语或德英双语进行教学，但是就大部分而言，用社区语言开展教育主要是靠当地和私人来进行（Kloss，1998；Toth，1990）。

非裔民族的经历则截然不同。在18世纪40年代，限制识字教育的政策被编入奴隶法典。奴隶主将奴隶的识字能力视为对他们控制力的直接威胁。强制性文盲法律一直被保留到了1865年（Weinberg，1995）。限制型政策也有多种表现,康特拉、菲利普森、斯古纳伯·康格斯和瓦拉迪(Kontra, Phillipson, Skutnabb-Kangas & Várady, 1999:10)指出:

> 国家或政府能够以三种方式限制少数族群语言。它们是:(1)……限制用少数族群语言接受教育的年龄标准和提供用少数族群语言进行教学的科目范围;……(2)限制教学媒介语的数量;……(以及/或者)(3)通过模糊权利拥有者/受益者的概念来减少可以用少数族群语言作为教学语接受教育的人口数量。

例如,在第一次世界大战期间,当时美国第二大的语言族群——德语使用者,突然发现他们受到了责难,他们被强行要求使用英语(Wiley,1998a)。在20世纪20年代和30年代,汉语和日语社区学校开办运作,但却常常遭受到夏威夷地区权力机关和加利福尼亚州州立权力机关的阻力。

正如前面提到过的,莱博维茨(1969,1971,1974)警告过,限制性的语言政策通常是与其他形式的歧视性的活动联系在一起的。因此,与语言少数族群权利有关的主要问题源自语言与民族或种族上少数人群地位间的联系。比如,学校的语言要求和语言标准悄然成为公然实行种族歧视政策的代言人。例如,1924年美国在夏威夷建立了英语标准学校。标准化英语的测试将儿童纳入"标准"、"不标准"和"低智力水平"三个教育轨道,从而实现了水平分级。在20世纪的大部分时间里,基于"标准"英语熟练程度的教育轨道与儿童的种族身份紧密相关,这导致了一种没有明显种族歧视制度的种族隔离。

哈斯(Hass,1992)对夏威夷中小学和大学政策惯例中的历史模式进行了分析。他将这些语言管理政策及惯例认定为制度性种族主义的表现形式(隐性政策的一种形式),无论机构的政策、规章、标准和惯例的执行负责人是否有明显的歧视性意图,但这些政策、制度、标准和惯例的确引发了歧视。经过哈斯证实的事例有:(1)教育项目未能提供以普遍使用的语言为媒介进行的教育,即使语言少数族群主动要求这一权利;(2)错误地只根据学生标准化英语测试的表现将他们分至不同的教育轨道,而事实上这种标准化测试的标准是建立在全国人口而非当地人口基础之上的,例如,虽然夏威夷大约一半的人口以夏威夷克里奥尔英语(皮钦语)为母语,学术能力测试(SAT:Scholastic Aptitude Test)等标准化测试仍然被作为公立大学系统的入学要求;(3)学校与父母进行沟通时对移民语言的使用仍然不够；(4) 分管语言少数族群学生教育的人员培训不足；(5) 由于未承认部分语言少数族群学生而导致对他们的认识与服务不够。在单独分析夏威夷教育状况的过程中，罗曼（Romaine，1994：531；Agbayani & Takeuchi, 1986；Benham & Heck，1998；Kawamoto，1993）最后断言道：

> 旨在将无法通过英语测试的人排除在外的学校教育使得夏威夷克里奥尔英语的使用者受到了歧视。因此人们希望能够限制非白种人儿童进入英语标准学校学习，这种学校建立于1924年，学生多为白人儿童。这些学校通过语言方针将实质上的种族歧视制度化，从而成功地限制了克里奥尔语的使用者，使他们与英语使用者之间的距离一直维持到第二次世界大战结束。

在表4.3中，零政策这一分类是表示政策的严重缺失。一刀切的教育政策仅仅关注主流群体，由于忽视语言少数族群学生的特殊需求、历史和现状，使他们常常处于不利的地位（Quezada, Wiley & Ramírez, 1999/2000）。由于缺少对诸如夏威夷克里奥尔英语等非标准语言变体的认可，使得这些语言的使用者成为了"次等的"英语发音者。所谓的"缺陷"丢给了学生，而不是归责于那些负责教育这些学生的教育体系。

针对使用夏威夷克里奥尔英语、阿巴拉契亚英语和黑人英语等非标准语言变体的儿童缺少政策性调整，这一点在讨论语言少数族群的教育权利时常常被忽视。这一领域最重要的法律案件是马丁·路德·金小学诉安娜堡教育委员会的诉讼案。最初，这一诉讼被当作种族歧视案件处理，因为在案件中涉及种族、阶层和语言。审判过程中的专家证人史密瑟曼（Smitherman，1981：20）后来提到："原告起诉的出发点与归宿都在于有关儿童语言的制度性缺失……我们的论证和乔伊纳（Joiner）法官的裁定都是围绕教育体制有责任将其（黑人英语）合法化。"关于这一案件现在存在一些误解：其中一个误解是认为法官要求在语言教学和推广过程中，黑人英语取代标准英语。相反，法官只是在试图根据儿童的语言差异进行协调。另一个误解是认为这一案件与最高法院案例有着相同的效力。事实上，这一案件只在联邦地区法院的层级上进行审判。在案件中败诉的学区决定放弃上诉；因此，这一案件的影响力只局限在安娜堡地区（Baugh，1995）。不过，这一判决也从另一面说明权宜型政策对于非英语的学生摆脱在学校需掌握标准英语的重压有着潜在的作用（Wiley，1999b）。

语言少数族群教育权利的教育模式

为了评估获取语言教育权利的途径，有必要对法律等所规定的各种教育模式的类型加以分析。此外，还要通过对主流社会及其语言和识字能力发展目标的比较，来分析其为语言少数族群学生所设定的特定目标。表4.4总结了美国双语教育的教育模式。

表4.4 双语教育分类

项目类型	代表性儿童	课堂语言	社会目标及教育目标	语言和（或）读写能力目标
发展双语和（或）双语读写能力的弱式				
沉浸型（又称结构式浸沉）	语言少数族群	主体民族语言	同化	单语
浸沉型（取消英语作为第二语言的课程）	语言少数族群	主体民族语言	同化	单语
种族隔离主义教育	语言少数族群	少数族群语言（强制的，没有选择）	种族隔离	单语
过渡型	语言少数族群	从少数族群语言转向主体民族语言	同化	相对单语
主体民族的语言加外语教育	语言多数族群	主体民族语言和第二语言/外语课程	有限的充实提高	有限的双语
分离主义教育	语言少数族群	少数族群语言（出于自身选择）	分离/自治	有限的双语
发展双语和（或）双语读写能力的强式				
沉浸型	语言多数族群	双语，但从一开始就强调第二语言	多元化和充实提高	双语和双文
保持型/继承语	语言少数族群	双语，但强调第一语言	保持/多元化和充实提高	双语和双文
双向型/双重语言	语言少数族群与多数族群混合	少数族群语言和主体民族语言	保持/多元化和充实提高	双语和双文
主流双语教育	语言多数族群	两种主体民族语言	保持/多元化和充实提高	双语和双文

注：本表改编自贝克（Baker, 1996: 172; 172—197）

正如莱昂斯（Lyons，1990/1995）所指出的，美国联邦双语教育项目最初的发起者之一，得克萨斯州参议员拉尔夫·亚伯勒（Ralph Yarborough）意在满足使用西班牙语的儿童的需求。刚开始，双语教育的提案获得了两党的强力支持，与此同时还提出来了三十多个相关议案。在为加速通过立法而做出的妥协中，被指定的目标群体被重新界定为"英语口语能力有限的儿童"。这一用词上的变化脱离了西班牙语儿童的实际，但看似包含了更多的群体。然而，这一界定将目标群体定义为缺乏英语能力而"需补救"的群体。1978年《双语教育法》的修正案再次将目标人群确定为"英语能力不足者"（LEP：Limited English Proficiency），并突出强调英语的阅读、写作、理解和认知能力。然而，正如莱昂斯（1990/1995：3）所指出的："新定义虽然更明确且更具综合性，但是它导致语言少数族群儿童所接受的教育出现更多的弊端。"最近，在《不让一个孩子掉队法》（2001）的影响下，"英语能力不足者"被术语"英语语言学习者"（ELL）取代，后者减弱了侮辱性，但是掩盖了儿童的母语语言背景（Wiley & Wright，2004）。

根据《双语教育法》及之后的各种版本，大部分被贴上"双语"标签的项目都是短期的过渡型项目和英语作为第二语言的项目。在表4.4中这些模式都被划入"弱式"一类，是因为它们未能成功发展或保持参与者的母语。同样，这些项目的社会目标、教育目标以及语言能力和识字能力目标都各自推动了同化和单语（英语）化的发展。而所谓的教育改革措施，例如《227号提案》"为了孩子们的英语"，更是试图抵制甚至是属于"弱式"的过渡型双语教育模式。兴起于1968年，随着2001年"第七次资金法案"（Title VII funding）的终结而结束的过渡型双语教育项目始终是"饱受争议的政策"（San Miguel，2004）。

州权的复兴：对语言少数族群权利的影响

在美国，语言少数族群儿童由于种族隔离和未受良好教育而导致了被孤立与不平等，在将近六十年的努力来扭转这一趋势之后（Blanton，2005；San Miguel，2004），为语言少数族群争取公平教育的斗争又面临了新的挑战。最近，法院的裁决允许州政府可以在少数族群儿童教育政策和实践上拥有更大的决定权。

为什么各州享有这样的权力？18世纪后期，美国起草并通过了宪法，半个世纪后公立学校运动开始兴起。在该运动开始的时候，联邦政府就将教育责任授予了各州和地方权力机关。19世纪30年代后期，马萨诸塞州在霍勒斯·曼（Horace Mann，1796—1859）的领导下开始推广公立教育，对公立教育的支持才开始逐步增强。1862年，《莫雷尔法案》（*Morrell Act*）获得通过，联邦政府随之开始鼓励各州推动高等教育发展。在内战结束后的重建时期（1865—1877），原来被奴役的非裔美国人在联邦军队的保护下第一次进入学校学习。然而，自重建时期结束到20世纪50年代，一些州的种族隔离行为得到了联邦政策和法院的维护。

一些支持州权或是当地管理权的人僭越联邦政府的管辖时，通常会援引州权的信条，也就是依据美国宪法第十次修正案所确立的州政府所保留的政治权力。在内战之前（1861—1865），州权的信条得到了鼓吹扩张奴隶制的人的拥护。战争结束后，州权信条又被用来为种族隔离辩护，反对联邦政府强制执行的废除种族隔离和机会均等的行动计划。实际上根据宪法规定，除非联邦法院和最终的最高法院解释，要求将联邦管辖权移交至各州或受制于联邦法律，否则联邦权力高于州的权力。

一战期间及一战后，各州强化了语言管理。19世纪后期到20世纪早期这一阶段的特点是大规模的移民，移民主要来自西欧和北欧，其次是东欧和南欧。移民法被修改得更加严格，法律增加了与语言文字能力相关的准入要求（Leibowitz，1969）。在一战期间，"美国化"和"唯英语"的教育被作为同化移民的机制受到推广。在普遍的反德情绪及排外情绪的氛围中，许多州开始限制使用德语和其他语言进行的教育（Wiley，1998a）。到1919年，有34个州通过了限制使用外语教学的法律。强制推行"唯英语"政策的各州教育权力机构相对来说不再受到质疑，直到1923年梅耶诉内布拉斯加州案（Meyer v. Nebraska，262US390）发生，该案一直上诉至最高法院，意味着向限制型政策发起了挑战。

梅耶是教区学校的一名教师，因违反内布拉斯加州禁止外语教学的法律而被判有罪并被罚款。梅耶向内布拉斯加州高等法院提起上诉但以失败告终。内布拉斯加州法院给出的理由是，对移民者的孩子进行德语教学危害国家安全、有损于国家利益。1923年，最高法院推翻内布拉斯加州法院的判决。最高法院认为在和平时期，威胁国家安全不能成为对外语教师或那些希望孩子学习外语的父母进行强制性限制的合理理由。最终投票结果为七比二，内布拉斯加州的法律被判定违反宪法第十四次修正案中的"正当程序条款"（Edwards，1923；Murphy，1992；Piatt，1992；Wiley，1998a）。

虽然梅耶案的裁决认定过度限制型的语言教育政策是违宪的，但它为教育权利所提供的先例却力量微弱。法院认可了所有美国公民都应使用同一种共同语的霸权主义观点（Murphy，1992），并且确认了"各州可以强行进入某些学校，有权为所有学校制定合理的规章制度，包括要求所有学校用英语进行教学的规定，这些都不容置疑"（Norgren & Nanda，1998：188）。因此，最高法院的裁决确立了英语作为教学媒介语的官方地位。即使在梅耶案之后，使用德语进行的教学再也没有恢复到战前的水平（Wiley，1998a，2010a）。

1927年，在一个与梅耶案相关的裁决，即法灵顿诉德重聪案（Farrington v. Tokushige）中，最高法院根据梅耶案，将夏威夷地方长官向日语、韩语和汉语的私立或社区学校施加限制的行为判定为违宪。法灵顿案具有重要意义，因为夏威夷（Leibowitz，1971）和加利福尼亚（Bell，1935/1974）有许多这类学校，它们其中的很多学校在20世纪20年代和30年代曾繁荣一时，繁荣程度堪比现在。这些继承语学校为只用英语教学的公立学校提供了用母语进行的辅助教学。但在二战期间，在囚禁日裔美国人的联邦集中营中，用日语进行教学的权利遭到了禁止（US Senate，1943/1974）。

正如之前指出的，联邦法院和美国最高法院是联邦权力机关和州权力机关之间冲突的仲裁者。在历史上，最高法院、联邦法院和联邦政府一贯支持通过文化消亡（deculturation）来实现语言同化和文化同化的高压政策（Spring，1994）。在内战前，最明显的例证就是有关非裔及其后代所遭受的奴役，他们被禁止使用他们的母语，并受强制性文盲法的管制，学习英语读写被认为是非法的。内战结束后，美国土著儿童在寄宿制学校里受到强制性同化，在那里英语是强制使用的，而使用他们自己的语言是不被允许的（Weinberg，1995）。这些政策在20世纪30年代有所放宽，从20世纪60年代开始，随着联邦资助的双语教育项目的兴起，语言少数族群儿童受到了政策性调整的影响。在被称为民权时代的20世纪60年代，美国联邦政府在为语言少数族群学生协调教育获取途径和满足平等性需求上发挥了重要作用。在约翰逊政府任期内（1963—1969），美国国会为适应少数族群学生人口不断增长（主要是西班牙裔学生）的需要，批准了实行过渡型双语教育。1968年，《双语教育法》开始实施，联邦政府允许通过过渡型双语教育的方式来满足语言少数族群学生语言发展的需要（San Miguel，2004）。1990年，《美国土著语言法》通过，事实上联邦政府认可了有利于美国印第安语言保存的发展型政策。

刘氏诉尼克尔斯案（Lau v. Nichols）

1974年，即《双语教育法》通过六年后，美国最高法院对刘氏诉尼克尔斯案判决如下：学校有义务为非英语母语学生做出调整以使其能学习作为教学媒介的语言。刘氏案是自梅耶案之后对语言少数族群学生教育权利最有影响力的法律案件。有关本案历史背景的几点情况是值得注意的：首先，本案背景地为旧金山。加利福尼亚州跟许多其他州一样，有歧视少数种族和语言少数族群的传统。种族歧视一度在该州法律中获得了法律依据。排华组织甚至曾经成功说服美国政府于1882年颁布《排华法案》[1]，该法对中国移民的限制长达十年。另外，从19世纪后期到20世纪中期，在加利福尼亚州对亚裔学生的隔离是合法的。甚至到1943年，加利福尼亚州州宪仍公开确认对印度、中国、日本或"蒙古"裔学生的合法隔离。这一条例直到1947年才被推翻。1905年，旧金山学校董事会通过了一项对中国及日本学生进行隔离的决议，称其目的如下（《决议》，1905/1974）：

> 不仅是为了减轻目前学校中普遍存在的拥挤问题，更是不希望将我们的孩子置于与蒙古裔的学生有交往的地方，而使他们懵懂的认知受到影响。

正如其他许多教育歧视案例一样，刘氏诉尼尔克斯案是父母和社区活动家在为语言少数族群儿童争取适当的教育项目的努力失败后的无奈之举。根据一位参与了本案四年诉讼的社区领导者王立清（Li-Ching Wang，音译）的说法，美国华裔社区在三年时间内与旧金山学校管理者们进行了多次磋商。他们"进行了无数的调研来说明作为非英语的儿童的需求，并为解决这一问题提出了不同的方案"，也为抗议地区的不作为举行了多次游行示威（De Avila, Steinman & Wang, 1994：13）。由于万不得已，华裔父母与社区的领导者基于以下事实于1970年提起了诉讼：

1. 旧金山联合学区（SFUSD）2856名汉语为母语的学生需要接受专门的英语教育。
2. 1790名（汉语为母语的）学生未得到任何帮助或专门教育，甚至包

---

[1] 1882年，《排华法案》通过，其内容大致为：停止华工入境10年，不准境内华人归化为美国公民，华人一旦回中国探亲，就不能再回美国，非法入境之华人，于此法案通过后，一律驱逐出境，禁止华工及其眷属入境。此案通过后至1905年之间，约有1万名华人于入境时被拒。

括应提供给学生时长 40 分钟的英语作为第二语言的课程（该课程只提供给部分学生）。
3. 剩余的 1066 名以汉语为母语的学生确实受到了帮助，623 名学生所受的帮助是在非全日制学校，433 名是在全日制学校。
4. 这 1066 名中国学生中，只有 260 名接受的专门的英语教育是由会说中文的双语老师进行授课的（De Avila, Steinman & Wang, 1994：14）。

地方法院驳回了原告的上诉。1973 年，第九巡回上诉法院也同样与学区保持一致意见，判决如下（De Avila, Steinman & Wang, 1994：16）：

> 这些儿童所受到的歧视并非由当前或历史上加利福尼亚州所颁布的法律所导致，而是这些儿童由于自身无法听懂和学习英语才产生的。

在该案判决的 20 年之后，金尼·刘（Kinney Lau）的委托律师爱德华·斯坦曼（Edward Steinman）表示，其对法院的态度深感遗憾。法院认为"这些孩子是生来有罪的，因为他们居然厚颜无耻地在不会英语的前提下进教室学习"（De Avila, Steinman & Wang, 1994：17）。

1974 年最高法院提出的主张是，推翻第九巡回法院及学区的说法，法官威廉·O. 道格拉斯（William O. Douglas）将重点放在语言与种族、族群和民族出身之间的联系上，他对此判决如下（ARC, 1994：6）：

> 旧金山学校系统未能给大约 1800 名不会英语的华裔学生提供英语语言课程，也未提供其他适当的教学活动，也就是拒绝给予他们参与公立教育项目的重要机会，因此旧金山学校系统违反了 1964 年民权法第 601 条禁止在"任何获得财政支持的项目或活动"中基于"种族、肤色或民族出生"进行歧视的规定。

道格拉斯反驳了学校没有"法律上或道义上的义务来教英语"这一根深蒂固的观念，他判决如下（ARC, 1994：8）：

> 基本的英语技能应该是公立学校的教学核心。强制要求儿童在实际参与教育项目之前就必须掌握这些基本技能是对公立教育的嘲弄。

我们都清楚那些不会英语的儿童会发现他们的课堂体验是难以理解且不会有意义的。

与通常的误解恰恰相反的是，刘氏并没有要求强制执行双语教育。原告没有要求具体的解决措施，道格拉斯也就为所有可能的补救方案保留了开放性，他对此陈述道："对华裔学生进行英语教育是一种选择，用汉语对这个群体进行教学是另一种选择。"（ARC，1994：7）正如克劳福德（Crawford，1992：226）所指出的："在20世纪70年代，联邦权力机关并没有犹豫不决，而是采取了所谓的'刘氏补救方案'。""刘氏补救方案"试图明确说明哪些权宜型政策能够适合在学校中实施。然而，在紧接着的里根政府任内，这些措施都被取消（Crawford，1995）。不过，在多起地方法院案件中，过渡型双语教育都被指定为解决方案。第一个案例就是塞尔纳诉波塔利斯市立学校案（Serna v. Portales Municipal Schools，1974；也受到美国第十巡回上诉法院审理）。其他将过渡型双语教育作为解决方案的重要地方法院案件还包括美国诉得克萨斯州案（U.S. v. Texas，1981）和里奥斯诉里德案（Rios v. Reed，1978；Leibowitz，1982）。然而，无论是在刘氏案中还是在诸如塞尔纳案等相关案件中，法院都是根据宪法第十四次修正案来解决平等保护这一宪法性议题，但判决基础却是根据1964年民权法案中的反歧视的法律保护（Piatt，1992）。

认定学区是否服从了刘氏案的判决，这一问题被留给了联邦法院去解决（Jiménez，1992）。迄今为止，最具确定性的案例是卡斯特内达诉皮卡德案（Casteñeda v. Pickard）（1981）。正如希门尼斯（Jiménez）指出的，卡斯特内达案的重要性在于它奠定了分析框架，或者说是三步测试法，这样一来由学区采取的克服语言障碍的"适当举措"就可以得以评估（248）：任何规定的补救措施必须（1）建立在坚实的教育理论基础之上；（2）具有合理的实施方案，其中包括合适人员的聘用；（3）带来积极的教育结果。

20世纪70年代美国做出过许多适度的努力来确定联邦资助项目的标准，但在里根政府任内（1981—1989）却鲜有执行标准的行动。不过，20世纪80年代和90年代也确实是在发展过渡型双语项目和负责文化方面的师资储备项目。然而在同一时期，"唯英语"教育的支持者在美国国会发起了通过限制性法律来确立英语官方地位的行动。虽然这些努力在联邦层面上遭遇了失败，但与此同时，这项方案仍计划在各州的层面得以实现，目前推动英语作为官方语言的行动在一些州进行得很成功。

亚利桑那州的限制性政策

近来的一些研究（Arias & Faltis，2012；Gandara & Hopkins，2010；Johnson，2012；Lillie et al.，2010；Lillie，Markos，Arias and Wiley，2012；Wiley，Lee & Rumberger，2009）运用多种研究方法（包括历史的和解释性的政策分析、案例研究、大规模调查、定性评估、访谈和课堂观察），对州政策在语言少数族群儿童中的实施及对他们所产生的影响进行了评估。总体来说，这些研究得出的结论是，亚利桑那州的一些法律判例对于美国争取教育平等和语言少数族群权利的努力具有重要影响。

2000年，亚利桑那州选民投票通过了《203号提案》，该州开始执行限制性的语言教育政策，限制公立学校的双语教育。《203号提案》通过后，亚利桑那州对教育政策进行了改变，即规定"结构性英语沉浸"（SEI：Structured English Immersion）教学作为语言少数族群指定的教育模式。通过这样的做法，该州开始长时间地限制教育管理者和教师专业性的选择，并限制父母为孩子决定其教育方式的选择。正如约翰逊（2012）指出的：

> 像《203号提案》这类牵涉意识形态引导的政策旨在控制社会互动的习惯。虽然《203号提案》由于给予语言少数族群学生以英语这一"礼物"的善意努力而得以推行，……但该提案的根本性前提却是将少数族群语言本身视为一种缺陷。

另外，亚利桑那州还执行了新的师资培训的课程标准，新标准将教师视作为"对大多数决定专业标准的机制不具控制权"的技术人员（Darling-Hammond，2001：260）。莫尔（Moore，2012）和穆里（Murri）、马科斯（Markos）以及埃斯特雷利亚（Estrella，2012）对亚利桑那州"结构性英语沉浸"培训项目的政策形成、内容和实施以及职前教师、新任教师的培训进行了研究。总的来说，他们发现了师资培训中的主要缺陷，并断言该培训项目的主要目标是推广"唯英语"的意识形态。亚利桑那州需要不断面对的一个问题是：意识形态是否已经超越了专业的知识和研究（Krashen，MacSwan & Rolstad，2012）。

亚利桑那州为研究州权的复兴提供了一个重要的案例，因为亚利桑那州目前的"结构性英语沉浸"模式自称是建立在具有"科学基础"的研究之上的。诸如加利福尼亚州和亚利桑那州等已经限制双语教育，并强制执行结构性沉浸型教学，但现在这些州已有越来越充分的证据表明这样的模式是无法满足语言少数族群学生的需求的。比如，在亚利桑那州，越来越多的研究者（Lillie et al.，2010，2012；Arias & Faltis，即将出版）发现该州的"结构性沉浸"教学模式并非像卡斯特内达所要求的那样在理论上可行且建立在充分的证据基础上。这一模式看起来与第二语言习得已有研究相冲突。亚利桑那州结构性沉浸模式的四个小时的固定教学时间是在有意地将语言少数族群的学生与英语母语使用者相隔离，而这些英语母语使用者本可以作为英语使用和发展互动的典范。赖特和宋（Wright and Sung，2012）在对该州小学教师的调查基础上总结道，亚利桑那州实施《203号提案》的初衷是为了遵守联邦《不让一个孩子掉队法》（Public Law，107—110），但这在很大程度上来说，这种努力不够充分且流于表面。虽然如此，作为霍恩诉弗洛里斯案的判决结果，美国最高法院给予了各州相当大的空间，允许其自主规定并实施其项目。这表明了将州权置于语言少数族群儿童教育权之上的战略性转变。

《不让一个孩子掉队法》同样也导致了联邦政策的重要变化，这些变化使得亚利桑那等州自主进行政策试验的难度降低。2001年通过的该法案不再提及双语教育，随后在20世纪60至70年代民权时代所建立的机构名称也发生了巨大的变化。例如，原双语教育及少数民族语言事务处（OBEMLA：Office of Bilingual Education and Minority Languages Affair）被英语语言习得处（OELA：Office of English Language Acquisition）取代。全国双语教育信息处（NCBE：National Clearinghouse for Bilingual Education）被全国英语语言习得信息处（NCELA：National Clearinghouse for English Language Acquisition）替代。根据加西亚（García，2005）的说法，这些变化标志了官方话语中的战略性转变，借此用"英语语言学习者"这样模棱两可的标签来代替学生的语言少数族群地位。因此，随着原双语教育及少数民族语言事务处的消失，联邦在为语言少数族群学生进行教育协调的过程中发挥的作用也就在实质上被削弱了，与此同时，亚利桑那和加利福尼亚等州在强行限制双语教育上也变得更加有恃无恐。联邦政策的这种转变使得各州在制定各自政策的过程中能够发挥更大的权力。

正如莱博维茨（1971）所建议的一样，将语言政策与更广泛的领域联系起来分析是十分有必要的。在过去的20年间，亚利桑那州尝试在一系列领域中实施限制性政策：(1) 自1992年起在诉讼（弗洛里斯诉亚利桑那州案和霍恩诉亚利桑那州案）中反对为协调语言少数族群学生的教育而增加补充资金；(2) 于 2000 年通过了《203 号提案》"为了孩子们的英语"，限制了双语教育，强制实行结构性英语沉浸型教育；(3) 亚利桑那州通过法律将英语确定为本州官方语言；(4) 规定在获得公共资金资助的成人英语二语（ESL）课程中向非法入境人员教授英语为违法行为；(5) 法律规定吊销故意雇佣非法入境人员的企业的营业执照，这项条款也成为其他州效仿的对象（最近的是阿拉巴马州；Editorial，2011）并在一些西班牙语社区中引起了大范围的恐慌（Constable，2011；Robertson，2011）；(6) 规定在图森市（Tucson）进行种族研究的教学为非法行为（Lacey，2011 年 9 月 25 日）。除此之外，这些措施的支持者目前还提议，在美国出生的儿童，若其父母为非法移民，则这些儿童不应被赋予公民权，但这是与美国宪法第十四次修正案相违背的（Preston，2011）。

结　论

从殖民时期至今，以少数民族语言为媒介获取教育语言权利的发展历史体现为一系列官方和非官方政策的大杂烩。基于梅耶一案来看，目前仍主要是靠个人的活动来保护美国语言少数族群儿童继续保有其语言的权利。令人遗憾的是，实现语言权利发展这一目标的希望在联邦教育政策领域中几无可能，还是只能通过特许学校的双向沉浸项目、独立的社区组织以及个人努力等方式来实现。《美国土著语言法》是唯一认可对非英语语言进行保护和发展的联邦政策。

从很多方面来说，限制性的州政策代表了向美国化运动（1914—1925）时期限制型政策的回归，比如加利福尼亚州《227 号提案》、亚利桑那州《203 号提案》及其最高法院 2009 年对霍恩诉弗洛里斯案的判决（Wiley，1998a），这些政策有利于通过"唯英语"的教学迅速同化语言少数族群。这种回归得到了联邦法院和最高法院的认可，法院也授予了各州更大的权力来为语言少数族群学生制定适当的教育实践。从本质上来说，过去 20 年间所发生的事情都是向州权主义的回归。不幸的是，过去几十年中一些颇有政治意味的话语将目标指向了"非法儿童"，他们联合各州要求撤销宪法第十四次修正案，因为该修正案给予任何在美国出生的人以美国公民权。在美国过去的 20 年间，为争取语言少数族群权利而做出的努力出现了明显的倒退，为了保护少数族群不受到越来越沉重的多数族群的压迫，更强大的、能够抗衡州权的联邦保护是十分需要的。

参考文献

Agbayani, A., & Takeuchi, D. (1986). English standard schools: A policy analysis. In N. Tsuchida (Ed.), *Issues in Asian and Pacific American education* (pp. 30–45). Minneapolis: Asian/Pacific American Learning Resource Center, University of Minnesota.

Arias, M. B., & Faltis, C. J. (Eds.). (2012). *Implementing educational language policy in Arizona: Legal, historical and current practices in SEI*. Bristol: Multilingual Matters.

ARC (Art. Research and Curriculum Associates). (1994). *Revisiting the Lau decision: 20 years after*. Symposium Proceedings (November 3–4). San Francisco: ARC.

Baker, C. (1996). *Foundations of bilingual education and bilingualism* (2nd ed.). Philadelphia: Multilingual Matters.

Baugh, J. (1995). The law, linguistics and education: Educational reform for African American language minority students. *Linguistics and Education, 7,* 87–105.

Bell, R. (1935/1974). Japanese language schools in California.'Public school education of second generation Japanese in California. In *Educational Psychology,* Vol. 1 (pp. 20–23). Stanford, CA: Stanford University Press. Reprinted in S. Cohen (Ed.), *Education in the United States: A documentary history*. Vol. 2 (pp. 2974–2976). New York: McGraw-Hill.

Benham, M. K. P., & Heck, R. H. (1998). *Culture and education in Hawai'i: The silencing of native voices*. Mahwah, NJ: Lawrence Erlbaum.

Blanton, C. K. (2005). *The strange career of bilingual education in Texas, 1836–1981*. College Station: Texas A&M University Press.

Constable, P. (2011, October 9). In Alabama, apprehension: Tough law targeting illegal immigrants jolts lives of Hispanics in Gulf Coast communities. *Washington Post,* pp. Al, A22.

Crawford, J. (1992). The question of minority language rights. In J. Crawford (Ed.), *Language loyalties: A source book on the official English controversy* (pp. 225–228). Chicago: University of Chicago Press.

Crawford, J. (1995). *Bilingual education: History, politics, theory, and practice* (3rd ed.). Los Angeles: Bilingual Education Services.

Darling-Hammond, L. (2001). Standard setting in teaching. In V. Richardson (Ed.), *Handbook of* research *on teaching* (4th ed., pp. 751–776). Washington, DC: American Educational Research Association (AERA).

De Avila, E. A., Steinman, E., & Wang, L. C. (1994). Historical overview. In Art, Research and Curriculum Associates (ARC), *Revisiting the Lau Decision: 20 years after*. Symposium Proceedings (November 3–4) (pp. 13–21). San Francisco: ARC.

De Varennes, F. (1999). In M. Kontra, R. Phillipson, T. Skutnabb-Kangas, & T. Várady (Eds.), *Language: A right and a resource: Approaching linguistic human rights* (pp. 117–146). Budapest: Central European University Press.

Editorial. (2011, October 4). Alabama's shame: A harsh immigration law spreads fear and punishes the vulnerable. *New York Times,* p. A22.

Edwards, I. N. (1923, December). The legal status of foreign languages in the schools. *Elementary School Journal, 24,* pp. 270–278.

Gandara, P., & Hopkins. M. (Eds.). (2010). *Forbidden language: English learners and restrictive language* policies. New York: Teachers College Press.

García, O. (2005). Positioning heritage languages in the United States. *Modern Language Journal, 89,* 601–605.

Gray, E. G. (1999). *New World Babel: Languages and nation in early America.* Princeton, NJ: Princeton University Press.

Gray, E. G., & Fiering, N. (2000). *The language encounter: 1492–1800.* Oxford: Berghahn Books.

Haas, M. (1992) *Institutional racism: The case of Hawaii.* Westport, CT: Praeger.

Heath, S. B. (1976). Colonial language status achievement: Mexico, Peru, and the United States. In A. Verdoodt & R. Kjolseth (Eds.), *Language in sociology.* Louvain, Belgium; Peeters.

Hernández-Chávez, E. (1994). Language policy in the United States: A history of cultural genocide. In T. Skutnabb-Kangas & R. Phillipson (Eds.), *Linguistic human rights: Overcoming linguistic discrimination* (pp. 141–158). Berlin: Mouton de Gruyter.

Jiménez, M. (1992). The educational rights of language minority children. In J. Crawford (Ed.), *Language loyalties: A source book on the official English controversy* (pp. 243–251). Chicago: University of Chicago Press.

Johnson, E. J. (2012). Arbitrating repression: Language policy and education in Arizona. *Language and Education, 26,* 53–76.

Kawamoto, K. Y. (1993). Hegemony and language politics in Hawaii. *world Englishes, 12,* 193–207.

Kloss, H. (1998). *The American bilingual tradition.* Washington, DC: Center for Applied Linguistics; McHenry, IL: Delta Systems. Reprint: Newbury House (Rowley, MA, 1977).

Kontra, M., Phillipson R., Skutnabb-Kangas T., & Várdy, T. (1999). Conceptualizing and implementing linguistic human rights. In M. Kontra, R. Phillipson, T. Skutnabb- Kangas, & T. Várady (Eds.), *Language: A right and a resource: Approaching linguistic human rights* (pp. 1–21). Budapest: Central European University Press.

Krashen, S., MacSwan, J., and Rolstad, K. (2012). Review of "Research summary and bibliography for structured English immersion programs" of the Arizona English Language Learners Task Force. In M. B. Arias & C. J. Faltis (Eds.), *Implementing educational language policy in Arizona: Legal, historical and current practices in SEI.* Bristol: Multilingual Matters.

Lacey, M. (2011, January 1). Rift in Arizona as Latino class is found illegal. *New York Times,* pp. Al, A12.

Lacey, M. (September 25, 2011). In Arizona, complaints that can hinder a teacher's career. *New York Times,* pp. A17, A18.

Lau et al. v. Nichols et al. (U.S., 563–572, No. 72–6520). Reprinted in Art, Research and Curriculum Associates (ARC). (1994) *Revisiting the Lau Decision: 20 years after.* Symposium Proceedings (November 3–4) (pp. 6–12). San Francisco: ARC.

Leibowitz, A. H. (1969). English literacy: Legal sanction for discrimination. *Notre Dame Lawyer, 25* (1), 7–66.

Leibowitz, A. H. (1971). *Educational policy and political acceptance: The Imposition of English as the language of instruction in American schools.* Eric No. ED 047321.

Leibowitz, A. H. (1974, August). Language as a means of social control. Paper presented at the VIII World Congress of Sociology, University of Toronto, Toronto.

Leibowitz, A. H. (1982). *Federal recognition of the rights of minority language groups.* Rosslyn, VA:

National Clearinghouse on Bilingual Education.

Lepore, J. (2002). *A is for American: Letters and other characters in the newly United States.* New York: Alfred Knopf.

Lillie, K. E., Markos, A., Arias, M. B., & Wiley, T. G. (2012). Separate and not equal. The implementation of SEI in Arizona classrooms. *Teachers College Record, 114* (9), 6–7.

Lillie. K. E., Markos, A., Estrella, A., Nguyen, T., Peer. K., Pérez, K., Trifiro, A., Arias, M. B., & Wiley, T. G. (2010, July). Policy in practice: The implementation of structured English immersion in Arizona. Los Angeles: Civil Rights Project, University of California, Los Angeles.

Lyons, J. (1990/1995). The past and future directions of federal bilingual-education policy. In O. García & C. Baker (Eds.), *Policy and practice in bilingual education: Extending the foundations* (pp. 1–15). Clevedon, UK: Multilingual Matters. Reprinted from *Annals of the American Academy of Political and Social Sciences, 508,* 66–80 (1990).

Macías, R. F. (1979). Choice of language as a human right: Public policy implications in the United States. In R. V. Padilla (Ed.), *Bilingual education and public policy in the United States* (pp. 39–75). Ypsilanti: Eastern Michigan University.

Macías, R. F. (1999). Language policies and the sociolinguistic historiography of Spanish in the United States. In J. K. Peyton, P. Griffin, and R. Fasold (Eds.), *Language in action* (pp. 52–83). Creskill, NJ: Hampton Press.

Macías, R. F., & Wiley, T. G. (1998). Introduction. In H. Kloss, *The American bilingual tradition* (pp. vii-xiv). Washington, DC: Center for Applied Linguistics; McHenry, IL: Delta Systems. Reprint: Newbury House (Rowley, MA, 1977).

Moore, S. K. (2012). "They're Just confused." In M. B. Arias & C.J. Faltis (Eds.), *Implementing educational language policy in Arizona: Legal, historical and current practices in SEI.* Bristol: Multilingual Matters.

Murphy, P. L. (1992). *Meyer v. Nebraska.* In K. L. Hall (Ed.), *The Oxford companion to the Supreme Court of the United States* (pp. 543–544). New York: Oxford University Press.

Murri, N. J., Markos, A., & Estrella, A. (2012). Implementing structured English immersion in teacher preparation in Arizona, In M. B. Arias & C. J. Faltis (Eds.), *Implementing educational language policy in Arizona: Legal, historical and current practices in SEI.* Bristol: Multilingual Matters.

Norgren, J., & Nanda, S. (1988). *American cultural pluralism and the law.* New York: Praeger.

Piatt, B. (1992). The confusing state of minority language rights. In J. Crawford (Ed,), *Language loyalties: A source book on the official English controversy* (pp. 229–234). Chicago: University of Chicago Press.

Preston, J. (2011, January 1). Political battle on immigration shifts to states: Arizona law is model. *New York Times,* pp. Al, A9.

Quezada, M. S., Wiley, T. G., & Ramírez, J. D. (1999/2000). How the reform agenda shortchanges English learners. *Educational Leadership, 57* (4), 57–61.

Ramírez. J. D., Wiley, T. G., DeKlerk, H., & Lee, E. (Eds.). (2005). *Ebonics in the urban debate* (2nd ed.). Clevedon, UK: Multilingual Matters.

Resolution (1905/1974). Resolution of the San Francisco School Board. Reprinted in S. Cohen (Ed.), *Education in the United States: A documentary history.* Vol. 2 (p. 2971). New York: Mcgraw-Hill.

Rickford, J. R. (1999). Using the vernacular to teach the standard. In J. D. Ramírez, T. G. Wiley, H.

DeKlerk, & E. Lee (Eds.), *Ebonics in the urban debate* (pp. 23–41). Long Beach: Center for Language Minority Education and Research (CLMER), California State University, Long Beach.

Robertson, C. (2011, October 4). After ruling, Hispanics flee Alabama town: Fears arise over tough law on immigrants. *New York Times,* pp. Al, A16.

Romaine, S. (1994). Hawaii Creole English as a literacy language. *Language in Society, 23* (4), 527–554.

San Miguel, G., Jr. (2004). *Contested policy : The rise and fall of federal bilingual education in the United States.* Denton: University of North Texas Press.

Schiffman, H. F. (1996). *Linguistic culture and language policy.* London: Routledge.

Shohamy, E. (2006). *Language policy: Hidden agendas and new approaches.* London: Routledge.

Skutnabb-Kangas, T. (1995). Multilingualism and the education of minority children, in O. García & C. Baker (Eds.), *Policy and practice in bilingual education: Extending the foundations* (pp. 40–62). Clevedon, UK: Multilingual Matters.

Smitherman, G. (1981). Introduction. In G. Smitherman (Ed.), *Black English and the education of Black children and youth: Proceedings of the National Invitational Symposium on the King decision* (pp. 11–31). Detroit, MI: Center for Black Studies, Wayne State University.

Spicer, E. H. (1962). *Cycles of conquest: The impact of Spain, Mexico, and the United States on the Indians of the Southwest, 1533–1960.* Tucson: University of Arizona Press.

Spicer, E. H. (1980). American Indians; Federal policy toward. In S. T. Thernstrom, A. Orlov, & O. Handlin (Eds.), *Harvard encyclopedia of American ethnic groups* (pp. 114–122). Cambridge, MA: Belknap Press.

Spolsky, B. (2009). *Language management.* Cambridge: Cambridge University Press.

Spring, J. (1994). *Deculturation and the struggle for equality: A brief history of the education of dominated cultures in the United States.* New York: McGraw-Hill.

Spring, J. (2000). *The universal right to education: Justification, definition, and guidelines.* Mahwah, NJ: Lawrence Erlbaum.

Tollefson, J. W. (1991). *Planning language, planning inequality: Language policy in the community.* London: Longman.

Tollefson, J. W. (1995). Introduction: Language policy, power, and inequality. In J. W. Tollefson (Ed.), *Power and inequality in language education* (pp. 1–8). Cambridge: Cambridge University Press.

Tollefson, J. W. (2006). Critical theory in language policy. In T. Ricento (Ed.), *An introduction to language policy: Theory and method* (pp. 42–59). Oxford: Blackwell.

Toth, C. R. (1990). *German-English bilingual schools in America: The Cincinnati tradition in historical context.* New York: Lang.

US Senate. (1943/1974). Description of Education in the Internment Camps. From Miscellaneous Documents, 1–142, 78th Cong. 1st Sess. Document No. 96. Segregation of loyal and disloyal Japanese (1943), p. 11. Reprinted in S. Cohen (Ed.), *Education in the United States: A documentary history.* Vol. 2 (p. 2977). New York: McGraw-Hill.

Weinberg, M. (1995). *A chance to learn: A history of race and education in the United States* (2nd ed.). Long Beach: California State University Press.

Weinberg. M. (1997). *Asian-American education: Historical background and current realities.* Mahwah, NJ: Lawrence Erlbaum.

Wiley, T. G. (1996a). Language planning and language policy. In S. L. McKay & N. H. Hornberger (Eds.), *Sociolinguistics and language teaching* (pp. 103–147). Cambridge; Cambridge University Press.

Wiley, T. G. (1996b). *Literacy and language diversity in the United States: Language in education: Theory and practice.* Washington, DC: Center for Applied Linguistics; McHenry, IL: Delta Systems.

Wiley, T. G, (1998a). The imposition of World War I era English-only policies and the fate of German in North America. In T. Ricento & B. Burnaby (Eds.), *Language and politics in the United States and Canada* (pp. 211–241). Mahwah, NJ: Lawrence Erlbaum.

Wiley, T. G. (1998b). What happens after English is declared the official language of the United States? In D. A. Kibbee (Ed.), *Language legislation and linguistic rights* (pp. 179–194). Amsterdam: John Benjamins.

Wiley, T. G. (1999a). Comparative historical analysis of U.S. language policy and language planning: Extending the foundadons. In T. Huebner & K. A, Davis (Eds.), *Sociopolitical perspectives on language policy and planning in the USA* (pp. 17–37). Amsterdam: John Benjamins.

Wiley, T. G. (1999b). Ebonics: Background to the current policy context. In J. D. Ramírez, T. G. Wiley, H. DeKlerk, & E. Lee (Eds.), *Ebonics in the urban debate* (pp. 3–17). Clevedon, UK: Multilingual Matters.

Wiley, T. G. (2000). Continuity and change in the function of language ideologies in the United States. In T. Ricento (Ed.), *Ideology, politics, and language policies: Focus on English* (pp. 67–85). Mahwah, NJ: Lawrence Erlbaum.

Wiley, T. G. (2004). Language policy and English-only. In E. Finegan & J. R. Rickford (Eds.), *Language in the USA: Perspectives for the 21st century* (pp. 319–338). Cambridge: Cambridge University Press.

Wiley, T. G. (2007a). Accessing language rights in education: A brief history of the U.S. context. In O. García & C. Baker (eds.), *Bilingual education: An introductory reader* (pp. 89–109). Clevedon, UK: Multilingual Matters. Reprinted from Wiley, T. G. (2002). Accessing language rights in education: A brief history of the U.S. context. In J. W. Tollefson (Ed.), *Language policies in education: Critical issues* (pp. 39–64). Mahwah, NJ: Lawrence Erlbaum.

Wiley, T. G. (2007b). Immigrant minorities: USA. In M. Hellinger & A. Pauwels (Eds.), *Handbook of applied linguistics*. Vol. 9: *Language and communication: Diversity and change* (pp. 53–85). Berlin: Mouton de Gruyter.

Wiley, T. G. (2010a). Language policy in the United States. In K. Potowski (Ed.), *Exploring language diversity in the United States* (pp. 255–271). Cambridge: Cambridge University Press.

Wiley, T. G. (2010b). The United States. In J. A. Fishman & O. García (Eds.), *Handbook of language and ethnic identity* (pp. 302–322). Oxford: Oxford University Press.

Wiley. T. G. (2012). Introduction. In M. B. Arias & C. J. Faltis (Eds.), *Implementing educational language policy in Arizona: Legal, historical and current practices in SEI.* Bristol: Multilingual Matters.

Wiley, T. G., Lee, J. S., & Rumberger, R. (2009). *The education of language minority immigrants in the United States.* Bristol: Multilingual Matters.

Wiley, T. G., & Lukes, M. (1996). English-only and Standard English ideologies in the United States. *TESOL Quarterly, 30* (3), 511–535.

Wiley, T. G., & Wright, W. (2004). Against the undertow: Language-minority education and politics in the age of accountability. *Educational Policy,* 18 (1), 142–168.

Wolfram, W., Adger, T. C., & Christian, D. (1999). *Dialects in schools and communities*. Mahwah, NJ: Lawrence Erlbaum.

Wright, E. (1980). School English and public policy. *College English, 42, 327–342.*

Wright, W., & Sung, K. Y. (2012). Teachers' sheltered English immersion views and practices. In M. B. Arias & C. J. Faltis (Eds.), *Implementing educational language policy in Arizona: Legal, historical and current practices in SEI*. Bristol: Multilingual Matters.

第五章　多语环境下的语言政策纠错：尼加拉瓜加勒比海岸地区的语言政策与实践

简·弗里兰

尼加拉瓜[1]的加勒比海岸地区是一个多民族、多语言的地区，该地区的七种语言在一个复杂的社会语言生态中互相联系，展现出了相对狭小的地理区域内极其多样的社会语言状况（Haugen，1972/2001）。今天的海岸人（costeños[2]）声称对六种土著语言有着具有象征意义的忠诚。这六种土著语言中有一部分已经不再被用于日常生活，一部分仍表现出极大的活力，另一部分则已濒临消亡；有几种语言被用于书写并几乎已经标准化，而另几种则出现了具有社会性的重要的内部变异，而人们对于这种方言变体也表现出了某种忠诚。

17世纪，该地区成为西班牙和英国竞相殖民的目标，自那时起，它就成了一个近乎典型的"接触区"：也就是一个"当今世界不同文化接触、碰撞或互相冲突的地区，这些冲突常是由诸如殖民主义、奴役等主从不平等关系及其所带来的后果引起的"（Pratt，1992：4）。这些关系也的确对当地所有民族的种族进化产生极大影响。[3]

在桑地诺革命时期（1979—1990），海岸地区的土著少数民族要求新政府承认在历史上曾受到压制的土著少数民族的文化与语言，并支持它们的保持与复兴。为了满足这一要求，新政府进行了一系列认真的尝试。20

1　尼加拉瓜1524年沦为西班牙殖民地，1821年尼加拉瓜宣告独立，1912年美国在尼加拉瓜建立军事基地，1927年7月起，奥古斯托·塞萨尔·桑地诺领导人民开展反对美军占领的游击战争，迫使美军于1933年撤离。1934年2月21日尼加拉瓜国民警卫队司令安纳斯塔西奥·索摩查·加西亚在美国总统罗斯福的指使下暗杀了桑地诺，并于1936年就任总统，从此建立了长达40余年的亲美家族的"考迪罗"式的独裁统治，直到1979年，桑地诺民族解放阵线（以此名纪念塞萨尔·桑地诺）的部队推翻独裁政权，建立民族复兴政府。新成立的军政府获当时的苏联和古巴的支持，与美国的关系迅速恶化。美国在里根政府时期支援反政府游击队，导致国家陷入十年内战。战争最后在1990年结束。在1990年4月的大选中右翼的反对派国家联盟获胜，查莫罗当选为总统。桑地诺民族解放阵线成为少数派。

2　Costeños是当时的西班牙探险者对当地人的称呼。

3　希尔（Hill，1996：2）将"族群形成过程"（ethnogenesis）定义为一个动态过程，在该过程中土著人群体"在彻底变化和不延续的环境下保持着持久的身份……是民族为生存而所做文化和政治努力以及他们对这些努力的历史意识的综合体"，这些都表现在了他们的神话和历史故事中。——作者注世纪 70 年代,"策略式本质主义"(strategically essentialist)[1](Spivak,1988)话语在全球性及区域性土著运动的推动下得到了发展,其本身也在当代国际性权利宣言下得以发展,而这些土著少数民族正是借用这一话语提出了要求。在与桑地诺阵线进行了艰难的协商之后,承认这些权利的法律框架最终得以确立,在过去 30 年间,桑地诺阵线之后的政权在正式批准并实施这一法律框架的过程中或多或少地带有政治性目的。

这让尼加拉瓜变成一个有趣的熔炉,在这个熔炉中我们会发现一些问题,这些问题存在于在上面提到的多语接触环境下的这类规划之中。其中一个根本性的问题就是,在革命政权及其所有继任政权运行职能的环境中,贫穷人口在不断扩大,这一问题的影响已经得到了充分的研究(Batibo,2009;Brenzinger,2009;Romaine,2009)。而我在这里主要关注的是一个相对而言还没有受到关注的难题:即不同语言意识形态之间关系的持续失衡,一边是支持政府政策中语言权利话语的语言意识形态,另一边是作为该政策受众的不同海岸人族群的语言意识形态。将政策从抽象的法律文本,转化成为特定社会语言环境中的实践,这愈发表明,参与协商的各方有着各自特定的语言意识形态,可能会对本应是普遍的权利话语做出不同的阐释。这里的语言意识形态是指:

> 社会中人类和语言交际交汇的文化表现,无论这种表现是显性的还是隐性的。这些文化表现协调着社会结构和交际形式间的关系,它们并不仅跟语言有关……它们将语言与身份认同、权力、审美、道德和认识论相联系,通过这些联系……不仅加强了语言形式和语言运用的基础,也同样巩固了重要的社会制度和人与社区间的根本性观念。(Makihara & Schieffelin,2007:14)

本章将通过一系列的具体案例研究来说明这些意识形态上的区别是如何实际地发挥作用的,并论证这样一个观点,即除非这种"普遍的"话语根据不同意识形态进行解构和重塑,否则它的实际影响很可能是弊大于利。希望以此对后现代批评语言学有关语言权利的研究做出贡献

---

1 策略本质主义是美国后殖民女性主义先锋斯皮瓦克提出的概念,用以指出尽管并不存在普遍的女性本质,但是在为女性争取政治权益时可以利用女性本质这一说法。后来策略本质主义指可以基于某种政治利益策略性地运用具有积极意义的本质主义。

(Blommaert，2010；Cameron，1995；Pennycook，2001；Ricento，2009；Williams，1992）。

这里使用的"后现代"一词采用了彭尼库克（Pennycook，2009：62）所描述的含义，以此表明我的意图：不仅质疑主流的语言权利话语中的某些核心假设，即诸如"语言、政策、母语、语言权利等已经成为语言规划主要议题的核心概念"，还要针对语言权利政策的发展提出一些途径，用来确立更具体、更符合实际的原则。

从20世纪80年代开始，我作为一名民族志研究者在尼加拉瓜加勒比海岸地区对数个海岸人族群进行了研究，并在大学中担任社会语言学课程的教师，对这些族群的孩子进行教学，这些工作的成果也应用到了本章当中。本章主要分为四部分：第一部分对该地区的社会语言生态及其历史形成进行介绍。第二部分概述了在与海岸人进行协商的基础上，尼加拉瓜对少数族群的权利进行立法的过程，并将其置于当地的政治与意识形态语境中。在第三部分也是最主要的部分中，通过一系列案例研究，文章对政策背后的意识形态假设与该地区复杂的多语生态之间的不协调所造成的困境进行了阐述。结论部分由这些具体的案例中得出重新认识语言权利的普遍性意义所在，尤其是在多语生态环境下。

加勒比海岸地区：语言接触区

16世纪西班牙首次对中美洲西部沿太平洋地区实行了殖民统治，17世纪英国人则侵占了东部加勒比海岸地区，自那时起，这两个地区就走上了两条截然不同却又相互影响的历史道路，形成了两个完全不同且相互对立的社会形态。沿太平洋地区的社会发展是以西班牙裔美洲人的"混血"（mestizaje）观念（在经济、种族、文化和语言等方面的同化与混合）为基础的，这导致当地大部分的土著社区、身份认同和文化濒临消失。尼加拉瓜这一以麦士蒂索人[1]为主要人口、使用西班牙语的国家始终在努力同化加勒比海岸地区，但却未获得成功。

与此相反，加勒比海岸地区是一个具有多样性的多语接触区。它是以

---

[1] 麦士蒂索人，又译为梅斯蒂索人、马斯提佐人，是西班牙语（Mestizo）与葡萄牙语（Mestiço）中的词语，曾于西班牙帝国与葡萄牙帝国使用，指的是欧洲人与美洲原住民祖先混血而成的拉丁民族。它也用于部分亚太地区，但指的是欧洲人与其他当地祖先所生的混血儿。此词语主要特别指的是欧洲血统与美洲印第安人血统的混血儿，其人口主要分布于拉丁美洲。

下三种土著族人的故乡：米斯基托人（Miskitu）（125,869 人）、苏莫—玛雅格纳人（Sumu-Mayangna）（19,370 人，其中乌卢亚人 [Ulwa] 是它的一个亚族群，600 人）和拉玛人（Rama）（1290 人）（Green, 1996）。另有两个非裔加勒比族群相对晚一点到达该地区：克里奥尔人（Creole）（27,197人），他们或是 18 世纪从牙买加被运至该地区的奴隶的后代，或是后来来自加勒比海地区的移民；加利福纳人（Garífuna）（3440 人），他们是在 19 世纪作为伐木工移民至此的。[1] 随着政府鼓励无地农民开拓处女地，麦士蒂索人不断增多，这在 20 世纪 60 年代之后尤为明显；到 1995 年为止，麦士蒂索人已经占当地总人口的 76% 左右（人口数据来自：PNUD [2005]；McLean Herrera [2008]）。

早在欧洲人到达中美洲之前，伴随着小规模的土著族群之间的资源争夺或商业联盟，这些群体的种族便开始形成（González Pérez, 1997；Gurdián, 2001；Offen, 2002, 2010；Romero Vargas, 1995）。他们与欧洲人的接触开始于 17 世纪中期，与此同时，西班牙和英国对这一地缘政治上的战略要地的控制权展开了竞争。在这一争夺过程中，英国人与米斯基托人建立了特殊的联盟关系，他们指定米斯基托族的领袖为国王，从而确立了间接统治的形式。

尼加拉瓜脱离西班牙获得独立后（1838 年），太平洋沿岸地区的麦士蒂索人希望建立包含加勒比沿岸地区在内的统一的民族国家，而美国则致力于建立其专属的势力影响范围，在这种情况下，英国逐渐被迫退出这一地区。然而，海岸人仍决意捍卫他们在英国统治下享受到的自治权。虽然反对者抓住一切机会进行抵抗，这一地区还是在 1894 年就被军事化"合并"（用麦士蒂索人的说法）。该地区最近的一次示威运动是在 20 世纪 80 年代，游行是由米斯基托人领导，为反对米斯基托人所认为的"西班牙"

---

1 命名是复杂的并且是有争议的（González Pérez, 1997）。"海岸人"的名称是用来表明一个普通的地区性身份，这一身份是与太平洋海岸地区主流的麦士蒂索文化相对的。法律文件，例如尼加拉瓜宪法（1987）和《自治法令》（1987）使用"土著种族群体"称法涵盖所有群体，由于这一称法不能涵盖所有要素，我因此在这里使用"海岸人"。直到最近，苏莫—玛雅格纳人和乌卢亚人才被知道是共同采用"苏莫"一词来自称。然而，为了避免这一名称特别是在米斯基托语中的贬义色彩，苏莫—玛雅格纳人放弃了该名称，而喜欢用"玛雅格纳"自称，但后者并没有普遍被接受。例如，乌卢亚人认为他们自己是苏莫大家庭的一部分，但不是玛雅格雅人（Benedicto & Hale, 2004）。我在这里所采用带连词符号的"苏莫—玛雅格纳"，现在被苏莫—玛雅格纳的当局用来指并指其族群和语言。——作者注

桑地诺主义[1]者而进行的,这一游行后来发展为美国领导的反革命战争的一部分。在这一动荡的环境下,土著民族对文化权利的要求就染上了高度的政治色彩(Baracco,2011;Dunbar,Ortiz,1984;González Pérez,1997;Gordon,1998;Hale,1994;Offen,2002,2010;Vilas,1989)。

在和谈持续两年半之后,1987年,尼加拉瓜颁布新宪法宣布自己是一个"多民族国家",相关的《自治法令》也给予了海岸地区的民族广泛的政治、文化和经济权利。直到21世纪初期,语言权利一直受到人们的长期关注;之后,历史领土的划分和命名也在稳步前进,在土著居民看来,这些历史领土是他们政治与经济权利中不可或缺的组成部分。

这段动荡的历史所带来的结果之一就是海岸人族群之间政治与经济等级制度的转变,这种转变体现在不同语言符号权利的等级制度中,并且依存于这一等级制度,两种制度是相互呼应的。18世纪,米斯基托人与英国的特殊联盟使得他们在军事和经济上拥有了比其他土著族群更大的权力,米斯基托语成为其他各族群间的通用语。与此同时,米斯基托人开始将自己视为一个"国家"(Helms,1971:158)。他们使用英语,这使得他们的地位变成一个"像欧洲人一样的民族",而与"野蛮的印第安人"区分开来,这让他们感到自豪(Holm,1978:39—50)。现在他们仍然重视英语和多语制(Dennis,2004)。19世纪,摩拉维亚传教士(Moravian missionary)[2]进一步巩固了米斯基托人的统治,尤其是对苏莫—玛雅格纳人的统治。这些传教士将《圣经》翻译为米斯基托语,教米斯基托的教牧信徒用他们自己的语言读写,之后还训练他们领导本族的教堂,甚至在苏莫—玛雅格纳人中保持领导地位(Freeland,1995)。这一活动在扩大米斯基托人威望和统治范围的同时限制了苏莫—玛雅格纳人。

在该地区的南部,摩拉维亚传教士先用英语在克里奥尔人和拉玛人中传道,然后用当地的通用语传道。克里奥尔人在他们的英文学校中习得了英语的读写能力,从而能够在美国飞地上从事行政和管理工作,并逐渐优越于其他非白种族群。摩拉维亚传教士的语言政策使得这一地区在一代人的时间里实现了从拉玛语到英语的转变。1894年,该区域被"合并",严

---

[1] 桑地诺主义指由尼加拉瓜民族英雄桑地诺在1926年至1934年间倡导的抗美爱国的民族革命思想。主要内容有:"要祖国,要自由",坚决反对民族压迫和独裁统治,明确提出美帝国主义是尼加拉瓜人民的主要敌人。

[2] 指摩拉维亚耶稣教会的传教士。摩拉维亚耶稣教会是诞生于摩拉维亚的新教团体。成员认为《圣经》是他们信仰与实践的唯一标准,并且特别强调基督徒在日常生活中的行为。

苛的西班牙政策被强制推行，禁止了其他语言在教学中的使用，这使得克里奥尔人的优越性受到了阻碍，也让英语成为一种类似少数土著语言的语言（Holm，1978）。

1979年桑地诺民族解放阵线取得统治权时，西班牙语毋庸置疑地处在民族和语言权利等级制度的顶端。英语紧随其后，但是正如我们将会看到的，英语的地位更加复杂。然而，所有的族群都把英语视作敲门砖，帮助他们在美国飞地或者是加勒比海游艇上获得一份薪水优厚的工作。

在这一等级中排第三位的是米斯基托语。虽然它现在排在西班牙语和英语之后，但仍是米斯基托人和苏莫—玛雅格纳人在摩拉维亚教堂里所使用的语言，也是当地唯一有书面形式的土著语。相比之下，苏莫—玛雅格纳语则劣于多种语言，不仅是西班牙语和英语，而且落在米斯基托语之后。因此，虽然米斯基托语相对来说更接近标准化，但人们仍旧使用苏莫—玛雅格纳语的两种方言。对于这两种语言，苏莫人表现出了极强的忠诚度。

大部分针对该地区的语言学及人类学研究都注意到了语言和文化的转变，这种转变的方向是由当地族群之间的接触和压力决定的。各种族群迅速向西班牙语靠拢，这一现象在城市地区尤为明显。赫尔姆斯（Helms，1971）和尼奇曼（Nietschmann，1973）对米斯基托语社区的研究发现，米斯基托语社区正在向英语和克里奥尔语转用，与此同时，米斯基托工人迅速涌入邻近的美国金矿和伐木场，推动了乌卢亚和一部分苏莫—玛雅格纳社区的文化和语言朝米斯基托转变（Green，1996；Green & Hale，1998；Holm，1978；Norwood，1985）。加利福纳人以优秀的多语言使用者著称，从20世纪50年代起，他们在克里奥尔人的种族压力之下放弃了加利福纳语（Freeland，1994），但拉玛语则在小而孤立的环境中被小部分人使用（Craig，1992a）。

但是，这种语境下的"语言转用"这一术语被过度简单化了，这里它仅仅指最近一次从一种语言到另一种的明确转用。事实上，有充分的证据表明该地区长达数个世纪以来一直有接受邻近社区语言的倾向。确实，贝内迪克托和黑尔（Benedicto and Hale，2000：97）将这一地区界定为历史悠久、界限明确的"语言区"，在这一"语言区"中"当下语言（米斯基托语和苏莫语）的句法结构展现了语法'融合'的特征，而这种语法'融合'在该地区并不常见"。一些群体虽然经历了语言的转用，却仍保持了最初的种族属性（Jamieson，2003），其他群体在不同程度上具有了双语化的特征，比如卡卡比拉（Kakabila）的米斯基托—克里奥尔社区（Jamieson，

1998，2001），还有一些群体则获得了新的民族面貌（Gurdián，2001），重新确立了他们的归属。这一证据表明海岸人在历史上曾使用他们生活环境中的语言来体现他们在跨文化关系中复杂而多面的身份，而对于这些，我们才刚刚开始了解。

综上所述，我们不能用本质论的术语将这一地区的土著人和各民族根据他们界限明确且独立的语言和居住区范围，由此来认定他们是一个个独立的、内部同质化的集团。由于该地区突出的接触区特征，我们更应该通过一种不同的"接触语言学"来了解它（Pratt，1987：50，60），这种"接触语言学"不是关注语言本身，而是关注"语言在社会分化中的运行……关注统治集团和被统治集团之间的**接触模式和区域**，关注这些**语言的使用者如何互相构成关系，如何展现语言的不同**"。

语言权利：早期协商

虽然桑地诺主义者已经清楚地认识到海岸地区是一个多民族、多语言的地区，该地区一些海岸语言正在逐渐消失或濒临灭绝，但他们仍公开承认他们在该地区的经验不足并忽视了该地区的复杂性（Calderón，1981）。我曾详细地分析了构成尼加拉瓜语言权利政策的复杂辩证关系（Freeland，2011）。土著族群在不断壮大的拉丁美洲土著运动的话语中表达了自己的要求，因此，文化的符号表征和物质表征都成为了文化认同的必要组成部分，不仅是语言、手工艺品和信仰，也同样包括领土主权和政治自决权。但是，桑地诺主义者在一开始将语言视为文化的主要载体，并认为语言权利和文化权利具有相同含义。我曾提出，这些在关键性概念构建过程中产生的错误诱发了20世纪80年代反对桑地诺主义者的原住民武装起义（Freeland，2011）。

从1983年开始，桑地诺主义者开始通过"自治进程"来寻求解决冲突的政治途径。所谓"自治进程"就是海岸各族群根据各自对"自治"的不同理解而展开为期三年的商讨。这一过程包括了与叛乱领袖的和平对话、村庄间的讨论以及试点工程，其中试点工程为自治可能发挥的作用提供了实际的范例，这帮助了桑地诺主义者更清楚地区分不同民族的不同要求。1986—1987年，这一进程与尼加拉瓜太平洋沿岸地区围绕宪法改革的类似讨论同时进行。两者在新的全国宪法和相关《自治法令》（第28号法律）的颁布时达到顶峰。全国宪法和《自治法令》都重新确定尼加拉瓜是一个"多民族国家",这在当时是一个全新的观念,这之后也成为众多拉丁美洲国家宪法的特征。

《自治法令》不仅承认了早期受到限制的文化权利,也同样认可它们是广泛的经济和社会政治权利中不可分割的一部分。在这一方面,它是拉丁美洲多元化立法的开路先锋。加勒比海岸地区的所有社区都能够享受"权利和责任的**绝对平等**,而不受人口多少和发展程度影响"(第11.1条),享有居住在其传统区域(第9条和第11.6条)并且具有一定程度政治自决的权利(第4和第7条)(ODACAN,1994,《自治法令》)。

民族群体(即社区)享有平等,语言也是一样:不会再有因语言使用者数量或是发展水平而产生的歧视。无论是否仍在被人们使用,海岸地区的所有语言都在该区域内获得了官方地位(第7条)。所有族群都有权利通过"在全国教育体系框架下考虑到他们历史遗产、传统和环境特点的项目"(第11.5条)来"推动发展本民族语言、宗教和文化"(第11.2条)并"使用本民族的语言接受教育"。

1993年,《尼加拉瓜大西洋沿岸社区语言的官方使用法案》(第162号法律,ODACAN,n.d)对这些条例进行了补充。它将"社区官方语言"从作为小学教育的媒介语言(第7.c条)推广到"双语跨文化"教师培训(第7.4条)和成人教育(第7.5条)的媒介语言。有条例也将其添加到中等教育课程中(第7.3c条),虽然并不是作为教育媒介语。该法律远未能提供一个完整的双语体系,不过它的确为双语教育的维持模式打下了基础。其次,它细化了官方使用的公共环境;也就是官方和法律文件(第19条)、引导标识(第13条)、合同(第14条)、民事登记(第15条)、司法行政(第三章)和公共管理(第四章),以上环境均继续保留使用西班牙语。在实践中,海岸语言在教师培训中的使用始于2003年,从2005年开始在一些米斯基托和克里奥尔社区的成人教育中被使用;但是在小学教育之后的领域内,这些语言似乎仍未被作为教学语言。对培训具有双语或三语能力的行政官员、警察、法官、笔译员和口译员等的支持不足,这导致这些语言在很多公共环境中的使用表现出临时性和非正式性的特点。

在语言权利方面,尼加拉瓜的语言立法大大领先于大多数当代制定的国际协议;它确保所有的少数民族用他们的"母语"接受教育,并在原则上为他们的语言提供公开的保护、推广和维护(Skutnabb-Kangas & Phillipson,1994;Skutnabb-Kangas,2000)。

但是,接下来的案例研究告诉我们将这些抽象的平等主义原则转换为具体社会语言环境中的实践是何等困难的事；在对关键术语的解释过程中出现了重要的分歧，这是在转换过程中常发生的事。案例研究主要关注两个重要难题：一是语言与民族身份（当然也包括"身份"和"语言"各自的观念）两者间关系的不同解读，二是有关将正规教育作为少数族群语言复兴和保持的主要领域的决定。

"各地权利状况"：情境案例研究 [1]

革命之后，尼加拉瓜一直在糟糕的经济状况中饱受煎熬，这是制约这些政策实施的一个深层因素。这种经济状况的影响在一系列评估和报道中得到了详细的记载，其中的一部分记录是提供给国际非政府组织的，而这些组织正是双语跨文化项目（PEBI）不可或缺的资金来源（Amadio, 1989；Buvollen et al., 1992；Freeland & McLean Herrera, 1994；Gurdián & Salamanca, 1990；McLean Herrera, 2001, 2008；Muñoz Cruz, 2001；Rizo Zeledón, 1996；Venezia Mauceri, 1996, 2001）。这些记载详细地罗列了战争、美国封锁以及后来的国际货币基金组织由于结构性调整而限制公共开支等因素对尼加拉瓜经济所造成的负面影响；即使在今天，尼加拉瓜的教育支出也仅占国内生产总值的3%。这些情况无助于提高土著教师较低的教育水平，也给在语言学、人类学和心理学等尼加拉瓜所缺的相关学科领域培养出专业人才造成了困难。因此，这些项目在很大程度上依靠外籍专家，其中包括麻省理工学院派遣至尼加拉瓜的语言学家（Rivas Gómez, 2004）。除了严重的困境，报道还记录下了一些杰出成就：受众人口的范围不断扩大，各个年级学生参与、保持和发展方面取得了进步，而为了满足这种扩展，具有文化契合性的物质生产也获得了发展。

但一些报道（Muñoz Cruz, 2001；Venezia Mauceri, 2001）也简单地暗示了"社区态度"对双语跨文化项目的消极影响，他们将这种态度简单地归结为是由于向社区解释政策宗旨的行为的失败。而在我看来，这些态度是当地的语言意识形态问题，也是我在本文中所关注的。

语言、身份认同和"母语"

对"母语"教育这一概念的不同解释迅速成为一个妨碍其发展的主要

1　这里借用了布鲁马特（Blommaert, 2004）的题目。——作者注

障碍。海岸人先提出要求,然后立法者对他们的要求进行回应,在这两个过程中,一开始他们用的似乎都是国际话语中的语言权利观念。但是,立法者的"母语"观念是建立在民族国家主义的日耳曼传统上的,这种传统认为"一个民族与其'母语'之间存在着有机联系,所谓'母语'就是唯一的、先天获得的本地语,它使人们构成一个群体并将他们与其他群体区别开来"(Cameron,2007:278)。这也正是西方民族国家排挤少数民族这一传统的根源所在(Rampton,1995;Pennycook,2002;Ricento,2002)。

尼加拉瓜的双语跨文化教育模式借鉴自拉丁美洲的其他地区,而"母语"观念的构建则是这一教育模式的基础。但是正如霍恩博格和洛佩斯(Hornberger and López,1998:232)指出的那样,这一模式的发展"在总体上……只限于土著居民的单语或者是双语制初期的环境",事实也证明要将这种模式应用于更加多语化的环境是具有重重困难的。斯古纳伯·康格斯(1981:12—34)强调过"母语"有多个含义,其中三个含义分别是:最先学会的语言;使用最多的语言;标志(民族)身份的语言。而双语跨文化项目的预设就是这三个含义之间完全是同质的关系。但是在多语化的环境中,这种同质关系并非永远存在。双语跨文化项目的目的是让儿童牢牢扎根于他们的"母语"及相关"母语文化"之中,也可以这么说,就是在他们向外转移到西班牙语及其所承载的"民族文化和普世文化"前先加以巩固(教育部,1989,转引 Amadio,1989:74)。这种将多语看作为一组组双语竞争相叠加的模式,也就排除了多语关系和跨文化关系,而后者正是这一多语接触区的特征。

所以说,双语跨文化项目从一开始就失败了,失败之处就在于它的平等主义第一原则,即要满足所有海岸人语言权利要求的原则。只有在该模式所针对的是单语类型或者是双语初期类型的单一民族乡村社区,社区语言才具备了以上所有含义的"母语"。在解决该模式的其他困境后,双语跨文化项目的确满足了主要的语言权利要求:它给予儿童使用其第一语言进行学习的认知优势,从而促进他们在西班牙语及其他语言上的发展;它所采用的教材基于这些儿童所属民族的文化和历史,增强了他们的民族认同;它将他们语言的使用范围从社区扩展到了享有声望的新领域,从而促进了其语言的复兴。毋庸置疑,在这类社区中进行的调查显示这些项目得到了很高的支持率(Bonilla,Hansack & Williams,2000;McLean,2001)。

但是,在之前的部分所提到过的民族混合、双语或多语社区中,或者是在那些因为历史因素而被迫使用其他语言的社区中,"母语"(第一语言)并不是原来的民族语言;在这种情况下,本民族文化是以人们被迫使用的语言为实践媒介的(Jamieson, 2001, 2003)。而这些社区不约而同地把具有民族身份认同的"遗忘的"语言视为他们的"母语"。

在这些社区中,"母语"项目是以儿童的第一语言为媒介进行的:也就是乌卢亚人使用米斯基托语,说克里奥尔语的拉玛人和加利福纳人用英语。而在卡卡比拉(Kakabila)的米斯基托—克里奥尔双语社区情况则更加复杂。在这种社区中,人们自我认同为米斯基托人,并将米斯基托语视为"恰当的语言",但是大部分儿童是使用克里奥尔语,至少在进入青少年时期之前是这样。这两种语言和文化构成了这一复杂的"道德经济"(moral economy)的基石(Jamieson, 2003)。卡卡比拉主动顺应了20世纪80年代的扫盲运动,接受了以英语为媒介语的双语跨文化项目,他们所认为的这个项目是最有助于识字教育的(Jamieson, 1998)。

在这类社区中,双语跨文化项目的定位是传统的过渡型双语项目,在以上所有的语言权利中,它只实现了第一项,即使用第一语言接受早期教育的权利。因为"母语"学习材料是建立在他们书写语言的"母语文化"基础之上的,所以双语跨文化项目并不能促进他们"母语"(具有民族认同的语言)的复兴和再生,也起不到强化民族认同的作用;如果说双语跨文化项目有什么作用的话,就是将这些社区推向他们书写语言的"母语文化"、远离自己的本族文化。

乌卢亚人和拉玛人得知《自治法令》颁布之后,立刻要求使用他们的"母语"(原来的民族语言)接受教育。在桑地诺运动时期,文化部在麻省理工学院派至尼加拉瓜的语言学家的帮助下(虽然文化部无法直接资助)推进了这些语言的平等(Craig, 1992b)。这些语言学家帮助各社区理解他们的语言是不可能成为正规教育的媒介语的,并鼓励引入一些运用了乌卢亚和拉玛歌曲及游戏的课程,从而达到与"第一语言"双语跨文化项目相近的效果(Rivas Gómez, 2004)。尽管1993年的语言法做出了承诺,但这种政府支持仍然在20世纪90年代终止了,文化部的推动角色转而由大西洋海岸研究和记录中心(CIDCA:Centro de Investigación y Documentación de la Costa Atlántica)以及尼加拉瓜加勒比海自治区大学(URACCAN:University of the Autonomous Regions of the Caribbean Coast of Nicaragua)的语言文化研究推广协会(IPILC:Instituto de Promoción e Investigación Lingüística y Rescate Cultural)承担。一个在某种程度上和美国祖裔语言项目类似的体系逐渐形成，同样依靠顽强而具有感召力的社区领导人和专家的支持，但该体系并未像美国祖裔语言项目那样享受到政府的资助（Fishman，1991，2001；Hornberger，2005；McCarty & Watahomigie，1999）。

这些族群都各自发展了确立其语言状况及社区发展的计划。乌卢亚人的是掌握读写能力，并达到第四级的水平（McLean Herrera，2008），而拉玛人的计划是非常有限的，但具有重要象征意义的语言能力（Grinevald，2003）。加利福纳人则重点关注于复兴对他们而言非常重要的巫医仪式和舞蹈，所谓的巫医仪式也就是瓦拉格罗（Walagallo）[1]，而语言也自然附带在其中。这些计划都带来了自下而上的发展，使得这些社区能够自主决定是否、何时、怎样实现他们使用"母语"接受教育的权利。然而，以米斯基托—克里奥尔双语为特征的卡卡比拉，却依旧饱受磨难。卡卡比拉人选择用英语来发展"母语"双语跨文化项目，因为在他们的意识形态中，英语与读写能力、与正规教育都紧密相关。在这种情况下，他们没有受到任何支持来发展米斯基托的民族认同，因为这一认同的发展是在青少年阶段，而双语跨文化项目是小学阶段的项目（Freeland，2003）。

这些案例说明了"母语"这一概念的极度多义化，尤其是在这种多语的环境中。确实，很多海岸人族群可能永远不会用到"母语"这一术语，而且"母语"概念在自治区法律的语言权利话语中也不是非常明确。这些案例也表明由上至下的政策无法应对这种多样性；只有采取就地管理的措施，语言权利如何实现的问题才能够获得合适的解决。我将会在结论部分再一次提到这一点。

语言复兴和正规教育

关于正规教育是否是语言复兴的合适途径，这一点仍有很大的争论（Fishman，1991，2001；Hornberger，2008）。但是在尼加拉瓜，通过教育系统来实现语言权利这一决定几乎是不可避免的。考虑到一个饱受指责的社会革命所承受的压力，以及这场革命及其余波所造成的悲惨的经济后果等因素，只有政府的支持才能够确保所有语言受到同等的关注。但是这一决定也成为问题的源头，它为一些群体解决了多少困难，就给其他族群带

1　Walagallo 是加利福纳人的一种集体驱病的仪式。仪式上，人们祈祷、跳舞、打鼓，他们相信这种仪式可以让自己与祖先和神灵相连，可以通过它战胜疾病。

来了几乎同样多的问题。随着读写两种能力逐渐相互平衡，这些问题也在以相同的速度不断扩大。

正如对"母语"的观念那样，立法者和海岸人在表面上都认为读写能力对于从属族群或土著民族而言是非常重要的，尽管他们出自于各自明显不同的理由。对于立法者来说，他们认为这与主流的、将书面语言置于语言发展达尔文模式（适者生存）顶端的"西方"语言意识形态是一致的（Dorian，1998），好像只有这些书面语言才是恰当的语言。正如我们之前所看到的，海岸人已经通过不同的方式开始接触语言书写；因为书写能力在构建符号权力的区域性等级制度过程中的确是一个关键性要素，而且海岸人将这种意识形态内化为了自身意识。因此，读写能力承载着某种符号的象征意义（Craig，1992a；Freeland，2004）。这种情况在苏莫—玛雅格纳人中尤其显著，他们的目标是让他们的语言获得书写形式，尽管这种书写形式遭到了当年摩拉维亚语言政策的否定。苏莫人从一开始就致力于将口述历史和传统考虑进去，这与双语跨文化项目的目标是相统一的，但是这种努力仅仅是抄写口述历史和传统的内容，以此作为早期阅读材料的基础。虽然将苏莫—玛雅格纳人口头文化发展至书面文化的过程实现了该族群的理想，但同时人们忽视了语言中具有内部变异的口头文化的重要性，以为这种变异能够在标准化的过程中得到解决。

确实，在拉丁美洲，标准化作为解决土著语言内部变异的方法已经被积极推行了至少三十年，不仅是为了提升读写能力，而且：

> 作为克服土著语言从属地位的工具……以及使它们的使用者产生一种归属于一个更大的拥有共同传统的语言社区的感觉：对一个"民族"的归属感由此也超越了对当地的归属感。（López，2008：57—58）

安德森（Anderson，1993）将"民族"定义为通过一种共同语言联系在一起的"想象的社区"，这一定义是明白无误的。而普拉特（Pratt，1987）以及欧文和盖尔（Irvine and Gal，2000）对安德森的评论提醒我们，这些社区的统一语言本身就是被政治家和语言学家想象出来的。更为重要的一点是，他们这一想象所导致的排挤和不平等恰恰是当今语言权利政策所力争消除的。

在米斯基托的案例中已经存在着一种强烈的"民族"感（Helms，1997），他们在英国人和其他土著人群体之间做中间贸易的历史以及之后传教士当年所传授的读写能力已经极大地促使了米斯基托语四种方言的融合。但现在这种融合仍没有官方的标准，也没有对这种标准的明显需求。虽然摩拉维亚传教士所培养的针对《圣经》的读写能力仅局限于宗教领域，但是它也成为双语跨文化项目中世俗读写能力的有力基石。与使用德语传教的语言学者所建立的一套正字法体系相比，米斯基托人更关注于创造一个权威的正字法体系，而不太关注标准化。体系建立的一部分工作是在与洪都拉斯[1]的米斯基托人的合作下共同进行的（Freeland, 1995），这有助于米斯基托"民族"超越国界。

米斯基托人在早期主张土著权利的过程中是开路先锋，这就促使他们引入了"民族"的观念；相比之下，苏莫—玛雅格纳人最近才开始将自己视为西方观念下的"民族"。大多数苏莫—玛雅格纳人更乐意接受"苏莫大家族"观念，这其中包括帕纳玛卡人（Panamahka）、图阿卡人（Tuahka）和住在洪都拉斯的塔瓦卡人（Tawahka）这几个族群，他们的身份认同体现在他们所使用的方言上。尽管根据这些方言之间大量的形式相同点，可以认定它们为同一种"语言"的不同变体，但它们仍各自保留了独特的词汇特征和形态特征（Benedicto & Hale, 2000），这些也就成为苏莫—玛雅格纳人抵制标准化观念的重要社会因素。在为 1980 年的扫盲运动制作识字手册的过程中，苏莫—玛雅格纳的技术团队最初提出构建双方言文本，即将各种语言变体列在括号内，以避免给予任何一种方言特权。在编写活动中，最后的版本只使用了帕纳玛卡语（Panamahka）这一种方言变体（1987 年在毕维 [Bilwi] 采访了苏莫的技术团队和格洛丽亚·芬利·希斯内罗丝 [Gloria Fenly Cisneros]，她在她的社区中使用了这本识字手册）；我们并不清楚这是因为考虑到经济性才做出的决定，还是因为受帕纳玛卡方言使用人口更多这一因素的影响，抑或是两个因素兼有。

在自治过程中先行一步的双语项目文本材料是以读者为基础的，因此，在双语跨文化项目开始实施之时，帕纳玛卡方言已经成为了实际上的标准语。另外，早期"苏莫双语跨文化项目"的负责人都是帕纳玛卡人（首位图阿卡的负责人在 2006 年才被任命），这些帕纳玛卡人认为，两种语言变体之间的区别过于微小，因此也就不需要形成不同系列的教科书，而且图阿卡方言的使用者也能够轻松适应这种区别。这一行为被一些图阿卡人

1　洪都拉斯，是中北美洲的一个多山国家，与危地马拉、萨尔瓦多和尼加拉瓜接壤，位于太平洋和加勒比海之间。

解读为帕纳玛卡人企图"消灭他们母语",并将其与历史上两个族群之间的战争联系到一起(Frank Gómez,2006)。结果也就使得图阿卡方言作为族群身份的象征而被加以保卫。

与图阿卡方言使用者所开展的有关两种方言互懂度(mutual intelligibility)的讨论出现了较大的分歧;图阿卡人中的激进派否认这种互懂度,而另一部分人则表示跨方言间的交流很简单。因此,这也就表明互懂度不是简单地从语言学上分析两种语言有多少形式上的相同部分,而更多的是语言使用者通过"认同行为"强调差异或弱化差异的意愿(Le Page & Tabouret-Keller,1985),这种交际中的意愿最主要取决于语言使用者是在强调共同的苏莫大家族的成员身份,还是在强调社区间的差异。和前南斯拉夫的情况一样,这一讨论会迅速成为政治化的过程,为最终构建独立的语言而服务(Tollefson,2002;Makoni & Pennycook,2007)。

为了避免这种巴尔干化(balkanization)现象[1],人们在寻求着一种解决途径,这种途径应当能够体现扫盲技术团队最初提出的双方言设想。1999年,图阿卡和帕纳玛卡社区在共同协商下形成了一种通用的苏莫正字法,使得所有群体能够用这种正字法来书写他们自己的方言(Benedicto,2000)。在国际资金的支持下,这一正字法在图阿卡和帕纳玛卡双方言的书籍中得到了应用,其中包括年长的读者阅读的女性故事集、幼儿园儿童双方言启蒙书籍、由贝内迪克托领导的苏莫—玛雅格纳语言学家团队制作并出版的双方言儿童字典。贝内迪克托(2000:23)意识到了这一方法"在工作团队中的(图阿卡和帕纳玛卡)成员间互动"的积极影响,"通过对另一方文化生活的认识,它在改变着人们的态度"。然而自相矛盾的是,苏莫—玛雅格纳人通过书写实现了预期的发展,但这种发展也带来了冲突。这不仅没有给语言的复兴提供帮助,反而造成了阻碍,而实现语言的复兴恰恰是双语跨文化项目公开宣布的目标之一,除此之外,它还分裂了苏莫—玛雅格纳人而非将他们团结在一起。

但是,这些发展本身就不可能解决图阿卡语方言的所有问题,图阿卡方言的符号化与其在图阿卡社区中的地位为米斯基托语所逐渐取代是同时的。他们发现自己跟乌卢亚、拉玛和加利福纳社区一样陷入了相同的困境,这种困境我们已经在前面讨论过。图阿卡方言被主张为"母语"(身

---

[1] 巴尔干化,即把某国或某地区分裂成若干对立的小国,如第一次世界大战后的巴尔干半岛诸国那样,分裂成若干互相敌对的小国或行政区。

份象征），但是在绝大多数图阿卡家庭中，米斯基托语才是大部分孩子的家庭语言和"母语"（第一语言）；虽然许多人听得懂图阿卡方言，但他们都拒绝使用它（Freeland & Frank Gómez，即将出版）。

双语跨文化项目模式强调正规教育和读写能力，这也给克里奥尔人实现其语言权利带来了问题，这其中也牵涉对"母语"这一概念的认定。对他们来说，苏莫—玛雅格纳人所尝试的办法和传统的解决方法都不合适。在克里奥尔人看来，他们的语言是"英语"；这一名称实际上包含了克里奥尔英语和标准加勒比英语。但是在克里奥尔人的交际实践中，这两种语言并不是两个独立的体系（像图阿卡和帕纳玛卡一样），而是一种从地方特色浓重的克里奥尔英语到标准的加勒比英语的语言连续体。所以说，他们的"母语"观念甚至比苏莫—玛雅格纳人的更加复杂（Freeland，2004）。

克里奥尔人的各种语言变异并不标记各亚群体的不同身份。根据戈登（Gordon，1998：194—195）的说法，克里奥尔人：

> 在历史上曾同时有过三种跨国的身份，每种身份的普遍程度和显著程度都在不断变化。（他们）对自己身份的认定源于克里奥尔人如何称呼自己……他们称自己为黑人的时候就具有了背井离乡的克里奥尔黑人族裔的身份……他们称自己为克里奥尔人时就具有了背井离乡的克里奥尔盎格鲁裔的身份……称自己为"海岸人"的时候就具有了土著克里奥尔人的身份。每一种身份都使他们与其他海岸族群区分开来，也使得他们能够与其他族群结成不同的联盟。但是以上所有身份都标志了他们和麦士蒂索人的不同，后者被克里奥尔人认为是最不友好、最具威胁性的族群。

这些身份也构成了一个连续体，其中任何一种身份都会因当前的社会背景以及历史因素而突然变得突出起来；克里奥尔人通过认同行为在这个连续体内改变他们所使用的语言，以此表明其最想凸显的身份特征（Le Page & Tabouret-Keller，1985）。

但是，正规教育将这种连续体分割成了互相对立的两个部分。跟大部分加勒比英语学校一样，摩拉维亚教会学校政策要求全体教师用标准加勒比英语进行教学并禁止"不规范的"克里奥尔语。这种语言实践表明标准加勒比英语与当地人身份中的"盎格鲁"一面紧密相连，使用加勒比英语被看作是受过教育、有文化和有地位的象征,而克里奥尔语则被视为"坏的英语",非书面语,是没文化的人说的。虽然如此,在学校之外,年轻人和成人仍然将克里奥尔语视为克里奥尔族群身份的主要标记,并带着热忱与热情使用它,其中展现出的口头文化常常颠覆"盎格鲁"的特性(Freeland,2004:110)。20世纪70年代,以加维[1]思想指导的早期黑人民族主义运动使得克里奥尔语和克里奥尔黑人的民族身份之间的联系进一步加强(Gordon,1998),这在尼加拉瓜首都马那瓜的一些"黑人桑地诺主义者"(Black Sandinista)大学生中尤为明显。

  克里奥尔人从他们第三种身份,也就是土著海岸人的身份出发,对革命提出了自己的语言主张,要求有权利使用英语而非克里奥尔语接受母语教育。但是根据我们之前讨论过的"母语"的所有含义,连续体中只有另一端的克里奥尔语是符合母语定义的;标准加勒比英语只是克里奥尔民族身份中盎格鲁一面的标志性语言。在许多加勒比国家,人们力争使克里奥尔语获得认可并成为独立的语言,但是尼加拉瓜克里奥尔语的意识形态却强调克里奥尔语是英语的一种方言——克里奥尔人可以为之骄傲,但是它并不适合被作为教育语言。这种坚持正是由于担心克里奥尔少数民族社区的形成,从而否定将英语作为媒介语的教育所引起的,而这种英语教育在克里奥尔人看来是他们身份中不可分割的一部分。桑地诺主义者的"单一"观念是要将清晰明确的民族身份与同样清晰明确的母语联系在一起,在他们看来,上述这种立场是不稳定、模棱两可、自相矛盾的,这很可能是克里奥尔人追随美帝国主义的一种暗示。

  坚持黑人民族身份的一方则提出了相反的论争:"将标准英语作为教学语言就是在强加一种外来的语言和文化……这就跟现在用西班牙语教的情况一样。"(Yih and Slate,1985:56)但是两种身份立场都是认为克里奥尔语及其文化将不可避免地遭到以标准加勒比英语为媒介语的教育的贬低。这种讨论环境迫使人们必须做出二选一的政治性的决定,必须在语言和身份连续体中选定一种变体用于今后的日常交际实践(Freeland,2004)。这已经严重阻碍了英语双语跨文化项目的发展。人们真正需要的是一个三语化的体系,它要能够兼容这些对立关系,能够同时加强克里奥尔语和标准

---

[1] 马库斯·加维(Marcus Garvey,1887—1940)是20世纪20年代美国黑人运动的杰出领袖,他领导了美国历史上第一次大规模的黑人群众运动——加维运动,对当时及以后的黑人运动都产生了巨大的影响。同时,加维又是美国黑人历史上最有争议性的领袖。他宣扬黑人优越论,提倡外地非裔黑人返回非洲,协力创建一个统一的黑人国家。

加勒比英语，并能够保证西班牙语良好的竞争力。英语项目在经历着考验和错误逐步向这一体系发展的同时，项目的不稳定性也的确在加剧。

克里奥尔的教育者们明确表示克里奥尔语必须进入课堂，但是仅限于小范围内，并且仅限于不正式的、口头的交流，仅具象征意义，而标准加勒比英语仍作为读写的语言。然而，这一方法仅仅是扩大了两种语言之间的差距而已；以西班牙语接受教育以及对自己的标准加勒比英语不甚确定的教师们严格地遵循书本，依照标准加勒比英语对儿童的自然书写进行"纠错"，因此导致孩子们错过了同时发展口语和写作能力的关键期(Hurtubise，1990)。阅读材料的基础是丰富的克里奥尔语传统故事，但却是以不合规则的方式改成标准加勒比英语。"克里奥尔语=口头方言"或"标准加勒比英语=书面语言"的二分法得到巩固，克里奥尔黑人所担心的丢失克里奥尔语的现象也更加明显。有其他选择的父母（例如在主要城镇中的父母）干脆放弃这两种选择，将他们的孩子转回以西班牙语为教育媒介语的学校，有能力的父母则出钱让孩子接受摩拉维亚教会学校的传统教育。

在桑地诺主义革命时期，文化部建立的大众文化机构给克里奥尔黑人的语言及文化在学校体系之外的合法化提供了新的场所，使其脱离了由标准加勒比英语所带来的阴影，并促进了口述历史项目，加勒比黑人的音乐和诗歌的口头形式和书面形式越来越多。其他环境的经验告诉我们，这种平行式的发展对于保持克里奥尔语的活力是至关重要的。1990年，桑地诺主义者的政府被推翻，这种平行式的支持也被终止，支持克里奥尔语和标准加勒比英语的重担就完全落到了双语跨文化项目上。不仅是教育问题继续不断出现，克里奥尔语及其文化在这种环境中所受到的由西班牙语和标准加勒比英语所施加的压制也在不断增强。曾陶醉在克里奥尔语这种流动性和自由中的克里奥尔人开始推动他们语言的书面化，以此来证明克里奥尔语是一种"恰当的语言"。但是这种"解决途径"屈服于西方对书面语言的偏重，它给予克里奥尔语一些必须被"正确"使用的形式，进行了类似标准化的过程。但是这个过程是有风险的，可能会破坏克里奥尔语的关键的流动性和它颠覆性的价值，而这正是他们原本想要合法化的。

2004年，在加拉瓜加勒比海区自治大学和芬兰政府联合资助下，加上与伯利兹[1]克里奥尔委员会的合作，进行了一项发展尼加拉瓜克里奥尔

---

[1] 伯利兹，中美洲国家之一，也是中美洲唯一以英文为官方语言的国家。伯利兹西北部与墨西哥接壤，西部和南部与危地马拉接壤。

语正字法的项目。这一正字法以伯利兹正字法为模板（这两个地区的克里奥尔语有诸多共同点），在向标准加勒比英语靠拢（为了易于过渡）的同时，保持了充分的独特性，并根据西班牙语的口语环境做了一些有意义的妥协。一本启蒙性的初级读本（FOREIBCA/IPILC，2003）上刊载了以克里奥尔语书写并由克里奥尔语的使用者们讲述的故事，这也是借鉴自伯利兹的模式。到目前为止，这种正字法在教师培训中获得了极大的成功，它帮助教师们自信、恰当地在工作中使用克里奥尔语和标准加勒比英语。在2004年的一次研讨会中，学生们用克里奥尔语讲述、书写、比较、修改及详述一些传统和现代的故事，发现了克里奥尔语与标准加勒比英语之间的区别，这场研讨会很好地展示了只要处理得当，书写就能够成为赞美、强化并表达克里奥尔语口语的途径，而不会破坏克里奥尔语的活力。

结　论

这些案例介绍了在多语地区，如尼加拉瓜加勒比海岸地区，一系列语言权利政策实施过程中所存在的问题。在这种多语地区，每个族群和它的语言都在复杂的生态中占据着一席之地。这些问题中的一部分只存在于尼加拉瓜的环境中，无论革命所受到的压力有多么紧迫，立法者都不应忽视该地区社会语言状况，应在仓促行动之前进行适当的初步调查。此外，桑地诺主义者采纳了一些外部建议，这些建议鼓励他们接受霸权话语，而这种话语的局限性只能在真实、具体环境的实践中显露出来。

就最简单的层面说，语言权利话语所设想的平等几乎只是转化为字面上的尼加拉瓜法律，这也证明了格林（Grin，1994：3）的观察是正确的，即"当互相接触的语言各自的地位不同时"——当然这是指在海岸地区，"少数族群语言的生存需要一种非均衡的政策支持"，需要针对每种语言谨慎地进行差异化的对待。接下来的问题是：应该怎样实施差异化？如果我们简单地认为只要让处于劣势地位的语言获得与主流语言同等的功能，语言不公平就会得到纠正，那么也许差异化的对待就意味着与最终的目标南辕北辙。这是当前语言政策中暗含的一个预设，这尤其是体现在将语言复兴捆绑于国家教育体系中的政策。这一预设受到了加泰罗尼亚语言学家的强烈影响，比如科瓦鲁维亚斯（Cobarrubias，1987）和尼内勒斯（Ninyoles，1972）。在加泰罗尼亚[1]的历史上，充满活力的书面语言公然在政治上压制

1　加泰罗尼亚位于伊比利亚半岛东北部，是西班牙的自治区之一，首府巴塞罗那。当地语言加泰罗尼亚语具有地区官方语言的地位。

着其他语言，因此在加洛泰尼亚双语环境下语言对等性是有意义的，但是在尼加拉瓜这种多语环境中，这种对等性则会带来更多的问题。

在这里，穆尔豪斯勒（Mühlhäusler，1996）、奈特尔和罗曼（Nettle and Romaine，2000）对上述观点的反击是非常具有说服力的：当语言在一个生态系统内完成了特定的、明确的社会功能分化时，它们才能生存并获得发展。如果将语言功能对等作为目标，我们所面对的就不是一个生态系统而是一场竞争，在这场竞争中，落后者永远都无法赶超领先者。这正是尼加拉瓜的情况：比如，苏莫—玛雅格纳人是从米斯基托人已经实现但是他们仍未实现的角度来评价自己的进步或者是不足，认为自己理应获得更多的支持。在相同的竞争规则下，图阿卡人要求实施自己的"母语"项目，就会要付出天价的经济代价，且脱离他们的实际情况。这场追求平等的竞赛只会带来不对等、不平等和分化。

这些案例研究表明，在自下而上地为一些面临淘汰的"母语"解决问题的过程中，差异化地采取不同的解决方式，那么之后也许就不会产生上面所提到的这种竞争现象。相反，社区受到鼓励和支持以从实际情况出发来确定他们发展和维护本族语言的职能，这些职能涵盖了从读写能力（乌卢亚语）到单纯象征性（拉玛语）的各种职能。当然，在这种差别化的关注过程中，本地管理是十分关键的；本地管理使得乌卢亚语、拉玛语和加利福纳语逐渐获得复兴，也许还能够帮助解决图阿卡语和帕纳玛卡语之间的激烈冲突。《自治法令》第 8 条第 2 款对于适当程度的本地管理做出过拟议，建议将教育逐渐下放到自治地区委员会，并与"相应的国家部门进行合作"。关于这一合作的具体细节，在桑地诺民族解放阵线仍然掌权时，可能已经在议会制定《自治法令》的过程中已经协商过。然而，所有的继任政权都对放弃这一重要国家职能的控制权犹豫不决。

正如霍恩伯格（Hornberger，2000：174）所指出的一样，在任何案例中，借助国家教育推广少数族群语言权利的决定都会造成一个悖论：这一决定需要人们转变体制，需要把"曾经作为并且仍将继续作为标准化和国家统一的工具转变为多样化和解放的工具。这一悖论从根本上来说是意识形态上的悖论，它是与一个国家社会内多样化的语言及其使用者的角色和可能性有关的"。苏莫—玛雅格纳语和英语的双语跨文化项目中存在的问题可以清楚地说明这一悖论。确实，这一悖论已经体现在了《自治法令》第 11 条第 4 款（及其之后的细则）所声明的两个目标上：要提供包含了少数民族"历史传统、价值体系和传统"但又"与国家教育体系保持一致"的项目。

这促使我们思考这样一个问题：如何才能取得不同价值体系间的一致呢？

在桑地诺主义者的政府倒台之后，中央政府的价值观和国家统一立即完全压倒了土著民族的价值观和多样性；学校的教材必须接受集中检查，诸如米斯基托的传统故事、与加利福纳巫医仪式有关的文化内容等都因被认定为"迷信和巫术"而遭到否定（Buvollen，1991；Venezia Mauceri，1996）。

实现《自治法令》在这一方面的规定由此也成为了之后努力的目标。特别是在语言法尚未获得正式批准之前，而那时世界银行和国际货币基金组织出于经济目的也进行了分权，那些都是可以加以利用的机会。慢慢地，通过地区委员会各派之间的战略性政治结盟，拉丁美洲和尼加拉瓜国会的跨文化双语教育宣言，以及地区大学尼加拉瓜加勒比海自治区大学（成立于1995年）的合作性行动，最终与教育部达成了一致，形成了自治区教育体系（SEAR）。2001年，该体系被纳入国家教育规划中；2003年，它落实为国家教育法中的一项条款，并最终在新桑地诺政府[1]任期内(2006—2011)正式获得批准。这使得关于课程改革的讨论能够在一个新的语境下进行，这个语境的参与者包括了国家及地方所有层级的教育管理部门、自治区委员会、双语跨文化项目的协调者、师范学校（提供基础教师培训的中等学校）主管、尼加拉瓜加勒比海地区自治大学、传统的权力机关、父母和学校学生（McLean Herrera，2008）。这一语境也推动了为"母语"所采取的自下而上的措施的实施，而在这之前"母语"已几乎不再被人提及。即便如此，受众族群的价值体系和传统与国家教育体系之间的天平仍然坚定地倒向国家一方而非地区一方（McLean Herrera，2008）。

换一个角度分析，这些案例说明语言权利话语并非普遍适用。我们讨论的大部分困境都源自对语言权利话语核心概念的不同理解。这在"母语"这一概念所造成的困惑中尤为明显，语言权利话语将"母语"概念视为一种单一的、同质性身份的表达。但是，对于许多海岸群体而言，他们已经发展出了多语的、多面而动态化的身份，这样的母语观念将迫使他们做出与交际实践相违背的简单选择。

事实上，这里的问题不仅仅是在于对"母语"的理解不同，而且也是

---

[1] 桑地诺民族解放阵线自1979年统治尼加拉瓜直至1990年选举失利下台。2006年11月7日，桑地诺民族解放阵线总书记丹尼尔·奥尔特加在尼加拉瓜总统选举中获胜，2011年11月7日总统选举再度获胜，继续执政。

对"语言"本身理解的不同。我们可以通过希尔斯坦（Silverstein，1998：402—407）所指出的"语言社区"与"言语社区"的不同来有效地了解这一问题。他将"语言社区"定义为"一群在某种程度上表现出对所指的（又称'指示的'、'命题的'和'语义的'）语言使用规则忠诚的人，但这种忠诚又多多少少地包含了带有变异和（或）变化的土著民族文化意识"。他指出：

> 在迄今为止毫无疑问作为欧洲殖民者的概念中，……对"语言"及其结构在方法上的识别完全是建立在欧洲理论化的指称性使用的经验之上的，完全是建立在"语法"和"结构"之下的，并不考虑其他所有在口头交际中的语言符号，而是将这些都归入"修辞学"乃至是更加模糊的概念之中。

这种理论将语言的地区变体视为"同一种语言"的不同方言。而另一方面，言语社区则是共同拥有"持久稳定、可预知的交际规则"；言语社区能够"包含属于多个语言社区的人"，并且对于在何种场合下适合使用哪种语言的"场合类型"有着共同的理解。

将海岸人族群视为"语言社区"的语言权利话语是海岸人提出主张的基础，同时也是立法回应他们这些主张的基础。相应地，教育部提出了苏莫语、米斯基托语和英语的项目，而海岸人也接受了这一提议。但是有一些特定的族群，比如说具有米斯基托—克里奥尔双重身份的卡卡比拉米斯基托人，或者是与米斯基托人联姻、居住在混合性社区中的苏莫—玛雅格纳图阿卡人，我们更应该说他们等同于一个更大规模的言语社区，该言语社区包含了他们使用的两种语言。对他们而言，"语言"项目的预设是单语化，它所依赖的语言是作为指称系统的语言，这与这些族群的双语言语社区的实践是相互冲突的。苏莫—玛雅格纳图阿卡人要求他们的语言变体获得认可成为一种"语言"，这显然是不合理的，但他们的这种要求多少要归因于当地"言语社区"和西方"语言社区"两种概念没有得到区分。这导致了"语言"的大量产生，也推动越来越多的讲某种语言的民族提出语言权利的主张，而他们所要求的权利实际上是会对语言的保存造成威胁。

这些尼加拉瓜实践所提供的证据充分证明，如果语言权利话语的目的是为少数族群提供保障的话，该话语所有基础性概念都需要被解构和重建，解构与重建的基础就是应当获得权利的当地受众族群的语言意识形态。尼加拉瓜与印度或是非洲的某些地方比起来，情况相对来说比较简单,在这样的多语环境中,人们应当放弃"语言权利"的概念而从当地的复杂状况出发,接受一个更广的概念,比如"语言公民身份"(linguistic citizenship)(Stroud, 2001; Stroud & Heugh, 2004; Khubchandani, 1997)。如果不这样做的话,这一话语以及其所有理想实际起到的作用可能是弊大于利的。

致 谢

我非常感谢以下为本章写作所提供的支持:英国朴次茅斯大学所允许的经常性的学术休假;英国社会科学院的旅行资助(2000)和联合研究的小额研究资助(2005—2006);萨凡戈项目(Proyecto Sahwang,由意大利特拉诺瓦地区 [Terranuova]、芬兰科帕联盟 [KEPA]、丹麦促进发展和教育组织 [IBIS] 发起)资助我在尼加拉瓜加勒比海自治区大学教授跨文化双语教育学士课程(2000—2003);SAIH(挪威学生与教育机构补助)支持尼加拉瓜加勒比海自治区大学的社会语言学社区学位证书项目,该项目主要致力于苏莫—玛雅格纳语的复兴(2000—2001)。尼加拉瓜加勒比海自治区大学的语言与文化促进和调查研究所(IPILC),通过其主任吉尔莫·麦克林·艾雷拉(Guillermo McLean Herrera)、协调员罗茜塔(Rosita)和埃洛伊·弗兰克·戈麦斯(Eloy Frank Gómez)给予了我非常宝贵的精神、智力和后勤支持。最后,我要感谢无数海岸人,他们非常有耐心地回答了我对他们语言生活的好奇。

参考文献

Amadio, M, (1989). Progresos en la educación bilingüe en situación de escasez de recur-sos: Experiencia y perspectiva en Nicaragua. *Proyecto Principal de Educación en América Latina y el Caribe Boletín, 20,* 71–84.

Anderson, B (1993) *Imagined communities: Reflections on the origin and spread of nationalism* (2nd ed.). London: Verso.

Baracco, L. (2011) From development to autonomy: The Sandinista revolution and the Atlantic Coast of Nicaragua. In L. Baracco (Ed.), *National integration and contested autonomy: The Caribbean Coast of Nicaragua* (pp. 117–146). New York: Algora.

Batibo, H. M. (2009). Poverty as a crucial factor in language maintenance and language death: Case studies from Africa. In W. Harbert, S. McConnell-Ginet, A. Miller, & J. Whitman (Eds.), *Language and poverty* (pp. 23–36). Bristol: Multilingual Matters.

Benedicto, E. (2000). A community's solution to some literacy problems: The Mayangna of Nicaragua. In N. Ostler & B. Rudes (Eds.), *Endangered languages and literacy* (pp. 19–24). Bath, UK; Foundation for Endangered Languages.

Benedicto, E., & Hale, K. (2000), Mayangna: A Sumu language, its variants and its status *papers, Volume on indigenous Languages*, VMOP, 20, 75–106,

Blommaert, J. (2004). Rights in places: Comments on linguistic rights and wrongs. In J. Freeland & D. Patrick (Eds.), *Language rights and language survival: Sociolinguistic and sociocultural perspectives* (pp. 55–66). Manchester: St. Jerome.

Blommaert, J. (2010). *The sociolinguistics of globalization.* Cambridge: Cambridge University Press.

Bonilla, C., Hansack, H., & Williams, W. (2000). El programa intercultural-bilingüe. Unpublished student essay for the Licenciatura in Intercultural Bilingual Education, University of the Autonomous Regions of the Caribbean Coast of Nicaragua (URACCAN).

Brenzinger, M. (2009). Language diversity and poverty in Africa. In W. Harbert, S. McConnell-Ginet, A. Miller, & J. Whitman (Eds.), *Language and poverty* (pp. 37–48). Bristol: Multilingual Matters.

Buvollen, H. A. (1991). Siakna Bara Pihni. *Barricada,* 5 June.

Buvollen, H. A., Taylor Gil, V., Ruiz James, V., Castro, D., Escobar Thompson, F., López Sequeira, P., & Pikitle, J. (1992). Empirismo y educación bilingüe: Un estudio de diez escuelas rurales en la RAAN. Unpublished report (Puerto Cabezas-Bilwi).

Calderón, M. (1981, June 29). We have the job of forging a class consciousness', *Intercontinental Press.* Translated in K. Ohland & R. Schneider (Eds.). (1983). *National revolution and indigenous identity: The conflict between Sandinistas and Miskito Indians on Nicaragua's Atlantic Coast* (pp. 142–152). Copenhagen: IWGIA.

Cameron, D. (1995). *Verbal hygiene.* New York: Routledge.

Cameron, D. (2007). Language endangerment and verbal hygiene: History, morality and politics. In A. Duchêne & M. Heller (Eds.), *Discourses of endangerment* (pp. 268–285). London: Continuum.

Cobarrubias, J. (1987). Models of language planning for minority languages. *Bulletin of the CAAL, 9,* 47–70.

Craig, C. (1992a). Language shift and language death: The case of the Rama in Nicaragua. *International Journal of the Sociology of Language, 93,* 11–26.

Craig, C. (1992b). A constitutional response to language endangerment: The case of Nicaragua. *Language, 68* (1), 17–23.

Dennis, P. A. (2004). *The Miskitu people of Awastara.* Austin: University of Texas Press.

Dorian, N. (1998). Western language ideologies and small-language prospects. In L. A. Grenoble & L. J. Whaley (Eds.), *Endangered languages: Current issues and future prospects* (pp. 3–21). Cambridge: Cambridge University Press.

Dunbar Ortiz, R. (1984). *Indians of the Americas: Human rights and self-determination.* London: Zed Books.

Fishman, J. A. (1991). *Reversing language shift.* Cleveland, UK: Multilingual Matters.

Fishman, J. A. (Ed.). (2001) *Can threatened languages be saved?* Clevedon, UK: Multilingual Matters.

FOREIBCA/IPILC. (2003). *YOU can read and write Kriol.* Managua: FOREIBCA/IPILC.

Frank Gómez, E. (2006). El cambio lingüístico y la identidad: Un estudio etnográfico de la comunidad de Wasakin, RAAN. Unpublished Master's thesis, University of the Autonomous Regions of the Caribbean Coast of Nicaragua (URACCAN).

Freeland, J. (1994). The Garífuna and the revolution. In Minority Rights Group (Ed.), *No longer invisible: Afro-Latin Americans today* (pp. 193–201). London: Minority Rights Group.

Freeland. J. (1995). Why go to school to learn Miskitu? Changing constructs of bilin-gualism, education and literacy among the Miskitu of Nicaragua's Atlantic Coast. *International Journal of Educational Development*, 15, 245–262.

Freeland, J. (2003). Intercultural-bilingual education for an interethnic-plurilingual society? The case of Nicaragua's Caribbean Coast. *Comparative Education, 39* (2), 239–260.

Freeland, J. (2004). Linguistic rights and language survival in a Creole space: Dilemmas for Nicaragua's Caribbean Coast Creoles. In J. Freeland & D. Patrick (Eds.), *Language rights and language survival: Sociolinguistic and sociocultural perspectives* (pp. 103–138). Manchester. St. Jerome.

Freeland, J. (2011). Gaining and realizing language rights in a multilingual region. In L. Baracco (Ed.), *National integration and contested autonomy: The Caribbean Coast of Nicaragua* (pp. 243–282). New York: Algora.

Freeland, J., & McLean Herrera, G. (1994). Informe final sobre las necesidades lingüísticas del estudiante de la Costa Caribe de Nicaragua para la elaboración de un currículum de idiomas. Unpublished report. Managua: URACCAN/FADCANIC.

Freeland, J., & Frank Gómez, E. (forthcoming). Local language ideologies and language revitalization among the Mayangna Indians of Nicaragua's Caribbean Coast region. In P. Austin & J. Sallabank (Eds.), *Endangered languages: Ideologies and beliefs*. London: British Academy.

González Pérez, M, (1997). *Gobiernos pluriétnicos: La constitución de regiones autónomas en Nicaragua.* Mexico: URACCAN/Plaza y Valdés.

Gordon, E. T. (1998). *Disparate diasporas: Identity and politics in an African-Nicaraguan Community.* Austin: University of Texas Press.

Green, T. (1996). Perspectivas demográficas e históricas del idioma y pueblo ulwa. *Wani, 20,* 22–38.

Green, T., & Hale, K. (1998). Ulwa, the language of Karawala, eastern Nicaragua: Its position and its prospects in modern Nicaragua. *International Journal of the Sociology of Language, 132,* 185–201.

Grin, F. (1994). Combining immigrant and autochthonous language rights: A territorial approach to multilingualism. In T. Skutnabb-Kangas & R. Phillipson (Eds.), *Linguistic human rights: Overcoming linguistic discrimination* (pp. 31–48). Berlin: Mouton de Gruyter.

Grinevald, C. (2003). Educación intercultural y multilingüe: El caso de los Ramas. *Wani, 34,* 20–38.

Gurdián, G. (2001). Mito y memoria en la construcción de la fisonomía de la comunidad de Alamikangban. Unpublished Ph.D. dissertation, University of Texas, Austin, Texas.

Gurdián, G., & Salamanca, D. (1990). Bilingual education in Nicaragua, *Prospects, 20* (3), 357–364.

Hale,. C. R. (1994). *Resistance and contradiction: Miskitu Indians and the Nicaraguan state, 1894–1987.* Stanford, CA: Stanford University Press.

Haugen, E. (2001/1972). The ecology of language. In A. Fill & P. Mühlhäusler (Eds.), *The ecolinguistics reader* (pp. 57–66). London: Continuum.

Helms, M. W. (1971). *Asang: Adaptations to culture contact in a Miskito community.* Gainesville: University of Florida Press.

Hill, J. D. (Ed.). (1996). *History, power and identity: Ethnogenesis in the Americas, 1492–1992.* Iowa City: University of Iowa Press.

Holm, J. (1978), The Creole English of Nicaragua's Miskitu Coast: Its sociolinguistic history and a comparative study of its lexicon and syntax. Ph. D. dissertation. University College, London. Ann Arbor, MI: University Microfilms International.

Hornberger, N. H. (2000). Bilingual education policy and practice in the Andes: Ideological paradox and intercultural possibility. *Anthropology and Education Quarterly, 31* (2), 173–201.

Hornberger, N. H. (2005). Heritage/community language education: US and Australian perspectives. *International Journal of Bilingual Education and Bilingualism,* S (2 & 3), 101–108.

Hornberger, N. H. (Ed.). (2008). *Can schools save indigenous languages? Policy and practice on four continents.* Basingstoke, UK: Palgrave Macmillan.

Hornberger, N. H., & López, L. E. (1998). Policy, possibility and paradox: Indigenous multilingualism and education in Peru and Bolivia. In J. Cenoz & F. Genesee (Eds.), *Beyond bilingualism: Multilingualism and multiculturalism in education* (pp. 206–242). Clevedon, UK: Multilingual Matters.

Hurtubise, J. (1990). Bilingual education in Nicaragua: Teaching standard English to Creole speakers. Unpublished dissertation for the Diploma in Education, University of Auckland, New Zealand.

Irvine, J., & Gal, S. (2000). Language ideology and linguistic differentiation. In P. V. Kroskrity (Ed.), *Regimes of language: Ideologies, polities and identities* (pp. 35–84). Santa Fe, NM: School of American Research Press.

Jamieson, M. (1998). Linguistic innovation and relationship terminology in the Pearl Lagoon Basin of Nicaragua. *Journal of the Royal Anthropological Institute, 4,* 713–730.

Jamieson, M. (2001). Miskitu, Sumo y Tungla: Variación lingüística e identidad étnica. *Wani,* 27, 6–12.

Jamieson, M. (2003). Miskitu or Creole? Ethnic identity and the moral economy in a Nicaraguan Miskitu village. *Journal of the Royal Anthropological Institute, 9,* 201–222.

Khubchandani, L. M. (1997). *Revisualizing boundaries: A plurilingual ethos.* New Delhi: Sage Publications India.

Le Page, R. B., & Tabouret-Keller, A. (1985). *Acts of identity: Creole-based approaches to language and ethnicity.* Cambridge: Cambridge University Press.

López, L. E. (2008). Bilingual intercultural education in Latin America. In N. H. Hornberger (Ed.), *Can schools save indigenous languages? Policy and practice on four continents* (pp. 42–65). Basingstoke, UK: Palgrave Macmillan.

Makihara, M., & Schieffelin, B. B. (2007). Cultural processes and linguistic meditations: Pacific explorations. In M. Makihara & B. B. Schieffelin (Eds.), *Consequences of contact: Language ideologies and sociocultural transformations in Pacific societies* (pp. 3–29). Oxford: Oxford University Press.

Makoni, S., & Pennycook, A. (Eds.). (2007). *Disinventing and reconstituting languages.* Clevedon, UK: Multilingual Matters.

McCarty, M., & Watahomigie, L. J. (1999). Indigenous community-based language education in the USA. In S. May (Ed.), *Indigenous community-based education* (pp. 79–94). Clevedon, UK: Multilingual Matters.

McLean, M. (2001). Investigación educativa del PEBI-Miskito, Puerto Cabezas. In H. Muñoz Cruz (Ed.),

Un futuro desde la autonomía y la diversidad: Experencias y voces por la educación en contextos interculturales nicaragüenses (pp. 179–194). Xalapa, Mexico: Universidad Veracruzana.

McLean Herrera, G. (2001). Apreciación del estado del arte de la EIB en la Costa Caribe nicaragüense. In H. Muñoz Cruz (Ed.), *Un futuro desde la autonomía y la diversidad: Experencias y voces por la educación en contextos interculturales nicaragüenses* (pp. 121–134). Xalapa, Mexico: Universidad Veracruzana.

McLean Herrera, G. (2008). *La educacion intercultural bilingüe: El caso nicaragüense.* Buenos Aires: Fundación Laboratorio de Políticas Públicas; e-book, Libros FLAPE.

Mühlhäusler, P. (1996). *Linguistic ecology: Language change and linguistic imperialism in the Pacific region.* London: Routledge.

Muñoz Cruz, H. (Ed.). (2001). *Un futuro desde la autonomía y la diversidad.* Xalapa, Mexico: Universidad Veracruzana.

Nettle. D., & Romaine, S. (2000). *Vanishing voices: The extinction of the world's languages.* Oxford: Oxford University Press.

Nietschmann, B. (1973). *Between land and water: The subsistence ecology of the Miskitu Indians, eastern Nicaragua.* New York: Seminar Press.

Ninyoles, R. L. (1972). *Idioma y poder social.* Madrid: Tecnos.

Norwood, S. (1985). El multilingualismo y el problema de lenguas oficiales en Puerto Cabezas. Unpublished MS held by CIDCA, Managua.

ODACAN (Oficina de Desarrollo de la Autonomía de la Costa Atlántica de Nicaragua). (1994). *Autonomy Statute for the Regions of the Atlantic Coast of Nicaragua.* Managua, ODACAN.

ODACAN. (n.d). *Ley de Lenguas. Ley No 162 en Español, Miskitu, Sumu, Inglés.* Managua: ODACAN.

Offen, K. (2002). The Sambo and Tawira Miskitu: The colonial origins and geography of Miskitu differentiation in eastern Nicaragua and Honduras. *Ethnohistory, 49* (2), 319–372.

Offen, K. (2010). Race and place in colonial Mosquitia, 1600–1787. In L. Gudmundson &J. Wolf (Eds.), *Blacks and blackness in Central America and the mainland Caribbean* (pp. 93–129). Durham, NC: Duke University Press.

Pennycook, A. (2001). *Critical applied linguistics: A critical introduction.* Mahwah, NJ: Lawrence Erlbaum.

Pennycook, A. (2002). Mother tongues and protectionism. *International Journal of the Sociology of Language, 154,* 11–28.

Pennycook, A. (2009). Postmodernism in language policy. In T. Ricento (Ed.), *An introduction to language policy: Theory and method* (pp. 60–76). Malden, MA: Blackwell.

PNUD (Programa de Naciones Unidas para el Desarrollo). (2005). *Nicaragua asume su diversidad? Informe de Desarrollo Humano 2005. Las Regiones Autónomas de la Costa Caribe.* Managua: PNUD.

Pratt, M. L. (1987). Linguistic utopias. In N. Fabb, D, Attridge, A. Durant, & C. MacCabe (Eds.), *The linguistics of writing: Arguments between language and literature* (pp. 48–65). Manchester: Manchester University Press.

Pratt, M. L. (1992). *Imperial eyes: Travel writing and transculturation.* London: Routledge.

Rampton, M. B. H. (1995). *Crossing: Language and ethnicity among adolescents.* Harlow, UK: Longman.

Ricento, T. (2002). The mother tongue concept and its problems. *International Journal of the Sociology of*

Language, 154, 1–9.
Ricento, T. (Ed.). (2009). *An introduction to language policy: Theory and method.* Malden, MA: Blackwell.
Rivas Gómez, A. (2004). El grupo "Lingüistas por Nicaragua" (entrevista al Dr. Kenneth Hale). *Wani, 38,* 25–33.
Rizo Zeledón, M. (1996). Interculturalidad bilingüe en Nicaragua. *Wani, 18,* 36–44.
Romaine, S. (2009). Biodiversity, linguistic diversity and poverty: Some global patterns and missing links. In W. Harbert with S. McConnell-Ginet, A. Miller, & J. Whitman (Eds.), *Language and Poverty* (pp. 127–146). Bristol: Multilingual Matters.
Romero Vargas, G. (1995). *Las sodeciades del Atlántico de Nicaragua en los siglos XVII y XVIII.* Managua: Fondo de Promoción Cultural, BANIC.
Silverstein, M. (1998). Contemporary transformations in local linguistic communities. *Annual Review of Anthropology, 27,* 401–426.
Skutnabb-Kangas, T. (1981). *Bilingualism or not: The education of minorities.* Clevedon, UK: Multilingual Matters.
Skutnabb-Kangas, T. (2000). *Linguistic genocide in education - or worldwide diversity and human rights?* Mahwah, NJ: Lawrence Erlbaum.
Skutnabb-Kangas, T., & Phillipson, R. (1994). Linguistic human rights: Past and present. In T. Skutnabb-Kangas & R. Phillipson (Eds.), *Linguistic human rights: Overcoming linguistic discrimination* (pp. 71–110). Berlin: Mouton de Gruyter.
Spivak, G. C. (1988). Can the subaltern speak? In C. Nelson & L. Grossberg (Eds.), *Marxism and the interpretation of culture* (pp. 271–313). London: Macmillan.
Stroud, C. (2001). African mother-tongue programmes and the politics of language: Linguistic citizenship versus linguistic human rights. *Journal of Multilingual and Multicultural Development, 22* (4), 339–355.
Stroud, C., & Heugh, K. (2004). Language rights and linguistic citizenship. In J. Freeland & D. Patrick (Eds.), *Language rights and language survival: Sociolinguistic and sociocultural perspectives* (pp. 191–218). Manchester: St. Jerome.
Tollefson, J. W. (2002). Language rights and the destruction of Yugoslavia. In J. W. Tollefson (Ed.), *Language policies in education: Critical issues* (pp. 179–199). Mahwah, NJ: Lawrence Erlbaum.
Venezia Mauceri, P. (1996). Didn't you say you were not going to dig us until we were all fit?' El reto de la educación intercultural en Nicaragua. *Wani, 19,* 3–12.
Venezia Mauceri, P. (2001). Los pueblos de la Costa Caribe nicaragüense y su educación, las lecciones que aprendimos. In H. Muñoz Cruz (Ed.), *Un futuro desde la autonomía y la diversidad* (pp. 135–148). Xalapa, Mexico: Universidad Veracruzana.
Vilas, C. M. (1989). *State, class, and ethnicity in Nicaragua: Capitalist modernization and revolutionary change on the Atlantic Coast.* Boulder, CO: Lynne Rienner.
Williams, G. (1992). *Sociolinguistics: A sociological critique.* London: Routledge.
Yih, K., & Slate, A. (1985). Bilingualism on the Atlantic Coast: Where did it come from and where is it going? *Wani, 2–3,* 23–26, 55–56.

第六章　语言政策决定者的定位：美国费城学区的治理与立场

戴维·卡斯尔斯·约翰逊

本章探讨的是语言政策过程中的权力：谁拥有权力，或是说谁被赋予了权力来控制语言政策的制定、解读以及实施？批评方法（Tollefson，2006）以宏观语言政策边缘化了少数族群语言及其使用者的现象为研究重点；而民族志研究（Hornberger & Johnson, 2007, 2011）却倾向于将研究重点放在了语言管理者（如老师）在语言政策进程中的权力上。本章综合了以上两种研究理论。虽然业内人士已熟知宏观政策及其话语强行限制了学校和社区的语言使用，但很少有人将其如何运作的过程记录成文。我们需要多层面的研究，尤其是要研究在不同的环境下语言政策的不同解读方式，以及地方性的政策、话语及意识形态是如何影响到语言政策的实施。在探讨语言政策的不同层面时，布鲁马特（Blommaert，即将出版）指出："各种治理权会在同一社会事件中同时出现……宏观层面的治理权（如官方语言政策）会与中观和微观的治理权（如个人的组织实践或执行过程中的当地压力）互相交织在一起。"本章分析了这些"当地压力"：这些言语活动中的特定因素是如何将某些教育工作者定位成语言政策的专家或仲裁者并如何将其他人边缘化为政策的接受者和执行者的。

语言政策批评研究与语言政策的民族志研究

语言规划与语言政策研究已经从分析国家语言规划的步骤和过程（Fishman，1979；Haugen，1983）转变为重点分析语言政策在边缘化语言少数族群及其语言教育过程中的力量。《语言规划就是规划不平等》（Tollefson，1991）标志着这一领域（之后被称为"语言规划"）一次典型的转变，文中的论述挑战了语言规划毫无政治意义的观点。托尔夫森针对语言规划与语言政策研究提出了历史结构法，认为语言政策增强了社会优势群体的利益，使少数族群及其语言边缘化，并加大了社会的不平等。在这之后出版的一些论著（Martin-Jones & Heller，1996；Tollefson，2002，2006；Watson-Gegeo & Gegeo，1995）中提出并清晰地描述语言政策批评研究的特点：(1) 摒弃了非政治性的语言规划与语言政策研究方法，转而认为"政策通常会产生和维系各种形式的社会不平等"，同时指出"政策制定者通常会增加社会优势群体的利益"(Tollefson, 2006：42)；(2) 寻求制定更为民主的政策，由此减少社会不平等，促进少数族群语言的维系；(3) 受到了批评理论的影响。

在早期的语言规划与语言政策研究领域，宏观层面的理论与模型是研究的主流。这就使得研究者亟需有关语言政策实施的实地数据（Davis, 1999；Ricento & Hornberger, 1996）和具体的个案研究（Cicotta-Segi, 2011；Hornberger & Johnson, 2007；Hult, 2004；Johnson, 2010b；Menken, 2008；Stritikus & Wiese, 2006）。世界各地的研究表明，国家语言政策的确能够限制多语教育的发展，使少数族群语言及其教育边缘化（Olson, 2007），其原因或者是政策具有明显的限制性，或者是政策自身的具体措施，如特别强调考试，这实际上会推动单语教育的发展（Menken, 2008；Shohamy, 2006）。另一方面，推行多语政策确实能够为多语教育拓展空间，并推动少数族群语言的发展（Hornberger, 1998, 2009）。

然而，宏观语言政策与社会实践的关系并非是线性的，也不是可以直接预测的。首先，国家语言政策在意识形态上并非必然保持着前后一致，它可能在语言使用及语言教育上有着不同甚至矛盾的观点。而且，只对语言政策进行分析，也许并不能准确地预测出该政策实际会被解读和实施成何种情形（Jaffe, 2011；Johnson, 2009）。如霍恩伯格（2009）所言，如果缺乏地方支持，国家政策就会失效。例如，推行多语制以及语言多元化的国家政策也许并不能改变社会主流话语中对特定语言（尤其是殖民者语言）、单语教育或是僵化过时的语言教育模式的偏好（Bekerman, 2005；de los Heros, 2009；McKay & Chick, 2001）。另一方面，推广单语制的自上而下的语言政策也不一定会被不折不扣地执行。即使有着明确的政策限制，教师们仍然可以为少数族群语言的进入寻找政策实施和意识形态上的缝隙（Hornberger & Vaish, 2008；Johnson, 2010a；Strikikus & Wiese, 2006）。因此，门肯（Menken, 2008：5）认为教师是语言政策实施的最终"裁决者"。为说明这一点，门肯和加西亚（Menken and García, 2010）提供了许多教师作为政策决定者的案例。

霍恩伯格和约翰逊（Hornberger and Johnson, 2007）提出的语言政策民族志研究方法，是一种试图在从宏观到微观的多重环境下掌握语言政策的多重进程（即制定、解读和实施过程），特别是掌握在这些进程中语言政策管理者的作用（Johnson，2009）的方法。尽管有人批评语言政策批评研究过分强调了宏观层面上的语言政策并且低估了语言政策执行者的力量（Davis，1999；Ricento & Hornberger，1996），但民族志研究法与语言政策批评研究法并不是互相排斥的：二者都致力于反对主流政策话语对少数族群语言及其使用者的压制。进一步而言，若二者结合，则综合了对制度结构与对执行者的研究，也就是说综合了关注"语言政策力量"的批评研究与关注语言政策管理者执行的民族志研究。

治理术

语言政策批评研究中的"批评"一方面是受到了社会批评理论的影响（Tollefson，2006）。例如，福柯（1978）的话语观念及其批评话语分析（Fairclough，1989；Wodak，1996）对语言政策批评研究产生了重大的影响（Johnson，2011；Tollefson，2002；Wodak，2006）。彭尼库克（2002，2006）在吸收福柯（1991）"治理术"观点的基础上，做出了一系列吸引人的实证与理论研究，他试图让语言规划与语言政策领域的学者们减少对官方政策与主流意识形态的关注，将目光更多投向当地话语和教育实践。

福柯在1978年及1979年的一系列演讲中提出了"治理术"这一概念。其中，1978年中的一篇演讲稿更是以"治理术"为名，该演讲稿后来被发表并转载。福柯定义的"治理"（government）并非指君主或是单个政权的治理，而是彼此联系的多种实践的集合：包括自我治理、社会组织和社区的治理，这其中当然也包括了国家治理。因此，治理术的重点并不在于单一的国家的统治权上："国家……并没有这种统一性（虽然别人总是这样认为），也没有个体性、缜密的功能性，或者坦白而言，没有这种重要性。"（Foucault，1991：103）然而治理术关注的是权力在微观各种实践和话语环境下是如何运作的。然而，当一个国家良好且高效地运转时，个体也会"各司其职，各安其分"（1991：92），即与国家保持一致，也能出现一定程度的自治。这么说来，治理术不仅指的是国家机器的管理，还有对于个人的管理：

> 政府……制定了引导个人或者群体行为的方式，如儿童的管理，精神的管理，社区的管理，家庭的管理，病人的管理……从这种角度而言，管理意味着对别人的各种可能行为进行结构性的调整。（福柯，1982：790）

福柯有关治理术多层化的构想可以与语言政策多层化的构想,以及语言政策内部治理权的多层化构想联系起来(Blommaert,即将出版)。尽管福柯承认其他类型的治理,但他最关注的是国家治理。本章关注的是治理术是如何在语言政策执行者的社会互动层面运作的。具体考虑的是一群双语教师的语言管理活动。为了分析管理机构是如何在微观层面——在这个双语教师群的社会互动层面——运作的,我们吸收了戈夫曼(Goffman,1979)所提出的"话语立场"(footing)观念。

决策者在语言政策中的立场

这里所报告的研究结果是基于费城学区语言政策及双语教育(2002—2006)的民族志多重场域的研究[1]。通过对语言政策和双语教育发展项目的教师及管理者的一系列行动研究,研究者收集到了相关民族志数据。在"双语表达项目"(Bilingual Articulation Project)里搜集到的数据是所有资料(文档、田野笔记、采访与面谈录音的转写笔记、参与者的电子邮件)中最有趣的。这个项目最初是为了联合学区中一些地区所有 K-12(从幼儿园到 12 年级)双语项目而设定的。笔者所研究的重点在于这个项目里的言语活动是怎样被政策文本和政策话语塑造的,在这些活动中语言政策的权力又是怎样被让渡的。

一项语言政策的涵义并非静止不变的,也并非是对政策文件可预见的解释结果。当然,一项政策可以明确地或是模糊地推动或限制某些实践活动。但是,诚如沃瑟姆(Wortham,2005:98)所言,一个符号的意义"在后续话语为其提供语境前总是不确定的";因此,我们应该考虑言语活动的发展轨迹。同样地,在参与因素相互影响的共同体中,一项语言政策的涵义,或是一种特定语言的涵义,并不仅仅来自于政策文件,其涵义也同时来自于一个层面或跨多个层面的语言政策解读与实施过程中的一系列言语活动。

同样,这些分析强调了谁拥有权力,或者说谁被认为拥有权力做出语言政策的决定。戈夫曼(1979)提出了"话语立场"这一概念。"话语立场"指的是参与者在互动过程中的合作或地位。参与者在互动中的立场塑造了

---

[1] 虽然这里使用了真实的学区名称,但其中的人物、办公室还有学区内部的政策都是虚构的。——作者注

戈夫曼所谓的"参与框架"(participation framework)¹的特性。参与框架产生于每个参与者的"参与状态"。戈夫曼认为我们可以寻找一些特定的"线索和标记"来确定参与者之间是如何联合的。沃瑟姆(1996：333)认为一个特别明确的线索就是"代词的使用",代词通过"指示特定人或群体在互动中所扮演的特定角色",从语言学的角度标记出互动参与者的立场。这里需要关注的是：(1)语言政策过程中特定的互动角色；(2)参与者的立场是如何影响"参与框架"以及最终的语言政策实施结果的。我重点关注于文本中代词的使用,它从语言学的角度标记了互动参与者的立场,并且帮助解释了语言政策的权力是如何在语言使用中让渡的,以及谁被赋予了语言政策决定者的地位等问题。

联邦政策文本和语语中的教育绩效责任制²与弹性

要理解费城学区的语言政策进程,就必须先了解美国联邦语言教育政策的转变以及双语教育的反复。这些政策的转变,是由政策话语的改变造成的,并且在政策文本中有所体现。政策的转变是对什么样的教育是可行的进行了限定,或者说至少对什么样的教育是"正常的"进行了限定。换而言之,它们创造了本地教育者必须适应的政策话语霸权。它们是政策文本的重要组成部分,也参与塑造了学区的言语活动。

2002年,当新版的名称为《不让一个孩子掉队法》的中小学教育法案通过的时候,政策文本就预示着美国语言教学将发生重大变化。《不让一个孩子掉队法》中的第三款是该法案里最主要的语言政策,它决定着谁能够获得资金以及什么样的语言教育项目能够获得美国联邦政府的资助。第三款舍弃了它所代替的前一政策的重点——推行多语主义和双语教育的第七款(双语教育法案),而将其重点放到了英语教育上(Evans & Hornberg, 2005; Wiley & Wright, 2004)。至今为止,第三款中的相关规定并没有明显地限制任何教学项目的发展,根据国会录音档案,《不让一个孩子掉队法》反映出关于制定者们多种多样的目的与解读(Johnson, 2009)。

---

1 参与框架理论是由美国互动社会语言学家戈夫曼分析日常会话时提出的。他认为:"当一个词被说出时,处于事件感知范围内的所有人都会获得一种与这个词相关的参与地位。这些不同地位及其中合适行为的规范特征被代码化,这为(话语)社会互动分析提供了一个基本的背景。"
2 原文 Accountability, 美国英语, 在教育学上是指(据学生学业成绩而定学校拨款和教员工资的)教学效果考核制,或称(教育)学业负责制,成绩责任制,或学校和教员负责制教育绩效责任制,本文根据意思译为教育绩效责任制。

政策体制与语言管理者的矛盾在《不让一个孩子掉队法》里反映为绩效责任制和弹性之间的矛盾。2001年，新上任的总统乔治·布什推动了教育政策方面的绩效责任制与考试议程，很多观察员对此颇为震惊，因为国家主导的教育绩效责任制并不受美国政治保守派的欢迎，因为他们期待的是弹性的（或者是没有）国家干预的教育政策。因此，布什和他的同僚们不得不为提高美国教育政策的绩效责任制而做出辩护，他们提出两个论点：(1) 认为测试有利于教学；(2) 强调了新政策的弹性。例如，美国教育部（2005）从官方层面强调法案第三款为多种多样的语言教育政策预留了空间："法案第三款不会优先发展为英语能力欠缺的学生所设计的语言教学项目，国家有权利选择英语作为第二语言的教学项目或是双语项目。"这条新闻通告强调了在《不让一个孩子掉队法》下的其他选择，至少是在语言教育项目上的多种选择，也反映出了教育部的官方态度。举例来说，在接受电话访谈时，英语习得办公室的部门主任宣称，她的下属不会强行推行或是倾向于任何一种教育模式，事实上，他们反对这么做："我们与之毫不相干。"（电话采访时间：2006年5月24日）她强调为英语学习者选择什么样的教育项目是国家和学校的权利。《不让一个孩子掉队法》处处强调了政策的弹性，"弹性"一词在法案文本中共出现了105次。甚至在法案名称出现之前，在法案第一行就出现了如下文字："本法案：将采用绩效责任制、弹性制以及多种选择的方式减少成绩差距，因此不让任何一个孩子掉队。"

即使是双语教育的狂热支持者，例如得克萨斯州的民主党议员的西罗·罗德瑞古兹（Ciro Rodriguez）和希尔弗斯特·雷耶斯（Silvestre Reyes），也公开表示支持《不让一个孩子掉队法》。例如，雷耶斯曾对英语学习者使用标准化测试表示过担忧，但仍然公开表示支持考试政策：

> 雷耶斯：只要《不让一个孩子掉队法》一直施行，它就为学生提供了继续选择双语教育的机会。作为妥协，该法案要求学生在完成三年的双语教育后就参加英语阅读能力测试。然而，学区可以根据个别情况，延迟两年考试。考试的结果不会对学生产生任何直接高风险的影响，而是被用于评估学校的进展情况，并使学校保持责任感……这些评估措施能确保学校的双语教育项目一直有效。（国会录音档案，2001年12月13日）

雷耶斯忽视了绩效责任制和无弹性之间的联系，而且他出于该政策有利于双语教育的考虑支持了《不让一个孩子掉队法》。他认为有关绩效责任制的两条措施将会促进双语教育，同时从宏观角度而言，《不让一个孩子掉队法》会提高当地双语教育政策的灵活性。从雷耶斯的角度来看，《不让一个孩子掉队法》不是让学生们负起责任，而是让学校在保持有效的双语项目上担起责任。

布什政府的成员也都认为《不让一个孩子掉队法》具有弹性，特别是因为它涉及了双语教育。2002年科罗拉多州效仿加利福尼亚州《227号提案》（该提案限制了双语教育的渠道）的模式，一项类似的根除双语教育的政治运动开展起来（《31号修正案》）。当时的美国教育部长罗德·佩奇（Rod Paige）对科罗拉多州进行了一次引人注目的访问，经过利益比较，在讨论中，佩奇选择站在支持双语教育的一边。他宣称学校和家长应该继续计划性选择："应该在相关指导下做出关于英语和孩子的本族语所占比重的决定。"（Rothstein，2006）这很明显是对那些支持《31号修正案》的人的回应，而《31号修正案》正是以阻止本族语教育发展为目的的，在这里佩奇宣称那些负责指导的人（即老师）应该是最终决策怎样平衡教室里多种语言使用的人。

关于政策使用的实证研究（Menken，2008；Menken & Shohamy，2008）表明，《不让一个孩子掉队法》已被证明一点都不具有弹性。尽管法案第三款里为包括附加型双语教育在内的多种教育项目预留了实施空间（Johnson，2010a），法案第一款以及重视英语的绩效责任制让学校很难坚持双语项目的开展，至少有一些项目为了响应考试需求，已经转变成为了以英语为主的语言项目。肖哈米（2006）认为这一切全是目标使然，因为《不让一个孩子掉队法》的标准化测试是为事实上的唯英语政策而设计的。然而，《不让一个孩子掉队法》似乎是由多种意图所构成的，因为多位起草者用多种方式解释他们的"作品"——《不让一个孩子掉队法》，而且他们对于政策意图的解读经常会有矛盾（Johnson，2010a，2011）。因此，国家政策的改变并不会与之前政策保持指导思想上的一致与统一，反而会在政策文本与话语上呈现着许多差异，因此教育工作者必须根据自己的理解来施行这些政策。另外，语言政策管理者的信念和行为也不是保持着一致的，宏观层面的语言政策解读及其实施是多重情境下发生的，所有的各种情境都包含了当地自身的一套政策条文及政策话语。

双语表达项目

本章接下来探讨的是费城学区一小部分语言政策管理者的信念和实践行动，强调的是他们在"双语表达项目"的言语活动中是怎样被定位的。特别有趣的一件事是在这个项目实施的当中有一次意识形态和语言政策的转变，这一转变表现出了由于不同教育工作者的解读和实施造成了绩效责任制与弹性之间的紧张。这次转变一部分是由于负责联邦和各州语言政策解释与实施的"说其他语种者的英语/双语教育总部"（位于费城市中心的中央行政大楼）的人事变动所造成的。

我们非常有必要了解费城学区不同教师在教育权威上的差异，有些教师（不一定是那些行政管理者）被称为"中心"，有些则被称为"边缘"。"中心"不仅指的是位于市中心里的学区行政管理大楼，还指那些在里面工作的行政管理者；而"边缘"则指的是那些负责实施由中心制定的政策的在校教师。当提到"边缘"的时候，有时是带有蔑视的意味的，但这同时也反映出了边缘与中心的权力差异。例如，我在一小段时间内为了标准化测试管理拜访了学区的多所小学。有一天，我在学校酒店的前台登记，前台接待对她同事说道："中心的人来了。"我的工作是出试卷，所以被认定为"中心"的一部分，这是一个很形象的隐喻。

中央（中心）行政管理办公室监管了所有"说其他语种者的英语/双语教育"项目，办公室行政人员负责获取和分配联邦经费，这些经费主要用于学区的语言教育、语言政策和语言项目的发展。中心行政部门下属还有地方行政人员，这些管理者分别代表了学区内的九个地区。我重点分析中心负责双语项目的两位管理人员，一位双语教育顾问伊芙·艾兰德（Eve Island），以及一个地区管理人员伊丽莎白·钱恩（Elizabeth Chain）。

中心：增强灵活性与政策文本和政策话语中的教师作用

在另一篇文章中，我曾提到了一群费城学区的教师（Johnson, 2010a），这群教师建立了一种支持附加型[1]（相对于过渡型[2]）双语教育意识形态的空

---

[1] 附加型双语教育，是指在保持少数族群学生的母语情况下，为学生提供主体民族语言的教学。在附加型双语教育中，学生大多不会遗忘其母语和本族文化。

[2] 过渡型双语教育，是美国最为普遍的双语教育类型，在美国是指在学生过渡到用英语教学前，允许学生用母语进行教学，直到他们掌握了英语能应付英语教学为止。这种教育的最终目的是让学生只会说英语，实现语言上的同化。

间，这些教师还倡议发展双重语言（dual language），以在整个学区实施双重语言教育项目。这些教师共同协作，从零开始，建立起了费城学区的语言政策，该政策就是推动附加型双语教育项目的发展，而不是过渡型和以英语为主的项目。这项政策利用了我在做民族志研究时的前半段时间内（约为2002—2004年）意识形态方面盛行的时代精神与话语空间，该政策强调了教育管理者在自上而下的政策实施过程中的作用，这些语言管理者能根据教师的需求进行灵活地调整。但事情总会发生变化，由于行政人员的人事变动，费城学区的语言政策也发生了变化，但在当时，在整个"双语表达项目"中聚集了很多力量，原因之一是很多人同时参与了这两个项目，参与人员中还包括了两个重要的领导人：伊芙·艾兰德和艾米丽·迪克森－马可兹（Emily Dixon-Marquez）。

"双语表达项目"是由北区负责人伊丽莎白·钱恩带头推行的，该项目也受到了"说其他语种者的英语/双语教育"总部的支持。在2004年1月24日至2005年4月5日间，共召开了四次"双语表达项目"会议。我参加了每次会议并被任命为会议记录员，即我要记录会议议程，对部分会议内容进行录音，并把记录笔记分发给相关成员，这些大多为行政管理人员。"双语表达项目"为中心管理层与教师提供了一个面对面协商教育政策的契机，这也就融合了语言规划与语言政策的两个层面。由于在该项目的进程中，《不让一个孩子掉队法》所要求的绩效责任制受到了越来越多的重视，同时中心行政管理层发生了人事变动，这两个因素一齐促成了政策话语和政策文本的转变。

"双语表达项目"会议最初的目的是为了联合三所直属小学、一所初中还有一所高中的双语项目，这样双语课程会在整个K-12教育中保持连贯，学生也可以一直继续双语的学习。钱恩在2003年12月的一封招聘项目参与者的邮件中这样解释了会议的目的：

> 钱恩：我们在北区的目标是在每个学校内外建立一个核心的规划性制度，要确保该制度能够贯通于整个K-12教育中。在这五个学校的规划性制度中，学生应该能尽可能地保持西班牙语和英语的流利……校本专家（教师，行政管理者）将会作为项目工程师帮助每个学校完善这个双语项目。

在她的电子邮件中，钱恩强调了"校本专家"（不包括钱恩自己，因为她不在任何一个学校工作)是负责推动学校"双语表达项目"发展的"工程师",他们实质上是在落实整个学区的双语政策。然而,因为整个项目是由钱恩和中心行政管理层人员构想出来的,因此"我们在北区的目标"中的"我们"其实并不包括教师。

第一次会议召开于2004年1月24日,第二次召开于2004年3月20日,两次会议都是在钱恩和艾兰德的帮助下召开的,她们帮助设定议程、召开会议。艾兰德是费城学区的一位语言教育的顾问,也是推动费城学区双语教育项目和学区语言政策的领导者。她现在被授权负责主持双语表达会议。作为北区负责人,钱恩告诉我她在探讨双语教育政策的教师和"中心"管理者之间处于一个理想的位置:她自己曾经是一名教师,她能明白教师的感受,她也重视他们的专业知识。为了鼓励教师参与双语教育政策的制定,钱恩在第一次会议(是在北区一个高中的教室里召开的)的一开始就定下了基调:"我们想要的是依靠你们的专业知识建立一个属于我们自己的项目。"(2004年1月24日)在钱恩的邮件里,她强调了"双语表达项目"是由教师发起的,是基于教师已有的专业知识。同时表达了她希望这个项目是属于这些教师专家的愿望。

在第一次会议中,艾兰德做了一个关于语言教育项目的相对效能的报告,并在报告中回顾了关于双语教育效能的研究。艾兰德引用了科利尔和托马斯(Collier and Thomas, 1997)的研究,她在所分发的材料上强调"在过渡型双语教育项目中的英语学习者大多数并没有得到和英语使用者一样的同等对待"。这反映出相比于过渡型双语教育项目,她更偏好于附加型项目(或是用费城学区的说法——"发展型项目")。在艾兰德的大会报告结束后,就是分组讨论,来自不同学校的教师做了关于他们学校的语言教育项目的报告,并介绍各个项目的优势、不足以及需求。大会的主要时间都在做报告,由教师控制着讨论的方向与范围。这样的参与方式赋予了教师们根据他们自己的兴趣主导研讨方向的权利,同时教师在会上感觉自己在语言政策发展过程中也扮演了积极角色。

第二次会议延续了首次会议的精神。同样是在一个星期六早上,大会在北区的一所小学的图书馆里召开,会议提供餐点与咖啡。和我在费城学区参加的其他会议一样,由于受社交以及繁复的被戈夫曼称之为"仪式性程序"(ritual brackets)的制约,会议很晚才开始。仪式性程序是指"问候和告别,开始和结束这种公开的、正式的、共同的俗规,也就是社会交往过程中的既定程式"(1979:7)。接下来艾兰德开始了另一个报告,这次她的讲述重点在于联邦政策命令以及它们对于费城学区双语教育实践的影响。根据她自己对语言规划的研究，艾兰德展示了一幅以"学校"为中心向地区、向整个费城学区、向州、向国家扩张的同心圆图画，同时展示了教师在语言政策过程中所扮演的管理角色，以此强调了语言政策的多层性本质。值得注意的是艾兰德使用的是同心圆，而非线形图或是条形图，与传统把教师放在底层位置不同，艾兰德把老师放在了图的中间位置，以此来突出教师的权利或说是教师的重要性。一位来自奥兰多塞佩达中学的老师回应了艾兰德的报告，他感谢"中心"能够让教师参与发展语言政策，还特别使用了"授权"一词。

艾兰德和艾米丽·迪克森－马可兹（中心"说其他语种者的英语/双语教育"办公室负责人）强调了《不让一个孩子掉队法》里的弹性以及绩效责任制的优点。艾兰德认为"绩效责任制的优点在于人们开始关注那些他们之前不曾关注的学生"（2004年3月20日），接着迪克森－马可兹声明道："你们现在面临着绩效责任制的压力……压力虽大，但有些压力是你们需要的，且对你们有益的。"（2004年3月20日）艾兰德和迪克森－马可兹关于英语学习者采用绩效责任制是积极有效的言论反映了在（由中心管理人员推动的）"双语表达项目"前期的一种意识观念里：《不让一个孩子掉队法》中的绩效责任制主要是针对英语学习者的，因此要求学校以指导英语学习者为首要任务，这样就会令双语或其他语种者的英语课程教师与管理者走出困境边缘从而融入教育主流。这种对于《不让一个孩子掉队法》的解读与国会议员雷耶斯的看法很相似。

在"双语表达项目"会议的前半阶段，会议上的话语实践依赖于为学区管理者和老师交流设定的非传统的参与框架。这种交流没有使用典型的等级制，会议的互动依赖于小组活动、分会场演讲、教师主导的报告以及由教师带动的气氛。此外，教师被定位成"专家"、"工程师"、"积极参与的语言管理者"，教师和管理者一起为他们的学校创设语言政策及语言项目。虽然艾兰德、钱恩还有迪克森－马可兹作为语言政策决策者拥有较多的权力，但他们试图通过鼓励发展一个相对较为公平的话语群体来将权力转交给教师。这是可能的，就部分而言，因为这三位行政管理人员认为研究与联邦语言政策都是灵活的且可以适应的。因此，两个重要的观点帮助建立了这样的一个话语基调：教师是政策制定者，政策是灵活有弹性的。这些管理者反对主流的宏观论调，这些论调包括：(1)宏观层面的政策文本及政策管理者是语言政策发展过程中的首要决策者，教师是自上而下指令的完成者；(2) 过渡型或以英语为主的教育项目被认为比维持双语教育更为重要。

中心：推动绩效责任制与政策文本和话语中的制度

在 2003—2004 学年中，整个学区的中央管理机构开始进行重新调整；艾兰德不再是教育顾问，迪克森－马可兹也离开了"说其他语种者的英语/双语教育"办公室。曾担任过宾州教育厅管理员一职的露西亚·桑切兹 (Lucía Sanchez)，在那时被任命为"说其他语种者的英语/双语教育"办公室的新一任主管，并负责"双语表达项目"。艾兰德和迪克森－马可兹都不再参与会议，虽然艾兰德给桑切兹写过多封邮件告知其"双语表达项目"过去所取得的成绩，但事实上，她已经放弃了这个项目的掌控权。例如，艾兰德写道："我们强调（教师）在教学中能灵活地使用多种语言教学……我们讨论了在北区出现的双语项目类型"（2004 年 3 月 20 日）。艾兰德在最后试图将语言政策的权力赋予"双语表达项目"教师的尝试过程中，她结合《不让一个孩子掉队法》，强调了语言政策的灵活性，同时她在邮件里通篇使用"涌现"（emerging）来描述北区双语政策是怎样在教师的需求与专业知识上发展起来的。

然而，桑切兹对教师需求、双语教育、《不让一个孩子掉队法》第三款的看法与艾兰德大为不同。在一次访谈中，她对于法案第三款以及双语教育的目的做出了如下反应（2005 年 6 月 13 日）：

> 桑切兹：法案第三款是通过提升英语习得项目的服务水平或是创设能够使学生进入英语习得项目的附加服务，以此来提高英语习得项目的水准……双语教育的目标并不是为了教授西班牙语，双语教育的目标在于（学生）用西班牙语，也就是你们提到的语言，学习学科知识，同时也能获得用西班牙语在 ESOL（说其他语种者的英语教学）课堂里学习英语的机会，而这种教学法，如你所知，是非常有效的。（2005 年 6 月 13 日）

这段采访片段反映出两个最终能够对语言政策有着巨大影响的重要解释：(1) 桑切兹认为该法的第三款是限制性的，是以英语为重点的（"法案第三款是用来提高英语习得项目的水准"）；(2) 她明显地认为双语教育是过渡性质的。双语教育的目的"不是去教授西班牙语",而是"用西班牙语去学习英语"。

在第三次双语表达项目会议召开前,钱恩告诉我桑切兹会组织这次会议的议程。由桑切兹领导的会议采取了与之前很不一样的形式——讲座式。第三次会议介绍了双语教育政策出现的变化以及新型自上而下的政策实施方式。这次转变可以在由中心行政人员改编的新版"说其他语种者的英语/双语教育"手册(下文简称为手册)中找到痕迹。这份手册很快成为新版的官方语言政策,而先前的官方语言政策——费城学区语言政策虽然还保留在"说其他语种者的英语/双语教育"办公室网站上,但它已经沦为往昔岁月的纪念品。

对比两项语言政策的,会发现一些重要差异。费城学区教育政策于2004年8月被批准实施,其对双语教育项目界定为:"双语教育项目要能发展并保持第一语言及第二语言的读写能力。"(Second III,2b)虽然它把双语教育定义为附加型双语教育——就是说它认为双语教育是为了同时发展与保持第一语言与第二语言的教育——手册并没有把保持本族语列为双语项目的目标。然而,根据手册所言:"双语项目是使用学生的本族语来发展其读写能力,项目的目标是希望学生本族语的读写能力可以迁移到英语学习上。"该手册是一份由桑切兹负责的中心的政策文件,它定义了语言政策,因此使得之前由教师和管理者们跨越各个层面的教育权力才制定出台的"官方"费城学区语言政策在当前显得暗淡无光。手册用了一种非常不同的方式来定义双语教育:(双语教育)是用来让学生的能力迁移到英语学习上的教育项目。

虽然"双语表达项目"会议曾经是由教师发起的,但它现在已经变成了一个探讨如何根据手册塑造双语教育的研讨会。钱恩在第三届"双语表达项目"会议的一开始就点明,由于政策的改变,新的问题也随之而来:"虽然在北区有一些珍品(不错的双语学校),但北区的教育还是有着很大的问题……我们今年的目标是让每所学校遵照手册里所列出的规定行动。"(2004年12月)钱恩并没有像她在之前的邮件和初次会议时那样强调教师的专业素质以及"双语表达项目"自下而上的特质,她反而在第三次双语表达会议的开头就强调学校内部的"问题",并指出要让双语教育符合手册里的"条规"。在早先的电子邮件里,钱恩使用了"我们"("我们的目标")一词,表面上来指代她和中心其他管理人员(例如桑切兹);但是,钱恩所描述的目标是由桑切兹独自树立的。换而言之,管理层不再依赖学校的专家（如老师）来帮助他们树立项目的目标，而是纯粹依赖桑切兹在手册里罗列的条规。

在第三次"双语表达项目"会议的进程中，费城学区语言政策要令双语教育向过渡型发展（并不是附加型项目，如奥兰多·塞佩达中学的双语项目）的意图逐渐明朗，而对于那些明确反对过渡型项目的塞佩达中学教师来说，这是不可容忍的。当桑切兹开始对费城学区语言教育发表演说时，她与塞佩达中学教师的裂痕更大了。她把在会上的老师比作印加人和玛雅人："我们要看一看所有的文化……我们都是拉丁裔族人——印加人，玛雅人……我们继承着他们的精神，我们继承着他们的面孔。"（2004年12月14日）在这里，桑切兹有失社交礼仪，她想用"我们"来激起共同的社会认同感，但来自秘鲁的桑切兹对于与会成员的文化背景做出了一个错误的假设：北区的大多数拉丁裔是波多黎各人，他们的祖先是泰诺人，而非印加人或是玛雅人。她的言论激怒了塞佩达中学的波多黎各裔及欧洲裔教师。

桑切兹的报告认为双语教育结果较差，需要向另一种教育模式转变，这份报告主导了整场会议。这终结了"教师是政策的制定者"以及"政策是灵活可变的"等论调。新的参与框架是建立在桑切兹做出的关于联邦及当地政策的报告上。第三次会议也是奥兰多·塞佩达中学的教师最后一次参加该会。纵观整个会议，塞佩达中学的教师们总是大声地抱怨，他们也会带头与桑切兹对峙，认为她"挟持"了整个双语表达会议议程。这些老师特别生气的地方在于依照要求，他们要把学生从双语项目转移到英语项目，这与他们的教学理念相悖。这些教师接连拒绝参与（用他们自己的话是"反抗"）双语表达会议。他们认为会议的目标已经由"双语的表达和项目的联合"转变成桑切兹教大家如何教好双语项目了。因为新的过渡型政策被描述为教授单向发展的双语项目，新政策与老师们的教育观和现有教育政策都大相径庭，而这些教师的教育目标是发展附加型双语教育。

如果说第三次会议初步介绍了桑切兹的行事风格及其语言教育观的话，那第四次会议（2005年4月9日）则将其展示得更为清楚透明。会议召开于北区一所小学的教室里。抱着这次会议会与前两次会议一样的想法，即有简单的早饭，还有受制于社交礼仪与繁复长久的仪式性程序，会议会晚点召开；我在周六早上迟到了大概十分钟才走进教室。然而，那里并没有食物也没有咖啡，而且会议准点开始。桑切兹站在教室前端做报告，一系列的幻灯片展示的是桑切兹命名的"双语伞"（Dual Language

Umbrella）项目，在这个报告里她介绍了她的四个项目模型：(1) 双语项目；(2) 双向沉浸项目；(3) 祖裔语言项目；(4) 外语沉浸项目。桑切兹从双语项目开始说起，她在这个类别下分了两种教学模型：早退（early-exit）过渡型与晚退（late-exit）过渡型[1]。针对她提及的"发展型"和"单向双语"晚退型项目，桑切兹说："这就是我们为整个学区重新安排的教育模式……这种模式将会保证你的孩子在两种语言的读写能力上都得到发展。"（2005年4月9日）这里的代词使用会让人搞不清楚语言政策的实施者到底是谁。虽然桑切兹使用了"我们"（"这就是我们为整个学区重新安排的教育模式"），但事实上重新安排教育项目的只有她一个人。她的代词使用让人感觉大家是一起合作促成了语言政策的改变，但事实上决定只出自她一个人。在语言政策中发出这样的声明性言语（Searle，1976）会对参与者的教育现状产生直接且不可挽回的影响。

而且桑切兹对于双语教育模型的定义和分类与之前双语表达项目，或是说从广义上来说与费城学区的分类存在着矛盾。首先，将整个项目称为"双语伞"暗示着这些教育模式都是双重语教育类型，这与费城学区（广义上的领域）的术语定义："双向沉浸"不一致。第二，她将"晚退过渡型"描述为"发展型"；然而，在之前，过渡型项目就被艾兰德、迪克森-马可兹还有双语表达项目的教师们拿来与发展型项目进行过对比。因此，桑切兹使用了"发展型"和"双重语"描述了在那些参与双语表达项目的教师眼中既不发展也不双重的语言项目。

桑切兹不但重新定义了双语教育政策及其实施办法，还从全新的视角解释与实施了《不让一个孩子掉队法》。在前两次双语表达会议中，绩效责任制的要求被认为积极的，但是桑切兹却认为《不让一个孩子掉队法》是限制性的，她在第三次"双语表达项目"会议上大大指责了英语学习者的成绩。例如，在会议的一开始她就指出（2004年12月）：

> 我们要重视数据……除了我们信仰的上帝，其他人都用数据说话……我们在一个非常相信数字的社会……如果你不赞同这样的做法，那你将无法得到资金——你将是个无名小卒。

---

[1] 早退过渡型是指母语作为辅助手段最多使用两年。晚退过渡型是指在六年级前允许在40%的课堂教学中使用母语。

这里的"我们"具有排他性，要参与进"我们"至少需要两个条件：对数据的重视以及对数字的信仰。对上帝的信仰也算是一个条件，但我认为这仅是一个失败的玩笑而且对研究无足轻重。桑切兹并没有表现出认为听她演说的听众已经是这个排外的小团体成员的样子，但她认为他们应该参与进这个团体，否则他们便是"无名小卒"。桑切兹用这样的方法表述出什么才是对教师有利的信条。而且，她引入了两个新的语言政策决定者："数字／数据"和"社会"。桑切兹的论据有着一系列泛化的问题（她的逻辑错误还包括笼统的归纳）：首先，她认为数据就是数字，忽视了能够（如果允许的话）帮助指导语言政策决策的非数字的数据。其次，她认为我们社会的每个人都"信仰"数字，因此含蓄地认可了实证主义认识论，而否定了其他获取认识的方式，例如教师的课堂经验。最后，说不遵循这些信仰的教师（"你"）将会成为"无名小卒"表明了她认为教师在政策制定过程中扮演的只是服从的角色。

过渡成英语

在双语表达会议之后，为了实施过渡型和偏重英语型的新语言政策，桑切兹开始了她的双语学校访问之旅。她与双语教师的第一次会面发生在一所有着积极附加型语言项目的学校里。桑切兹在不久之前刚刚解释了学区内部正在发生着由发展型和附加型教育模式向过渡型和以英语为主型教育模式的转变。虽然她并没有特别指出新项目是"过渡型"的，但她还是遭到了一位双语教师的质问：

教师：决定是谁，是从哪里做出来……给（过渡期的学生）？
桑切兹：因为，因为，首先，我们看过所有根据克拉申的研究表明有效的语言项目……而且《不让一个孩子掉队法》第三款实施时间已经很长了，若要改变它，我们也无能为力。

接着，在这次见面的后期，桑切兹是这样为她的决定辩护的：

桑切兹：每个人都知道史蒂芬·克拉申（Stephen Krashen）——他是一个将自己大多数研究投入于教育的语言学家，但他从本质上来说还是一位语言学家。他是一位研究了多种不同语言模式的科学家，但他真的——我们通过克拉申了解了沉默期，知晓了可理解性输入，这就是克拉申。我们听说过降低情感过滤，这也是克拉申的研究。我们听说过偏误纠正，这也是克拉申的成果，他所有的研究成果都是作为语言教师的我们应该了解的伟大研究。他说过，他是专家，而且他也说过，没错，你现在就可以引入英语了——是的，我们很有必要了解他的研究成果。（2005年1月12日）

桑切兹认为《不让一个孩子掉队法》第三款是仅关注于英语教育且没有任何弹性的，而且她（不恰当地）用克拉申的研究来为自己的解释（一种会被前任行政管理者否定的解释）做辩护。她认为联邦的语言政策和克拉申的研究都建立起了严苛的标准，而费城学区的语言政策与教学都应适用此标准。虽然桑切兹所使用的代词表面上显示政策决策是共同做出的（"我们审视了所有项目""我们通过克拉申了解了沉默期"），但她同时也将在座教师的地位边缘化了（"我们也无能为力"）。尽管代词的使用显示着兼容并包，但是教师却并没有在此过程中发挥任何作用，桑切兹一个人独占了整个决策过程。

桑切兹在"我们也无能为力"和"我们很有必要了解他的研究成果"中使用了"我们"，误导别人相信她与老师的地位是一致的；但这些声明却实际上把她自己定位成比教师更具权威的角色：桑切兹也确实具有改变费城学区语言政策的权力，而且她还暗示她了解专家的研究成果。这里的暗示是指教师（"你们"）有必要学习这些研究成果。因此，桑切兹暗示了向过渡型双语教育以及以英语为主的教育模式转变的决定是大家一起做出的，然而她却同时（且矛盾地）表明她和教师们都在语言政策决定的过程中无能为力。桑切兹认为法案第三款和克拉申才拥有真正的政策决定权。通过强调克拉申的专家、科学家、语言学家的地位，她贬低了教师在语言政策决定过程中的地位，并且剥夺了教师作为语言政策管理者的身份。另外，她有关克拉申研究的总结存在着极大的误读（Krashen, 1996）。

桑切兹将克拉申的研究与法案第三款作为语言政策的决策依据，同时声称是这两者决定了过渡性双语政策，她偏离了决策者的责任并把她自己定位为政策决策的信息传递者。但是，桑切兹还是过多运用了施事权。沃达克和费尔克劳（Wodak and Fairclough, 2010）将这种本质上误导性的话语策略称为推理谬误，因为其将责任归咎于外在的抽象事物，由此进一步肯定自我的表述。桑切兹给人留下了一种她在联合教师的印象，但事实上却忽视教师的期望并且自己在语言政策决策过程中保持着绝对的控制权。

讨论及结论

　　本章探讨的是政策文本及话语中出现的绩效责任制与弹性之间的紧张。《不让一个孩子掉队法》的话语凸显出从附加型双语教育向过渡型双语教育和以英语为主项目的转变。另外，对标准化考试的过分重视破坏了美国双语教育项目的发展。至今，官方文件（如《不让一个孩子掉队法》）及非官方政策文本（美国教育部网站，教育部官员的声明，布什政府的表示与行动）都没有明确表示要特别限制某一种语言项目的发展。事实上，这些政策文本强调的是语言教育项目中的政策灵活性。因此，当联邦政府的政策有所变化时，这些改变在指导思想上并不一定就与前一政策保持一致或相同；相反，政策文本与政策话语之间就是不一致的。费城学区的教育工作者用各种方式解读政策文本和政策话语。他们在实施政策文本时依靠的是宏观层面的政策文本和话语，以及特定环境下的意识形态、话语和权力关系。一些管理者，包括了伊芙·艾兰德还有艾米丽·迪克森－马可兹，他们认为《不让一个孩子掉队法》是具有弹性的，而且其绩效责任制的要求对于英语学习者来说是有着潜在的益处。其他人，如露西亚·桑切兹，则认为《不让一个孩子掉队法》是限定为重视英语教育，而且强调其不具有弹性。虽然《不让一个孩子掉队法》的权力是不可否认的，但像艾兰德与桑切兹就各自为他们所领导的双语教师或是提供或是限制了其语言政策管理的权力。

　　当语言政策管理者可以对语言政策文本进行选择性解释，并成为政策发展过程中的强有力的决策者的同时，本章也揭示出语言教师在话语实践与参与框架的转变过程中所受到的限制。在前半段的数据搜集过程中，研究中的教师被尊称为双语项目设计中的专家和参与者。艾兰德与迪克森－马可兹突出了语言政策的弹性，强调了在语言政策发展和实施过程中教师的作用，并且鼓励教师作为积极的管理者参与政策制定。然而，在管理层变动以及新语言政策决策者（如露西亚·桑切兹）出现后，教师只是被定位为自上而下决策的实施者和接受者。桑切兹边缘化了与会教师的地位，把教师定位为非专家、非语言学家，因此认为教师并非管理者。参与框架变成了一个传统的等级制度，在这个制度里桑切兹一个人操控了整个交流互动，独揽决策权力。桑切兹对于语言教育和政策的理解以及她自己对《不让一个孩子掉队法》的解释限制了教育的多种可能性，就像桑切兹自己一样，作为拥有话语主导权的决策者的她边缘化了学校里少数族群语言的使用。桑切兹利用语言教育与政策的主流话语并建立起自我治理的模式，用福柯（1982）的话来说，"做了她应该做的事"；通过桑切兹对双语教师的管理，被边缘化了的语言和语言教育的意识形态已经变为教育现实。

桑切兹为了将她从教师手中夺走控制权的事实合理化，她将国家语言政策（如法案第三款）和"数据"整合起来并解读为其不具有弹性，且只重视过渡型双语教育和以英语为主的语言教育。然而，尽管桑切兹把自己描述成为一个没有权力的人，但是她却是事实上最重要的语言政策决策者，她会凭借自己的想法来解释和利用学术研究以及国家语言政策。凭借着她的行政管理者身份，还有成功地将教师定位为仅仅是语言政策的实施者的事实，她从双语教师那里拿走了政策制定的控制权。

本章提出了一种将语言政策批评研究和民族志研究结合起来的语言政策研究方法，这可以很好地平衡语言政策研究中的结构与动因，而且可以将地方语言政策及话语与各个层面的政策文本和话语结合起来。所研究的不仅是政策文件或国家机构，也包括了语言管理者，后者划定了什么样的教育是可行的范围。我们需要收集更多实证数据来帮助我们理解显在的政策、国家机构和政策管理者这三者之间是如何互相影响的。

这些发现对语言政策发展有着重大意义。当地的教育工作者，尤其是学区的行政管理者，在宏观层面政策文本及话语的解读和实施上有着很大的权力。他们不是简单的政策实施者或是"制度的仆人……无条件的服从命令"（Shohamy，2006：76）；他们在语言政策的发展过程中扮演着积极的管理者角色。费城学区发生了向过渡型双语项目和以英语为主项目的转变，这一转变在很大程度上是源于语言管理者的信念与实践，同时也依据了《不让一个孩子掉队法》的要求。纵观费城学区的制度层面，信念与实践呈现出多样性，而且这种多样性的性质要求我们要更好地去理解语言政策的理论与实践。语言政策学者能够而且一定会在语言政策发展过程中扮演积极的角色，他们要为提升少数族群语言及其使用者的利益而努力。在K-12教师与学者之间建立沟通的桥梁，这将会更好地理解语言政策实施过程，同时也会为被边缘化了的语言及其使用者带来更灿烂的明天。

参考文献

Bekerman, Z. (2005). Complex contexts and ideologies: Bilingual education in conflictridden areas. *Journal of Language, Identity, and Education, 4*, 1–20.

Blommaert, J. (in press). Policy, policing and the ecology of social nomis: Ethnographic monitoring revisited. *International Journal of the Sociology of Language*.

Cincotta-Segi, A. (2011). Talking in, talking around and talking about the L2: Three literacy teaching responses to L2 medium of instruction in the Lao PDR. *Compare: A Journal of Comparative and International Education, 41* (2), 195–209.

Collier, V., & Thomas, W. P. (1997). *School effectiveness for language minority children*. Washington, DC: National Clearinghouse for Bilingual Education.

Davis, K. A. (1999). The sociopolitical dynamics of indigenous language maintenance and loss. In T. Huebner & K. A. Davis (Eds.), *Sociopolitical perspectives on language policy and planning in the USA* (pp. 67–97). Amsterdam: John Benjamins.

de los Heros, S. (2009). Linguistic pluralism or prescriptivism? A CDA of language ideologies in *Talento*, Peru's official textbook for the first-year of high school. *Linguistics and Education, 20*, 172–199.

Evans, B. A., & Hornberger, N. H. (2005). No Child Left Behind: Repealing and unpeeling federal language education policy in the United States. *Language Policy, 4*, 87–106.

Fairclough, N. (1989). *Language and power*. London: Longman.

Fishman, J. S. (1979). Bilingual education, language planning and English. *English World-Wide. 1* (1), 11–24.

Foucault, M. (1978). *The history of sexuality: An introduction*. New York: Random House.

Foucault, M. (1982). The subject and power. *Critical Inquiry, 8* (4), 777–795.

Foucault, M. (1991). Governmentality. In G. Burchell, C. Gordon, & P. Miller (Eds.), *The Foucault effect: Studies in govemmentality* (pp. 87–104). Hemel Hempstead, UK: Harvester Wheatsheaf.

Goffman, E. (1979). Footing. *Semiotica, 25* (1–2), 1–29.

Haugen, E. (1983). The implementation of corpus planning: Theory and practice. In J. Cobarrubias & J. A. Fishman (Eds.), *Progress in language planning* (pp. 269–290). Berlin: Walter de Gruyter.

Hornberger, N. H. (1998). Language policy, language education, language rights: Indigenous. immigrant, and international perspectives. *Language in Society, 27*, 439–458.

Hornberger, N. H. (2009). Multilingual education policy and practice: Ten certainties (grounded in indigenous experience). *Language Teaching, 42* (2), 197–211.

Hornberger, N. H., & Johnson, D. C. (2007). Slicing the onion ethnographically: Layers and spaces in multilingual language education policy and practice. *TESOL Quarterly, 41* (3), 509–532.

Hornberger, N. H., & Johnson, D. C. (2011). The ethnography of language policy. In T. L. McCarty (Ed.), *Ethnography and language policy* (pp. 273–289). London: Routledge.

Hornberger, N. H., & Vaish, V. (2008). Multilingual language policy and school linguistic practice: Globalization and English-language teaching in India, Singapore, and South Africa. *Compare: A Journal of Comparative and International Education, 39* (3), 305–320.

Hult, F. M. (2004). Multilingual language policy and English language teaching in Sweden. Unpublished doctoral dissertation. University of Pennsylvania, Philadelphia.

Jaffe, A. (2011). Critical penpectives on language-in-education policy: The Corsican example. In T. L. McCarty (Ed.), *Ethnography and language policy* (pp. 205–229). London: Routledge.

Johnson, D. C. (2009). Ethnography of language policy. *Language Policy, 8,* 139–159.

Johnson, D. C. (2010a). Implementational and ideological spaces in bilingual education language policy. *International Journal of Bilingual Education and Bilingualism, 31* (1), 61–79.

Johnson, D. C. (2010b). The relationship between applied linguistic research and language policy for bilingual education. *Applied Linguistics, 31* (1), 72–93.

Johnson, D. C. (2011). Critical discourse analysis and the ethnography of language policy. *Critical Discourse Studies, 8* (4), 267–279.

Krashen, S. D. (1996). *Under attack: The case against bilingual education.* Culver City, CA: Language Education Associates.

Martin-Jones, M., & Heller, M. (1996). Language and social reproduction in multilingual settings. *Linguistics and Education, 8* (1 & 2), 3–16, 127–137.

McKay, S., & Chick, K. (2001). Positioning learners in post-apartheid South African schools: A case study of selected multicultural Durban schools. *Linguistics and Education, 12* (4). 393–408.

Menken, K. (2008). *English learners left behind: Standardized testing as language policy.* Clevedon, UK: Multilingual Matters.

Menken, K., & García, O. (Eds.). (2010). *Negotiating language policies in schools: Educators as policymakers.* New York: Routledge.

Menken, K., & Shohamy, E. (Eds.). (2008). No Child Left Behind and U.S. language education policy. Thematic Issue of *Language Policy, 7* (3).

Olson, K. (2007). Lost opportunities to learn: The effects of education policy on primary language instruction for English learners. *Linguistics and Education, 18* (2), 121–141.

Pennycook, A. (2002). Language policy and docile bodies: Hong Kong and governmentality. In J. W. Tollefson (Ed.), *Language policies in education: Critical issues* (pp. 91–110). New York: Routledge.

Pennycook, A. (2006). Postmodernism in language policy. In T. Ricento (Ed.), *An introduction to language policy: Theory and method* (pp. 60–76). Maiden, MA: Blackwell.

Ricento, T., & Hornberger, N. H. (1996). Unpeeling the onion: Language planning and policy and the ELT professional. *TESOL Quarterly, 30* (3), 401–27.

Rothstein, R. (2006, March 15). Voter mandates and bilingual education. Education column archive. First appeared in *New York Times,* October 23, 2002.

Searle, J. R. (1976). A classification of illocutionary acts. *Language in Society, 5* (1), 1–23.

Shohamy, E. (2006). *Language policy: Hidden agendas and new approaches.* London: Routledge.

Stritikus, T., & Wiese, A. M. (2006). Reassessing the role of ethnographic methods in education policy research: Implementing bilingual education policy at local levels. *Teachers College Record, 108,* 1106–1131.

Tollefson, J. W. (1991). *Planning language, planning inequality: Language policy in the community.* London: Longman.

Tollefson, J. W. (Ed.). (2002). *Language policies in education: Critical issues.* Mahwah, NJ: Lawrence Erlbaum.

Tollefson, J. W. (2006). Critical theory in language policy. In T. Ricento (ed.), *An introduction to language policy: Theory and method* (pp. 42–59). Malden, MA: Blackwell.

US Department of Education. (2005). Press release. Retrieved from http://www.ed.gov/news/pressreleases/2005/03/03162005.html

Watson-Gegeo, K. A., & Gegeo, D. W. (1995). Understanding language and power in the Solomon Islands: Methodological lessons for educational intervention. In J. W. Tollefson (Ed.), *Power and inequality in language education* (pp. 59–72). Cambridge: Cambridge University Press.

Wiley, T. G., & Wright, W. E. (2004). Against the undertow: Language-minority education policy and politics in the "age of accountability." *Educational Policy, 18* (2), 142–168.

Wodak, R. (1996). *Disorders of discourse*. London: Longman.

Wodak, R. (2006). Linguistic analyses in language policies. In T. Ricento (Ed.), *An introduction to language policy: Theory and method* (pp. 170–193). Malden, MA: Black-well.

Wodak, R., & Fairclough, N. (2010). Recontextualizing European higher education policies: The cases of Austria and Romania. *Critical Discourse Studies, 7* (1), 19–40.

Wortham, S. (1996). Mapping participant deictics: A technique for discovering speakers' footing. *Journal of Pragmatics, 25,* 331–348.

Wortham, S. (2005). Socialization beyond the speech event. *Journal of Linguistic Anthropology, 15* (1), 95–112.

第三部分　后殖民教育中的本土语言

　　第三部分的两章主要探讨了以下两个关键性问题：语言政策和计划是如何影响诸如殖民主义、去殖民化和英语扩张等全球化进程的？阿拉明·马兹瑞所写的第七章分析了肯尼亚语言政策的历史发展过程，最后讨论了最近刚通过的新宪法，这部新宪法赋予斯瓦希里语与英语同等的国家官方语言地位。尽管对于新宪法规则的影响仍有待考察，但斯瓦希里语的新地位将很有可能对学校语言政策包括双语和双语教育的新体制产生重大影响。

　　在第八章，卡姆万咖马鲁分析了两个单语国家（莱索托和斯威士兰）的教育语言政策。特别引起卡姆万咖马鲁感兴趣的是那些压制双语政策发展的因素，而双语政策实际上是在支持官方本土语言（莱索托的塞索托语，斯威士兰的斯瓦特语）。他的分析显示那些限制塞索托语和斯瓦特语使用的因素同样也是在多语国家中本土语言发展的障碍，这一发现对于非洲和其他地区本土语言的推广有着非常重要的意义。

第七章　肯尼亚的语言和教育：殖民遗产与新宪法秩序

阿拉明·马兹瑞

2010年8月，肯尼亚人民行使公民投票权为新宪法投票。新宪法的颁布，对于很多人来说，预示着在国民生活的重要领域有了新开始。具有争议的是，新宪法的条款中最大的变革在于把斯瓦希里语提升到与英语同等的地位，两者共同成为肯尼亚官方语言。目前，肯尼亚政府正在起草官方语言法案，该法案一旦起草完成并在议会中通过，将更加具体清晰地阐释这一共同官方地位的特征。那么，斯瓦希里语取得新的国家地位的这一事实将给肯尼亚儿童的教育带来什么影响？本章试图分析肯尼亚从殖民地时期到与新宪法有关的后殖民地时期，英语和斯瓦希里语教育政策的发展情况。

像非洲其他大部分地区一样，肯尼亚的民族多样性也同样反映在其语言景观（linguistic landscape）上。肯尼亚各民族共使用着超过45种的当地语言。其中，有些语言，如基库尤语（Gikuyu）和卢奥语（Dholuo），将其作为家庭语言的人数正在迅速增加，估计人数达数百万左右。而其他当地语言，如苏巴语（Suba）和奥凯克语（Okiek），其使用人数较少并且还在不断递减，因此处于濒危的状态。另外，肯尼亚拥有两种跨民族的交际语言，一种是当地语言（斯瓦希里语），另一种是前殖民语言（英语）。其中英语的地位自英国殖民统治后经历了一番起伏变化。"帝国语言"（imperial language）[1]被定义为一种被另一势力征服或殖民后而在该社会中取得统治地位的语言，但这种语言不会变成被征服者或被殖民者的母语。从这个意义上来说，英语可以被称为肯尼亚的帝国语言。但是准确地讲，是因为它缺乏当地民族的使用基础，所以有时被用来作为跨民族交往中的中立交际媒介。另一方面，虽然斯瓦希里语起源于当地，却只有少数肯尼亚人将其作为家庭语言。因而，斯瓦希里语被认为不会对民族主权产

1　按照西方学者的研究，"帝国语言"通常具有两个鲜明特征，一是以书面语为主，只有受过良好教育的人才能掌握并使用，二是它是一种宗教语言，具有所有世俗口语所不具备的神圣性。

生任何威胁而且更容易获得国家地位和广泛的支持。

数十年来，从殖民时期的教育政策到后殖民时期的教育政策，对于英语和斯瓦希里语这两种语言，时而让它们互相竞争，时而又让它们互补。如今，新的语言法律会继续影响这两种语言之间的关系吗？在对肯尼亚语言政策进行历史性的回顾之后，本章将分析斯瓦希里语在肯尼亚取得新宪法所赋予的官方语言地位的意义，以及由新宪法所带来的政策巨大变化是否会提高其在教育机构中作用。

二战前的语言政策

在 1884 年至 1885 年召开的柏林会议[1]之后，肯尼亚和非洲的其他国家一样成为了英国的殖民地。这种情况一直持续到了 20 世纪 60 年代早期，肯尼亚于 1963 年取得了独立。虽然肯尼亚处于殖民统治之下不到一个世纪，但是殖民对诸如语言和宗教这样的文化领域的影响深远并且有可能会一直持续下去。如今英语可能就是肯尼亚经历英国的殖民统治后获得的最为持久的"遗产"之一。

英语在肯尼亚的巩固地位有其殖民语言政策的根源，该殖民语言政策的制定既与意识形态有关，也有实用主义方面的考虑。在语言问题上，各个帝国主义的文化态度明显不同。德国是一种极端类型，德国殖民者曾经一度认为非洲人不可能说好德语。因此，德国的语言政策主要是保持非洲人和欧洲统治者之间的文化距离，以及非洲文化和德国文化之间的差异。另一种极端类型是法国，法国拒绝承认土著文化的合法性，并试图通过法语同化来实现文化上的同化。

介于德国的文化距离政策和法国的文化同化政策之间，存在着独特的英国政策。英国人同样认为没有哪个非洲人能变成和英国人一样，不过他们也认为，哪怕是最低程度的英国化也具有一定的价值。正如一战前德国的殖民政策一样，英国鼓励本国人学习非洲语言，尽管英国人的动机和德国人的很不一样。

尽管德国、法国和英国这三个欧洲殖民国家都认为非洲的语言文化要逊色于欧洲的语言文化，但无论是和德国人还是法国人相比，英国人在很大程度上尊重了非洲的语言和文化。英国在词典编纂和发展像斯瓦希里语

---

[1] 1884—1885 年，在德国首相俾斯麦的主持下，举行了柏林会议。参加会议的有英、法、德、比、美、俄、葡等 15 个国家。这次的会议为进一步瓜分非洲领土做出了若干规定。

这样的非洲语言上都投入了更多的时间和资源。在英国的统治下，一些非洲语言的出版物问世，并且只要土著语言在小学低年级作为教学媒介语，其通常就可以在殖民当局的学校课程中享有一席之地。

由卢加德勋爵（Lord Lugard）[1]所提出的"双重委任"（dual mandate）理念体现了英国家长式作风的语言意识形态。卢加德勋爵可能是非洲殖民地最有影响力的英国行政官员。"双重委任"的理念宣称，英国在某种程度上有推动非洲人民实现"文明化"和"现代化"的责任，与此同时也要维护其本土文化和身份认同的完整性。在语言层面上，以殖民监管的模式——在既不威胁殖民地政治稳定，也不威胁当地语言的生存与使用的情况下，让当地人学习英语。

"双重委任"理念在语言领域的适用尺度可以在1925年费尔普斯—斯多克斯委员会（Phelps-Stokes Commission）的报告上找到最为明确的表述。报告中主张，在不应拒绝"土著居民"习得英语的机会的同时，也应让他们享有与生俱来、不可剥夺的母语权利（Jones，1925）。事实上，这一语言观在许多英国殖民地发挥着巨大影响，并一直影响到二战结束。

因此，在1945年以前的肯尼亚，英语和当地非洲语言在官方机构中，一直在某种程度上维持着一种互补的关系。如果说英语主要在殖民地行政管理机构的高层使用，那么非洲语言则在较低级的行政机关中通行。因此，英国殖民官员要想在肯尼亚工作或是得到晋升，掌握非洲语言知识是必备条件之一。同样，在高级法庭中，英语是唯一的官方语言，而低级和"本土"法庭则几乎最大程度地使用当地语言。如果说制定法律的机构——立法委员会，属于英语的使用领域，那么在负责法律实施的机构诸如警察局、监狱、军队，则主要有赖于使用当地通用语——斯瓦希里语。

对于英国的殖民语言政策，讨论最多的大概是集中在教育领域的语言地位问题。卢加德"双重委任"的意识形态也同样在这一领域盛行。肯尼亚1949年的一份教育部报告上写道：小学低年级阶段的教学语言应为当地土语，但是从四年级开始，斯瓦希里语应成为教学媒介语。从另一方面来说，英语在这个阶段被作为一门课程引入，并拟在初中阶段成为教学媒介语（Gorman，1974a）。尽管此政策并不能在全国范围内有效地贯彻实施，但是它在殖民体系中得到了强有力的支持。

---

1 又译作卢吉、卢嘉、卢迦、卢吉士或卢押。1890年参加英国东非公司工作，1894年迫使乌干达沦为英国保护国。1894—1895年，先后被任命为西非边防军首领和北尼日利亚高级专员。1907—1912年任驻香港总督，在任内创建香港大学。1912年再度去尼日利亚，主持合并工作。1928年受封为男爵。

在二战结束之前的一段时期，政治气候对非洲语言发展来说相对有利，与此同时，英语在非洲的推广变得慎重起来。的确，连卢加德勋爵自己都认为仓促的英语教学会不可避免地让人产生其不尊重英国及当地等类似的想法，以及产生去民族化和无组织的人群（Coleman，1958：136—137）。结果，在殖民当局的管理下，两次世界大战的间歇成为非洲语言发展和振兴的黄金时代。

很明显，此时肯尼亚也有意发展为"白人定居者的殖民地"。不过与此自相矛盾的是，在肯尼亚的大量欧洲定居者最初是阻止而不是推动英语在非洲人中的传播。实际上，与邻国相比，肯尼亚的教育起步很晚。许多欧洲定居者把针对"土著居民"的英语语言教学看成是具有潜在颠覆性的力量。"掌权者"和"服从者"的社会距离在某种程度上是通过语言距离来维持的。一些白人定居者的领袖，如格罗根少校（E.J.Grogan），甚至不敢想象"还有什么比把英语教给那些基本在同一领域工作的非洲人的事情更为可怕的"（Gorman，1974a：417）。尽管非洲人对英语的掌握要好于欧洲人对斯瓦希里语的掌握，但许多欧洲雇主仍然坚持对他们的非洲雇工说蹩脚的斯瓦希里语（ki-Settla，殖民者对该语言的称呼）。可以肯定地说，从20世纪20年代到40年代，在肯尼亚说英语的白种人对于英语在该国非洲人中的传播所持的更多是消极的而不是积极的态度。此外，在肯尼亚，殖民当局教非洲人英语的某些温和的计划，也受到了来自白人定居者的强烈反对。

当然，在接下来的几年中，白种人越来越多地融于当地，这为英语在社会中的广泛传播带来了机遇。二战以后，肯尼亚的非洲人教育逐渐不再听从于该国白人定居者的游说，而是更多地服从更高的大英帝国政策。白人定居者阻止英语在非洲人中传播的企图日渐失去影响力。另一方面，他们在这个国家作为主要的英语经济力量的出现，最终也开始对英语的传播有了积极的影响。

二战后的语言政策

二战后，英国殖民语言政策和教育政策开始发生细微的变化。斯瓦希里语成为这一变化的第一个受害者，迄今为止，它已被官方认定为东非内部通用语。在这个关键时刻，在肯尼亚的殖民地教育咨询委员会[1]就非洲学

---

[1] 第一次世界大战结束以后，英政府任命了殖民地教育咨询委员会及其下属委员会，对殖民地高等教育的状况进行调查，并发表了一系列报告，形成了英属非洲殖民地高等教育政策的基础。

校的语言教学问题采纳了比彻教育委员会报告中的建议:"更强调使用本地语言进行教学,并且在尽可能短的时间内使英语取代斯瓦希里语成为殖民地的通用语(Gorman,1974a:427)。"这也导致英语在教育领域逐步取代斯瓦希里语成为教学媒介语。

消除斯瓦希里语在教育过程中的重要性,在小学教育的早期阶段引入英语,上述这些努力都可以用斯瓦希里语对英语和本土语言的学习有不利的影响来作为理由(Marshad,1984:137)。然而,由于二战以后这些努力十分强劲,而此时英国的殖民统治遭到越来越多的抵制,卡布韦吉尔(Kabwegyere,1974:218—219)提出这场运动的目标就在于将民众间的非洲内部交流最小化,并通过这种方式弱化民族主义对殖民主义的反抗。

当民族主义反抗持续增强时,从殖民统治下独立出来就显得很紧迫,英国开始考虑培养新的精英,经济上由土地重新分配实现,文化上则依靠教育过程。在文化领域,《杜希达报告》(*Drogheda Report*)[1]建议培养出西方化精英的首要步骤是增加英语语言知识的推广(Marshad,1984)。紧接着,英国信息情报服务部门显然在语言领域特别针对刚出现的精英阶层加强了政治倾斜和宣传力度。与政治环境相反,为巩固英语地位所做的努力在不断地增强。到1953年,英语已经成为肯尼亚全国范围内小学教育毕业考试的必考科目,并在中学阶段成为主干课程(Gorman,1974a)。

英语在较低年级中作为教学媒介语,由于当地语言教学材料的短缺而不断受到争议。的确,阻止殖民教育当局加速建立英语教育进程的唯一因素似乎是缺乏充足的语言教师。令人担忧的是,引入英语过快,却没有足够的有能力从事语言教学的师资,只会导致当地人对英语一知半解,英国人发现这样会引起反对之声(Marshad,1984)。

具有讽刺意味的是,英国在东非传播英语得到了非洲民族主义者的大力支持,他们提出需要"更多的英语"。殖民教育办公室发现,在非洲民族主义的压力下,学校引入英语的进程要比自己准备得快(Gorman,1974a)。在一篇关于英语和非洲民族主义起源的文章中,作者马兹瑞(1975)坚持认为英语在非洲促进了非洲人民自决理念以及非洲反殖民主义运动的增强。这些理念部分反映在权利、自由和机会上的平等。英语已经成为白领阶层的语言,并意味着更多的经济机会。在依据种族划分的学

---

[1] 《杜希达报告》是英国英语推广史上最重要的文件,它的通过实际上表明了英国政府公开、正式地将英语推广纳入国家战略的框架,英语推广成为其政府工作的重要组成部分。

校结构中,民族主义者认为欧洲人更适合英语,非洲人民则相对薄弱,甚至亚洲人也相对较好。民族主义者要求"更多的英语",是要求更广泛机会平等的一部分。

殖民当局利用民族主义情绪,继续在教育系统中推行推广英语和边缘化斯瓦希里语的双重计划。例如,1955 年东非皇家委员会(East African Royal Commission)的报告认为"如果非洲儿童早期所接受的语言教育是其他本土语言,再将斯瓦希里语作为第二语言教授给他们,完全是时间和精力上的浪费"。另一方面,它把英语描述成非洲人民进入新世界的敲门砖,非洲人民非常渴望学习它。因此,委员会提议英语教学应该尽可能地从低年级开始,甚至可以在幼儿时期就作为教学语言(Gorman,1974a:434)。

当非洲学校处于尽可能快地引入英语的进程中时,培养新的非洲精英成为所有以英语为教学语言的学校的实验目标。创造高度英语化的非洲精英的目标由此实施,这反常地得到了非洲民族主义运动的支持。英国人发现,在肯尼亚(除了沿海地区,斯瓦希里语是该地区的母语以外)相对分散的非洲人社区本来就是无国家概念的社会。肯尼亚海岸的另一边没有世袭的国王和贵族。在肯尼亚,第一批学习英语的是普通工人和农民的子女,这些农民和半无产阶级出身的孩子最早习得英语,从一开始就使得新的精英阶层有别于传统的社会阶层。这种情况与其邻国乌干达相反。在乌干达,语言英语化对社会重新分层的影响要小于肯尼亚。事实上,乌干达早就有了高度发展的传统精英阶层,他们也是首先将英语作为阶层的标志,因此英语是强化而不是摧毁早已存在的社会等级。

同时,在英国殖民圈开始关注到,教学媒介语从当地语言转变成英语就整个学习过程而言是有弊端的,因为按照推测这一变化发生时主要问题自身正变得更具挑战性(Curtis,1965)。一个特殊中心于1957年在内罗毕成立,原因之一就是由于发现了上述难题。而这个中心的明确宗旨是为了减轻亚洲人学校中由于多语化而产生的难题。欧洲人学校总是将英语作为教学语言;许多非洲人学校从五年级开始把英语作为教学语言;而亚洲人学校在教学的头三年使用古吉拉特语(Gujarati)、旁遮普语(Punjabi)、印度斯坦语或乌尔都语,从四年级开始则用英语代替。正是这些亚洲学生是该中心为之建立的原因,也是中心服务的对象。特殊中心于1958年就开始工作,它在内罗毕选取的亚洲人学校做了相关试验,即从一年级开始就完全使用英语作为教学语言。

这些试验都被称赞取得了巨大的成功（Gorman，1974a），并立刻被推广到更多的学校。不仅是在内罗毕城区的亚洲人学校，而且还延伸到非洲人学校，这些学校采取了新的英语教学模式，这种模式被称为"新基础方法"(New Primary Approach)。大约在 1961 年，课程被非洲人学校接受，此项目迅速发展。举例来说，在肯尼亚的公立学校，低年级即采用英语教学的班级由 1962 年的 14 个上升到 1963 年的 290 个。在城区的私立学校，为了响应公众对"更多英语"的要求，使用英语教学已经成为学校的普遍现象。

在主要城市以外，使用当地语言作为教学媒介语的模式不同程度地得以保持。但是因为当地语言的教育没有被整合进教师培训机构的课程里，还因为没有真正地努力发展合适的教学材料，仅仅靠教师个人的技巧、能力和足智多谋，这些限制为英语在全国范围内的一年级里逐步取代当地语言创造了条件。在城市，英语早已开始被引入了幼儿园和托儿所。

独立后的语言政策

当肯尼亚于 1963 年独立后，肯尼亚教育部任命了一个由奥民德(Ominde)教授领导的委员会，为政府在教育政策方面献言进策，并推荐符合刚独立的非洲国家未来发展愿景和文化价值的改革政策，为国家的统一团结做贡献。具体到语言政策问题上，奥民德委员会注意到，在委员会成立之前，绝大多数受访人的观点和主要意愿都是希望继续使用英语作为小学的教学语言。继而，委员会表达了对这些观点的支持。理由是使用英语可以提高所有科目的学习进度，一方面可以避免语言过渡带来的困难，另一方面，英语本身具有很多优势（Republic of Kenya，1964：60）。

这份报告进一步推动了肯尼亚在全国使用英语作为教学语言的进程，而且使用的阶段甚至比英国殖民统治时期还要早。"新基础方法"迅速推广；据报告，到 1966 年，肯尼亚一半的小学都是用这种方法教英语的(Republic of Kenya，1967)，而且在肯尼亚的城市地区，甚至出现了从幼儿园起就开始教英语的趋势。

然而，接受奥民德委员会采访的人群还表达了这样的观点：站在国家和非洲联盟(African Union)的立场，有必要在教育中推广斯瓦希里语。因而，有人提出应将斯瓦希里语作为肯尼亚小学的必修科目，但是，直到 20 世纪 80 年代，斯瓦希里语都没有成为国家考试中的考试科目。特别要说的是，肯尼亚在 1983 年引进了一套新的教育体系，即以美国学校的体系为模板的 8-4-4 结构。在这套体系下，现在斯瓦希里语已经成为了一门无论小学还是中学都必修的且需考试的科目。从那时起，学生们必须掌握了英语和斯瓦希里语两种语言才可以毕业。

尽管新教育政策总体上提高了斯瓦希里语的社会地位，然而，英语依然享受着来自政府的人力和物力方面的巨大支持。奥民德委员会的报告发布后，肯、英两国政府开始就英语为基础的教学模式展开密切合作，投入了大量的资源以确保"新基础方法"和其他相关项目的成功。

> 特别是 1965 年以后的这段时期，英语语言教学得到了肯尼亚和英国两国政府不同程度上的投入，包括为肯尼亚教育学院提供的课程发展的技术支持，在师范院校进行的教师职前培训，以及帮助组建中学 OSAS 英语教师的基础结构。(Republic of Kenya，1992：4)

英国政府海外发展署也投入了资金和人力在肯尼亚各个大学内设立英语交际技能部门。

由于肯尼亚的语言政策十分重视英语在国家官方语言和个人社会经济地位发展中的作用，因而，英语不仅主导着总的教育体系，而且其在社会中的总体使用范围也在不断扩大。这首先体现在越来越多的人出于交际的需要，在生活中几乎总是在使用英语。非洲很多受过良好教育的精英阶层，无论是在公共交际场所还是在家庭生活中都越来越依赖英语，特别是那些来自不同民族的夫妻之间。另外，越来越多的肯尼亚人成为掌握英语和其他一种或多种语言的双语者。因为他们在家中和公共场所使用英语的同时，在家中还接触到其他语言。可以说，英语在各个方面都体现出了优势。的确，早在 1974 年，肯尼亚就出现了从当地语言向英语逐渐过渡的趋势（Gorman，1976b），这一趋势在城市地区中高阶层的孩子身上体现得更加明显。

但是，就社会总体而言，英语的传播绝不仅限于城市的中高阶层。怀特利（Whiteley）对肯尼亚农村英语使用情况的研究提供了很多信息。声称会说英语的农村被调查者中绝大多数都是三语者，既可以说母语，也可以说作为二语的斯瓦希里语，还可以说英语。这部分人群约占整个多民族样本的 32%，这一数字从比例上看高于只会说母语和斯瓦希里语的人群比例（约 19%）。另一方面，声称只会说英语及另一种或多种方言而不会说斯瓦希里语的人只占不到 6%（Whiteley，1974a）。

如果早在 1974 年，英语在农村传播的程度就已经像怀特利的数据显示的那样广泛了，那么，其在城市人口中的影响应该更深远。因为城市里的学校更为关注英语教学，说英语（作为一语或二语）的人也更多，而且通过广播、电视、电影、杂志以及其他娱乐活动也可以更多地接触到英语。通常而言，城市人口比农村人口更易接触到英语。此外，肯尼亚首都内罗毕的国际地位使得英语的地位更为突出，也凸显了学习英语的重要性。内罗毕是联合国环境规划署的所在地。这也是第一个设立在非西方国家的联合国机构。同时，内罗毕还是全非教会联合会和众多跨国集团及非盟企业的地区总部所在地。此外，越来越多的南部非洲国际会议也选择内罗毕作为会场，这些会议有 1985 年的联合国妇女大会，联合国教科文组织的主要会议，2007 年的世界社会论坛，世界银行和国际货币基金组织的重要会议，以及像世界哲学会议这样的学术会议。内罗毕的国际化地位使得英语在这个城市乃至全国都居于很重要的地位。

此外，另一个推动英语发展的因素是独立后的肯尼亚政府依然奉行亲西方的外交政策。这项政策使得英语国家的专家、技术和书籍杂志可以迅速地进入肯尼亚。英语在肯尼亚的推广还得益于独立后的肯尼亚统治者一直是文官，而大多数的非洲文官统治者比起军方领袖来，受教育程度更高，也更西化。因而，文官统治者的英语程度通常较好，也对英语更感兴趣。肯尼亚在文官领导下的稳定局势也进一步巩固了英语在这个国家的地位。

当然，在过去的二十年里，斯瓦希里语也得到了发展。之前也提到过，在肯尼亚，每个学生在上大学前必须学习斯瓦希里语并通过全国性的考试。这项政策已经实施了二十多年，在此影响下，斯瓦希里语的出版业得到了长足发展，特别是在文学作品、读者数量和教材方面。在评估这项政策的效果时，肯尼亚斯瓦希里语理事会主席基马尼·恩约古（Kimani Njogu，2006：12）说：

> 看到几十年前播下的种子开花结果了，斯瓦希里语学者们感到十分欣慰。现在，在办公室里、街道上和家庭中使用这门语言已经成为寻常事了。斯瓦希里语在私人领域重新兴盛了起来，并成为了经济发展的推动力。官方事务也开始使用斯瓦希里语处理，说这门语言再也不会被认为是"身份低下"的象征了。

基马尼·恩约古的观点到底在多大程度上反映了现在的情况呢？自怀特利之后，这方面的实证研究仅有克姆博－休尔（Kembo-Sure）于1999年进行的那一项。其研究表明，英语的确威胁到了斯瓦希里语和肯尼亚其他语种的发展前景。在克姆博－休尔的研究中，共有805名被调查者，其中有71.4%的人可以熟练地使用英语，而可以熟练使用斯瓦希里语的只占被调查者的55%。除了在市场和非正式经济领域里人们比较倾向于使用斯瓦希里语外，英语依然主导着很多领域。对于英语，克姆博－休尔总结道（1999：7）：

> 现在逐渐扩展到了一些原本应由地方语言主导的领域。在家庭中，兄弟姐妹之间会使用英语，父母和子女间有时也会使用。恋人和夫妻之间更经常使用英语，显然英语已经成为亲密和浪漫的象征。在所有的官方机构和公共领域中，一定是使用英语的……在银行、邮局、医院和一些可以使用两种语言的场所，人们都更倾向于使用英语。英语最终将在各个关键的领域中取代斯瓦希里语和母语，这一趋势已经一目了然了。

在克姆博－休尔看来，当初主要出于经济和社会流动的目的而习得的第二语言已经逐渐成为一代又一代肯尼亚人的主要语言。

另一方面，肯尼亚各界人士对国家考试委员会于2010年1月发布的一份通知的强烈反响可以说明，斯瓦希里语在一定程度上已经成为了一门有教育价值的学科。通知称，在某种程度上，新宪法一旦生效，学生们将需要从斯瓦希里语和肯尼亚手语中选择一门作为必修科目。该通知遭到了民众的广泛批评，直到教育部常务秘书长卡雷加·穆塔希（Karega Mutahi）公开否认了这个消息，批评声才渐止。根据穆塔希的声明，只有患听力障碍的学生才需在两种语言中做出选择（《民族日报》，内罗毕，2010年1月20日，第16版）。但是由于这次误解所引起的全国性的热烈反响或许也支持了基马尼·恩约古称斯瓦希里语已在肯尼亚获得新发展的说法。

教育和英语水平

尽管肯尼亚的英语教育已经做到了"从娃娃抓起"，而且投入了巨大的人力、物力和财力，可是多年来，依然遭到无数诟病：无论是就学校教育还是社会总体而言，肯尼亚的英语都是"不达标的"。在肯尼亚，对于英语不达标的担忧已经成为肯政府报告和媒体播报中老生常谈的话题了。例如，肯尼亚国家考试委员会于1993的一份报告中提到"（国民的）英语水平在不断下降，同时，斯瓦希里语自从在8-4-4教育体系中成为必修科目后显示出提高的趋势"。这份报告中还提到，学生们跟不上基础英语教学的进度，在考试中只是胡乱给出不相干的答案（《民族日报》，内罗毕，1993年8月14日）。

也许对于此现象最具有警示意味的言论来自时任埃格顿大学（Egerton University）副教授的贾费特·基普托恩（Japheth Kiptoon）。基普托恩指出，很多肯尼亚公立大学的毕业生在英语实际应用上都属于文盲级别，甚至写不出一份简单的英文求职简历。基普托恩还补充道："很多雇主都抱怨很多学生从小学一直学到大学，英语还是说不好（《民族日报》，内罗毕，1993年6月5日）。"基普托恩的言论引发了报纸媒体对引发英语水平下降原因的一场大讨论。

在讨论中被反复提及的问题是，作为教学语言，英语教学的质量会不会影响其他科目的教学效果。因此，人们开始认为肯尼亚的教育陷入全方位的危机之中，而唯一可行的解决方案就是投入更多的资源提高学生的英语水平。由英国政府出资支持的初级教育加强项目和中级英语语言项目的启动部分纠正了这个问题（《民族日报》，内罗毕，1993年6月5日）。

特别值得注意的是，在这场讨论中，自始至终，都没有人提出是否应该重新审视从教育起始阶段就将英语作为教学语言这项政策，甚至都没有丝毫的质疑。当年英国殖民政府面临着到底哪种语言更适合儿童学习的难题，如今，肯尼亚对英语作为教学语言及其对其他科目知识学习的影响展开讨论，但这两者并不完全一样。

肯尼亚的教育系统中需要"更多"、"更好"的英语，为达到这个目的，必然会需要或者说依赖国外政府和机构的投入。特别是英语政府的海外发展规划署和英国议会的介入。正如菲利普森（Phillipson）于1992年指出的那样，这样的外部介入是否是出于西方全盘的经济和政治利益的考量，是不得而知的。但是所有的这些英国机构都不遗余力地在肯尼亚开展一系列的加强英语教学的项目，这一点不得不让人生疑。那么，现在问题是，即将在2010年生效的新宪法是否会给予斯瓦希里语跟英语一样的平等地位，使其成为国家共同官方语言的一种？这将有可能会改变斯瓦希里语在教育特别是社会整体上的地位。

新宪法下的语言政策

根据肯尼亚2010年宪法第二章第七款:"1.肯尼亚共和国的国家语言是斯瓦希里语。2.官方语言是斯瓦希里语和英语。"斯瓦希里语的国语地位最早是1974年在肯尼亚第一任总统乌胡鲁·肯雅塔(Mzee Jomo Kenyatta)领导下确定的,从此便成为了一个传统。这可能是最早的希望削弱英语在肯尼亚地位的政治诉求。在新共和国第一次议会会议上,肯雅塔用英语发表了一段演讲,在结尾时,他敦促议会将其从"语言奴役"中解放出来,改用斯瓦希里语作为工作语言(Republic of Kenya,1965:第8条)。

事实是,肯雅塔不只是想让斯瓦希里语成为议会的工作语言,他还想让其成为国家的官方语言。在这方面,他得到了执政党——肯尼亚非洲民族联盟的全力支持(《东非旗帜报》,1970年4月7日)。但是显然并不是所有的人都支持这个观点。以时任肯尼亚总检察长的查尔斯·恩琼乔(Charles Njonjo)为首的一小部分很有影响力的政治家并不支持削弱英语在议会和社会中的作用(Republic of Kenya,1969:第2517—2525条)。

然后,在这场会议内外的争论进行了近十年后,肯雅塔所代表的民族主义者一方获得了胜利。在1974年,斯瓦希里语被宣布成为肯尼亚的国语。到1975年,在议会中首次出现英语和其他地方语言并用的现象。现在议员们既可以使用英语也可以使用斯瓦希里语。尽管斯瓦希里语已经成为了立法机构中的工作语言,但是法案在议会呈现时却只是用英文书写的。因而便出现了如下奇怪的现象,议员们必须能看得懂英文,但不一定要说英语;可以听懂斯瓦希里语但不一定非得会说或者阅读。这种现象有时候会引起一些麻烦。政府并没有准备改用斯瓦希里语来书写立法内容,更不要提将其推广到政府工作的其他领域和教育领域。

虽然斯瓦希里语和英语都是官方语言,然而,新宪法对斯瓦希里语地位的定位超越了1974年以来的象征性,而且施与了政府更多的责任去促进其发展和巩固。新宪法中的确包含了这么一个时间表,规定着那些章节里的内容到何时必须实现。第二章中关于斯瓦希里语新定位的章节规定这一目标必须在五年内实现(Republic of Kenya,2010)。这项双官方语言政策有望于2015年完全实现。

为了达到此目的,肯尼亚文化和国家遗产部专门组建了肯尼亚语言政策咨询委员会,来解释所有的语言政策,并负责起草一份提案以确保第七条款可以有序顺利地实施。按照程序，政策文件和法案应当先经全国各方相关人士讨论，由委员会根据这次讨论对其进行修订，然后再送到总检察长手中，呈交内阁和议会进行最终的讨论和投票表决。因而，现在就预测政策最终的结果还为时尚早。

然而，从2011年7月和8月份我与肯尼亚官方和非官方众多人士的交谈来看，肯尼亚人民内部已经形成了一种共识。英语从小学四年级起就作为主要的也是唯一的教学语言，这一点是不容改变的。近十年来对斯瓦希里语的强烈的民族热情还没有转变为坦桑尼亚式的政治经济上的激进行为。尽管已经采取了大量的努力使教学课程非洲化，但是到目前还没有出现教学语言转变的语言政策倾向。

实际上，肯尼亚国民的普遍意愿是更希望政府加大提高英语教学质量方面的投入，而非削减。这是由前面提到的对全国学生英语水平下降的担忧引起的，而且英语水平的下降对其他与社会经济相关的科目的学习也有明显的负作用，而且这个不利影响不仅关乎个人，更关乎国家。当然，英语水平这个问题在于肯尼亚逐渐形成了一种肯尼亚式英语（Schmied, 1988）。从这个新发展上来看，不禁反思，肯尼亚的教育体系是否应该依然唯英国马首是瞻，以英国的标准来衡量肯尼亚的学生呢？有没有可能是学生们的英语水平实际上在上升，然而由于肯尼亚国家考试委员会在出试卷时固守"外语"考试标准，而导致了相反的结果呢？不幸的是，这些问题，由于太局限于肯尼亚特定的社会环境，在关于英语变革的屡次讨论中都被冷落了，因而没有在关于肯尼亚学校教学语言的政策讨论中得到重视。

即便在新宪法秩序下，英语的地位不会因官方双语言政策而削弱，斯瓦希里语也会在教育中取得一些收获。如同之前提到的那样，自从1983年，斯瓦希里语在肯尼亚就已经是中小学生必须学习和考试的科目了。然而，这项要求仅在坚持所谓的8-4-4肯尼亚课程体系的学校里得到了贯彻实施。很多私立学校奉行的是一套完全不同的课程体系，特别是那些基于英式的普通教育证书的学校。由于斯瓦希里语刚刚获得的官方地位得到了巩固，所有的学校，不论其选择的课程体系是哪种，现在都必须自主选择或被强制要求将斯瓦希里语列为一门必修学科。自从斯瓦希里语成为中小学的必修课程后，在大学中选择以这门语言作为专业的学生数量急剧上升。随着新宪法的出台，一定会促使斯瓦希里语和英语一样成为肯尼亚所有大学所有专业学生的必修辅助语言。

随着新宪法的实施，肯尼亚在国家管理和立法结构方面经历了一个重大的转变，从一个中央集权式的政府变成了一个权力下放的行政政府。每个县都有自己的管理者和立法机构。根据新宪法第 174 项条例，这次权力下放要达到的目的有：

——给予民众自我管理权，提高人民在国家权力实施和制定政策方面的参与度；

——认可各个社区具有管理自己的事务并寻求未来发展的权力。

当前，正在接受审议的宪法执行委员会面临的挑战之一就是在确定工作语言这个问题上，如何界定清楚国家下放权力和各市的权力。国家下放权力是一项必须的，以肯定和尊重多样性来促进国家统一的方式。但是，当比如克苏姆县（Kisumu）或者马林迪县（Malindi）决定分别将卢奥语和奇基拉马语（Chigiryama）作为他们县里所有学校的教学语言时，国家该如何应对？如果蒙巴萨县（Mombasa）想把斯瓦希里语作为唯一的教学语言，或者希望建立双语教学项目，比如用斯瓦希里语教艺术，用英语教科学，那么国家应该支持吗？对于这些及其他很多关于肯尼亚语言和教育的问题还有待新宪法秩序成形后才能应对。

小　结

本章从早年英语在英国殖民统治下的肯尼亚的劣势地位谈起，那时非洲没有影响力大的贵族在威斯敏斯特或殖民部（Colonial Office）[1] 为非洲申诉。第二次世界大战之后，特别是肯尼亚取得独立，英语经历了从殖民时期的低迷到后殖民时期的意外崛起的转折，意味着英语在整个国家地位的巩固。这种形势导致了语言自满，英语成为国家教育用语的唯一合理选择。此外，自独立以来，个人社会经济和国家经济发展无论在政策上还是实践上都有利于英语的发展。一段时间内，那些希望能够从农村迁移到城市的人，试图习得斯瓦希里语从而获得在大城市的工作机会。但是正如怀特利（1974b）和克姆博－休尔（1999）研究表明，甚至在农村地区，对英语的需求也在增长。在肯尼亚的农村，一些非常擅长斯瓦希里语的人也会把英语当作他们的技能。市场力量仍将继续以两种方式在肯尼亚发挥作用，它支持在低层次非正式的经济活动中使用斯瓦希里语，而在正式的经济活动中使用英语。使用双语无疑会拓宽个人的经济机遇，但是在向上社

1　殖民部是英国的政府部门，分别于 1768—1782 年、1854—1966 年间存在，早期主要负责处理英国北美殖民地事务，后扩展至负责整个大英帝国的殖民地事务。

会经济流动时，对英语的要求高过斯瓦希里语。从殖民时代的根基到后殖民时期释放出的新力量，英语已经成功地在严肃的讨论中有效地巩固了自身的地位，排除了在教育中选择其他语言的可能性。

即便如此，在新宪法要求下，政治上的变化随之而来，这为斯瓦希里语提供了新的可能性。最起码，斯瓦希里语的学习得到中学和大学的规定，它作为普遍教育要求的一部分——掌握一门重要技能。毫无疑问，斯瓦希里语将在立法上实现长足的发展，因为所有的法律记录如今都将被要求用两种官方语言呈现出来，以为公共信息和服务提供更好的渠道……

参考文献

Coleman, J. S. (1958). *Nigeria: Background to nationalism.* Berkeley: University of California Press.

Curtis, H. A. (1965). The new primary approach. *Kenya Educational Journal* (October), 30–37.

Gorman, T. P. (1974a). The development of language policy in Kenya with particular reference to the educational system. In W. H. Whiteley (Ed.), *Language in Kenya* (pp. 397–454). Nairobi: Oxford University Press.

Gorman, T. P. (1974b). Patterns of language use among school children and their parents. In W. H. Whiteley (Ed.), *Language in Kenya* (pp. 351–395). Nairobi: Oxford University Press.

Jones, T. J. (1925). *Education in East Africa: A study of east, south, and equatorial Africa by the African Education Commission.* New York: Phelps-Stokes Fund.

Kabwegyere, T. B. (1974). *The politics of state formation: The nature and effects of colonialism in Uganda.* Nairobi: East African Educational Publishers.

Kembo-Sure. (1991). Language functions and language attitudes: A case of diglossia in Kenya. In *Proceedings of the Seminar on the role of language and literature in the school curriculum* (pp. 1–31). Nairobi: British Council.

Marshad, H. (1984). An approach to code elaboration and its applications to Swahili. Ph.D. dissertation, University of Illinois, Urbana-Champaign.

Mazrui, A. A. (1975). *The political sociology of the English language: An African perspective.* The Hague: Mouton.

Mazrui, A. M. (2002). The English language in African education: Dependency and decolonization. In J. W. Tollefson (Ed.), *Language policies in education: Critical issues* (pp. 267–281). Mahwah, NJ: Lawrence Erlbaum.

Njogu, K. (2006, July 2). Kiswahili comes of age as tongue for decolonization. *Daily Nation* (Nairobi), p. 12.

Phillipson, R. (1992). *Linguistic imperialism.* Oxford: Oxford University Press.

Republic of Kenya. (1964). *Kenya educational report* (Part 1). Nairobi: Government Printers.

Republic of Kenya. (1965). *The National Assembly, House of Representatives official report* (Volume 4, December 14, 1964 - May 12, 1965). Nairobi: Government Printers.

Republic of Kenya. (1967). *Educational Department triennial report, 1964–66*. Nairobi: Government Printers.

Republic of Kenya. (1969). *The National Assembly, House of Representatives official report* (Volume 17, Part 2, June 12-August 27, 1969). Nairobi: Government Printers.

Republic of Kenya. (1992). An evaluation of the secondary English language project (conducted by Hirani. Ratcliffe Development Consultants). Unpublished report, Nairobi.

Republic of Kenya. (2010). *The Constitution of Kenya*. Nairobi: Government Printers.

Schmied, J. (1988). Recognizing and accepting East African English grammar. In *Proceedings of the International Conference on the place of grammar in the teaching of English* (pp. 94–101). Nairobi: British Council.

Whiteley W. H. (1974a). The classification and distribution of Kenya's African languages. In W. H. Whiteley (Ed.), *Language in Kenya* (pp.13–64). Nairobi: Oxford University Press.

Whiteley W. H. (1974b). Some patterns of language use in rural areas of Kenya. In W. H. Whiteley (Ed.), *Language in Kenya* (pp. 319–350). Nairobi: Oxford University Press.

Whitely, S. (1971). English language as a tool of British neocolonialism. *East Africa Journal, 8* (12), 4–6.

第八章 非洲莱索托和斯威士兰单语王国里的语言教育政策及规划

卡姆万咖马鲁

一般而言，尤其是在后殖民时代的非洲，语言政策和语言规划更像是一场利益驱动的博弈，其中的利益相关者（尤其是精英阶层）总是试图通过那些符合自身利益的规划以获取胜利。"博弈"这一概念我是借用自"博弈论"里的，博弈指的是在任何条件下，至少有两个参与者，每个参与者都可以从许多可能的选项或策略中选出其中一种以达到自己所想要的、受利益驱动的结果（Harsanyi，1977；Latin，1993）。博弈论主要是用来预测实际生活中人们在各种社会情境下的行为，并解释博弈中的参与者为增加个人利益会做出何种反应（Harsanyi，1977）。至于语言规划，豪尔沙尼（Harsanyi，1977）指出，博弈论同样可以用来预测一项语言政策的成败。这种预测是基于参与者的行动：判断这些行动是背离还是趋近博弈的目标。如果利益相关者表面上大力推动某项政策但是在暗地里却搞破坏，行动就会背离博弈的目标，这些在下文我们谈到索莱托和斯威士兰的语言政策及语言规划时会有所涉及。

如果要把语言规划当作受利益驱动的博弈来进行研究，那么在非洲，也许没有比非洲土著语言在教育领域的地位规划更好的领域，可以用博弈论来加以解释的了。本章就是要讨论在非洲单语王国莱索托和斯威士里土著语言的地位规划问题。沃德霍（Wardhaugh，1986）将"地位规划"定义为意图改变某种语言或语言变体的功能，以及改变该语言使用者的权利的活动。布迪厄(Bourdieu,1991)认为，地位规划是一种调节语言市场（即语言使用的社会环境）中的语言（或库帕［Cooper，1989］认为的"产品"）与它们各自的使用者之间的权力关系的活动。正如威利（1996）所描述的，地位规划经常和国家政府对各种语言的正式承认联系在一起，经常和当局限制某种语言在各种环境中的使用的努力联系在一起。

此外，在非洲开展的地位规划研究主要是关注以下这些常见问题：(1) 选择某种土著语言作为官方语言（Chumbow，1987；Djite，1993；Kamwangamalu，1997）；(2) 在考虑殖民时期语言教育的情况下，确定母语教育所扮演的角色（Africa，1980；Akinnaso，1993）；（3）解释为什么大多数非洲国家的语言政策看起来像是殖民时期语言政策的复制品，他们仍然把原来的殖民语言建立在损害当地土著语言的基础之上（Bamgbose，1991；Webb，1995）。有关这些问题及相关问题的研究大多是关注于非洲多语国家的语言规划情况，比如尼日利亚、南非和喀麦隆。但在单语国家环境下的语言规划问题却不那么为人所关注，比如莱索托（Khati，1995；Matsela，1995）和斯威士兰（Kunene，1997）的语言规划问题。本章力图填补这一研究空白，集中讨论莱索托和斯威士兰的塞索托语和斯瓦特语的语言教育规划问题。在不考虑英语的情况下，莱索托 223 万[1] 的人口中有 99.7% 的人把塞索托语[2] 作为母语，斯威士兰所有人口（2011 年大约有 133 万）都把斯瓦特语（siSwati）作为母语。尽管如此，在莱索托和斯威士兰，英语比同为官方语言的塞索托语和斯瓦特语得到了更多的尊敬和特权。

  本章首先解释了在这两个国家中出现的语言教育政策与实践之间的不协调现象。本文提出，如果莱索托和斯威士兰要在教育领域中取得地位规划的成功，必须将这种不协调看作是市场营销问题来处理。这一观点是基于博弈论及相关的理论框架，尤其是语言工具主义（linguistic instrumentalism）（Wee，2003）和语言经济学（language economics）（Grin，1994，2001；Vaillancourt & Grin，2000）。语言经济学是从经济角度来考虑语言规划中的问题，关注语言变量和经济变量之间是如何互相影响的。这个理论框架中的一个核心观点就是个人在语言习得过程中可能是将语言看作为商品而加以投资的。而相关的理论框架，即语言工具主义，则是"认为语言是因为其在实现某一功利性目标中的有用性，才得以在社区中存在的，其功利性目标包括实现经济发展或社会流动等"（Wee，2003：211）。在本章的最后，我将再次运用这些理论框架，并论证"对这些土著语言（莱索托的塞索托语和斯威士兰的斯瓦特语）所进行的地位规划必须被看作为一个市场营销的问题"这一观点。但是首先，我想讨论一下非洲的语言地位规划问题，有了这个背景，才能更好地理解莱索托和斯威士兰的语言地位规划问题。然后，我将讨论这两个国家中的语言教育政策，最

---

1 根据 2010 年莱索托人口调查，全国总人口为 189 万。本书第一版出版于 2002 年，223 万可能是当时的统计数字。

2 在莱索托的邻国南非共和国，塞索托语和斯瓦特语均被列为 11 种官方语言之一。——作者注

后，我将分析导致政策失败的一系列因素，尤其是关注"精英阶层的封闭性"(elite closure)以及塞索托语和斯瓦特语这两种土著语言的工具性价值缺乏的问题。

非洲教育中的语言地位规划：将多语视为问题是荒谬的

在非洲，有关语言教育规划的争论已经持续了 50 年，而且很有可能继续争论下去。争论的核心是"本土化"与"国际化"两种思想的交锋(Cobarrubias, 1983)。"国际化"指的是采用一种非土著语作为官方语言，比如后殖民时代的非洲前殖民语言（像英语、法语、葡萄牙语）；"本土化"是指恢复和采用非洲土著语言作为官方语言，例如在斯威士兰采用斯瓦特语，在莱索托采用塞索托语，以及在后种族隔离时代的南非将祖鲁语(isiZulu)、科萨语(isiXhosa)、塞索托语、斯瓦特语、文达语(Venda)及其他土著语言作为官方语言。[1] 即使本土化的观点被采纳了，非洲语言规划领域的学者们仍认为，表面上将非洲土著语言提升为教育系统的教学媒介语，但非洲的语言教育政策远没能达到其所想要达到的目标。为了解释这种情况，人们总是把矛头指向《圣经》故事中的"巴别塔"，或者戴维斯(Davies, 1996: 489)所称的"巴别灾祸"。在这个故事里，诺亚的后代们想要建造一座通往天堂的塔，但是上帝打乱了作为交流手段的共同语言，惩罚他们说许多种不同的语言，造塔计划最终在一片混乱中宣告失败。正像穆尔豪斯勒(1996)所指出的，几个世纪以来，这种把语言多样性描述成上天惩罚的故事已经在西方人的观念中占据了重要位置，这也表明大家都认为语言多样性是一个问题。

"多语是一个问题"这个观点包含两层含义：第一，语言种类太多但是资源有限，因此政府不能够给孩子们提供用他们的母语所进行的教育(Laitin, 1992)；第二，人们认为，提升任何一种土著语言作为官方语言，经常会遭到"未被选中的"语言的精英们的反对。从这个角度来看，与多语有关的问题"被理解和认定为会对制度或社会凝聚力构成障碍"(Lo Bianco, 1996:7)。莱廷(Laitin)曾引用尼日利亚政治家、说伊多语(Ido)的安东尼·安胡诺(Anthony Enahoro)的话来说明这点。在这段陈述中，安胡诺反对把豪萨语(Hausa)作为官方语言(Laitin, 1992: 96)：

1　目前南非的官方语言包括南非荷兰语、英语、祖鲁语、科萨语、斯威特语、恩德贝莱语、南北塞索托语、聪加语、茨瓦纳语、文达语、塞佩蒂语等 11 种语言。

作为一个来自少数部族的人，我强烈反对我国存在这样的现象：人们希望把自己的习惯、语言甚至生活方式强加到其他小部族身上……我的人民有自己的语言，这种语言已经历经几千年的传统和习惯的薪火相传。当贝宁帝国（Oba of Benin）和葡萄牙交换大使[1]时，许多今天尼日利亚的语言当时并未诞生。

相应地，在"语言问题论"范式内的语言政策，其目的通常是消除语言问题的来源："根除多语制，以单语制取而代之。"（Strauss，1996：7）非洲国家根除多语制的方式之一就是授予被挑选出来的土著语言以官方地位，同时，私下里却偷偷摸摸地确保这些语言不能在诸如教育、议会、政府、行政机关和经济等领域获得重要地位。因此，多数非洲国家所实施的政策并不是在上述领域推广非洲土著语言，而是选择使用原先的殖民语言，如英语、法语和葡萄牙语，或者普尔（Pool，1993）所称的"统治语言"（即掌权的精英阶层用来建构社会不平等的语言）。有人会辩解说，原先的殖民语言必须被当作教学媒介语运用到整个教育体系中，因为它们是中立的，在一个国家中不属于任何民族。因此，作为"语言问题论"基础的单语减少成本的论据从根本上来说是属于语言简化论（Strauss，1996：4）。

不管这些反对《圣经》"巴别塔"故事的论据可能多么令人信服，但它们并没有解释非洲的单语国家，如莱索托和斯威士兰，为什么没有在教育等领域提高它们土著语言的地位上取得成功。很明显，这两个国家的语言教育政策的失败需要另外解释。撇开民族语言竞争不谈，我认为，阻碍语言政策在非洲多语国家实施的因素，尤其是精英阶层的封闭性，以及相对于前殖民语言，土著语言的工具性价值偏低，这些因素以相同的方式阻碍着语言政策在诸如莱索托和斯威士兰等单语国家的实施。在考虑这两个因素之前，我首先简单介绍这两个国家语言政策制定的社会语言状况和历史背景。这个背景很重要，因为就像托尔夫森（1991：39）所说的："在讨论如何解决个人所面临的语言问题时，首先必须对形成个人语言行为的强大的历史力量和体制力量作一深刻的评估。"换句话说，无论是在人际交流的微观层面，还是在国家形成的宏观层面，一个国家的社会历史对语言规划起着关键性的作用（Ricento，2006）。

---

1 贝宁帝国，又称作贝南帝国或达荷美王国，是一个古代非洲建立的奴隶制国家。国土大约位于现今的尼日利亚，国家始建于10世纪，曾经兴盛一时，存在时间长达800年，在非洲文明史上有着重要地位。

莱索托和斯威士兰：社会语言状况

莱索托是一个很小的、内陆的多山国家，国土完全被南非共和国环绕，其国土面积约有 30,355 平方千米，大约与比利时一样大。科茨（Coates, 1966：1）把莱索托描述成"和圣马力诺共和国一样，完全被另外一个国家包围，要去外面只能通过那个国家，并接受那个国家的恩惠"。莱索托位于南非高原东部边缘的达肯斯伯格山（Drakensberg）悬崖最高的部分（Hutcheson, 1998）。组成莱索托的各个宗族，包括巴福肯族（Bafokeng）、巴罗龙族（Barolong）、巴奎纳族（Bakwena）、巴特罗科瓦族（Batlokwa）等，据说是在 17、18 世纪从南非迁徙而来，更确切地说是源于今天的南非的普马兰加省（Mpumalanga，之前属于德兰士瓦[1]）（Ellenberger & MacGregor, 1969）。19 世纪初，它们被莫舒舒酋长（Moshweshwe）联合成为了一个国家。巴索托（Basutho）的领导者担心南非布尔人[2]（Boer，荷兰语，意思是"农民"）不断扩张，于是向英国提出请求，使以前被称作巴苏陀兰（Basutoland 或 Basutholand）的莱索托成为了英国的保护国。1871 年，它被并入当时英国管辖的开普殖民地（Cape Colony），即现在南非的开普敦。1884 年，莱索托从开普殖民地分离出来，变成了一个独立的英国殖民地（Brown, 1999）。在被英国统治了将近一个世纪以后，1966 年 10 月 4 日，莱索托获得了独立。莱索托大约有 223 万的人口[3]，99.7% 的人为巴索托人，将塞索托语作为母语（Matsela, 1995）。

据说，在殖民时代以前，莱索托在行政管理、教育、宗教、社会和其他领域，均使用塞索托语，官方语言及国家语言就是塞索托语（Mohasi, 1995）。1868 年莱索托变成英国的殖民地后，塞索托语的命运发生了改变。从殖民时代开始，塞索托语便失去了官方语言和国家语言的地位。也就是说，塞索托语被排除在更高层的语言使用领域之外。殖民化的结果是，官方语言的地位为英语所垄断（Mohasi, 1995）。1966 年，当莱索托变成独立国家时，塞索托语重新获得了它的官方语言地位，现在至少在宪法上与第二官方语言——英语平分秋色。塞索托语和英语的地位在莱索托宪法

---

1 德兰士瓦（南非语：越过瓦尔河）在 1910 年至 1994 年是南非的一个省。该省已不存在，现在分为豪登省、林波波省与普马兰加省三个省，以及西北省的一部分。

2 布尔人是对居住于南非的荷兰、法国和德国白人移民后裔形成的混合民族的称呼。来源于荷兰语 "Boer"（农民）一词。现已基本不用该词，改称阿非利卡人或者阿非利堪人。

3 莱索托总人口为 223 万，其中 25 万人使用恩古尼语起源的少数民族语，即 Sethepu、Sephuthi 和 Sethebele，这些语言已经被吸收到塞索托语使用社区（Khati, 1995；Matsela, 1995）。——作者注

（1966，Vol. Ⅱ，Act 21）里有明确的规定："（莱索托的）国语是塞索托语，官方语言是塞索托语和英语。"（Matsela，1995：63）之后颁布的文件——1966年的《官方语言法案》重申了英语和塞索托语的地位："莱索托王国的语言是塞索托语和英语，因此没有任何法律文件或事务，会仅仅因为它们是被其中的一种语言所表达或执行而被认为是无效的（Khati，1995：33）。"

莱索托在领土面积和人口数量上都超过了斯威士兰，斯威士兰被描述为继冈比亚之后，非洲大陆最小的国家之一（Levin，1999）。斯威士兰国土面积仅有17,363平方千米，大约是莱索托的一半。它的北面、西面和南面被南非共和国环绕，东面被莫桑比克共和国将其与印度洋隔开。追溯历史，19世纪初时斯威士兰曾是一个紧密团结的国家（Levin，1999）。据世界银行估计，斯威士兰的人口在2011年达到133万[1]。斯威士兰人是在15世纪末从中非移居过来的（Matsebula，1987/1972）。布尔战争[2]（Boer War，现在更名为"南非战争"）后，1903年，斯威士兰成为了英国的领土。1968年9月6日，斯威士兰获得了独立。跟莱索托一样，斯威士兰不仅继承了英国在殖民时期所建立的行政机构，而且继承了英语这一英国统治斯威士兰的语言（Kamwangamalu & Chisanga，1996）。除了英语，斯瓦特语是这个国家里唯一的土著语言，几乎所有的斯威士兰人都把它作为母语。因此，和非洲的多语国家不同，在独立之时，斯威士兰并没有在语言政策制定上遇到任何困难，因为只有两种语言可以选择——斯瓦特语和英语。于是，这两种语言都被选为国家的官方语言。正如一份斯威士兰内阁文件（Swaziland Government，1976）所记录的那样，这个政策是"斯瓦特语和英语将成为斯威士兰的官方语言"。

官方语言和教育中的语言实践

考虑到莱索托和斯威士兰的社会语言背景和官方语言政策，应该不存在任何"语言问题"。而本节所讨论的正是这一问题。这两个国家事实上仍旧是双言制（diglossic）——英语和作为官方语言的土著语言，也就是莱索托的塞索托语和斯威士兰的斯瓦特语分别作为官方语言与英语在这两个国家各自使用，而这两种语言的关系与殖民时期相似，英语被认为是高

---

[1] 2012年斯威士兰的人口为120万。

[2] 布尔战争是英国人和布尔人之间为了争夺南非殖民地而展开的战争。

层语言，塞索托语或斯瓦特语被认为是低层语言（Ferguson，1959）。换言之，这两个国家的土著语言在教育等高层领域中并不拥有与英语同等的地位。确实，在基础教育的前三年，土著语言被用作教学媒介语[1]，但除此以外，塞索托语和斯瓦特语只在日常口语交流中以及本土传统文化的代际传承中使用。英语和土著语言有着较大的功能差异，以至于除了课堂和其他正式场合以外，其实根本不需要使用英语。然而，由于塞索托语和斯瓦特语在当地语言市场上都没有任何经济价值，在这两个国家，家长们反对在小学低年级教育时把这两种语言用作教学媒介语。库尔马斯（Coulmas，1992）指出，语言的市场价值是由该语言在经济中与其他语言的关系所决定的。从这一角度考虑，英语比塞索托语和斯瓦特语更具有吸引力，特别是在教育中，英语是家长希望自己的孩子学习的。这主要是出于以下考虑：英语与就业机会挂钩；英语比塞索托语和斯瓦特语在当地及国际上更有威望；英语在政府、管理机构以及国际交流中使用；英语是有权力、有身份的人以及社会精英阶层所使用的语言；英语也是林恩（Lynn，1995：55）所描述的"确保……社会精英阶层再生产的工具"。简而言之，英语是衡量一个人在社区中实际的或潜在的社会经济地位的工具。吉本斯（Gibbons，1987）就曾说过，英语的精通程度与教育程度、有声望的职业以及收入相关。

英语比塞索托语和斯瓦特语更强势，这一情况引起了莱索托和斯威士兰教育界的关注。例如，斯威士兰教育部在1987年颁布的一份政策性文件中表示：

> 现在该给予斯瓦特语一定的地位，因为它与民众的谋生密切相关。尽管对那些要接受大学教育以及教师培训的人来说，坚持提高英语读、写、说的能力是有意义的。但是，对那些中学及以下年级就辍学的学生来说，他们将来很有可能就从事手工技能方面的职业，这就是为什么他们学不好英语的原因……假如这些学生因为斯瓦特语没学好而影响人生，这才是更加致命的打击。

---

1 在莱索托，理论上塞索托语到小学六年级一直作为教学媒介语，但马斯特拉（Matsela，1995）调查指出，实际上英语从小学高年级阶段（从小学四年级）到大学一直被用作教学媒介。这一情况与斯威士兰的情况大体相同。——作者注

这一表述，尽管是 20 多年前提出的，但仍具有意义，它也总结了今天斯威士兰的语言状况：英语仍旧是谋生的工具，斯瓦特语虽然是国家的通用语，但没有取得谋生手段的地位（Kamwangamalu & Chisanga，1996：20）。因此，库内内（Kunene，1997）将英语和斯瓦特语描述为"两种地位不平等的官方语言"，这一描述是非常正确的，而且对其他包括莱索托在内的非洲南部其他国家的语言状况来说也是适用的。

在莱索托，人们可以明显感觉到教育水准在下降，并因此对它倍加关注。有些人认为教育水准下降的原因是老师和学生英语交流水平在下降。有学者（Matsela，1995）指出，特定学科内容的掌握情况与该学科所使用语言的掌握程度密切相关。马斯特拉（Mastela）以及其他莱索托语言规划者（Khati，1995；Mohasi，1995）对于用母语塞索托语代替英语作为教学媒介语深表怀疑。非洲联盟的前身，也就是非洲统一组织（OAU：Organization of African Unity）[1] 在其《非洲语言行为计划》（*Language Plan of Action for Africa*）中提出过类似的主张（本章不再详述）。事实上，《非洲语言行为计划》的目标之一就是"要通过适当的条款以及实际的行动来确保非洲语言在每个成员国公共事务中作为官方语言的合法地位，并取代迄今为止承担这一角色的欧洲语言"（OAU，1986）。显而易见，用非洲语言代替欧洲语言并不是一件简单的或值得羡慕的任务，特别是考虑到精英统治阶层的既得利益，以及在全球化浪潮中英语的工具性价值。此外，考虑到非洲语言多样性这一事实，就像德塞（Desai，1995：20）所说的，"多语就是非洲的通用语"，语言政策应该更具包容性而不应表现出排外性，应该确保非洲语言与欧洲语言共存，而不是取代欧洲语言。在这一背景下，所要解决的问题就不是用像塞索托语或斯瓦特语这样的非洲土著语言来代替英语作为交际媒介，不是以一种语言取代另一种语言为代价，而是考虑应怎样重新评价莱索托的塞索托语和斯威士兰的斯瓦特语，以便它们能和英语一起发挥作用。像韦布（Webb，1995：103）指出的，重新评价塞索托语和斯瓦特语这样的土著语言，要让"它们在教育发展、经济机遇、政治参与、社会流动以及文化实践上成为值得拥有且起作用的工具"。

但是，莱索托和斯威士兰从英国获得政治独立后的近 50 年来，为什么两国都没能实现重新评价其土著语言呢？主要有两个因素阻碍了政策的

---

[1] 非洲统一组织成立于 1963 年 5 月 25 日，在最后一任主席南非的穆贝基主持下，于 2002 年 7 月 9 日更名为非洲联盟。非洲统一组织成立的目的是为了团结非洲国家，形成一个代表非洲国家的统一的声音。

实现：不充足的财政资源以及缺乏政治意愿去改变遗留下来的殖民时期的语言政策（Bamgbose，1991）。我要根据自己所了解的情况，再增加两个在莱索托和斯威士兰地位规划中没有提到的因素，也就是精英阶层的封闭性（Scotton，1990）以及这两个国家的土著语言在当地语言市场上缺乏工具性价值。我将在接下来的章节中先从精英阶层的封闭性谈起。

精英阶层的封闭性与莱索托和斯威士兰的语言地位规划

精英阶层的封闭性是指精英阶级在长期使用"具有统治地位的语言"（Pool，1993）过程中所获得的既得利益。比如说英语，它是精英阶层在高层保持其特权的方式。通过这种方式，精英阶层及特权语言（英语）将自身与其他大众及他们的语言（莱索托的塞索托语和斯威士兰的斯瓦特语）分离开来。精英阶层的语言使用是分离的：他们在精英阶层内部交流时使用具有统治地位的语言；而与其他普通大众交流时使用当地通用语（塞索托语或斯瓦特语）（Laitin，1992）。特权与具有统治地位的语言密切相关，为了保持这种特权，精英阶层往往暗地里抵制表面上提高大众语言地位的语言教育政策，而这些语言教育政策恰恰是他们所设计的（Akinnaso，1993；Bamgbose，1991）。莱廷（1992：43）从博弈论的角度，指出这种做法是"暗中破坏公共利益"，也就是说上层精英集团表面上赞同语言政策，但私底下却破坏这一政策。他们破坏语言政策的方式主要是理论上给予塞索托语和斯瓦特语同英语一样平等的官方地位，但是不允许这两种土著语言以及这些语言的使用者进入对英语使用者开放的重要领域，例如教育领域、经济领域、政治领域以及就业等。

与其他邻国一样，在莱索托和斯威士兰，政府官员以及大部分上层统治阶层成员更倾向于从幼儿园或一年级开始就把小孩子送进英语作为唯一教学语言的学校。这种做法在非洲国家非常普遍。以坦桑尼亚为例，坦桑尼亚一直以提高斯瓦希里语地位的"本土化"政策为骄傲。虽然自独立以来人们就对这一政策充满热情，但是至今坦桑尼亚并没有成功地使斯瓦希里语取代英语成为中等教育和高等教育的教学媒介语。正如普拉（Prah，1995）观察到的，使斯瓦希里语逐渐占据主导的重要政策受到坦桑尼亚精英阶层的挑战。同样，马孚（Mafu，1999）指出精英阶层已经找到了破坏斯瓦希里语主导地位的两种方法：他们或是把孩子送到在市中心开办的私立英语专门学校，或是用纳税人的钱把自己的孩子送到海外或邻国接受英语教育。正如坦桑尼亚和其他非洲国家一样，莱索托和斯威士兰不断为自己国家的本土语言创造空间，但几乎从不尝试去改变自殖民时期就留下来的传统（Prah，1995）。将塞索托语和斯瓦特语排除在教育等高层领域之外，实际上是剥夺了大众接触现代世界、走向民主化以及获得自身发展的权利（Phillipson，1996）。

语言工具主义与莱索托和斯威士兰的语言地位规划

黄[1]（Wee，2003：211）将语言工具主义定义为"语言以其在实现诸如经济发展或社会流动等具体功利性目标中的实用性，来实现其存在于社区中的一种语言观点"。他指出事实上语言工具主义通常是对传统语言学观念的一种补充。语言学的传统观念是将语言看作为文化认同和本族人的标记。这种观念经常导致本土语言的价值降低或被边缘化。与其相反，语言工具主义则认为保持多语或双语是重要的，因此可以学习除英语（或其他强势语言）以外具有经济价值的语言，而绝不是用该语言来取代英语（Wee，2003）。

黄曾使用语言工具主义的观点来描述新加坡的语言状况。在新加坡，传统上被认为象征华人身份、文化和传统的华语，现在已经成为一种商品。由于其经济价值与回报，像马来人和泰米尔人这些新加坡非华人也开始学习汉语。而对于澳大利亚的移民儿童来说，汉语同样具有吸引力（Gopinath，2008）。戈皮纳斯（Gopinath）指出，很多移民儿童倾向于选择学习汉语而不是其他国际语言，其原因就在于他们认识到了掌握汉语语言知识能够给他们带来物质利益。

在非洲，在莱索托和斯威士兰，政策制定者事实上并没有把土著语言看成为商品，因此，两国的民众更喜欢以英语为教学媒介语的教育，而不是以塞索托语或斯瓦特语为教学媒介语的教育。这一情况部分可以归因于托米奈恩（Tuominen，1999）提出的"效用最大化"，也就是考虑用社区民族语言教育孩子所付出的代价和所获得的收益。事实上，问题也就变成了与使用像英语这样交际范围更广泛的语言教育孩子相比，用社区语言教育孩子是否在实质上更有收益。在莱索托和斯威士兰，看得见的花费和收益情况往往决定了人们对英语的偏爱超过了塞索托语或斯瓦特语。费什曼、库帕和康拉德（Fishman，Cooper，and Conrad，1977）也曾一针见

1　即黄福安，Lionel Wee Hock Ann，新加坡国立大学英语语言文学系教授。

血地指出，语言习得很少是因为语言自身的原因，更多的是因其能满足生活中的其他需要才被习得的。正如我（Kamwangamalu，2003）曾在莱索托和斯威士兰（或任何一个后殖民非洲国家）观察到的，这些"其他需求"包括获得就业机会的需求和向更高社会阶层流动并成为有权力的上层精英的需求。现在就业市场上一般都要求能掌握英语；而那些精英常常所使用的语言包括了英语，当前具有统治地位、权势、威望的语言以及林恩（1995）所提出的精英阶层"再生产"的语言。由此我们可以理解，为什么在莱索托和斯威士兰这两个国家的民众将英语视为他们及他们的孩子实现向上层社会流动的唯一工具。随着英语需求的增长，一些已经知道该商品供不应求的非洲母亲，如科维斯卡（Kwesiga，1994：58）极具讽刺地描述的那样，"从孩子出生前就开始教他们英语"。为了塞索托语和斯瓦特语地位规划的成功，这些语言必须成为萧（Xiao，1998）所称的"社会和经济的动力装置"。也就是说，这些语言必须至少被赋予实质性的优先权和特殊待遇，而目前只有英语才具有这种优先权和特殊待遇。塞索托语和斯瓦特语必须和英语一样，成为获取资源、就业、政治参与以及向上层社会流动的工具（Webb，1995）。除非这两个国家的语言政策重新修改以及向这一新的目标靠拢，否则任何推动土著语言发展的努力都将注定以失败而告终。

在莱索托和斯威士兰当前削减性双语教育系统中，英语占主导地位，这使得这两个国家的土著语言缺少了工具性价值。举例来说，哈提（Khati，1995：32）指出，在莱索托这样的现象很常见，即掌握英语的双语者向在高等教育阶段学习塞索托语的学生问类似这样的问题："你将来用塞索托语干什么？"这一重要问题暗示着，在莱索托，英语和塞索托语就像斯威士兰的斯瓦特语和英语一样在当地语言市场上的价值并不相同。因此，问题也就在于塞索托语和斯瓦特语在莱索托和斯威士兰能否比英语抢占更多的语言消费者，也就是说具有更高的社会经济价值。这一问题将在下一节中加以讨论。

从市场营销的角度来考虑莱索托和斯威士兰的语言地位规划

本节的目的是为了说明有必要将塞索托语和斯瓦特语的地位规划当作市场营销问题来加以处理。根据语言经济学（Coulmas，1992；Grin，1994；Vaillancourt & Grin，2000）、博弈论（Harsanyi，1977；Laitin，

1993）以及语言工具主义（Wee，2003），我认为由于斯瓦特语和塞索托语是商品，注定会被有权势的人利用他们的声望标上价格（Bourdieu，1991），消费者则会根据这些语言在语言市场上的价值接受或拒绝这一价格。

正如库帕（1989：72）所论述的，将这两种语言的地位规划看作是市场营销问题，就意味着要"生产正确的商品，然后进行恰当的宣传推广，并投放在正确的场所，定下合适的价格"。就语言作为商品而言，库帕（1989）认为，语言规划者必须能辨识、确定或设计商品，使之对潜在的消费者有吸引力。这些商品应基于受众目标消费者的需求来确定。宣传推广则是要改变沟通方式，例如语言使用也就是要努力让潜在的使用者接受它，无论这种接受是有意识的、肯定性的、由于精通或是出于使用习惯。场所则是指提供足够的渠道以实现推销以及回应，也就是有动机购买商品的人必须能知道在哪里可以买到它。而价格则是一件商品对消费者是否有吸引力的决定性因素。

库帕的理论框架非常适用于莱索托和斯威士兰的语言状况。由于莱索托和斯威士兰都是单语国家，所以这两个国家的政策制定者在产品确定（塞索托语或斯瓦特语）和商品购买场所上并不存在太大的问题。因此，这两个国家在地位规划上更应注重两国语言的价格和宣传推广方面。在价格方面，这些语言应该被赋予目前只有英语才享有的权力和优先权，毕竟对语言消费者来说，核心问题并不是塞索托语或斯瓦特语这些非洲语言是否被用作教学语言，更确切地说是他们对以下问题更感兴趣：以斯瓦特语或塞索托语作为教学语言的教育结果，以及该结果与以英语为教学语言的教育结果相比，现实利益孰优孰劣的问题。具体说来，以塞索托语或斯瓦特语作为教学语言的教育是否能保证这两种语言的使用者向上层社会流动？这样的教育能否提高他们的生活水平？这种教育能否让他们在就业市场上更具竞争力？或者换句话说，这些使用者能获得什么实际利益，特别是因他们的语言技能在劳动力市场上能获得什么利益？以及这些利益与掌握英语这类外语技能所带来的利益相比又如何（Grin，1995）？正如我（Kamwangamalu，1997b）所观察到的，今天的语言消费者很快就意识到：以土著语言为教学语言的教育并不能保证学习者向上层社会流动或者提高他们的社会经济地位；那些有钱人，包括那些政策制定者，都是将他们自己的孩子送往以英语为教学语言的学校；只有接受以英语为教学语言的教育才能有可能接触到外面的世界，并在将来获得高薪的工作。在这一点上，伊斯曼（Eastman，1990）所认为的，如果该土著语言在广阔的社会、政治、经济环境中没有声望，那么人们也就不会愿意用他们的土著语言来接受教育，这一点毫无疑问是对的。

如果塞索托语和斯瓦特语在语言市场上有价值，那么以塞索托语或斯瓦特语为教学语言的教育就会吸引这些语言使用者。而要让这些语言获得价值，可以用以下这种方法来实现：将经过认证（比如学校学习）的这些语言的能力作为个人进入就业市场以及公共部门的门槛。此外，这些语言的使用领域应该被扩展至包括教育领域在内的众多高层领域之中，而目前这些领域只使用英语。但是在精英阶层的封闭性及语言工具主义的背景下，在这个世纪（前南非总统塔博·姆贝基所称的"非洲世纪"），塞索托语和斯威士兰语这些非洲土著语言能否突破障碍，在教育以及其他更高领域实现充分地使用，还尚未见分晓。

结　论

这一章主要讨论塞索托语和斯瓦特语分别在莱索托和斯威士兰的地位规划问题。在这两个国家背景下，声称多语阻碍土著语言发展的观点其本身就是很荒谬的，特别是这两个国家在语言上都是同质的。在以往研究的基础上（Kamwangamalu，1997a，2000），本章提出，斯瓦特语和塞索托语的地位规划要取得成功，关键就在于要赋予这些语言在语言市场上的社会经济价值，这样它们才能在语言市场上和现在处于强势地位的语言——英语进行相对公平的竞争（Pool，1993）。当塞索托语和斯瓦特语缺少社会经济价值时，尽管其更容易学习，更具包容性，但由于精英阶层的封闭性和英语的排他性，市场力量将持续驱使学校提供人们想要的教育——主要是英语为教学媒介语的教育（Vorhies，1992）。

参考文献

Africa, H. (1980). Language in education in a multilingual state: A case study of the role of English in the educational system of Zambia. Unpublished Ph.D. dissertation, University of Toronto.

Akinnaso, F. N. (1993). Policy and experiment in mother tongue literacy in Nigeria. *International Review of Education, 39* (4), 255–285.

Bamgbose, A. (1991). *Language and the nation: The language question in sub-Saharan Africa*. Edinburgh: Edinburgh University Press.

Bourdieu, P. (1991). *Language and symbolic power.* Cambridge: Polity Press.

Brown, R. (1999). Lesotho: Recent history. In *Africa south of the Sahara* (28th ed., pp. 596–601). London:

Europa Publications.

Chumbow, B. (1987). Towards a language planning model for Africa. *Journal of West African Languages, 18,* 15–22.

Coates, A. (1966). *Basutoland.* London: H.M.S.O.

Cobarrubias, J. (1983). Ethical issues in status planning. In J. Cobarrubias & J. A. Fishman (Eds.), *Progress in language planning* (pp. 41–85). The Hague: Mouton.

Cooper, R. L. (1989). *Language planning and social change.* Cambridge: Cambridge University Press.

Coulmas, F. (1992). *Language and the economy.* Oxford: Blackwell.

Davies, A. (1996). Review article: Ironizing the myth of linguicism. *Journal of Multilingual and Multicultural Development, 17* (6), 485–496.

Desai, Z. (1995). The evolution of a post-apartheid policy in South Africa: An ongoing site of struggle. *European Journal of Intercultural Studies, 5* (3), 18–25.

Djite, P. G. (1993). Language and development in Africa. *International Journal of the Sociology of Language, 100–101,* 149–166.

Eastman, C. (1990). Language planning in post-apartheid South Africa. *TESOL Quarterly, 24* (1), 9–22.

Ellenberger, D. F., & MacGregor, J. C. (1969). *The history of the Basotho: Ancient and modern.* New York: Negro University Press.

Ferguson, C. A. (1959). Diglossia. *Word, 15,* 325–340.

Fishman, J. A., Cooper, R. L., & Conrad, A. W. (1977). *The spread of English: The sociology of English as an additional language.* Rowley, MA: Newbury House.

Gibbons, J. (1987) *Codemixing and code choice: A Hong Kong case study.* Clevedon, UK: Multilingual Matters.

Gopinath, C. (2008). *Globalization: A multidimensional system.* Los Angeles: Sage.

Grin, F. (1994). The economics of language: Match or mismatch? *International Polilical Science Review, 15* (1), 25–42.

Grin F (1995). The economics of foreign language competence: A research project of the Swiss National Science Foundmon. *Journal of Multilingual and Multicultural Development,* 16 (3), 227–231.

Grin, F, (2001). English as economic value. *World Englishes, 20* (1), 65–78.

Harsanyi, J. C. (1977), *Rational behavior and bargaining equilibrium in games and social situations.* New York: Cambridge University Press.

Hutcheson, M. A. (1998). Lesotho: Physical and social geography. In *Africa south of the Sahara* (27th ed., p. 584). London: Europa Publications.

Kamwangamalu, N. M. (1997a). The colonial legacy and language planning in sub-Saharan Africa. *Applied Linguistics, 18* (1), 69–85.

Kamwangamalu, N. M. (1997b). Multilingualism and education policy in post-apartheid South Africa. *Language Problems and Language Planning, 21* (3), 234–253.

Kamwangamalu, N. M. (2000). A new language policy, old language practices: Status planning for African languages in a multilingual South Africa. *South African Journal of African Languages, 20* (1), 50–60.

Kamwangamalu, N. M. (2003). Social change and language shift: South Africa. *Annual Review of Applied Linguistics, 23,* 225–242.

Kamwangamalu, N. M., & Chisanga, T. (1996). English in Swaziland: Form and function. In V. de Klerk

(Ed.), *Varieties of English around the world: Focus on South Africa* (pp. 285–300). Amsterdam: John Benjamins.

Khati T. G. (1995). A language profile of Lesotho. In V. Webb (Ed.), *Empowerment through language: A survey of the language situation in Lesotho and selected papers presented at the Second International LiCCA Conference* (pp. 29–42). Pretoria: LiCCA Research and Development Programme.

Kunene E. C. L. (1997). Official languages of unequal status: The case of siSwati and English. Paper presented at the Second World Congress of African Linguistics. University of Leipzig, July 27 - August 3.

Kwesiga, J. B. (1994). Literacy and the language question: Brief experiences from Uganda. *Language and Education, 8* (1–2), 57–63.

Laitin, D. (1992). *Language repertoire and state construction in Africa.* Cambridge: Cambndge University Press.

Laitin, D. (1993). The game theory of language regimes. *International Political Science Review, 14* (3), 227–239.

Levin, R. (1999). Swaziland: Recent history. In *Afica south of the Sahara 1999* (28th ed., pp. 1047–1052). London: Europa Publications.

Lo Bianco, J. (1996). Language as an economic resource. Language planning report 5.1. Paper presented at a workshop in Pretoria, July 14, 1995. Government of South Africa, Department of Arts, Culture, Science and Technology.

Lynn, T. (1995). The language situation in Lesotho today. In V. Webb (Ed.), *Empowerment through language: A survey of the language situation in Lesotho and selected papers presented at the Second International LiCCA Conference* (pp. 43–60). Pretoria: LiCCA Research and Development Program.

Mafu, S. T. A. (1999). The myth of English language vs knowledge in some former British colonies: The case of Tanzania. Paper presented at the Second International Conference on Major Varieties of English, Lincoln, UK, September 9–11.

Matsebula, J. M. S. (1987/1972). *A History of Swaziland* (3rd ed.). Cape Town: Longman.

Matsela, Z. A. (1995). Policy formulation for language use in Lesotho. In V. Webb (Ed.), *Empowerment through language: A survey of the language situation in Lesotho and selected papers presented at the Second International LiCCA Conference* (pp. 15–27). Pretoria: LiCCA Research and Development Programme.

Mohasi, M. (1995). Language attitudes in Lesotho. In V. Webb (Ed.), *Empowerment through language: A survey of the language situation in Lesotho and selected papers presented at the Second International LiCCA Conference* (pp. 93–96). Pretoria: LiCCA Research and Development Programme.

Mülhäusler, P. (1996). *Linguistic ecology: Language change and linguistic imperialism in the Pacific region.* London: Routledge.

OAU. (1986, July). *Language plan of action for Africa.* Council of Ministers, 44th Ordinary Session. Addis Ababa, Ethiopia.

Phillipson, R. (1996). Linguistic imperialism: African perspectives. *ELT Journal, 50* (2), 160–167.

Pool, J. (1993). Linguistic exploitation. *International Journal of the Sociology of Language, 103,* 31–55.

Prah, K. (1995). *African languages for the mass education of Africans.* Bonn: Education, Science and Documentation Center.

Ricento, T. (2006). Methodological perspectives in language policy: An introduction. In T. Ricento (Ed.),

An introduction to language policy: Theory and method (pp. 129–134). Malden, MA: Blackwell.

Ruiz, R. (1990). Official languages and language planning. In K. L. Adams & D. T. Brink (Eds.), *Perspectives on official English: The campaign for English and the official language of the USA* (pp. 11–27). New York: Mouton de Gruyter.

Scotton, C. M. (1990). Elite closure as boundary maintenance. In B. Weinstein (Ed.), *Language policy and political development* (pp. 25–52). Norwood, NJ: Ablex.

Strauss, G. (1996). The economics of language: Diversity and development in an information economy. *The Economics of Language. Language Report, 5* (2), 2–27.

Swaziland Government. (1976). Cabinet Council Paper no. CP. 259/1976.

Swaziland Ministry of Education. (1987). *Government Gazette.* Mbabane, Swaziland.

Tollefson, J. W. (1991). *Planning language, planning inequality: Language policy in the community.* London: Longman.

Tuominen, A. (1999). Who decides the home language? A look at multilingual families. *International Journal of the Sociology of Language, 140,* 59–76,

Vaillancourt, F., & Grin, F. (2000). *The choice of a language of instruction: The economic aspects.* Distance learning course on language instruction in basic education. Washington, DC: World Bank Institute.

Vorhies, F. (1992). A market-based approach to the education industry. In R. McGregor & A. McGregor (Eds.), *Education alternatives* (pp. 479–493). Cape Town: Juta.

Wardhaugh, R. (1986). *Introduction to sociolinguistics.* New York: Basil Blackwell.

Webb, V. (1995). Revalorizing the autochtonous languages of Africa. In V. Webb (Ed.), *Empowerment through language: A survey of the language situation in Lesotho and selected papers presented at the Second International LiCCA Conference* (pp. 97–117). Pretoria: LiCCA Research and Development Programme.

Wee, L. (2003), Linguistic instrumentalism in Singapore. *Journal of Multilingual and Multicultural Development, 24* (3), 211–224.

Wiley, T. G. (1996). Language planning and policy. In S. L. McKay & N. H. Hornberger (Eds.), *Sociolinguistics and language teaching* (pp. 103–147). Cambridge: Cambridge University Press.

Xiao, H. (1998). Minority languages in Dehong, China: Policy and reality. *Journal of Multilingual and Multicultural Development, 19* (3), 221–235.

第四部分　语言和全球资本主义

本书这一部分里的章节主要讨论以下在第一章中曾关注过的重要议题：全球资本主义进程是如何影响语言教育政策的？就这一点而言，语言领域的关注焦点当然是英语的传播。第九章中，桥本加代子分析了日本的英语推广政策。在日本，小学和初中的新课程大纲最近已经被纳入培养"能使用英语的日本人"的政府十年工作规划中。日本是把英语与国家经济安全和个人发展机遇紧密相连的典型国家。桥本加代子在对新课程大纲的分析中发现，情况远远不是推广英语那么简单。新课程大纲不仅致力于在更低的年级里教授英语，而且它本身还是更广泛的教育政策中的一部分，该教育政策还包括日语的推广，这是使国家文化身份恢复活力的重要内容。

众所周知，印度近来转向市场经济，这对语言教育有着巨大的影响，尤其是对作为进入中产阶层具有关键意义的英语来说，更有着强烈的利害关系。此外，印度政府当前致力于使本国的教育机构数量有突破性增长，尤其是在高等教育层面，这意味着很多重要的语言政策影响了不断增加的学校语言实践。在第十章里，E.安纳马莱分析了印度的英语推广政策，特别关注了学习英语的途径：在印度哪些学习者是在学校接受英语教育的？哪些学习者在学校之外学习英语？对不同的群体来说，学校的英语教育质量究竟如何？安纳马莱回答这些问题的同时，又提出了令人关注的新问题，即当前印度推行的语言政策背后所隐含的代价是什么。

第九章 英语教育的日本化：在外语中推进本民族语言发展的政策

桥本加代子

21世纪初，日本政府制订了提高国民英语水平的计划，希望在经历"失去的十年"[1]后，日本能在国际市场中重拾竞争力。由于泡沫经济的崩溃和自然灾害接二连三地发生，"失去的十年"成为日本一段艰难的时期。而现在"失去的十年"变成了"失去的二十年"（*The Economist*, 2009; Okabe, 2010; Tamny, 2011），2011年3月11日东日本大地震[2]发生后，使得接下来的十年可能会比以往更具挑战性。海啸和地震的幸存者们正努力以平静而有序的方式来处理这些灾害，对此世界各国都以惊讶和赞赏的语气加以广泛报道（Belson & Onishi, 2011; Wakebayashi & Sekiguchi, 2011）。在紧要关头，国民团结一致、共渡难关，但持续的财政困难给日本带来了就业压力，由此导致的不安全感让日本年轻人更加"内向化"（Yamamoto & Iwaki, 2011）。商业部门对于海外留学生人数的急剧下降尤为关注，因为这将最终影响他们海外办事处的业绩，而海外办事处的发展则依赖于在海外留学的毕业生的加入（Asahi Shimbun, 2011）。日本年轻人因抱有消极的就业态度以及对海外工作机遇缺乏兴趣而受到批评，其实他们的这一"内向性"与日本在新世纪初的国家地位不无关系。

正如我在别的文章中所指出的（Hashimoto, 2009），对全球化持有的消极态度和对日本及其民众优良品质的重视，是日本人习惯于自力更生应对逆境的原因。费尔克劳（Fairclough）[3]指出，世界不是一下子全球化的，全球新秩序已经逐步建立起来，这一新秩序的建立过程会激起"推动或抵制新秩序的斗争"，这"在很大程度上表现为支持或反对新语言的斗争"

---

[1] 又称作"失落的十年"或"迷失的十年"，日文"失われた10年"。指的是一个国家或地区陷入长期的经济不景气的状况持续达十年左右才逐渐转好的情况。20世纪80年代末，日本股市和房地产市场泡沫破裂之后，经济即陷入了长达十年的低迷期。

[2] 2011年3月11日，日本东北部海域发生里氏9.0级地震并引发海啸，造成重大人员伤亡和财产损失。地震震中位于宫城县以东太平洋海域，震源深度20公里。东京有强烈震感。地震引发的海啸影响到太平洋沿岸的大部分地区。地震造成日本福岛第一核电站1—4号机组发生核泄漏事故。4月1日，日本内阁会议决定将此次地震称为"东日本大地震"。

[3] 又译作费尔克拉夫。

(2001：205)。在日本，英语当然不是一门新的外语。对于英语作为外语进行教学，日本政府的做法是为了确保这一新秩序下的语言不会破坏日本民族及其民众原有的核心认同。

在亚洲大背景下，日本的英语语言政策是通过英语话语重建民族和文化认同的一个典范（Tsui & Tollefson，2007）。必须指出的是，在一些亚洲国家，由于英语传播遭到抵制或反对，小学教育中英语作为第二语言（或外语）的课程设置最终走向失败。甚至在一些英语是必修科目的国家，仍然可以看到"由于抵制行为和教学政策的问题，学生消极地对待英语学习"（Baldauf, Kaplan, Kamwangamalu & Bryant, 2011）。在日本，"英语教育"确实已经成为被激烈辩论的教育话题，因为它需要平衡两方面的问题：一是要保持民族认同，二是要承认英语的社会力量，从而使日本在国际经济领域取得成功。我们很难证明日本的"英语教育"是成功还是失败，因为这涉及很多方面，如政策制定者、教育产业、孩子及其父母以及教育从业者（包括以英语为母语的教师或助教）。有些人由于政府发起的改革失败而指责官僚机制（Aspinall, 2011；Cutts, 1997；Hall, 1998），还有些人认为英语是缺乏人性的、脱离语境的（LoCastro, 1991），甚至是被日本教育系统解构的（Hashimoto, 2000），或者在一定程度上越来越"日本化"了（Kachru, 2005）。研究者近期关注的是日本社会中以英语为本族语的人所得到的待遇（Houghton & Rivers，即将出版），强调了日籍和外籍英语教师的相对地位，这与韩礼德（Holliday）主张的"英本主义"（Native Speakerism）[1]不同。诚然，在日本教育体制中，教师的文化表征和课程传授有着紧密的关系。

本章分析了日本中小学英语和日语两门课程的最新变化，以确认已发生的变化背后那些不变的内容。我仔细考察了语言政策的相关文件，特别是课程设置，以批评型语篇分析（CDA）为方法论来揭示英语政策文本和日语政策文本之间的差距和矛盾。在这些分析的基础上，我提出，日本的英语作为外语的教学（英语作为外语的教学）政策从根本上来说不是为了使民众更好地学习英语，而是用于推进和塑造本民族语言——日语。

---

[1] "英本主义"的核心理念是语音教学追求达到美国或英国英语的发音标准，教学内容要以核心英美文化为参照，教学中的文化目标最重要的是介绍英语为本族语的人思考问题的方式，学习英语国家主流社会的生活方式。英语教学的教师也以英语为母语的人最为理想，学习英语的起始时间越早越好。

日本首相的咨询机构"21世纪日本的设想"恳谈会

2000年1月,一篇题为《本国前沿:新千年的个人赋权[1]与科学管理》的报告由日本首相的咨询机构"21世纪日本的设想"恳谈会[2](Prime Minister's Commission on Japan's Goals in the 21st Century)同时用日语和英语发表(以下简称恳谈会,2000)。在这篇报告中,"本国前沿"这个表达反映出在全球化时代,日本仍想要依靠自力更生来战胜困境的态度。报告中,自力更生的民族意识同时也延伸至每个日本民众。日文报告的标题为"日本的前沿在本国:以自力更生和合作管理的态度建设新世纪"。英文的报告标题译为"The frontier within: Individual empowerment and better governance in the new millennium",与日文标题有些出入。英语的官方版本具有误导性,因为该报告提议的并非针对被主流群体压制和排挤的个体赋权,而是国家和民众之间的合作,这里的民众是指新世纪中通过自力更生获益的人。报告中"日本潜能的实现"部分是这样描述这个层面的自力更生的:

> 建立新的管理系统,进行个人赋权以及创建新的公共空间,都要求培养自力更生的精神……才智、干劲、伦理道德、审美感受以及自力更生的民众的智慧创造了一个国家的框架和尊严,塑造了未来。正是自力更生的精神让人们能够发挥他们的潜力。(恳谈会,2000,第一章,I,"日本潜能的实现")

"自力更生的精神"似乎指的就是人们通过自己的努力和意志力获得成功,这与"本国前沿"的概念不谋而合,而英语能力则被视为个人竞争力的因素之一。该报告还以提倡英语成为日本的"第二官方语言"而闻名,指出英语作为外语的教学不仅是教育议题,更是一项势在必行的战略任务:

> 长远来看,让英语成为第二官方语言是有可能的,但是势必需要

---

1 个人赋权,individual empowerment,又译作个人充权、个人增权,指有权力的专家放弃其权力,并将之分给或转移给服务使用者,其核心要素包括协商、沟通、支持、尊严、自我意识及维护自身权利等。
2 1999年3月,日本政府设立"21世纪日本的设想"恳谈会。此组织是在小渊首相直接领导下的一个咨询、顾问性组织。又译作日本首相21世纪目标委员会。

进行全国范围内的讨论。不过我们首先要尽一切努力来提高民众的英语应用知识。这不是简单的外语教育的问题，而应该被当作一项势在必行的战略任务。（恳谈会，2000，第一章，IV.1.(2)"加强全球化的语言能力"）

日语版的第二句话读上去有些不同。其直译内容是："首先，我们要尽一切努力来使英语成为公民的实用语言（笔者译）。"英语版中"英语应用知识"（working knowledge of English）的说法强调的是语言知识，而不是语言的实际运用。尽管"英语作为第二官方语言"的设想没能实现，但是它给日本社会对于语言知识和语言实际运用孰重孰轻的问题留下了一个模棱两可的答案。

报告中的"战略任务"（strategic imperative）具体化为 2002 年的"战略构想"[1]（strategic plan）（MEXT[2],2002），进而又形成 2003 年的"行动计划"（action plan）[3]（Monbukagaku-shô, 2003），目的是培养"能使用英语的日本人"，它包括在小学开展英语课程以及改革高中的英语课程，使之用全英语授课。为了充分研究这些文件中政府对英语作为外语的教学的政策，我们必须要考虑到日本对于全球化的特定态度，在国家建构中日本国民所被设想的角色，以及日本人对英语所持的特定态度。

恳谈会的报告指出，国家与其民众关系紧密的后果之一就是导致英语使用和使用英语的社区之间缺乏联系。帕门特（Parmenter, 2006）认为，在教育政策中过分强调日本学习者作为日本国民的自我意识会阻碍他们获得超越国界的身份认同。我们常说日本人在国外无力解释日本的文化和历史问题，其实只是强调对于这一现象的表面感受（Yomiuri Shimbun, 2010），而忽视了在该言语社区中无法运用该语言的实质。由于日本人缺乏足够的语言技能，所以在国际社会中经常听不到日本人的声音。这是推动英语作为外语教学中的交际能力培养的终极原因，据日本文部科学省称：

---

[1] 2002 年 7 月，日本文部科学省正式发布具有标志性意义的"培养能使用英语的日本人的战略构想"的报告，并对该构想具体目标、实践步骤等进行了详细的说明。

[2] MEXT，即日本文部科学省。日本中央政府行政机关之一，负责统筹日本国内教育、科学技术、学术、文化及体育等事务。2001 年 1 月 6 日起由原文部省及科学技术厅合并而成。

[3] 2003 年 3 月，文部科学省正式制定培养"能使用英语的日本人"的行动计划，将外语教育变革政策确定合法化，使其成为 2003—2008 年的外语教育制度。

1."日本人需要具备能让他们在21世纪生存的英语能力"

很多日本人经常由于没有足够的语言能力,所以在国际事务和同外国人的交往中受到限制,或者得不到应有的尊重。加上英语是所谓的国际通用语言,因此提高英语交际能力刻不容缓。(Monbukagaku-shô, 2001)

希望"在国际社会中听到日本的声音"正是日本要提高国民英语交际能力的动机所在;继恳谈会报告之后的"战略构想"清楚地表达了"战略任务"的内容。现在我们把目标转向"战略构想"以及之后的"行动计划"。

在培养"能使用英语的日本人"的"战略构想"与"行动计划"中提升日语能力

"战略任务"旨在提高日本人的英语交际能力,但该任务于2002年被调整为"战略构想",其宗旨也就变为"培养能使用英语的日本人——提高英语和日语能力的计划"。正如我在其他文章中所指出的那样(Hashiimoto, 2009),该计划中的主标题和副标题之间有一些矛盾。主标题说的是通过教育使日本人能够熟练掌握英语,而副标题说的是提高日本人英语和日语两方面的能力。然而,在"行动计划"(MEXT, 2003)中,虽然副标题被丢弃了,但"提高日语能力"这一部分却被保留下来成为推进英语教育计划的一部分:

6. 提高日语能力

目标:为了提高日本人的英语交际能力,首先需要培养日本人恰当的日语表达能力以及准确的日语理解能力,因为这是一切智力活动的基础。(MEXT, 2003)

"战略构想"的英文版使用了"日语(Japanese)"这一术语,而其日语版使用的则是"國語"这一术语,意为"民族语言"。日本政府对本国公民使用"國語"这一术语,而对外国人则使用"日本語"这一术语,这种用法体现了语言的归属象征(Miller, 1982)。但是最近,这种用法似乎宽松了许多。2004年日本语言学协会(Society of Japanese Linguistics)的名字由"国语学会"变成"日本語会"便是一个例子,但是国立国语研究所（National Institute for Japanese Language and Linguistics）没有更名。日本文部科学省对这些术语的使用有些复杂：在课程设置中，日语版的标题使用了"國語"（National Language），但在英文版中则被译为"日语"（Japanese Language）。此文的正文部分，不论是日语版还是英语版用的都是"日语"这一术语。这其中的含义稍后会在本章中加以讨论。

在"行动计划"中，提高日语能力的目标被进一步解读为：

> 英语习得水平与学生的母语能力，即日语能力，有很大关系。我们有必要培养学生恰当的日语表达能力和准确的日语理解能力，提高他们的日语交际能力，以此来培养其英语交际能力。此外，身为国际社会的一分子，日本人需要具备丰富的人文意识和社会意识。因此，提高学生的思考能力，培养学生的表达能力和语感，加深他们对日语的兴趣，并帮助他们树立尊重日语的态度显得十分重要。（MEXT, 2003）

日语版在以下两方面有着不同的解读：首先是用"国语（民族语言）"替代"日本语（日语）"，其次是关于"交际"的问题。在"提高国语的交际能力"这一表达中，使用了一个日语的等效词"伝え合う"，意思是"交际"，然而在"培养英语交际能力"的表达中却使用了英语的外来词。日本社会的方方面面都使用到了外来词，外来词的显著功能就是表明这个词是外来的，也可能它本身有对应的日语语汇，只是被外语词汇重新唤起了（Seargeanr, 2009；Stanlaw, 2004）。值得一提的是，"行动计划"中提出的外来词（コミュニケーション）和日语等效词的应用有所不同，其中蕴含了一个特别的意识或设想，即"communication"（交际）与英语语言活动有关：这里有一些性能或其他什么在起作用，而不单单是日常生活中语言活动的延伸。

在这份文件中外来语"communication（交际）"还有另一个功能。日语等效词"伝え合う（交际）"是一个动词或形容词，因此需要与别的词组合使用，如"力"，意为"能力"，这样才能成为名词。而外来词"communication"往往被用作名词；动词"communicate"很少被用作外来词。福勒（Fowler, 1991）认为名词化和动名词的用法是官僚或正式的话语模式所特有的，因此读者需要自己思考在这些文本中有多少隐含信息。名词化还与标记功能有关。蒙克里夫和艾本（Moncrieffe & Eyben, 2007）

认为，标记是政策制定者和执行者针对所见问题所采用的常见解决方案，但是有些表述对于指明特定问题至关重要，而某些标记会使不同表述之间的差异模糊不清。日本文部科学省提供的"交际"这一例子中，很明显使用了来自英语的"交际"，但同时这个外来词的使用也对这一问题的进一步调查造成了阻碍。以下文本中的表达使用了外来词"交际"：

——培养基础的或实用的交际能力
——英语作为一种交际工具
——使用英语交际的活动
——以交际为目的使用英语的能力
——培养积极的交际态度
——实用的交际能力
——具备英语交际能力的重要意义

由于许多英语活动都可以贴上"交际"的标签，它的实际意义已经被假定化或者类别化。因此谁也说不清"交际"的具体内容是什么，更值得一提的是没有人来质疑。例如，文件中没有承认在英语内容评估和学生英语水平分级上存在什么困难或问题。换句话说，整份文件都是建立在所有人都认同"英语交际"的含义的基础上。

"行动计划"罗列了六项提高日本人英语能力的策略，其中有一项与课程设置改革相关：

> **实现新课程设置的目标：**
> 从 2002 年就开始贯彻实施的新课程设置中的日本语言教育，通过着重强调读写能力，已经实现了内容方面的改革。此外，新课程设置还强调了要根据**交际**目的、**交际**情境以及**交际**对象，来培养恰当的日语表达能力和准确的日语理解能力；并强调了在**尊重他人的意见和思维方式**的同时提高口头的"**交际能力**"。(MEXT, 2003)

这个说法中有两方面值得我们关注。首先是"交际"这个词。在日语原版中，"交际"一词在"根据交际的目的和情境"和"交际能力"这两句中均被省略，而用"伝え合う（交际）"替代。其次，只有在提高民族语言能力这一章提到了与学习者进行交际的另一方："交际的对象"以及

"尊重他人的意见和思维方式"。第五点策略在提高学生日语能力方面有类似的表达：

> 提高语言意识：
> "体验思考'语言'的项目"应该以综合的形式在家庭和社区中展开。这一项目将促使国民去思考如何使用恰当的词汇以及根据情况和**说话对象**进行恰当的口头表达，以此来提高国民的语言意识。(MEXT，2003)

尽管"行动计划"在提高民族语言能力这一章中明确提出交际中要对另一方进行认可并表示尊重，但是在谈到英语交际时只有一句话提到了"另一方"，这句话出现在有关提高英语课堂水平的章节中：

> 为了有效地实施这些课程，对于教师来说，设置**学生之间互相交际**的情境很重要。此外，课堂语言一般要以英语为主。通过这样的机会，学习者可以亲身参与表达自己和**理解他人**的过程，从而体验学习英语的乐趣。(MEXT，2003)

第一个加粗的表达与日语版中的理解有偏差，日语原版中没有使用动词"交际（communicate）"，用的是名词"交际（communication）"。名词"交际（communication）"是一个外来词。第二个加粗的表达强调的是"理解他人"带来的乐趣，而不是在英语交际中理解他人的需要。在"提高教师的英语教学水平和提升教学体系"一章中有相似的表述，并阐述了与"以英语为本族语的人"的联系：

> 以英语为本族语的人可以为日本学生学习日常英语提供很好的机会，使其熟悉外语以及外国文化。让说本族语（英语）的人听懂日本学生的英语，可以提高学生的学习兴趣和学习动力。这样，**以英语为本族语的人**对于日本学生学习英语就有极大意义。(MEXT，2003)

在上述引文中，"以英语为本族语的人"被看作英语学习的有用工具或者能激发学生学习兴趣的源泉，而不是日本学生平等的交际对象。"说本族语的人"在日语中有一个术语"母語話者"，其字面上的意思是"说母语者"。"native speakers"这个外来词的常用意思为"以英语为本族语的人",日语中"母語話者"这一术语并没有明确说话的人究竟说的是哪族语。同样,这里的外来词也具有标记功能,"以英语为本族语的人"因而被假定化,使他们变成一个适应"英语交际"框架的概念。

总而言之,"行动计划"是最近英语作为外语的教学课程改革的基础,其中,民族语言被定义为英语作为外语的教学的一个至关重要的因素。最重要的是,日本政府并不希望日本学生用日语交际的方式来进行"英语交际"。相反,"英语交际"是与"以英语为本族语的人"之间进行的活动,其目的是为英语学习带来乐趣。在下一章中,我将分析最新的课程设置中民族语言和英语的关系。

修订后的课程设置

在这一部分,我将分析日本民族语言的学习课程,接着分析外语学习和外语活动的课程设置。

民族语言的课程设置

课程设置原先是帮助老师准备教学计划的参考资源,但是现在它已经成为具有法律约束力的文件,现在学校教材的撰写需要遵照课程设置的标准(Horio, 1988)。根据小学到高中的不同科目,课程设置为几个部分。小学和初中教授的所有课程以及高中的外语课程,它们的英文版(标记为临时译本)在日本文部科学省的主页上都可以看到。日本文部科学省还发布了课程指南,但是只有日语版。该指南对课程设置做了更细致的解释。当日本文部科学省对课程设置进行修订时,会在正式实施前提前三至四年对民众宣布,从而让学校、老师和教材出版商有充分的时间做准备。最近一次的修订,是二战后的第六次修订。2008年日本宣布了2011年开始实施的小学和初中课程修订措施,2009年宣布了将从2013年开始实施的高中课程修订措施。在日本的教育体制中,高中不是义务教育,但是最近政府开始向高中学校发放免费教材,这一积极行动表明就课程设置的影响而言,高中与中小学并没有显著的不同。

在课程设置中,针对小学和初中的项目有六个,高中有七个。除了高中的职业训练课程项目以外,其他课程几乎完全相同,包括:语言活动、科学教育、传统文化教育、道德教育、体验活动以及外语活动。可以看出,"语言活动"和"外语活动"被列为不同的项目。小学和初中的"语言活动"被称为是"对民族语言学习和其他科目中记录、解释、评论、陈述和辩论等技能的提高"。尽管英语(作为一门外语)已经得到大力推广,但是作为一门学术科目,它被列在各种体验活动之后,可见它在课程设置中处于被边缘化的地位。因此,尽管最新的课程设置修订将英语引进小学课堂并改革高中的英语课程,使之用全英语授课,英语仍身处课程框架的边缘。而课程设置中对民族语言和传统文化教育的重视也削弱了上述改革的影响。

日本文部科学省提供了一个展示修订前后课程设置的对照表。根据中小学有关民族语言课程的表格,所有年级的课程中都有"传统语言文化和民族语言特征"这一项目。这个项目也出现在了修订后的高中民族语言课程设置中,并包括了一条关于日本文化和外国文化之间关系的附加陈述:

> [与"传统语言文化和民族语言特征"有关的项目]
> (1) 授课应按照以下项目进行"A. 说/听"、"B. 写"以及"C. 读":
> a. 与传统语言文化有关的项目
> (a) 了解语言文化以及**我国**文化和外国文化之间的关系,提高对传统语言文化的兴趣。
> (b) 领会经典名著的行文规则和文本内容。
> (Monbukagaku-shô, 2009: 26)

日语中的"我国"写作"我が国",2000 年之前日本教育部的白皮书(我が国の文教施策,我国的教育政策)的标题使用的就是这个词。这个词是书面语,带有民族主义的内涵,看上去有些过时。这个词还被用在了关于大纲设计和教材的章节中:

> 教材的选择应考虑到以下几点:
> 8. 有助于提高本国公民对**我国**传统和文化这两个方面的兴趣并加深理解,培养他们对传统和文化的敬仰之情。
> 9. 有助于保持日本人的自我意识,并从一个更广的角度深化国际理解,培养国际合作的精神。
> (Monbukagaku-shô, 2009: 27)

这些内容在新旧版本中都保持一致。针对初中的民族语言课程设置中使用了同样的措辞，这说明在培养学生尊重日本传统和文化方面，对初中生和高中生的期望值并无不同。也就是说，在学生的不同发展阶段，教育上没有什么预期的变化，倒是课程设置详细说明了一个要求，即培养负责任的日本公民。相似的表述还出现在小学的民族语言课程设置中：

> 教材的选择应考虑以下几点：
> h.有助于提高日本人对日本［我国］传统和文化的理解及喜爱。
> i.有助于培养作为日本公民应具备的渴望国家和社会发展的态度。
> j.有助于培养具有理解世界文明［思潮］和文化的国际合作精神。
> （MEXT，2010a）

英文版省略了一句重要的话，这句话出现在日文原版的 i 项中："有助于培养**具有自我意识的日本人对国家的热爱**，并希望国家和社会得到发展。""对国家的热爱"在英文版中被删去的原因尚不明确。与初高中的课程设置中的陈述相比，小学阶段似乎更加关注学生的情感发展。然而，年青学生的国际合作精神和理解世界文化的能力似乎不是基于学生智力发展的评估。课程设置中罗列的一些名词，如"世界思潮和文化"及"国际合作的精神"，表达了所设想的观点。因此，看起来重要的是这些公开表达的是带有民族主义的话语，而不是所罗列的项目在课程中的排列。在下一章节中，我将分析"民族语言"和"我国"的成分是如何包含在日本英语学科的课程设置当中的。

外语和外语活动的课程设置

自从 2011 年开始，英语教学以"外语活动"的形式引入日本的小学校园。学科名的背后暗藏两个问题：一个是强调"英语交际"能力的发展，而非学习语法和词汇；另一个就是尽管英语实际上是国际通用的外语，但是严格来说，它也只是学校里教授的众多外语课程中的一种。就像我在别处（Hashimoto，2011）提到的那样，从"英语"到"外语"，再到"外国文化"，这些用词的改变表明在外语课程中加入日本语言和文化已经得到许可，因为只有与日本或"我国"放在一起的时候，"舶来品"的概念才有意义。从这个角度来看，我们不难发现新的课程设置中，小学里的外语活动大多关注的是日本和外国文化之间的关系：

为了加深对日本及其他国家的语言和文化的体验性理解，授课应注意以下几点：

（1）熟悉外语的发音和韵律，以及它和日语之间的**不同**，了解所学语言的趣味性及其丰富性。

（2）了解日本和外国之间生活习惯、风土人情和活动方式的**不同**，并且意识到多样的观点和思维方式。

（3）体验与来自**不同**文化的人的交际，深化对文化的理解。

(MEXT, 2009)

在英文版中，"外国"和"文化"是用复数形式描述的，但是在日文原版中却不是这样，因为日语名词不能表示出单复数的区别。课程设置建立起了一组对立面，即日本和外国的对立，或是日本文化和外国文化的对立，然而没有确切说明涉及的是哪一个国家或哪一种文化。只有推广到所有的目的语及其文化，而不是具体为"英语"和"英语文化"，才能强调出日本和外国文化之间的"不同"。这样的对立至少将对日本文化和语言的关注放在了与外语和外国文化同等的地位上。

正如之前提到的，外语课程设置中使用的是"日语"，而不是"民族语言"，但是这一用法并非始终如一。比如其中有一节中使用了"民族语言"和"我国"：

（1）如教学周期超过两年，应考虑以下几点：

D. 教师不仅应该帮助学生深化他们对外语和外国文化的理解，还要帮助他们通过外语活动来了解日本[本民族]语言和[我国的]文化。

(MEXT, 2009)

初中关于外语的课程设置中指出，教材应该包括外国和日本两方面：

教师应该根据学生的年级以及他们的兴趣，选取各种适当的话题。话题可以涉及各国人民的日常生活、风俗习惯、故事、地理、历史、传统文化和自然科学，主要关注于英语使用者和日本人。教师应考虑到以下几点：

B. 教材要有助于深化了解外国和日本的生活方式与文化，提高对语言和文化的兴趣，并培养尊重的态度。

　　C. 教材要有助于从一个更广阔的角度深化全球化理解，提高身处国家化社会中的学生作为日本公民的意识，培养其国际合作的精神。

　　(MEXT, 2010b)

　　事实上，日语原版中涉及外语教材的最后两项与关于高中、初中民族语言的课程设置是完全一样的。最后，正如"行动计划"宣称的，国家推广英语作为外语的教学的目的就是提高身处全球化社会中的日本公民作为日本人的意识。

结　论

　　"行动计划"旨在"培养能使用英语的日本人"，它为新世纪展示了一场英语作为外语的教学的重要改革。从一开始，"行动计划"就将结合日语和日本文化的重要性提上了议程，该计划主张，培养日本年轻人英语能力的最终目的是让他们有能力向国际社会发出"日本的声音"，表达日本的观点。日本文部科学省将课程设置视作一种有力手段来实施计划，形成了"英语交际"这一概念，它与"民族语言交际"不同。在日本的英语作为外语的教学中，日本人所"引导"的"英语交际"实际上是单方面的：只有日本人是重要的，"以英语为本族语的人"只有在检测日本人的学习成果和帮助日本人实现个人满足感时发挥作用。英语在政策文本中的使用基本没有任何语境，完全脱离了实际的交际场所和交际对象。

　　具有讽刺意味的是，据报道，课程设置可能加深了民众对"英语交际"的不满。似乎与课程设置修订的宣布时间一致，2008年一家大型出版社再版发行了三部经典的英语语法翻译参考书，目的是满足公众对"严肃"英语学习旧传统的怀念。由于有关语法翻译法的外语参考书一般都是教你**学什么**，而不是教你**如何学**（Cook, 2010），这些参考书的再版热潮表明了日本人学习外语的一个重要特征：希望用他们自己的语言从文本中获取知识。这里无法大篇幅讨论日本人的翻译文化和外语学习，但是在外语学习过程中民族语言不可缺少的功能已经被很好地论证了（Inami, 2000；Sakai, 1997）。如果翻译是使外国信息"日本化"的一个过程，那么再次回到传统的语法翻译法则是有价值的（这正是"行动计划"的一个目标）。无论如何，对重要的与语言政策相关的政府文件进行仔细分析后，我们会发现，日本的英语作为外语的教学政策不单纯是为了在日本公立学校推广英语。相反，在课程设置中，日本的英语作为外语的教学政策都把本民族语言置于核心的地位，这造成了日本教育体系中英语交际的"日本化"。

参考文献

Asahi Shimbun. (2011, June 13).留学増へ奨学金100万円–「内向き志向」に危機感 [One million yen of scholarship in order to increase overseas study. A sense of crisis with the "inward-looking attitude"]. Retrieved from http://www.asahi.com/ business/

Aspinall, R. W. (2011) Globalization and English language education policy in Japan. In D. B. Willis & I. Rappleye (Eds.), *Reimagining Japanese education: Borders, transfers, circulation, and the comparative* (pp. 127–146). Oxford: Symposium Books.

Baldauf. R. B., Jr., Kaplan, R. B., Kamwangamalu, N., & Bryant, P. (2011). Success or failure of primary second/foreign language programmes in Asia: What do the data tell us? *Current Issues in Language Planning, 12* (2) 309–323.

Belson, K., & Onishi, N. (2011, March 28). In deference to crisis, a new obsession sweeps Japan: Self-restraint. *New York Times*. Retrieved from http://query.nytimes.com

Cook, G. (2010). *Translation in language teaching*. Oxford: Oxford University Press.

Cutts, R L. (1997). *An empire of schools: Japan's universities and the molding of a national power elite*. Armonk, NY: M. E. Sharpe.

Economist, The. (2009. December 30). Japan's two lost decades: An end to the Japanese lesson. Retrieved from http://www.economist.com/node/15174533/print

Fairclough. N. (2001). *Language and power* (2nd ed.). Harlow. UK: Longman.

Fowler. R. (1991). *Language in the news: Discourse and ideology in the press*. London: Routledge

Hall, I. P. (1998). *Cartels of the mind: Japan's intellectual closed shop*. New York: W. W. Norton.

Hashimoto, K. (2000). "Internationalisation" is "Japanisation : Japan's foreign language education and national identity. *Journal of Intercultural Studies. 21* (1), 39–51.

Hashimoto, K. (2009). Cultivating "Japanese who can use English": Problems and contradictions in government policy. *Asian Studies Review, 33,* 21–42.

Hashimoto. K. (2011). Compulsory "foreign language activities" in Japanese primary schools. *Current Issues in Language Planning, 12* (2), 167–184.

Holliday, A. (2005). *The struggle to teach English as an international language*. Oxford: Oxford University Press.

Horio, T. (1988). *Educational thought and ideology in modern Japan: State authority and intellectual freedom* (S. Platzer, Ed. and Trans.). Tokyo: University of Tokyo Press.

Houghton, S., & Rivers,. D. (forthcoming). *Native-speakerism in Japan: Intergroup dynamics in foreign language education*. Clevedon, UK: Multilingual Matters.

Inami, R. (2000). 日本人の教養の伝統をめぐつて [Tradition of cultural education of Japanese people]. In T. Haga (Ed.), 翻訳と日本文化 [*Translation and Japanese culture*] (pp. 24–37). Tokyo: Yamakawa-Shuppansha.

Kachru, B. B. (2005). *Asian Englishes beyond the canon*. Hong Kong: Hong Kong University Press.

LoCastro, V. (1991). The English in Japanese university entrance examinations: A sociocultural analysis. *World Englishes, 9* (3), 343–354.

Miller, R. A (1982). *Japan's modem myth: The language and beyond*. New York: Weatherhill.

Ministry of Education, Culture, Science, Sports and Technology (MEXT). (2002). Developing a strategic plan to cultivate "Japanese with English abilities" - plan to improve English and Japanese abilities. Retrieved from http://www.mext.go.jp/english/news/2002/07/020901.htm

Ministry of Education, Culture, Science, Sports and Technology (MEXT). (2003). Regarding the establishment of an action plan to cultivate "Japanese with English abilities". Retrieved from http://www.mext.go.jp/english/topics/03072801.htm

Ministry of Education, Culture, Science, Sports and Technology (MEXT). (2009). Chapter 4, Foreign Language Activities. Retrieved from http://www.mext.go.jp

Ministry of Education, Culture, Science, Sports and Technology (MEXT). (2010a). Chapter 2, Subjects, Section 1, Japanese Language. Retrieved from www.mext.go.jp

Ministry of Education, Culture, Science, Sports and Technology. (2010b). Section 9, Foreign Languages. Retrieved from http://www.mext.go.jp

Monbukagaku-shô. (2001) 英語指導方法等改善の推進に関する懇談会報告[Report of the meeting about promotion for improvement of English teaching methods]. Retrieved from http://www.mext.go.jp/b_menu/shingi/chukyo/chukyo3/015/siryo/04061401/002.htm

Monbukagaku-shô. (2003). 「英語が使える日本人」の育成のための行動計画の策定について [Regarding the establishment of an action plan to cultivate Japanese who can use English"]. Retrieved from http://www.mext.go.jp/b_menu/houdou/15/03/030318a.htm

Monbukagaku-shô. (2009).高等学校学習指導要領[Senior high school Course of Study]. Tokyo: Tôyama-shobô.

Moncrieffe, J., & Eyben, R.(2007). Labelling, power and accountability: How and why "our" categories matter. In J. Moncrieffe & R. Eyben (Eds.), *The power of labelling: How people are categorized and why it matters* (pp. 1–16). London: Earthscan.

Okabe, N. (2010, August 1). ジワリ衰退、危機感薄く世界での存在低下[Gradual decline, lack of a sense of crisis, and loss of the strong presence in the world]. *Nikkei*. Retrieved from http://www.nikkei.com

Parmenter, L. (2006); Beyond the nation? Potential for intercultural citizenship education in Japan. In G. Aired, M. Byram, & M. Fleming (Eds.), *Education for intercultural citizenship* (pp. 144–163). Clevedon: Multilingual Matters.

Prime Minister's Commission on Japan's Goals in the 21st Century [PMC]. (2000)日本のフロンティアは日本の中にある-自立と協治で築く新世紀 [The frontier within; Individual empowerment and better governance in the new millennium]. Retrieved from http://www.kantei.go.jp

Sakai, N. (1997). *Translation and subjectivity: On Japan and cultural nationalism*. Minneapolis: University of Minnesota Press.

Seargeant, P. (2009). *The idea of English in Japan: Ideology and the evolution of a global language.* Bristol: Multilingual Matters.

Stanlaw, J. (2004). *Japanese English: Language and culture contact.* Hong Kong: Hong Kong University Press.

Tamny, J. (2011, April 23). The myth about the myth of Japan's two lost decades. *Forbes.* Retrieved from http://www.forbes.com

Tsui, A. B. M., & Tollefson, J. W. (2007). Language policy and the construction of national cultural identity. In A. B. M. Tsui & J. W. Tollefson (Eds.), *Language policy, culture, and identity in Asian contexts* (pp. 1–24). Mahwah, NJ; Lawrence Erlbaum.

Wakabayashi, D., & Sekiguchi, T. (2011, March 26). Evacuees set rules to create sense of normalcy. *Wall Street Journal.* Retrieved from http://online.wsj.com

Yamamoto, M., & Iwaki, T. (2011, January 17). 若者「内向き」企業苦悩 [Company anguishes because of "inward-looking" youth]. *Yomiuri Shimbun,* morning edition, p. 9.

Yomiuri Shimbun. (2010. April 4). 留学先で「日本」語れず [Not being able to talk about "Japan" when studying overseas]. Morning edition, p. 33.

第十章　印度经济转型中的英语教育：代价与收益

E.安纳马莱

在20世纪最后的十年里，印度对自由市场经济的追求导致其语言教育政策发生了转变，这些改变旨在通过教育来增强公民的能力，以适应市场经济的需求，而这些能力提升的核心就是英语。英语是商业领域中交流的工具，也是在新经济背景下获取有用知识不可缺少的"桥梁"。民族融合是大多数后殖民主义国家教育政策的主要内容，也是印度基于内部以及世界范围内的市场融合形势做出的选择。在这一融合的过程中，英语有着不可或缺的重要地位。

由于英语在竞争激烈的市场经济中的重要性，因此人们普遍认为英语对自身的物质生活条件有着重要影响。这一观点受到了英语能立刻给人们带来利益的愿景的刺激，这也促使政府很容易就修改了先前的国家政策，即在各个领域，包括教育领域，用印度语言（Indian languages）代替英语的政策。由于在经济中，使用英语很容易获利，而且英语能够创造出市场经济所需的大量劳动力，因此政府在教育领域的主导地位也逐渐在被市场取代。

这看似融合了民众、政府和市场的利益，其实却掩盖了英语美好愿景的虚假性。事实上，从教育起始阶段就缺乏英语师资，到没有合适的教学方法以适应英语学习者的多元化背景和不同需求，这些都是英语愿景虚假性的证据。新的语言教育政策所导致的结果是：改变了基于印度语言来发展文化多样性和丰富性的既定公共政策；英语教学亟需多样的课程和教学法；数百万第一代英语学习者的希望越来越渺茫，因为他们在现实生活中没有机会获得以英语为教学语言的高质量教育。本章将展现印度由于推广以英语为教学语言的教育所产生的隐蔽性的社会代价。

政策的多样化

政策可以定义为一系列基于意识形态的原则，能够引导人们行为模式，从而实现某一目标。政策包括对象和领域，对象是行为的目标，领域是实现某一目标的行为范围。政策能够在教育领域影响语言选择，政策的目标包括与语言有关的问题，如语言发展、语言地位的强化（或弱化）以及某些政治问题（Tollefson，2002），这些政治问题诸如国家建立、避免冲突、国家治理、有效交际以及经济发展等。除了通过国家机构建立起的语言教育政策之外，还有一些其他组织也制定了语言政策，尤其是社区和个人（Annamalai，2001）。他们希望通过语言来实现自己的目标，也有在教育机构进行学习和使用的语言偏好。他们的一些目标可能与国家的语言政策目标重合，然而还有一些是他们所特有的，这包括社区和个人的政治文化身份认同。因此，对语言政策的研究应该是多元的，应当考虑这三个层面（国家、社区和个人）的政策之间的关系，尤其是它们之间是否冲突或和谐，以及它们的相互作用及影响。不同层面之间的互相影响会引起各个层面的政策改变，包括社区和个人行为上的改变，还有国家政策的改变，因而，政策的制定是三个层面之间互动的动态过程。

社区或者个人的语言政策可以用社会语言学的术语"语言行为"（language behavior）来表示。用这一术语是基于以下事实：指导社区和个人语言选择的原则是直接与语言行为相关的，社区或者个人制定的语言政策与在现实生活中的语言行为是完全一致的（尽管可能会受到国家语言政策的限制）。在另一方面，国家的语言选择原则，实际上与民众的关系并不紧密，因为我们可以看到民众或接受或调整或反对国家的语言政策。进一步说，只有当社区或个人接受了政策所设定的语言行为，那么国家政策才会逐渐发挥作用。

另一方面，语言政策在观念上和经验上都是多元化的：语言政策是基于国家和民众的文化、社会、政治、经济和历史的环境；一个国家的语言政策也不是静止的；政策与环境的关系是循环往复的，因为政策本身会给环境带来变化（例如社区和个人权利的变化），这些变化也会反过来引起政策的改变。因此，无论是在民主国家还是在集权国家，语言教育政策都是一个互动的、基于环境的、动态的过程，所有都会经历长时间的政策调整的过程。

语言政策的矛盾

自从1950年新宪法制定以后，印度被贴上了"语言世俗主义"（linguistic secularism）和"语言自由主义"（linguistic liberalism）的标签，"语言世俗主义"是指没有一种语言被神圣化为唯一的国家语言，"语言自由主义"主要是指在基础教育阶段继续使用各种大大小小的少数族群的语言。然而，印度的语言教育政策有着一个内在的矛盾：语言政策受经济发展政策的制约，经济发展需要从工业化国家引进科学与技术，那么也就需要高等教育能培养出掌握这些知识的人才。几十年以来，这些经济政策都是通过中央集权的计划和政府体制来实现的。因此，高等教育要培养出经济发展所需要的技术人才和政府官员，高等教育的语言就必须是英语，这和殖民主义时期的情形一样。同时，这一实践也对宪法所规定的要在教育中要选择使用印度语言的情况造成重要影响：这就使得那些要接受高等教育的学生与在中小学阶段就打算离开学校去工作的学生之间产生严重的分歧：前者要求在中小学教育中教学语言用英语，以便今后进入大学学习；后者则要求选择印度语言作为教学语言（这是实际状况，而非法律要求的结果）。早期的政策鼓励那些不打算接受高等教育的学生去选择职业教育，而这目前已经普遍不再为那些希望成为中产阶级的人们所接受。当前，为了在以英语为教学语言的高等教育中获得成功而学习英语的需求，已经转变为许多民众要求所有学生的教学语言必须是英语的愿望。这种情况导致两类学校的形成，这两类学校的教学语言明显不同，这也导致了由两种教育所带来的实际利益的不平等。语言教育政策带来这样的结果在世界上并不少见。托尔夫森（1991：211）指出："尽管国家会资助一些语言项目，并且声明语言学习的重要性，但他们同时也造成另一种情况，使得一些人根本无法获得他们所需的语言能力。"在印度，国家鼓励使用英语作为教学语言的政策，能够普遍性地、大规模地提高英语能力，同时也意味着现实生活中很多人永远也无法获得他们所需的语言能力。

应对语言政策的矛盾

自从20世纪50年代，政府政策已经开始规定在各邦使用地方印度语言作为公立学校的教学语言，但是高等教育的教学语言仍旧是英语，并没有依据政策所建议的，逐渐采用地方印度语言作为教学语言。由此产生的一个重要结果就是新兴私立学校纷纷建立，除了已经存在的基督教学校以外，有些是由印度宗教组织管理运营的，这些宗教学校并不受政府有关学校语言教育政策的限制，大部分的私立学校都选择英语作为教学语言，这些学校主要是受到期望向上流动的中产阶级的欢迎，他们摒弃了公立学校，公立学校被认为是只有那些家庭经济实力和学习能力有限的孩子才会就读的学校。这样的发展让公众产生一种观念，那就是好的教育是通过英语来授课的，这样的教育能够使学生以后成为白领，甚至包括农村偏远地区的穷苦大众也是这样认为的。

因此，社区的语言政策最终更倾向于将英语作为教育中的核心，这也最终对国家语言教育政策产生了巨大影响。为了回应社区和个人在教育中的语言选择偏好，国家开始以各种方式来调整它的语言政策，如允许英语和印度语言同时作为教学语言的教学；进一步降低英语教学的起始年级；[1] 关闭缺少生源和资源的公立学校，把教育让渡给了私立学校，但这些私立学校是穷人读不起的。此外，尽管父母花很多钱，以努力给他们孩子提供英语教育，但很多孩子最终还是遭受教育的失败。

冲突的政策

在印度，整个国家遵循着一个有关国民新知识创造的潜在规则，那就是知识都是通过英语传入或者在当地由英语创造，然后再翻译为印度语言的。这一规则在知识的创造者和消费者中造成了不平等的等级制度，而划分的标准则是他们的语言能力。用基于英语的知识培养出精英阶层的策略是殖民主义政策的延续，殖民主义政策就是主张通过英语向大众提供所谓"有用"（欧洲的）的知识。由于知识的广泛传播需要付出大量的经济代价和政治代价，殖民主义政策就是向少数人（大多数是社会上层精英）提供英语教育，然后让他们用母语将这些知识传递给其他人（Annamalai, 2003）。

然而，知识向下渗透的殖民主义政策和当前印度作为民主国家的政策有着很大的区别，后者在原则上主张在教育中通过英语向每一个入学者提供知识。这个原则意味着学生或者家长会因学校教育失败而受到指责，尽管学校传播知识只用一种语言，而这种语言又非学生在课外所使用的。教学媒介语选择错误（相对于选择英语）会成为导致一些人今后社会经济地位被剥夺的主要因素，尤其是那些属于第一代英语学习者的孩子。因此，由于受到其他领域隐性的国家政策和高等教育矛盾的政策的影响，社区和个人的语言选择更多的是倾向于英语。

尽管这种选择是为了提高孩子在就业市场上的竞争力，但在现实中，这却事与愿违。特别是由于学校教育的大规模失败，这一政策无法实现其

---

[1] 官方数据表明，87.5%的学校在小学教育阶段教授英语，91.5%的学校在这一阶段教授两门或两门以上的语言（NCERT, 2005c）。——作者注

所期望的功利性的就业目标。事实上，尽管宪法规定所有孩子应接受小学义务教育，但仍有53%的学生没有完成小学教育就辍学了；留在学校的那部分学生，有14%没能继续中学教育；而在那些继续中学教育的学生中，又有一半的人没能完成高等教育所必需的十年学校教育（NCERT[1]，2005e）。当前加强高等教育建设的政策所设定的目标是：在五年内18岁到24岁年轻人的入学率要实现翻一番，从7%增长到15%（Government of India, 2007）。[2] 高等教育的这个目标和高辍学率之间不对等，而这个不对等将会严重影响扩大高等教育基数的目标。尽管政策的目标是扩大高等教育和建立更多的优质大学，但如果大多数孩子在高中的学业表现无法有所提高的话，高等教育仍将无法实现这一目标。

政策重建

尽管从国家独立之初，语言政策的重建就一直在进行着，但是有关教学媒介语的国家政策却一直在沿用。当年，由于受国际国内因素变化的影响，在独立后纷纷建立的各级教育委员会——包括穆达莱委员会（Mudaliyar Commission[3], 1952—1953）和科塔里委员会（Kothari Commission[4], 1964—1966）的建议下（Biswas & Agrawal, 1986），早期的政策提出了两项目标：个人发展和国家发展。其目标是为了培养拥有技术、知识和观念的国民，从而促进国家经济发展和政治发展，同时确保物质生活水平的提高和个人道德标准的进步。其中，语言教育政策的目标是让人们通过母语或者地区语言接受教育，以保持社会的多语化。使用印度语言作为教学媒介语在殖民主义时期也很普遍，但是新政策重点强调本地语教育的普及，这一新变化会立刻在中学教育中实现，并逐渐延伸至高等教育。但同时也制定了一些例外规则，这为主张英语作为教学语言的提倡者打开了缺口（Annamalai, 2003）。在本地语教育政策背后的假设是英语在

---

1 NCERT为印度国家教育研究与培训委员会（National Council of Educational Research and Training）的缩写。

2 国家知识委员会（National Knowledge Commission）的目标是在五年内，国内大学水平的机构增加到1500所（2010年，印度国内大学有544所，31,324所学院）。要实现这个目标，政府要增开新机构，从现有的学院中挑选出一些授予大学地位，让有希望的学院升级到大学水平，鼓励私人组织开设这类机构，允许国外大学在印度创建校区。——作者注

3 也称中等教育委员会，成立于1952年，因其主席为Dr. lakshman Swami Mudaliar而得名。

4 也称国家教育委员会，成立于1964年，因其主席为Dr. D. S. Kothari而得名。

教育中的角色是过渡性的，最终会让位给印度语言。正如科塔里委员会特别提及的，在独立的印度，英语在教育中的角色应该是一种图书馆语言，人们主要是通过英语来获取知识。

1968年，在印度中央教育咨询委员会（Central Advisory Board of Education）等各级教育委员会及其他机构的大力推动下，国家教育政策出台了（1986年实行，1992年未做任何有关语言方面的修订）。其中，语言教育政策实际上在理论基础和细则方面都与穆达莱委员会和科塔里委员会建议的一样，其理论基础在国家教育政策中有详细的说明（Government of India, 1968: 39）：

> 印度语言和文学有活力地发展是教育进步和文化进步的必要条件，如果满足不了这个条件，那么国民的创造力就无法激发出来，教育水平也无法提升，知识更无法广泛传播，知识分子之间的鸿沟即使不扩大，也将继续存在。

细则指出学校的教学媒介语是印度语言（除了个别例外），学生将学习三门语言：(1) 母语或地区语言（即各邦的官方语言），(2) 母语为非印地语（Hindi）[1]的学生要学习印地语（对于母语为印地语的学生而言，则是另外一种现代印度语言，最好是印度南部的语言），(3) 还有英语（印地语和英语是印度联邦规定的官方语言），这部分政策受到印度各邦邦长的支持，被称为三语模式。

因为在中小学教育和高等教育阶段所使用的教学语言不同，这会阻碍创新性、优质性、平等性和灵活性目标的实现，国家政策提出："地区语言已经在初级和中级阶段作为教学语言使用，当前亟需采取的措施是在大学阶段也使用地区语言作为教学语言（Government of India, 1968: 40）。"这一措施的紧急性在政策确立之初就广泛宣传，但是在新的经济环境中已经不再适用，其所存在的问题包括母语和地区语言的选择问题（当这两者不相同时），还有对于印地语学生来说，其缺乏认真学习另一种现代印度语言的工具性动机（Aggarwal, 1992）。三语教学政策中的这种固有的缺陷被留给个人和社区在实践中去解决。

1　印地语为印度北部使用的语言，为印度官方语言之一。

政策变迁

科塔里委员会认为英语是一种图书馆语言，正如我们上文所述，是要通过英语从印度以外的地区获取知识。但在现实中，人们认为学习英语是为了能力提升和运用，之所以产生这样的发展趋势是由于政治环境的变化。1965 年宪法规定印地语将取代英语作为官方语言（即宪法颁布后的 15 年），反对这一规定的暴力抗议持续了相当长的时间，特别是在南部地区。作为回应，1963 年通过了《官方语言法》（*Official Language Act*）以执行宪法要求，1967 年该法律修订后规定英语作为联邦第二官方语言。通过这一法案，行政上单语的语言政策（用印地语代替殖民语言英语）变为更广泛的双语政策。英语在印度的地位在官方层面上也发生了变化：现在，英语在政府层面成为一种活跃的语言，在社会上也是如此。英语同时也具有了重要的政治意义，作为对抗印地语统治的政治标志。

国家教育政策（Government of India，1986）要求普及基础教育："我们要确保在进入 21 世纪之前，将优质的免费教育和义务教育提供给所有 14 周岁以上的儿童。"从 1960 年到 2000 年，宪法指令也在不断地重申对目标群体进行教育普及的规定。在没有实现普及基础教育的入学率目标之后，宪法也在 2002 年进行了修订，将教育作为孩子的基本权利，改变了早先宪法规定的"教育是国家义务"的说法。这一修订通过 2009 年的《儿童免费义务教育权利法案》（也被称为《教育权利法案》）得以具体实施（Government of India，2009）。该教育政策的目标是使所有孩子接受基础教育，政策实行后学校入学率现已接近普及，但仍有很多学生没有完成八年义务教育。

近乎普及的入学情况[1]是实施《全国普及基础教育计划》的结果。在其他方面，这一计划提高了实际的入学率，例如在 2002 年，87% 的居民区在方圆一公里的范围内有一所小学，78% 的居民区在方圆三公里的范围内有一所高级小学，以便保证学生能完成八年义务教育（NCERT，2005a）。完成八年义务教育的学生数量相对提高了。在 2002 年，相对于八年级的入学人数 140 万人，一年级的入学人数有 320 万人（NCERT，2005b）。根据第五次全印度教育普查报告，假设基础教育中开始和结束是同一批学生，那么保持率为 44%，比起 1986 年的保持率高了 12%，该报告同样列

1　2002 年，年龄在 6—11 岁的儿童是 1.32 亿（NCERT，2005a，table 2），1—5 年级的入学儿童为 1.23 亿。辍学或在升入 5 年级时留级的学生有 1200 万（NCERT，2005b，table 20）。——作者注

出了入学数据,一年级有2,490万,八年级只有790万(NCERT,1992,volume 2,table 167)。[1]

除了政府致力于教育的普及以外,保持率的变化也显示了家长方面的观念变化。近年来,那些世代远离传统学校教育的群体也开始信任学校教育,将他们孩子送进学校。随着中产阶级的扩大,教育也以新的市场经济方式向个人提供服务。过去半个世纪以来,社会政治发生了变化,包括了政府支持"弱势种姓"的政策,对其进行积极的区别对待,为其在高等教育和职业教育中保留一定数量的录取名额,以增加其向上层社会流动的可能。这些家长也从中产阶级家长的身上看到,英语是这种向上层社会流动的关键,而进入以英语为教学语言的学校又是获得这种英语熟练程度的关键。

政策上的悖论

对于第一代英语学习者而言,英语是一门外语,离开课堂便得不到加强,他们对英语学习有着特殊需求;在大众英语教育中,小学教师所掌握的英语知识非常有限,不能作为英语语法及发音的学习典范,而且这些教师也没有接受过第二语言教学的培训,对于这两个挑战,现今的政策都没有给出可行的解决方案。在这样的实际环境下,不管学生的经济、社会以及教育背景怎样,对所有人而言,以英语为媒介语的政策和基础教育普及的政策都会面临失败的危险。然而,各方面的决策者仍旧认为,发展英语熟练程度的教育才是让所有人获得优质教育的唯一途径。这中间的悖论就是,试图通过英语教育来获得全球化经济机会的政策从根本上损害了教育机会普及化的政策。问题也就在于,代价——对经济最底层的孩子而言,一直缺乏以母语接受优质教育为代价,是否与中产阶级在全球化下所获得的经济机会的收益对等?由于广泛的教育失败,这一悖论不太可能因这样的主张而得到解决,即主张认为自由市场经济最终会把每个人都带入中产阶级。

---

[1] 文中列出的留校率是估计的。孩子仍然留校还有一些其他非教育方面的原因,包括政府为贫困生提供的免费午餐。留在学校和学习进度并不一定保持等同关系,因为留级有一些其他原因。以后,如果每个省实施了2009年通过的联邦法律,那么在学校的时间长短和学习进度之间的关系就更加不明显。该法律认为学校不能够劝退学生,为了更连贯和全面地考察学生全年的表现,期末考试也会被废除。——作者注

语言教育政策的经济动因

20世纪90年代,印度处于收支失衡的危机中,在国际货币基金组织(IMF:International Monetary Fund)的压力下接受了市场经济,正是这时发生了经济政策的大转变。国家开始承认全球化市场在经济中的支配性地位。经济转型的过程与英语紧密相关,因为英语是全球化市场、信息与通信技术的语言,这些也是全球化经济所依赖的。英语发展的经济性根源,就意味着教育的作用愈发是为了促使国家融入全球化的市场,而教育在帮助国民从文化上融入国家的功能就被放在了一边。为企业输送知识工人而不是向国家输送有知识的公民,成为了教育的首要任务。

将国家教育研究与培训委员会(NCERT,2005e)的国家课程大纲与国家知识委员会(National Knowledge Commission)(Government of India,2007)所提出的学校教育建议加以比较,就会发现教育驱动的政策与经济驱动的政策之间的紧张。体现着政治意识形态与政治实用主义的政策文本表明,两者在保存国家多语性上是一致的,英语也是这种多语性的一部分。但两者的不同在于有关英语在个人、社区以及国家多语制中的地位。

在国家课程大纲有关语言的章节中,有如下表述(NCERT,2005e:39):

> 英语并不是独立的。英语教学的目标在于创造多语,这可以丰富我们的语言;多语已经是这个国家永远的景象。英语需要与不同地区的其他印度语言一起寻找到适合自己的位置,并利用孩子的其他语言来强化英语的教学与学习。

在这一目标下,政策将英语作为三语之一置于教育环境中,三语的教学法将促进所有语言的学习。

与此相反,国家知识委员会(Government of India,2007:47)强调语言的重要性,将语言视为"准入的决定性因素",超越其他任何意义,比如体验世界的方式、文化的媒介、个人身份的标记、国家团结的象征及其他非经济性的标志。也就是说,"语言作为交际工具"被缩小到了"为实现经济成功的交际工具",将语言的社区凝聚和团结的功能抛在了一边。英语在高等教育和高收入工作方面的价值是委员会在学校推动更早的英语教学,以及在更广泛的领域开展英语教学(如在科学和数学等科目上,超出了写作、文学和演讲等传统语言教学科目)的出发点。这项政策意味着为了学习英语,用英语教所选定的非语言科目。这种"语言贯穿于所有课程"的教学理念也正是主张语言不仅要在语言课堂上学习，同时还要在其他科目中学习的观念。委员会还提出（Government of India，2007：27）：

> 英语作为一门语言的教学必须连同儿童的第一语言（母语或地区语言）一起从一年级就开始进行教学……语言学习不能脱离于内容学习，并且必须与其相融合。因此，从学校三年级开始，英语必须同时被用来教一些非语言的科目。

委员会称这项政策可以帮助建立"一个兼容并包的社会，并且将印度转变成为一个知识型的社会"。尽管有很多超越语言的其他因素在影响着国民的经济参与，但这项政策的设想是任何人都可以成为知识经济的参与者，英语教育将扫除这条道路上的所有障碍。

因为历史、政治及经济上的原因，英语教学一直是印度语言教育政策中重要组成部分，然而如今英语在教育中起着普遍性的作用。有约 90 万所学校，包括小学和高级小学（即 1 年级到 4 年级或 5 年级和 5 年级或 6 年级到 8 年级）实行基础义务教育。[1] 1 年级到 8 年级的学生人数约为 16,900 万。这些学校（包括单一型师范学校）需要接受英语语言及教学法培训的教师（不包括辅导教师）人数约为 350 万（NCERT，2005a）。在教师培训上即便是局部的失败都会危害这项政策，尤其会影响那些经济贫困的学生的教育。即使是政策所需的人力物力资源都已充足，为各种学生群体开展英语教育的最大风险之一，就是教育失败或者是学业不良的巨大社会代价。

英语与教育质量

国家知识委员会所建议的政策主要是让公立学校根据私立学校的实践经验加以调整，后者从一年级便开始英语教学并将英语作为教学语言。在国家所有小学中，80.4% 的小学由从联邦政府到五人长老会（村级组织）等各级政府组织管理（NUEPA，2011）。[2] 另外，由政府出资协办的学校，

---

[1] 2009 年，报告称提供初级教育的学校有 130 万（NUEPA，2011，table 1）。这一数字可能包括小学和小学高年级组，以及初中、高中和小学课堂中等多个部分。——作者注

[2] 小学阶段，公立小学的入学率是 76.0%，政府资助的小学的入学率是 9.1%。在小学高年级组，两者的比率分别是 53.8% 和 27.9%。小学阶段入读私立学校的学生比例是 15.0%，小学高年级组这一比例是 18.3%（NCERT，2005b）。关于学生选择学习语言的分布情况，虽然印度非营利性教育组织布拉罕（Pratham，2007）的研究包含相关信息，但是仍然没有相关的数据。——作者注

根据法律规定也要服从政府的语言政策。不使用英语作为教学语言的小学及高等小学的数量都有所增加：2002年，用地区语言或母语进行教学的小学为92.1%（NCERT，2005b）（1993年为91.7%[NCERT，1992]），高级小学阶段为91.3%（1993年为88.6%）。这一增长在城市和农村地区并无显著性差异。2002年，使用地区语言或母语教学的农村小学为92.4%（1993年为91.7%），城市小学为90.4%（1993年为91.3%）；农村高级小学为92.7%（1993年为89.5%），城市高级小学为87.4%（1993年为86.1%）（NCERT，2005c）。

然而这些数据并不意味着以英语为教学语言的学校的数量在减少。2002年，英语是13.0%的小学及18.3%的高级小学所使用的教学语言。而在1993年的第六次教育普查中，相应的数据分别为5.0%和15.9%（总数并未达到100%，是因为有些学校一个班级在不同科目用不同的教学语言，还有的学校用一种并非学生母语而是第二语言的印度语言作为教学语言，比如印地语）。此外，使用英语作为教学语言的学校数量的增长在高层次的教育中更为明显。2002年，在初级中学阶段（9年级和10年级）将英语作为教学语言的学校占总数的25.8%，而1993年仅为18.4%，在高级中学阶段（11年级和12年级，也称初级学院）中占33.6%，而1993年只占28.1%（NCERT，2005c）。

以英语为教学语言和以印度语言为教学语言的学校数量同样都在增长，这一明显矛盾所产生的原因如下：一方面政府开办新的学校，将用母语教学作为其普及基础教育的一项措施，同时政府还允许学校开办用英语作为教学语言的平行班，以此来反映新政策的转变。政府资助的学校通常通过法庭的介入从而赢得将英语作为教学语言的政府支持。[1] 同时，在此期间自己集资并用英语作为教学语言的私立学校也在增长，并且在第二个十年的经济调整过程中进一步迅速增长。最近一次全国性的教育普查的数据尚未公布，但来自泰米尔纳德邦（Tamil Nadu）的报告显示，那些私立的但不属于邦教育委员会管辖的，用英语进行教学的学校，其通过入学考试而录取的学生人数从2004年的175万增长到了2008年的231万，四年内增长了32%（Ramalingam，2009）。在卡纳塔卡邦（Karnataka），公立学

1　私立机构经常会违反国家规定，在没有取得资格认证的情况下，会为大众开设新的英语学校。到入学考试快结束时，这些学校会向法院请愿，希望可以保护在该校学习了几年的学生的利益，而且通常法院会接受请愿，同意这些学生参加考试。这个方法是一些私立学校和学生家长愿意冒险采取的。（Annamalai，1998）——作者注

校的入学人数从 2006 年的 630 万下降到 2011 年的 550 万，然而私立学校的入学人数由 2006 年的 230 万增长到了 2011 年的 290 万，五年内增长了 26%（Government of Karnataka, 2011）。2006 年，在其他四个邦中，7 岁到 16 岁年龄阶段的儿童有 17.6% 进入了私立学校，这相比前一年增长了 5%（Pratham, 2007）。尽管不同邦的变化速度不同，但是我们仍有把握认为，目前全国以英语为学习语言的学生的平均比例为 20% 左右，而且这个比例还将以每年 5% 的速度递增。

虽然用英语进行教学的学校不断增加，但大多数学校仍旧用母语进行教学。尽管新的国家政策和个人都试图改变这一现状。这意味着以提高教学质量的名义发起的政策上的转变会让大多数招收低收入家庭学生的学校发生变化，以采取和那些一直迎合中高收入家庭学生学习需求的学校一样的教学方法。

然而，一项针对印度大城市中以英语为教学语言的私立学校的调查显示，这些学校的学生表现低于国际水平，他们通过死记硬背来学习英文，缺乏理解，英语写作也缺乏原创性的句子（Educational Initiatives & Wipro, 2006）。这项调查结果表明英语教学并不一定能培养出在国际市场上具有竞争力的学生。但是在母语教学的公立学校中情况更糟糕。即使在学校学习了四五年，有将近一半的学生仍旧不会读、写或基本的算术（Pratham, 2007）。因此，印度需要教学方法的改革，而不仅仅是教学语言的转变。虽然所有的政策建议中都包含了教学方法改革的内容，但教学仍旧主要是为最终的考试做准备，最终的考试成绩是大学录取的决定性因素，因此也是期望孩子具有竞争优势的中产阶级父母最为关注的内容。

因此，尽管私立学校的英语教学状况并没有改善，但其招生率依旧不断在增长，与此同时，在经济转型的第二个十年，公立学校的招生率却在不断下滑。问题的症结在于教育普及的国家政策被简单地认为就是英语教育的普及，其结果会怎样无从知晓。但这些都肇始于一种观念，即通过英语教育的民主化，可以解开英语与社会经济不平等的历史性难题。不幸的是，并没有证据显示这一目标可以实现。

英语与经济增长

目前还没有研究来分析英语教育数量增长与国内生产总值增长之间的关系。2003 年服务产业对 GDP 的贡献率达到了 52%，有 28% 的劳动者就职于服务产业（Verma, 2008）。这一产业包括信息技术服务业和金融服务业,这两个行业都需要不同的专业英语技能。其他服务业如酒店业和旅游业的一些工作需要英语交际能力。余下的72%的劳动者集中在制造业、贸易业、建筑业、纺织业、手工业和农业,这些行业对英语能力的要求很低或者基本没有要求。

经济转型后的经济增长,以及随之而来的政府部门以外的非体力劳动工作的增加,这些都要求越来越高的英语能力。新兴经济对经济增长的贡献也越来越高,许多政治经济分析家强调了英语在印度作为殖民遗产所带来的竞争优势,因为对印度中产阶级而言,英语更像是第二语言而不是一门外语。在引人注目的与中国比较的过程中,如果失去英语优势将最终损害印度的国家竞争力。这也是最近英国文化协会[1]一份有关英语在印度的未来的报告的主要结论之一:

> 目前印度人的英语语言能力提高速度太慢了,也许会导致印度落后于其他在小学教育更早的阶段就开始成功实施英语教学的国家。中国会说英语的人口也许已经比印度多了(Graddol,2010:14)。

这种恐惧心理助长了国家政策层面的英语教育热,而该政策背后的想法也被认为是合理的,即在经济转型过程中下一步就应该是拓展和提高国民的英语能力。

当前政策包含的意思是英语不仅仅是学术环境中获得信息和知识的语言,而且是商务环境中的交际语言。英语不仅是通向世界的窗户,更是通往世界的一扇门。然而全球市场的经济现象蒙蔽了政策制定者,让他们没有意识到语言教学上的某些基本原理。筹划国家课程大纲的小组之一——英语教学小组,提出了学校中三语教学的综合教学法。这一建议是基于某些语言技能能够有效地从一种语言迁移到另一种语言的事实(NCERT,2005d,第一卷第4部分)。该小组指出阅读能力就是其中之一,而且迁移的自然方向是从母语迁移到第二语言。交际能力也是一种可以从第一语言(印度语言)迁移到第二语言(英语)的能力。然而印度国家知识委员会所提出的政策并没有认识到这一点。印度语言小组(NCERT,2005d)强

---

1 英国文化协会(British Council)于1934年成立于英国,致力于促进英国文化、教育、国际关系之拓展和交流。于全球109个国家、两百多座城市设有分部或办事处。该协会提供英式英语教学、英国期刊、留学情报以及各领域消息、免费咨询等服务,并与外交机构建有合作计划,为非营利性机构。

调教育对构建多语制的重要性，也注意到了少数民族学生在校选择学习母语的权利。国家知识委员会认识到了印度多语制的必要性，但是把实现多语能力的目标归为社区和私立学校的意愿，并没有通过官方政策制定程序化的路径。

此外，对来自已经两三代都接触英语的家庭的学生和来自首次接触英语的学生来说，采用同样的英语教学政策会有损于后者的利益。尽管没有实证数据来证明，但就教育界的非政府组织的观察来看，在学习了十年左右的时间后参加学校的最后考试，因为英语和数学考得不好而不能被大学录取的学生大部分都是第一代英语学习者。而那些通过考试进入大学的第一代英语学生，由于英语是高等教育的教学语言，他们中的很多人因为英语能力不够，无法完成学业。而那些顺利毕业的又因为英语和交际能力差，最后在找工作中败下阵来。确实，企业界总是在抱怨说虽然受过大学教育的学生越来越多，但是拥有良好英语技能的劳动力储备却在减少，损害了印度"天生的"英语交际能力优势。

语言政策的社会成本

从社会经济底层来的学生在不同教育阶段的失败是一个巨大的社会成本。这导致了经济不公平，造成社会动荡。性别不公的情况也有所恶化，因为家长无力支付高昂的英语学习费用，只好仅让儿子来学习（Ramalingam，2009）。为了维护他们的教育投资，许多家长把孩子送往私立的英语学校，这些学校通常设备不全，收费高昂。然而社会需求支撑着这些虚假的低质量的英语教学，同时给穷学生带来的额外的失落感。

政策制定者所面临的挑战是要确保通过教育系统增加英语学习的公平机会，而且不会扩大现存的英语熟练程度的差距。也就是说，他们所面临的挑战就是既要通过英语来达到经济机会均等的目标，又要防止由于英语带来不公平的教育结果。如果该挑战没有被正确对待，那么就有一种责备那些处于社会经济底层的人没有好好利用新的经济机会的危险，因为他们不能把英语学好，那样就会出现合理的不公平。这种危险潜伏在私立教育中，私立教育就如同一家商业公司只对那些有消费能力的人开放。教育管理的转变和为大众提供高质量教育的失败表明，经济转型的下一步应该是教育转型。正如新经济在扩大印度中产阶级数量的同时，也加剧了收入的不公平，因此新教育也可能在增加受教育人数的同时，会将教育不公平扩散开来。

参考文献

Aggarwal, S. (1992). *Three language formula: An educational problem*. New Delhi: Gian Publishing.

Annamalai, E. (1998). Language choice in education: Conflict resolution in Indian courts. *Language Sciences, 20* (1), 29–43.

Annamalai, E. (2001). Role of the state, the community and the individual in language maintenance. In E. Annamalai (Ed.), *Managing multilingualism in India: Political and linguistic manifestations* (pp. 67–75). New Delhi: Sage.

Annamalai, E. (2003). Medium of power: The question of English in India. In J. W. Tollefson & A. B. M. Tsui (Eds.), *Medium of instruction policies: Whose agenda? Which agenda?* (pp. 177–194). Mahwah, NJ: Lawrence Erlbaum.

Biswas, A., & Agrawal, S. P. (Eds.). (1986). *Development of education in India: A historical survey of educational documents before and after independence*. New Delhi: Concept Publishing.

Educational Initiatives & Wipro, (2007). *Student learning in the metros 2006*. Retrieved from http://www.ei-india.com/fijll-report.pdf

Government of India. (1968/1986/1992). *National policy on education*. New Delhi: Ministry of Human Resource Development. Retrieved from http://mhrd.gov.in/sites/ upload_files/mhrd/files/NPE86-mod92.pdf

Government of India. (1993). *Learning without burden: Report of the National Advisory Committee*. New Delhi: Ministry of Human Resource Development.

Government of India. (2007). *Recommendations on secondary school education*. New Delhi: National Knowledge Commission. Retrieved from http://knowledgecommission.gov.in/recommendations/language1.asp

Government of India. (2008). *Towards a knowledge society*. New Delhi: National Knowledge Commission. Retrieved from http://knowledgccommission.gov.in/downloads/documents/towards_knowlcdgcsociety.pdf

Government of India. (2009). Right of Children to Free and Compulsory Education Act. New Delhi: Ministry of Law and Justice. Online version http://164.100.24.219/BillsTexts/RSBillTexts/PassedRajyaSabha/right%20of%20children%20AS%20 PASSED.pdf

Government of Kamataka. (2011). *Education in Kamataka 2010–11: An analytical report*. Bangalore: Department of Education. Online venion http://ssakamataka.gov.in/pdft/gen_circular/SSA-Analytical-Report-English-2010-ll.pdf

Graddol, D. (2010). *English next India: The future of English in India*. New Delhi: British Council. Retrieved from http://www.britishcouncil.org/leaming-english-next-india-2010-book.htm

NCERT. (1992). *Fifth All India Educational Survey*. New Delhi: National Council of Educational Research and Training.

NCERT. (2005a). *Seventh All India School Education Survey-Provisional statistics*. New Delhi: National Council of Educational Research and Training. Retrieved from http://7thsurvey.ncert.nic.in

NCERT. (2005b). *Seventh All India School Education Survey*. Volume 2: *Enrolment in Schools*. New Delhi: National Council of Educational Research and Training. Online version http://7thsurvey.ncert.nuc.in

NCERT. (2005c). *Seventh All India school education survey*. Volume 3: *Media of instruction and languages taught*. New Delhi: National Council of Educational Research and Training, Online version http://7thsurvey.ncert.nic.in

NCERT. (2005d). *National focus groups-Position papers*. Volume 1: *Curricular areas*. New Delhi: National Council of Educational Research and Training. Retrieved from http://www.ncert.nic.in/html/pdf/schoolcurriculum/Position_Papers/Indian_Languagcs.pdf

NCERT, (2005e). *National curriculum framework 2005*. New Delhi: National Council of Educational Research and Training. Online version of the executive summary retrieved from http://www.ncert.nic.in/rightside/links/pdf/framework/prelims.pdf

NUEPA. (2011). *Elementary education in India: Progress towards UEE: Flash statistics*. New Delhi: National University of Educational Planning and Administration. Retrieved from http://www.educationforallinindia.com/elementary-educarion-in-india-progress-towards-UEE-DISE-flash-statistics-2009–10-nuepa-mhrd-major-analysis.pdf

Pratham. (2007). *Annual status of education report (ASER) 2006*. Retrieved from http://images2.ascrcentre.org/ASER_REPORTS/ASER_2006_Report.pdf

Ramalingam, K. (2009). Poor parents pushing children into English schools. In *India Together* (an online news digest). Retrieved from http://www.indiatogether.org/2009/oct/edu-kgiriedn.htm

Tollefson, J. W. (1991). *Planning language, planning inequality: Language policy in the community*. London: Longman.

Tollefson, J. W. (2002). Introduction: Critical issues in educational policy. In J. W. Tollefron (Ed.), *Language policies education: Critical issues* (pp. 3–16). Mahwah, NJ: Lawrence Erlbaum.

Verma, R. (2008). *The service section revolution in India: A quantitative analysis*. Helsinki: United Nations Univenity and World Institute for Development Economics. Research paper 2008/72. Retrieved from http://www.wider.unu.edu/stc/repec/pdfs/ rp2008/rp2008–72.pdf

第五部分　语言和社会冲突

　　第五部分各章主要讨论以下重要问题：教育中的语言政策是如何促使不同语言族群之间政治冲突发生、持续或减少的？民族主义运动、反移民运动及一些类似的政治性运动是怎样影响语言政策的？语言少数族群又该如何抵制这些运动？这些问题将注意力聚焦在语言和社会政治冲突之间的紧密关系上。

　　该部分的两个章节将详细分析有关教育中语言政策在政治暴力中所起作用的重要案例。在第十一章，贝丝·刘易斯·塞缪尔森研究了最近在卢旺达官方语言由法语转向英语的变化。塞缪尔森对卢旺达语言政策的历史分析显示了从殖民时期到现今卢旺达语、法语和英语之间错综复杂的相互影响。她尤其详细地分析了说法语的胡图族人和说英语的图西族流亡者之间的冲突，后者通过对政府军队的军事胜利才结束了1994年的种族大屠杀。塞缪尔森通过采访生活在当前禁止公开讨论种族与身份认同环境下的卢旺达人，分析了作为全球语言的英语、语言和种族间的依附关系以及人力物力资源不足的教育系统下的语言政策之间的冲突压力。

　　在第十二章，戴维·韦尔什曼·基迪欧和卡伦·安·沃森–基迪欧向我们展现了他们对生活在瓜达卡纳尔岛和马莱塔岛上的马莱塔人的最新研究。由于躲避暴力，超过2万名马莱塔人从瓜达卡纳尔岛逃回到了马莱塔岛。在这一区域不同种族群体间本来就紧张冲突不断的环境下，这一变化给当地的教育系统造成了巨大的压力。马莱塔儿童的教育因此被严重地打乱了，例如之前实施的复兴本土语言和文化实践的计划。在这一章，基迪欧和沃森–基迪欧分析了试图解决当前教育危机的创造性努力，而这一努力部分是通过对本土语言和文化认同的重申而实现的。

第十一章　卢旺达转用英语后的冲突、认同以及语言教育政策

贝丝·刘易斯·塞缪尔森

　　1994年4月，在一场惨烈的游击队反政府战争中爆发的种族大屠杀，使卢旺达引起了世界的广泛关注。据官方估计，大约有93.7万人在这场持续一百多天的大屠杀中丧生（Republic of Rwanda, 2008）。[1]属于"法语国家国际组织"的胡图族政府为了清洗国内的图西族以及胡图族反政府人士，煽动了这场种族大屠杀（Desforges, 1999）。自1959年起由于社会动荡而长期流亡国外的图西族后代建立了说英语的卢旺达爱国阵线，[2]该组织于1994年7月控制了卢旺达，并建立了过渡性的民族团结政府。

　　在内战和种族屠杀开始的时候，卢旺达作为前比利时殖民地，属于"法语国家国际组织"；而当战争结束以后，卢旺达改由说英语的政府掌控，政府很快就宣布英语是与卢旺达语和法语同等地位的官方语言。尽管据说采用英语作为官方语言可以更好地促进本国的商业贸易、吸引外来投资、促进发展和技术转移，但是推广英语也可能会危及其他语言，导致其他语言的退化，并带来大规模的语言单一化问题。同时，这样的政策赋予了那些已经会说这门语言（英语）的群体某种优势，并且给那些无法接受良好语言教育的人增加了无法逾越的障碍（Tollefson, 2000）。在卢旺达，大量学生所进入的学校并没有配备良好的英语师资，因此学习英语或者从法语学习迅速过渡到英语学习的学生的权益无法得到保证。为了理解将英语作为官方语言这一政策上的重大变化，本文不仅将分析语言转用所可能引发的社会和政治局势紧张，还必须对设计和执行这种迅速转向英语的方式本身进行评价。

　　尽管有些对身份政治（Hintjens, 2008）和语言教育政策（Samuelson & Freedman, 2010；Waker-Keleher, 2006）的分析，强调了语言选择

1　1994年7月，卢旺达爱国阵线与邻国乌干达的军队反攻进入卢旺达首都基加利，击败胡图人政府，结束了这场大屠杀，从4月6日到7月初的百余天，共约有100万人被屠杀。

2　1979年卢旺达难民协助推翻了乌干达独裁者后，一些图西族人创建了卢旺达全国统一联盟，以寻求重返卢旺达。1987年改名为卢旺达爱国阵线。1994年，卢旺达爱国阵线的武装部队乘势进入卢旺达，并在同年7月19日成功夺权。

和语言态度在卢旺达推动和解与和平共存的不断努力中发挥着重要作用，但对于种族屠杀后卢旺达恢复过渡期的语言选择问题，已有研究对此关注甚少。相反，许多学者主要是记述种族大屠杀过程，搜集幸存者的故事（比如，Deforges，1999；Fujii，2009；Hatzfeld，2000；Prunier，1995，2009），或者是分析造成种族屠杀的因素（Hatzfel，2005a，2005b；Mamdani，2001；Newbury，2009；Pottier，2002；Power，2003；Waldorf，2009）。而西方的新闻报道，则主要关注于国际社会对种族屠杀和集体犯罪的不干预问题[1]（Berkeley，2002；Gourevitch，1999），近来制作的相关题材电影也是如此，例如受到高度审查的好莱坞影片《卢旺达大饭店》（2004，导演为特瑞·乔治）和家庭影院频道(HBO)[2]出品的电视剧《四月的某时》（2005，导演为拉乌尔·佩克）。以幸存者和见证人等第一人称叙述的作品有着广泛的受众，每年的发行量都有增加（例如，Chishugi，2010；Dallaire & Beardsley，2005；Ilibagiza，2009；Rusesabagina，2006；Sebarenzi & Mullane，2010）。但在以上这些作品中，很少关注到语言在卢旺达作为身份认同和政治权力标志的重要性。相比之下，本章的观点则是，语言在卢旺达是身份冲突的核心要素，并在教育语言问题上扮演着关键性角色。特别值得关注的是，卢旺达可以作为一个很好的研究案例，来分析英语在后冲突语境（postconflict context）下作为全球语言的影响。

2007年，我在卢旺达参加了一场为中学历史教师举办的研讨会，该研讨会由国家课程发展中心主办，并由一家名为"面对历史和我们自己"（Facing History and Ourselves）的美国非营利性组织提供资助。教师们参加研讨会主要是接受有关卢旺达历史课程新大纲的培训，该课程大纲由卢旺达的历史学家、教师、家长和中学生联合制定，同时得到了美国加州大学伯克利分校人权研究中心的外国专家的帮助（Freedman et al.，2004；Freedman，Weinstein，Murphy & Longman，2011）。通过对11位参加研讨会的教师进行采访及分析，我试着记录下他们对本国各种语言教育政策所持的态度和看法。在采访中，教师们谈论了卢旺达语、法语和英语在教育系统中的作用。在下面的分析过程中，我首先从历史的角度回顾卢旺达语

---

[1] 由于美国此前在索马里的干涉行动因当地势力的顽强抵抗而失败，还遭到了欧洲与第三世界国家的谴责，因此不想派军介入此次冲突，英国则与美国共同进退。后来联合国被迫说服其他国家伸出援手。

[2] 家庭影院频道，是总部位于美国纽约的有线电视网络媒体公司，主要播放合作电影公司的电影和自己原创的迷你剧和连续剧。

言教育政策概况，追溯该国三种主要语言的影响和发展。接着依次回顾三语时期和双语时期的情况，并分析 2007 年接受采访的卢旺达中学教师对增加英语作为官方语言的态度。本章旨在理顺在卢旺达发生的一系列事件的来龙去脉，分析语言教育政策、国内冲突与民族和解之间的内在联系。与卢旺达所面临的其他挑战如土地改革问题、后种族屠杀时期的公正问题以及民族和解问题一样，语言政策也应被看作造成持续的紧张局势的重要因素。

卢旺达的语言

卢旺达语、法语和英语都在卢旺达的社会政治历史中发挥过重要作用。现行《卢旺达宪法》第五条规定"……国家语言为卢旺达语。官方语言为卢旺达语、法语和英语"（Republic of Rwanda，2003：5）。只指定卢旺达语作为国家语言，反映了一种普遍的观念，即卢旺达语是卢旺达文化的核心与灵魂（Gafaranga & Niyomugabo，2010）。

尽管官方数据很难获得，但据估计，卢旺达有 99% 的人口会说卢旺达语，而且 90% 的人口只会说卢旺达语。说英语的总人口估计约在 1.9% 到 5% 之间。说法语的人口大约在 5% 到 15% 之间（Calvet，1994；Leclerc，2008；Munyankesha，2004）。说法语的人口比例有所下降，这主要是由于说法语的胡图族人大量流亡国外的缘故。据估计，约有 11% 的人口会说斯瓦希里语，在卢旺达加入东非共同体（East African Community）之后，这一比例有可能还会增加。除了以上这些语言以外，在卢旺达还存在卢干达语（Luganda）、林加拉语（Lingala）和鲁尼昂克尔—鲁西加语（Runyankole-Ruchiga）（Munyaneza，2010）等。

由于语言选择与身份认同之间的关系，以及所在地与民族之间的关系非常复杂，因此缺乏精确的统计数据。但卢旺达人口的构成大概是 89% 的胡图族人、10% 的图西族人和不到 1% 的特瓦人（Twa）（Ethnologue，2011）。卢旺达参议院已经通过法律来禁止"种族灭绝思想"或"分裂主义"（Republic of Rwanda，2006），由此也压制了有关种族差异的公开讨论，并强力构建一个新的共同身份："这里没有不同的种族，我们都是卢旺达人"（Lacey，2004）。种族问题是不能被公开讨论的话题，因此语言偏好也就成为种族身份的标志（Hintjens，2008；Samuelson & Freedman，2010）。尽管种族自身成为了禁忌话题，但其仍然是"卢旺达后种族屠杀时期大多数

（实证）研究中的潜在变量"（Ingelaere，2010：275）。

尽管当前的估计显示大多数卢旺达人只说卢旺达语，但每个接受基础教育的人都受过一种或两种前殖民语言的培训。说英语的群体和说法语的群体通常是两个相互对立的小型精英集团（Hintjens，2008），自从1994年战争和种族屠杀结束之后，说英语的精英集团就稳定地执掌着政权，取代了1994年以前说法语的胡图族精英集团。因此，精英集团的语言选择标志着个人和种族的身份认同。

由卢旺达爱国阵线执掌的政府已经投入巨大的努力避免国家重蹈1994年暴力的覆辙。议会立法中的"种族灭绝思想"或者"分裂主义"的概念源自有关种族屠杀的研究，这些概念也被写入2003年的宪法之中，并在2006年以一种新的更为迫切的方式进入有关种族的社会性话语之中，当时"种族灭绝思想"被卢旺达参议院界定为"一套观念或表述，旨在煽动仇恨并制造一种有利于合法地进行迫害和消灭某一类群体的有危害性的氛围"（Rwandan Senate，2006：16）。受到禁止的"观念或表述"主要是指利用种族问题来加深种族间的恐惧、仇恨和暴力。大多数对种族灭绝意识形态的解释主要是根据卢旺达的种族屠杀来展开的，因此有证据显示哪个地方存在种族问题，那么煽动种族仇恨的人就要受到惩罚（Morrill，2006）。尽管学者们一直对于是通过生理特征、语言使用特征还是文化实践来界定种族差异存在着分歧（Fought，2006），但卢旺达议会还是采用了相对狭义的种族定义。根据卢旺达议会的种族定义，"同一个种族的成员是指在一个社区中说同一种语言，有着共同的文化，生活在同一区域内并认为他们自己属于同一群体的人"（Rwandan Senate，2006：17）。尽管这一定义反映出将种族理解为是由感受到的语言、方言、人种、地域或文化实践上的差异所构成的多维度的也是变化的概念（Eltringham，2004），但卢旺达当局已经决定禁止就这些差异展开讨论，并强力建立一个新的共同身份（Lacey，2004），但并不检验胡图族、图西族或特瓦族的共同身份，还有新的共同身份是如何使人们感受到其真实性的，让他们觉得他们是属于这个集体而不是其他的。这样的政治氛围使得调查方言使用、地域来源与群体归属感之间的关系变得极为敏感。虽然如此，国外学者仍然坚持认为种族身份在绝大多数的卢旺达人的日常生活中起着作用，种族身份的作用有可能比种族大屠杀前更为强大（Buckley-Zistel，2006；Longman & Rutagengwa，2004；Zorbas，2004）。

除了种族问题以外，卢旺达还被一些组织认为是一个不同政见经常受到压制的国家。人权观察[1]（Human Rights Watch，2010）组织发布了多项报告，认为其缺少内部自由，公民社会被限制，以及事实上的一党专政等（Gready, 2010）。2010 年 8 月保罗·卡加姆（Paul Kagame）以 93% 的得票率于再度当选总统，但与此同时还发生了报刊被停、记者和政治对手遭逮捕、基加利（Kigali）[2]发生手榴弹袭击、人权观察员被驱逐以及反对党官员被谋杀等各种事件（Gettleman & Kron, 2010; Kron & Gettleman, 2010a, 2010b; Rice, 2010），但是国际社会还是乐于看到卢旺达的发展，期望能看到其尽快向民主转型，并能意识到压制和排除不同政见并不是有用的方式。国际的非政府组织已经逐渐意识到普遍的不满有可能会导致结构性的暴力事件发生（Reyntjens, 2006, 2011）。

下面我将回顾卢旺达的三种官方语言。通过对从前殖民时代的卢旺达语，到殖民地时期的比利时法语，最后对后种族屠杀时代的英语的分析，我将分析这三种语言在卢旺达教育政策中所扮演的角色。

卢旺达语

前殖民时代的卢旺达语

尽管卢旺达人对前殖民时代的社会和种族关系存在大量意见分歧，但根据口述历史，可以发现多数人都会认同以下事实，当时所有卢旺达人，无论是胡图族人、图西族人还是特瓦人，都是说卢旺达语。卢旺达有 990 万人说卢旺达语这个唯一的土著语言。相比之下，喀麦隆（人口 1700 万）则是 279 种活语言的家园。南非（人口 4300 万）有 24 种语言，并且其宪法认定其中 11 种为官方语言（Heugh, 2007）。卢旺达缺少社会语言的复杂性，这在非洲国家中是不多见的，这也被用来证明卢旺达民族的历史团结性。

卢旺达语（也叫艾卢旺达语或金亚旺达语）是典型的班图语言，并且在布隆迪、刚果民主共和国（即刚果 [金]）、乌干达和坦桑尼亚存在一些能够互通（mutually intelligible）的语言变体（Kimenyi, 1986）。考古学与重建语言学的跨学科研究分析了该区域的熔铁技术（Schmidt, 1997）、农

---

[1] 人权观察是一个非政府的国际组织，总部设在美国纽约，以调查、促进人权问题为主旨。但它也在有选择地开展工作，采取双重标准，缺乏政治中立，而且结论有失公允。

[2] 卢旺达首都。

业实践和食品词汇（Schoenbrun，1993a，1993b），发现苏丹语（Sudanic）和库什语（Cushitic）可能在大约2500年前就已经融入了大湖地区的班图语系之中（Obura，2003）。与中非其他森林部落有亲缘关系的特瓦族，除了说一种叫做卢特瓦（Rutwa）的方言外，还说一些被命名为"胡图"的语言变体，包括勒拉方言（Lera）、乌鲁勒拉方言（Ululera）、赫拉方言（Hera）、讷达拉方言（Ndara）、舒比奥方言（Shobyo）、乔戈方言（Tshogo）、恩多哥方言（Ndogo）（Gordon & Grimes，2005）。卢旺达的语言学家对该地区方言的数量（有人认为是六种，有人认为是七种）及其流行度各持己见，但大家都认为大多数卢旺达人所使用的是标准卢旺达语，并且认为这些方言只存在于非正式的语境之中（Munyankesha，2004）。因为当前卢旺达的语言和种族意识形态禁止有可能凸显族群差异的话语，因此任何对当代卢旺达语中存在着不同语言的历史语言学证据的讨论都是具有政治敏感性的。这种意识形态所造成的影响特别令特瓦人难以忍受，由于他们的文化、社会和种族差异不被承认，因此他们独特的需求也就不会被满足，他们在获取教育和生活机会上也就受到了明显的歧视（African Commission on Human and Peoples'Rights, Working Group of Experts on Indigenous Populations/Communities，2010）。

殖民和后殖民时代的卢旺达语

在殖民时代，比利时人开办了以法语为教学媒介语的学校，以此来教育主要是图西族人的卢旺达官僚精英集团。在卢旺达独立之后，法语因其语言声望和政治权力而被保留下来。而卢旺达语仍然没有得到很好的发展，因为其并不是小学以上阶段的教学媒介语（McLean Hilker，2011）。在后殖民时代（1962年至今），卢旺达语在实际生活中具有地区语言的地位，尽管这一点并没有被命名。卢旺达语的各种变体在与卢旺达接壤的乌干达、坦桑尼亚、肯尼亚和刚果（金）等国被很多群体使用。例如布隆迪（卢旺达南面的"孪生"王国—民族国家[1]）的国家语言是基隆迪语（Kirundi），可以与卢旺达语互相听懂。据估计，当前2500—3500万的卢旺达语人口中，只有将近1000万生活在卢旺达境内（Kagame，Chaka & Busingye，2007）。"乌鲁里米"（Ururimi）这个词在卢旺达语里是"语言"或"舌头"

---

[1] 布隆迪同卢旺达独立前同属比利时托管地，两国在民族、宗教、语言、文化和风俗等方面相同或相似。布隆迪（乌隆地）到1959年时才与卢旺达分开，1962年7月正式独立。

的意思（Niyomugabo，2009），已经被用于指称卢旺达国内外说卢旺达语的语言社区（*New Times*，2008）。最近对卢旺达参议院的民族志研究显示，英语和法语是经常出现在参议院的公开场合，如信件、法律草案、标识和公告上，而卢旺达语则主要出现在日常活动中，包括参议院的辩论场合（Gafaranga & Niyomugabo，2010）。这些发展反映了语言使用的内部演进规律，其特征是通过跨越国家和地区的语言互懂和共通语来实现自然发展的，并不是由政策制定者所规划的。

尽管卢旺达语是国语，而且是整个国家日常生活中通行的语言，但该语言却经常被视若无睹，这种经历也是许多其他非洲语言的命运。不会说卢旺达语的卢旺达人通常是在国外长大的以前的难民。这些人常常因不会说卢旺达语而频频受到同胞的嘲弄，因为卢旺达语被视为民族的重要纽带。大多数认为不会说卢旺达语的人不是真正的卢旺达人。2007年我采访了一位卢旺达教师，他叫查尔斯，在乌干达出生并长大，并在种族大屠杀后回到卢旺达，他告诉我他认为自己的卢旺达语不怎么流利：

> 告诉你吧，我们现在有很多人卢旺达语都并不流利。甚至连我自己都不能用卢旺达语很好地表达。这样的人很多。真的很多！因为你发现在很多需要科技的领域，在相关部门工作的都是外国人，或者是在外国长大的卢旺达人。

查尔斯也解释了之所以许多卢旺达人说不好卢旺达语的原因。但很难确定不能流利使用卢旺达语的卢旺达人的数量。

比利时法语

殖民和后殖民时代的卢旺达法语

法语进入卢旺达是在1919年德意志帝国战败后，当时的国际联盟[1]让比利时来管理鲁安达—乌隆迪（Ruanda-Urundi）托管地。比利时沿用了欧洲在殖民统治中经常采用的分而治之的统治政策，以牺牲占人口大多数的胡图族的利益为代价，与图西族贵族结盟，同时将西方种族思想应用至

---

1 国际联盟（League of Nations）是第一次世界大战后成立的国际组织，宗旨是减少武器数量及平息国际纠纷。但国联却不能有效阻止法西斯的侵略行为。第二次世界大战后被联合国取代。

卢旺达原有的社会经济领域。由此可以看出，殖民者认为图西族在种族上要比胡图族优越，此外，他们还建立了用法语授课的学校来教育图西族贵族子弟，以培养卢旺达殖民政府的官员。胡图族也可以获得接受教育的机会，但是他们没有优先权。这种学校教育不是义务的，也不是免费的。

卢旺达在 1962 年摆脱比利时的统治获得独立时，胡图族派系控制了政府。法语继续是中等和高等教育的教学语言，同时也是商业领域和政府领域的语言。但是在独立后，与殖民时期相反，胡图族学生在进入学校接受教育方面获得了优先权，而图西族学生受教育的机会受到了严重的限制。

1994 年后的卢旺达法语

在战后（1994 年至今），由于法国军队参与了"绿松石"行动（Opération Turquoise）[1]，法语受到了消极抵制。该行动是大屠杀期间唯一的一次国际干预，也是法国人的单边行动，但卢旺达人普遍认为，该行动有利于胡图族的屠杀者，并没有为图西族幸存者提供庇护（National Public Radio，2008；Pottier，2002；Prunier，1995）。许多说英语的回国者对学习法语没有什么兴趣，他们认为法语是说法语的屠杀者盟友和支持者的语言。后来，由于法国的法官指控卢旺达总统保罗·卡加姆，声称其在 1994 年参与击落时任总统朱韦纳尔·哈比亚利马纳（Juvénal Habyariman）专机的行动（Doyle，2006），以及在 2008 年，法国以战争罪在德国逮捕并引渡了一位卡加姆政府的高级官员（McGreal，2008），作为回应，卢旺达中断了与法国的外交关系达数年之久。

根据加拿大社会语言学家勒克莱尔（Leclerc，2008）的说法，卢旺达的东部是英国前殖民地（乌干达、肯尼亚和坦桑尼亚），西部是法国和比利时的前殖民地（布隆迪、刚果[金]、贾德、中非共和国、刚果[布]、科特迪瓦），其位于"马其诺语言防线"（语言学意义上的马其诺防线）上。勒克莱尔写道，英语是一只披着羊皮的狼，一到法语区的地盘，便会从中破坏：

据我们所知，一旦英语在一个国家或国际组织中被作为官方语言

---

[1] 也称为"蓝宝石"行动。在卢旺达的种族屠杀发生后，法国于 1994 年 6 月 15 日向联合国安理会提出了"绿松石"行动，即基于人道立场，派遣 2500 人的部队进入卢旺达，以保护平民免遭虐杀。联合国安理会随即批准了法国的这一提案。

为当地人接受时，美国人（往往是在英国人的帮助下），就会尽一切努力消灭其他语言，其不仅仅是要成为翻译的载体。想想正在布隆迪和刚果（金）发生的事件，在这些国家，人们正努力接纳"这匹披着羊皮的狼"。

这些对英语在非洲法语区影响的犀利隐喻——一只披着羊皮的狼、语言学上的马其诺防线——表达出法语区的人对英语入侵法语国家以及法语在撒哈拉以南非洲地区的影响范围缩小的焦虑（Omoniyi, 2007）。

在一次访谈中，约瑟夫，一位说法语的卢旺达人，在大屠杀时期还是生活在卢旺达的中学生，他认为法语在卢旺达正在消亡。他在访谈的大多数时间里是说英语，当问及他是否曾经因感到压力而使用英语时，他用英语回答说：

是的，当我们找工作的时候，你知道，我们的国家正一点一点地被英语化，所以我们在找工作时和在工作中不得不使用英语。如果你懂英语，就没问题了。你也知道，法语目前已经不再时兴了。

以上的评论来自于一个说法语的人。约瑟夫的语言正在向英语过渡，他在采访的大多数时间里坚持说英语。这就表明，如果教学媒介语不发生迅速转变，法语将继续失势。直到 2011 年，法语仍出现在政府网站上的官方文件之中。与找到实际的强制推行语言转用的证据相比，找到声称语言转用的话语要容易得多。

下面谈一谈在大屠杀结束以后英语的发展以及在卢旺达的地位。

英 语

1994 年以后卢旺达的英语

自 1994 年 7 月获胜的卢旺达爱国阵线控制首都基加利起，英语就成为了事实上有影响力的语言。这一胜利也为大量很久以前就流亡国外的卢旺达难民从周围英语国家（主要是乌干达，也包括肯尼亚和坦桑尼亚）返回故乡奠定了基础。这些回归的难民数量达到甚至超过了当年在大屠杀中丧生的人数（Prunier, 2009）。此时，卢旺达的政治和经济权力集中于从乌干达归来的精英集团手中，他们在 1996 年决定将英语作为官方语言。

许多卢旺达人欢迎英语，因为英语是加强国际联系和打通海外教育的途径，并且是发展经济的手段（Freedman et al., 2004）。2001 年所进行的实地调查工作发现，卢旺达人接受英语的原因与世界上其他国家的学生父母、教师和学生选择英语的原因是相同的（Freedman et al., 2004）：他们认为全球化的未来是用英语书写的，他们也想参与到这个新世界中来。卢旺达的英语化进程以 2007 年加入东非共同体和 2009 年获得英联邦成员资格为里程碑。

三语语言教育政策（1996—2008）

从 1996 年英语被正式宣布增列为官方语言，直到 2008 年总统卡加姆宣布中断使用法语的计划，卢旺达的三语语言政策共持续了约 14 年。在这一节，我将回顾这一政策，并分析在这一时期接受访谈的教师们的观点。

在这个时期，卢旺达的学校实行了一种复杂的三语体系，即要求所有孩子学习所有这三种语言。卢旺达语是小学低年级授课用的语言。法语和英语是必修科目（Obura, 2003），但是学校在给小学高年级（4—6 年级）的学生授课时要求开始转用法语或英语，完成小学教育并通过国家考试的学生进入中学后则用法语或英语学习。国家入学考试也是用英法两种语言进行的。所有学生在整个学校教育过程中都上卢旺达语的语言课和文学课。

在大学阶段，要求学生能用两种语言完成学术研究任务。该国主要的高等教育机构——卢旺达国立大学（NUR：National University of Rwanda）、基加利教育学院（KIE）和基加利科技学院（KIST）——正式教学是以英法双语进行的，教师可以选择这两种语言的任何一种做讲座，学生则需要这两种语言都能听懂。缺乏其中一种语言能力的学生在开始正式学习之前需要完成一年的过渡性的语言学习（Obura, 2003）。

这项政策为战后已经处于紧张重建阶段的教育又增加了一道沉重的负担。拥有资质的小学教师从 1992 年的 57% 下降到 1997 年的 32.5%，拥有资质的初中教师则从 63% 降到 33%（Republic of Rwanda, 1998）。包括教师在内的大约 75% 的公职人员或是那场大屠杀的受害人或是参与者（Republic of Rwanda, 1998）。严峻的挑战源自要将语言政策的转变施加在被破坏的教育系统上，该教育系统缺乏有资质的教师和充足的资源。从来没有谁能保证能最终成功实施三语政策。确实，大多数学校并没有实力来同时提供英法两种语言教学的课程,所以很多学校选择主要是以英语教学或主要是以法语教学。大多数学校选择继续以法语进行教学。有一些是双语学校,但他们将说英语的学生和说法语的学生分开,允许学生们选择他们最擅长的语言(英语或法语)作为教学媒介语,并继续将另一门语言作为科目加以学习。

在这一时期,国际观察员警告,三语政策加剧了卢旺达人的分化。语言选择可能已经成为一个种族划分的"准标识符"(说英语的图西族、说法语的胡图族以及说法语的属于图西族的种族屠杀幸存者)(Walker-Keleher,2006:46)。既然禁止讨论种族问题,那么语言选择也就演变成种族差异更加突出的替代物(Hintjens,2008;Samuelson & Freedman,2010)。根据语言偏好来选择学校,也让学校中的种族隔离成为真实的可能,在以英语为媒介语的学校学习的学生更希望与其他说英语的图西族学生互动,他们也很少有机会参与到说法语的胡图族学生或说法语的属于图西族的大屠杀幸存者之中,与他们进行真正的合作性学习。

三语时期教师对语言的看法

在 2007 年 7 月,在三语时期即将结束的时候,我采访了参加历史课程研讨会的中学教师们。这些教师积极地看待英语,甚至相信英语要比法语简单。所有人都认为用英语可以更容易地取得教育成就,但对于卢旺达的语言状况是否有助于和解,各人持着不同的观点。但几乎没有人想到会在 18 个月之后政府突然宣布改变政策。

查尔斯,就是之前向我解释说他的卢旺达语能力不强的那位,他说他发现英语既简单又丰富:"学生(用英语)表达自己的观点显得更容易。"尤金是来自乌干达的说英语的教师,他相信"英语能恰如其分地向你的教学对象传达信息"。说法语的教师也认为与法语相比,学英语更容易。约瑟夫是说法语的教师,他从一个英语学习者的角度,谈了对转向英语的看法:

> 因为我们长时间生活在法语体系中,学生们对学习英语感到害怕,而且他们说掌握英语会有困难,但是当他们发现自己为学英语所付出的努力要比学法语少的时候,他们就渐渐地就喜欢英语了。你知道,法语要比英语复杂得多。他们喜欢学习英语。

我请教师们谈一下他们对三语政策能否推动和解的看法。有些人担心语言差异会导致冲突，并进而阻碍和解的进程，因此认为，所有卢旺达人都应该学习英语和法语这两种语言。艾迪是来自乌干达的说英语的教师，他认为英语相对而言是处于外语的地位，是由获胜的爱国阵线武装带来的语言。他建议，说英语的人应该学说法语：

> 因为不是所有人都懂英语。因为如果你努力用英语同他们交谈，他们会说："他们现在把他们的外语带过来了。"所以如果你对某人说话，说"How are you？"（[英语] 你好）可以，说"Bonjour"（[法语] 你好），也可以，你至少懂两种语言。但是我感觉如果你只懂一种语言，你可能会跟一位不懂它的人交谈。而且那可能导致某种差异……这种差异不可能带来和解。

同样，在大屠杀中幸存的说法语的教师贝特利斯也认为学习几种语言能够使卢旺达人彼此间自由融洽地交流：

> 你知道，在感觉融洽的时候，说两种语言对和解有帮助。当你能够用法语和英语表达自己，你是不受拘束的。如果你不受拘束，你能用法语和英语和别人交流的时候，你会感觉到很融洽。我认为会说两种语言很有必要。你知道，这……也有助于和解。如果无论在哪儿都感到融洽，我认为那能够有助于和解。因为和解是将两方面同时考虑进来的。所以如果你觉得不受约束，无论你在哪儿，我认为那将是团结与和解的开始。

另外一些教师认为，语言差异的问题应当通过指定一门人人都要学习的语言来解决。这一步不仅会推动团结，而且有助于减少由于缺乏一种共同语言而导致的低效问题。当尤金说卢旺达存在语言问题的时候，其实他也反映出了许多卢旺达人的看法。他以历史课程研讨会上的情况为例，每一项内容都至少需要翻译成另外一种语言。当一位会议工作人员用英语说话时，就需要有一位口译员当场把他的话翻译成法语。相应的，一位说法语的会议工作人员则需要一位英语口译员。甚至当卢旺达语是会议工作人员的语言时，他的话也就需要被翻译成英语，因为说英语的参会者最有可能听不懂卢旺达语。尤金这样说道：

现在，在卢旺达我们仍然有语言问题。我们没有任何统一的语言……我们甚至因为语言花费了更多的时间。如果我们有一门统一的语言，你认为我们还需要多花现在这么多的时间吗？[这个研讨会的讨论就是明证]……与乌干达相比，在他们那儿，至少英语起到了团结作用，对于政府而言，语言团结了全国的民众。在这里，我还不知道双语时代会在什么时候到来。我不知道我们还要像这样持续多久，也不知道什么时候才能实施正确的政策。因为语言的使用让我们看起来不是统一的，好像我们不是统一的卢旺达人。因此在发展过程中，教学方式很重要，而且是至关重要的。一个人或许会告诉你某种有帮助的东西，但是由于你还不理解它，你仍旧是落后的。这就是我们为何要建议从平民阶层开始必须实行或用其他方式引入英语教育……基于上述原因，如果现在我说英语对推动和解进程有所帮助，那么我一定是百分之百正确的。英语的确有帮助。

克莱夫是说法语的卢旺达人，他和家人在卢旺达第一共和国时期（1973—1990）逃往布隆迪以躲避当时针对图西族的迫害。他认为在学校里增加英语具有积极意义：

这是一件很好的事情。因为今天英语无处不在；我们知道这非常重要。从实用的角度说，有必要说英语。挺有意思的……只可惜，这有可能会使得分歧更加明确化。因为有人相信引入英语是因为我们有这位来自乌干达的说英语的总统。是啊，这就是分歧所在，总是存在问题的。卢旺达人很执拗。如果不是因为种族问题，那就是因为出身的问题。比如我，克莱夫，来自布隆迪；其他人来自我不知道的地方；还有一个人是说英语的……但是在学校里只使用英语却是一件好事。我确信，没有人能拒绝英语；拒绝法语是有可能的，对的，但是拒绝英语，不可能……学生们对英语很感兴趣，并且知道今天我们离开了这门语言就什么也做不了。是这样的。

这些教师在2007年与我交谈时，三语时期即将结束。所有人都对英语持积极的态度，且都接受其被增列为官方语言。除了尤金，似乎没有人预料到即将转向双语政策时代。

2008 年至今的双语语言教育政策

当代卢旺达语言教育政策的第二阶段始于 2008 年年末，当时，根据内阁决议，法语不再是学校里的教学语言。这一政策的改变计划延伸到了卢旺达社会以前使用法语的所有领域，包括法律、会议、道路标识和课本。根据穆尼亚内扎（Munyaneza，2010：13）的说法，这一转变的主要目的在于"协调课程"。尽管这一步在政府规划部分可能有所提及，但采取的这一转变方式可能会加剧卢旺达各族群间的紧张关系。

这一过渡期进展很快，在两年时间（2008—2010）里就完成了。在 2008 年，中学生和大学生被告知，到 2009 年 7 月时他们将参加用英语进行的考试。甚至在小学阶段，六年级的学生直到 2008 年还主要用卢旺达语和法语学习，但是到 2009 年时他们必须参加用英语进行的国家考试。说法语的教师如果想要继续执教的话，就需要在业余时间里学习英语，并通过英语能力考试。对于这一代用法语接受培训的教师以及目前用法语进行学习并只是将英语作为一门课程的学生而言，要向以英语为教学媒介语的教育快速而顺利地切换，同时其生活和教育前途又不受损害，这需要承受很大的压力，也是不大可能的。

教师们可进入帮助其提高英语的培训班接受培训；但许多人抱怨这些培训班的课程质量。卢旺达教育部宣布将处罚那些不按照规定去上课的教师（MINEDUC，2010b，2011；*News Times*，2010）。在农村地区，许多学校仍然缺乏诸如自来水之类的基础设施，而且教师每天要通过双班轮流制的方式来适应日益增多的学生数量，这种转向英语的政策给已超负荷工作的教师增加了更重的负担。因为这些教师中的很多人都是毕业于使用法语的教师培训学校。如果教师们不能迅速提高英语水平，那么这项新政策就将使他们面临失业的危险。更严重的是，来自其他东非共同体国家的教师会说英语，他们如今也能在卢旺达找工作，这一竞争也加剧了农村地区教师工作的不稳定性。

过分强调用英语对小学生教学忽视了母语教育的重要性，母语教育可以让低年级的学生在学习作为科目的英语（或法语）同时，发展卢旺达语的读写能力（Samuelson & Freedman，2010）。2010 年，教育部撤销了 2008 年将英语教学推广至小学低年级的决定。之所以撤销这一决定，部分是由于越来越多的人开始意识到大量的年轻人说不好卢旺达语。这项决定也得到了非洲学者的赞赏，因为他们认为当第一语言是教学语言时，非洲儿童将会学得更好，而那些以非母语的语言作为教学语言来完成所有教育的学生，往往容易有语言丧失的可能（Afrique en ligne，2010）。教育部的新闻发布会也强调了上述担忧（Kwizera，2011；MINEDUC，2010a）。

从批判的视角来看卢旺达的英语

在近些年里，卢旺达并不是唯一的一个正经历着教学媒介语转用英语的国家。将英语置于当地语言之上以及推广基于英语的内容教学是当今世界的发展趋势，英语也被普遍视为参与全球经济的先决条件（Brutt-Griffler，2002），因此国家对于将英语置于当地语言之上以及在更低年级阶段推广基于英语的内容教学的政策是否有效并不太关注（Brock-Utne & Hopson，2005；Brocke-Utne，2002；Hornberger，2008）。在非洲的纳米比亚（Harlech-Jones，1990）、博茨瓦纳（Magogwe，2007）、马里（Canvin，2007）、吉布提（Dudzik，2007）和南非（Heugh，2007；Uys, van der Wait, van der Berg & Botha，2007；Webb，2004），这些国家的语言政策正在发生巨大的变化。在其他地方，如中国（Hu，2008；Hu，2007）、巴基斯坦（Rassool & Mansoor, 2007）和韩国（Jo, 2008）正在提高英语的地位，将英语作为更低年级阶段的教学媒介语。最近的一个例子是新成立的国家南苏丹，[1] 该国自 2011 年从以阿拉伯语为主的苏丹共和国独立出来以后，就把英语作为官方语言。

当卢旺达在教育改革方面取得进步的同时，其语言政策，尤其是其教学媒介语政策又做了临时的修改；最近在推广英语之后，又紧接着做出了在小学低年级阶段使用卢旺达语的决定。这给人的印象是政策制定的基础只是为了应对挑战和压力，并没有清晰的指导方针。如此快速的政策转变表明，政策制定是根据社会政治的优先顺序，而没有认真考虑孩子们的教育权利，尤其是没有考虑那些生活在农村地区和主要就读于法语学校的孩子。对英语的不断强调，毫无疑问对那些就读于城市学校的生活富裕的英语学生来说相对有利。

或许这里适用全球背景下英语教学的基本原理，但英语教育（ELT：English Language Teaching）专家需要意识到偏好英语教学的语言教育政策会引起紧张与挑战。在卢旺达，非常有必要以批判的视角来审视英语推

1　南苏丹原是英埃共管苏丹的一部分，1956 年苏丹独立后成为苏丹共和国的一部分。2011 年，南苏丹独立公投获得通过，南苏丹共和国遂于 2011 年 7 月 9 日宣告独立。

广政策的语言生态环境，以及交流不对等、经济开发和反抗无意之中可能导致的后果。确实正如卡纳伽拉雅（Canagarajah，2005）所说的，社会政治紧张（例如卢旺达人所面对的）会导致语言教育政策和规划的变化，其本身并不能说明政策是有缺陷的。麦克莱恩·希尔克（McLean Hilker，2011）也发出警告：不能因为某一群体获得教育优势而导致不同群体间的紧张态势加剧，这是未来语言政策必须保证的内容。

最后，教育孩子时要首先让他们在语言上能完全理解，这是语言教育政策的价值所在。最近的研究则强调语言教育政策有助于教育系统在世界范围内实现成功的价值（Pinnock，2009）。如果孩子们必须使用他们不能完全理解的语言来学习，那么他们就面临着教育失败的风险。如果是在非常脆弱或者有强烈冲突的多语言国家中，同时又有着大量农村人口，他们的孩子不能获得母语教学的机会，那么这种风险又被放大了。孩子至少需要五年的时间来学习第二语言，才能达到学习所需的语言水平（Cummins & Yee-Fun，2007），但实际上大多数在小学阶段开始学习第二语言的学生，到他们升入小学高年级时，仍未能用第二语言开展学习。正如平诺克（Pinnock，2009）所指出的，缺乏对母语教育的足够重视正威胁着联合国教科文组织和联合国儿童基金会"全民教育"计划的国际目标，这项计划旨在让全世界所有人在2015年之前都能接受高质量的基础教育。作为一项政策建议，平诺克敦促学校前五年的教育课程用孩子的母语进行教学，同时循序渐进地、有系统地引入第二语言。

平诺克（2009）将"语言分化"（linguistic fractionalization）定义为一个国家内部不同族群间在语言、宗教或文化上具有复杂性和广泛性的区别标志。平诺克在分析中认为，卢旺达人并不认为自己国家的语言正在分化，而只有一种主要的土著语言，多语化程度远低于非洲其他国家。然而卢旺达暴力冲突的历史、大量人口生活在贫困线以下以及政治上的某些束缚，使得其语言政策处在巨大的压力中，语言政策本身也具有广泛的社会意义和政治意义。虽然面临这些挑战，卢旺达教育部的一项重要目标仍是通过"全民教育"项目（联合国人权事务协调办公室，2007）来增加大众受教育的机会。就目前情况而言，卢旺达正在小学及以上阶段发展卢旺达语作为教学媒介语，并最终希望实现为所有公民提供高质量的基础教育的目的。

卢旺达语言政策问题的启示是，我们有必要从英语教学的专业角度，坚持以批判的视角来审视英语在世界范围内教育中所起作用以及孩子们被迫用他们所不熟悉的语言来学习所造成的后果。参与其中的专家应倡导语言权利（Phillipson，2009；Skutnabb-Kangas，2000），质疑在多语环境和全球化背景下用英语教学的方式的恰当性（McKay，2003），并在条件允许下支持母语教育和多语制（Annamalai，2003；Hornberger，2003）。

致　谢

感谢美国国家教育科学院的帮助——教育科学院通过学院下的斯宾塞基金会为我提供博士后研究奖学金，使这项研究得以顺利进行。

参考文献

Afican Commission on Human and Peoples' Rights, Working Group of Experts on Indigenous Populations/Communities. (2010). *Report of the African Commission's Working Group on Indigenous Populations/Communities: Mission to the Republic of Rwanda, 1–5 December 2008=Rapport du groupe de travail de la Commission africaine sur les populations/communautés autochtones: Mission en République du Rwanda, 1–5 décembre 2008*. Somerset, NJ: Transaction Publishers.

Afrique en ligne. (2010, July 15). Expert calls for use of local languages in early school learning. Retrieved from www.afriquejet.com (accessed August 7, 2010)

Annamalai, E, (2003). Reflections on a language policy for multilingualism. *Language Policy, 2*, 113–132.

Berkeley, B. (2002). *The graves are not yet full: Race, tribe and power in the heart of Africa*. New York: Basic Books.

Brocke-Utne, B. (Ed.). (2002). *Language, democracy and education in Africa*. Uppsala: Nordic Africa Institute.

Brock-Utne, B., & Hopson, R. K. (Eds.). (2005). *Languages of instruction for African emancipation: A focus on postcolonial contexts and considerations*. Cape Town: Centre for Advanced Studies of African Society (CASAS).

Brutt-Griffler, J. (2002). *World English: A study of its development*. Bufialo, NY: Multilingual Matters.

Buckley-Zistel, S. (2006). Dividing and uniting: The use of citizenship discourses in conflict and reconciliation in Rwanda. *Global Society: Journal of Interdisciplinary International Relations, 20*(1), 101–113.

Calvet, L.-J. (1994). Les Politidques de diffusion des langues en Afrique francophone [The politics of language diffusion in Francophone Africa]. *International Journal of the Sociology of Language, 107*, 67–76.

Canagarajah, A. S. (2005). Accommodating tensions in language-in-education policies: An afterword. In A. M. Y. Lin & P. W. Martin (Eds.), *Decolonisation, globalisation: Language-in-Education Policy and Practice* (pp. 194–201). Clevedon, UK: Multilingual Matters.

Canvin, M. (2007). Language and education issues in policy and practice in Mali, West Africa. In N.

Rassool (Ed.), *Global issues in language, education, and development: Perspectives from postcolonial countries* (pp. 157–186). Clevedon, UK: Multilingual Matters.

Chishugi, L. (2010). *A long way from paradise: Surviving the Rwandan genocide*. London: Virago.

Cummins, J., & Yee-Fun, E. M. (2007). Academic language: What is it and how do we acquire it? In J. Cummins & C. Davison (Eds.), *International handbook of English language teaching* (pp. 797–810). New York: Springer.

Dallaire, R., & Beardsley, B. (2005). *Shake hands with the devil: The failure of humanity in Rwanda*. Cambridge, MA: Da Capo.

Desforges, A. (1999). *Leave none to tell the story*. New York: Human Rights Watch.

Doyle, M. (2006, 29 November). Rwanda's mystery that won't go away. BBC News. Retrieved from http://news.bbc.co.uk/l/hi/world/africa/6196226.stm (accessed February 5, 2008).

Dudzik, D. (2007). The great debate affecting English policies and curricular reforms in multilingual, postcolonial Djibouti. *TESOL Quarterly, 41,* 591–600.

Eltringham, N. (2004). *Accounting for horror: Post-genocide debates in Rwanda*. London: Pluto Press.

Ethnologue. (2011). Rwanda. Retrieved from http://www.ethnologue.com/show_language.asp?code=kin (accessed December 17, 2011).

Fought, C. (2006). *Language and ethnicity*. Cambridge: Cambridge University Press.

Freedman, S. W., Kambanda, D., Samuelson, B. L., Mugisha, I., Mukashema, I., Mukama, E., Mutabaruka, J., Weinstein, H. M., and Longman, T. (2004). Confronting the past in Rwandan schools. In E. Stover & H. M. Weinstein (Eds.), *My neighbor, my enemy: Justice in the aftermath of mass atrocity* (pp. 248–265). Cambridge: Cambridge University Press.

Freedman, S. W., Weinstein, H. M., Murphy, K. L., & Longman, T. (2011). Teaching history in post-genocide Rwanda. In S. Straus & L. Waldorf (Eds.), *Remaking Rwanda: State building and human rights after mass violence* (pp. 297–315). Madison: University of Wisconsin Press.

Fujii, L. A. (2009). *Killing neighbors: Webs of violence in Rwanda*. Ithaca, NY: Cornell University Press.

Gafaranga, J., & Niyomugabo, C. (2010). Living and working in three languages in Rwanda. *Network Rwanda, 4,* 11.

Gettleman, J., & Kron, J. (2010, August 8). Doubts rise in Rwanda as election approaches. *New York Times,* p. 4.

Gordon, R. G., Jr., & Grimes, B. F. (Eds.). (2005). *Ethnologue: Languages of the world* (15th ed.). Dallas, TX: Summer Institute of Linguistics International.

Gourevitch, P. (1999). *We wish to inform you that tomorrow we will be killed with our families: Stories from Rwanda*. New York: Picador.

Gready, P. (2010). "You're either with us or against us": Civil society and policy making in post-genocide Rwanda. *African Affairs, 109* (437), 637–657.

Harlech-Jones, B. (1990). *You taught me language: The implementation of English as a medium of instruction in Namibia*. Oxford: Oxford University Press.

Hatzfeld, J. (2000). *Life laid bare: The survivors in Rwanda speak* (L. Coverdale, Trans.). New York: Other Press.

Hatzfeld, J. (2005a). *Into the quick of life: The Rwandan genocide: The survivors speak* (G. Feehily, Trans.). London: Serpent's Tail.

Hatzfeld, J. (2005b). *Machete season: The killers in Rwanda speak* (L. Coverdale, Trans. 1st American edition). New York: Farrar, Straus & Giroux.

Heugh, K. (2007). Language and literacy issues in South Africa. In N. Rassool (Ed.), *Global issues in language, education, and development: Perspectives from postcolonial countries* (pp. 187–217). Clevedon, UK: Multilingual Matters.

Hintjens, H. (2008). Post-genocide identity politics in Rwanda. *Ethnicities, 8* (1), 5–41.

Hornberger, N. H. (2003). Multilingual language policies and the continua of biliteracy: An ecological approach. In N. Hornberger (Ed.), *Continua of biliteracy: An ecological framework for educational policy, research, and practice in mulitilingual settings* (pp. 315–339). Clevedon, UK: Multilingual Matters.

Hornberger, N. H. (Ed.). (2008). *Language policy and planning: Encyclopedia of language and education* (2nd ed.), New York: Springer.

Hu, G. (2008). The misleading academic discourse on Chinese-English bilingual education in China. *Review of Educational Research, 78* (1), 190–226.

Hu, Y. (2007). China's foreign language policy on primary English education: What's behind it? *Language Policy, 6* (3), 359–376.

Human Rights Watch. (2010). *Human Rights Watch: Rwanda*. Retrieved from www.hrw.org/africa/Rwanda (accessed March 24, 2010).

Ilibagiza, I., & Erwin, S. (2006). *Left to tell: Discovering God amidst the Rwandan holocaust:* Carlsbad, CA: Hay House.

Ingelaere, B. (2010). Peasants, power and ethnicity: A bottom-up perspective on Rwanda's political transition. *African Affairs, 109* (435), 273–292.

Jo, S. (2008). English education and teacher education in South Korea. *Journal of Education for Teaching: International Reseanh and Pedagogy, 34* (4), 371–381.

Kagame, G., Chaka, 1., & Busingye, L. (2007, February 21). Kinyarwanda-Is it still original? *New Times*.

Kimenyi, A. (1986). Kinyarwanda. *Journal of African Languages and Linguistics, 8* (2), 177–189.

Kron, J., & Gettleman, J. (2010a, August 9). As Rwanda progresses, fear makes gains, too; President is a shoo-in for re-election, but he is a host of contradictions. *International Herald Tribune,* p. 5.

Kron, J., & Gettleman, J. (2010b, September 1). Rwanda intensifies threats over U.N. report. *International Herald Tribune,* p. 4.

Kwizera, C. (2011). Teaching Kinyarwanda will improve children's performance-State Minister. Kigali: Ministry of Education (MINEDUC).

Lacey, M. (2004, April 9). A decade after genocide, Rwandan government outlaws ethnicity. *New York Times*. Retrieved from http://www.nytimes.com (accessed April 4, 2009).

Leclerc, J. (2008). Rwanda. *L'Amhiagement linguistique dans le monde* [Language policy around the world]. Retrieved from http://www.tlfq.ulaval.ca/axl/afrique/rwanda.htm

Longman, T., & Rutagengwa, T. (2004). Memory, identity, and community in Rwanda. In E. Stover & H. M. Weinstein (Eds.), *My neighbor, my enemy: Justice in the aftermath of mass atrocity* (pp. 162–182). Cambridge: Cambridge University Press.

Magogwe, J. M. (2007). An investigation into attitudes and motivation of Botswana secondary school students towards English, Setswana, and indigenous languages. *English World-Wide, 28* (3), 311–328.

Mamdani, M. (2001). *When victims become killers: Colonialism, nativism, and the genocide in Rwanda.* Princeton, NJ: Princeton University Press.

McGreal, C. (2008, November 10). Top Rwandan aide chooses French terror trial: Rose Kabuye, accused of involvement in assassination of Hutu president, seeks to expose "abuse of international law." *Guardian* (London). Retrieved from http://guardian.co.uk. (accessed November 23, 2009).

McKay, S. (2003). Toward an appropriate EIL pedagogy: Re-examining common ELT assumptions. *International Journal of Applied Linguistics, 13* (1), 1–22.

McLean Hilker, L. (2011). The role of education in driving conflict and building peace: The case of Rwanda. *Prospects, 41* (2), 267–282.

MINEDUC. (2010a, December 3). "I'm interested in knowing how I can transform Rwanda into an English-speaking country"-Dr. Charles Murigande. Retrieved from http://www.mineduc.gov.rw (accessed July 31, 2011)

MINEDUC. (2010b, December 28). Teachers to be punished for skipping English training. Retrieved from http://www.mineduc.gov.rw (accessed July 31, 2011).

MINEDUC. (2011, November 16). Training of English trainers. Retrieved from http://www.mineduc.gov. rw (accessed July 31. 2011).

Morrill, C. (2006). Show business and "lawfare" in Rwanda: Twelve years after the genocide. *Dissent*, 53 (3), 14–20.

Mukasonga, S. (2010). *L'Iguifou: Nouvelles rwandaises.* Paris: Gallimard.

Munyaneza, S.-P. (2010). Multilingualism in education in Africa: Reality on the ground in Africa: The case of Lycée de Ruhengeri APICUR. Paper presented at the Multilingualism and Education Conference (July 22–23, 2010), Kenyatta University, Nairobi.

Munyankesha, P. (2004). Les Défis du plurilinguisme officiel au Rwanda. Analyse socio-linguistique [The challenges of official multilingualism in Rwanda. Sociolinguistic analysis]. Ph.D. dissertation, University of Western Ontario, Canada. Retrieved from http://proquest.umi.com/pqdweb?did=8284047 01&Fmt=7&cIientId=12010&RQT=309&VName=PQD

Mushikiwabo, L., & Kramer. J, (2006). *Rwanda means the universe: A native's memoir of blood and bloodlines* (1st ed.). New York: St. Martin's Press.

National Public Radio. (2008. November 20). English to become official language in Rwanda. Retrieved from http://www.npr.org/templates/story/story.php?storyId=97245421 (accessed April 4, 2009).

New Times. (2008, February 25). The language opportunity for "Ururimi". *New Times*. Retrieved from Lexis-Nexis Academic (accessed February 21, 2009).

New Times. (2010, November 11). 60 teachers undergo special training. Retrieved from htrp://www.mineduc.gov.rw (accessed July 31, 2011).

Newbury, D. S. (2009). *The land beyond the mists: Essays on identity and authority in precolonial Congo and Rwanda.* Athens, OH: Ohio University Press.

Niyomugabo, C. (2009). *Kinyarwanda-English dictionary.* Kigali: Fountain Publisher.

Obura, A. (2003). *Never again: Educational reconstruction in Rwanda.* Working document, UNESCO, Paris. Retrieved from http://www.unesco.org/iiep

Omoniyi, T. (2007). Alternative contexts of language policy and planning in sub-Saharan Africa. *TESOL Quarterly, 41,* 533–549.

Phillipson, R. (2009). *Linguistic imperialism continued.* Hyderabad: Orient Blackswan.

Pinnock, H. (2009). *Language and education: The missing link: How the language used in schools threatens the achievement of Education for All.* London: CfBT Education Trust and Save the Children.

Pottier, J. (2002). *Re-imagining Rwanda: Conflict, survival and disinformation in the late twentieth century.* Cambridge: Cambridge University Press.

Power, S. (2003). *"A problem from hell": America and the age of genocide.* New York: Harper Perennial.

Prunier, G. (1995). *The Rwanda crisis: History of a genocide.* New York: Columbia University Press.

Prunier, G. (2009). *Africa's world war: Congo, the Rwandan genocide, and the making of a continental catastrophe.* New York: Oxford University Press.

Rassool, N., & Mansoor, S. (2007). Contemporary issues in language, education and development in Pakistan. In N. Rassool (Ed.), *Global issues in language, education, and development: Perspectives from postcolonial countries* (pp. 218–241). Clevedon, UK: Multilingual Matters.

Republic of Rwanda. (1998). *Study of the education sector in Rwanda* (rev. ed.). Kigali : Ministry of Education.

Republic of Rwanda. (2003). Constitution of the Republic of Rwanda (O.G N° Special of 4th June 2003, P.119) and its Amendments of 2nd December 2003 (O.G N° Special of 2nd December 2003, 2003, P. 11) and of 8th December 2005. Kigali: Ministry of Defence.

Republic of Rwanda. (2006). *Rwanda genocide ideology and strategies for its eradication.* Kigali: Rwandan Senate.

Republic of Rwanda. (2008). Official website of the Republic of Rwanda. Retrieved from http://www.gov.rw (accessed February 5, 2008)

Reyntjens, F. (2006). Post-1994 politics in Rwanda: Problematising "liberation" and "democratisation." *Third World Quarterly, 27* (6), 1103–1117.

Reyntjens, F. (2011). Constructing the truth, dealing with dissent, domesticating the world: Governance in post-genocide Rwanda. *African Affairs, 110* (438), 1–34.

Rice, X. (2010, August 7). International: Democracy and ethnicity a murderous mix in Rwanda still haunted by 1994 genocide: Kagame's bid for re-election overshadowed by killings and banning of opposition parries, *Guardian* (London)-final edition, p. 16.

Rurangwa, R. (2009). *Genocide: My stolen Rwanda.* London; Reportage Press.

Rusesabagina, P. (2006). *An ordinary man: An autobiography.* New York: Viking.

Rwandan Senate. (2006). *Rwanda: Genocide ideology and strategies for its eradication.* Kigali: Republic of Rwanda.

Samuelson, B. L., & Freedman, S. W. (2010). Language, multilingual education, and power in Rwanda. *Language Policy, 9* (3), 191–215.

Schmidt, P. R. (1997). Archaeological views on a history of landscape change in East Africa. *Journal of African History, 38* (3), 393–421.

Schoenbrun, D. L. (1993a). Cattle herds and banana gardens: The historical geography of the western Great Lakes region, *ca* AD 800–1500. *African Anhaeological Review, 11,* 39–72.

Schoenbrun, D. L. (1993b). We are what we eat: Ancient agriculture between the Great Lakes. *Journal of African History, 34* (1). 1–31.

Sebarenzi, J., & Mullane, L. (2010). *God sleeps in Rwanda: A journey of transformation.* New York:

Oneworld.

Skutnabb-Kangas, T. (2000). Linguistic human rights and teachers of English. In J. K. Hall & W. G. Eggington (Eds.), *The sociopolitics of English language teaching* (pp. 22–44). Clevedon, UK: Multilingual Matters.

Straus, S., & Waldorf, L. (Eds.). (2011). *Remaking Rwanda: State building and human rights after mass violence.* Madison: University of Wisconsin Press.

Tollefson, J. W. (2000). Policy and ideology in the spread of English. In J. K. Hall & W. G. Eggington (Eds.), *The sociopolitics of English language teaching* (pp. 7–21). Clevedon, UK: Multilingual Matters.

United Nations Office for the Coordination of Humanitarian Affairs. (2007). Rwanda: Humanitarian country profile. Retrieved from http://www.irinnews.org/country.aspx ?CountryCode=RW&RegionCode=GL (accessed February 5, 2008).

Uys, M., van der Wait, J., van den Berg, R., & Botha, S. (2007). English medium of instruction: A situation analysis. *South African Journal of Education, 27* (1), 69–82.

Waldorf, L. (2009). Remnants and remains: Narratives of suffering in post-genocide Rwanda's *gacaca* courts. In R. Wilson and R. A. Brown (Eds.), *Humanitarianism and suffering: The mobilization of empathy.* New York: Cambridge University Press.

Walker-Keleher, J. (2006). Reconceptualizing the relationship between conflict and education: The case of Rwanda, *PRAXIS: The Fletcher Journal of Human Security, 21,* 35–53.

Webb, V. (2004). African languages as media of instruction in South Africa: Stating the case. *Language Problems and Language Planning, 28* (2), 147–173.

Zorbas, E. (2004). Reconciliation in post-genocide Rwanda. *African Journal of Legal Studies, 1* (1), 29–52.

第十二章 重访重要村民：所罗门群岛语言和教育的持续转型

戴维·韦尔什曼·基迪欧、卡伦·安·沃森—基迪欧

在种族冲突时期，我们村从未受到过任何来自中央政府、省政府或教会的帮助。他们向城市居民提供帮助，却对我们置之不理。所以，在外国人的帮助下，我们自己为村里的儿童建立了几所小学和一所中学。在学校里，一些老师没有受过培训，班级学生的数目也很庞大，可我们又能怎么办呢？
——村民本杰明·考凡古（Benjamin Gwaufungu），2011年

我们曾多次召开整天的村民大会，讨论种族冲突带来的种种困难，例如犯罪、文化入侵、外地人对土地的侵占、村庄的日益拥挤以及死亡。我们不得不试图解决这些问题以及由它们引起的争端。我们被自己的文化指引……不在花园工作时，我就会坐在家里，然后开始思考。我想让我们的孩子成为真正意义上的人，让他们在学习别的东西之前深深地扎根于卡佤语之中。
——村长乔治·明·包迈（George Ming Buamae），2011年

十多年前，当我们在撰写《语言教育政策:关键问题(第一版)》（Gegeo & Watson-Gegeo，2002a；Tollefson，2002）"重要村民"的相关章节时，马莱塔岛卡佤村的村民正在要求拥有掌握乡村发展和学校教育的领导权。那时，一些当地教师在课堂教学中会采用卡佤村的语言，进行诸如"在大脑中成型（教学，辅导）"之类的土著文化实践（Gegeo & Watson-Gegeo，1999；Watson-Gegeo，1990，1992，1994，1995，1999b）。那时，一项立足本地的大型研究正进行得如火如荼，即有关卡佤村语言、文化和本土认识论的"卡佤宗谱项目"。但是，在那之后，位于瓜达卡纳尔岛的首都霍

尼亚拉（Honiara）发生了暴力冲突[1]。瓜达卡纳尔岛土著对在那里生活和工作的马莱塔移民发动了攻击，这迫使20,000多名马莱塔人带着家人逃回了马莱塔岛。暴力的创伤、社会的瓦解导致大量移民回到他们之前从未踏足的岛屿，这也改变了马莱塔岛的政治局面，对其政策的制定也发生了影响。

在本章中，我们通过新学校的构建以及本土计划的复兴两部分，探讨马莱塔语言和教育的持续转型。马莱塔青少年们的生活因为武装冲突而发生了巨大的改变，也因此引发了一系列问题，而这种复兴计划就是长者或成年人寻求的解决方案。尽管在种族冲突时期，传统语言形式遭到了破坏，但是，马莱塔人包括卡佤村民，正在重新主张和坚持自己的本土文化身份、土著语言和知识。

后殖民时代的语言教育政策与认识论

20世纪90年代以来，语言政策研究和实践开始转向对意识形态、权力及不平等现象的分析。研究者意识到"为了解释不同环境下的教育现象和教育干预，多样的理论和模型是很有必要的"（Zakharia，2008）。就像瑞森图（Ricento，2007：10）指出的那样，问题的复杂性使得产生语言政策和规划的"总体理论"不具备可能性。取而代之的是卢克（Luke，2005：17）的观点：教育问题的解决方法应该是"交融的、综合的和多层的"。为了应对新自由主义的经济全球化，人们试图"形成新的社会契约和凝聚力，以实现教育和发展的可持续性和公平性"：

> 我的观点是，在后殖民和全球化的形势下，对国家治理和教育的复杂而矛盾的拉推需求，可能非常急迫地需要政策与实践、课程和教学法的充分融合，这并没有跳出典型的后殖民理论，也不完全符合语言学家和人类学家的看法，更不必说是上层官僚系统所想要的。

---

[1] 二战期间，美国从马莱塔岛抽调了大批人到瓜达卡纳尔岛修筑军事设施，后来这批马莱塔岛移民就留在瓜达尔卡纳尔岛和首都霍尼亚拉。进入20世纪90年代，马莱塔人逐渐在瓜达卡纳尔岛的政治、经济中占了主导地位，使当地人十分不满。当地的民兵组织"伊萨坦布自由运动"和由马莱塔人组成的"马莱塔鹰派力量"相互对立并交战。2000年，种族矛盾达到白热化。6月5日，"马莱塔鹰派力量"武装分子伙同警察发动了一场武装政变，将乌卢法阿卢总理扣为人质，并迅速控制了首都霍尼亚拉的战略要地。6月14日，乌卢法阿卢总理在政变分子的逼迫下宣布辞职。8月，"马莱塔鹰派力量"和"伊斯坦布自由运动"在国内外的推动下实现停火。10月，举行和谈，达成结束种族冲突、实现民族和解的《汤斯维尔和平协议》。

托尔夫森（2006：42）对分析政策制定者是如何"增加统治集团利益"的语言政策批评研究提出了理论期望，用彭尼库克（2006）的话来说，这类研究"关注局部的又通常充满矛盾的权力运作方式"。关注那些局部正在发生的态势非常重要，因为正如约翰逊（2009：155）所指出的那样，即使是限制性的语言政策，"政策文件的实施空间以及学校和社区的意识形态空间"也为挑战那些主流的教育话语开辟了新的途径。但在国家危机中，权力和交流的正常秩序遭到破坏，正常的社会组织工作也已停止，那么在这种情况下还存在多少潜在的空间？在这样的情况下，政策的制定者可能早已逃离了国家的部门与机构。

在论述后殖民时代"第三世界"所发生的社会变化时，卢克（2005：18）写到传统教育实践所面临的挑战，并认为"受过教育的人"是受全球化对当地经济的影响和大众文化出现的结果。尽管参与者在日常生活中只是暂时性的或仅地域性的联合，但一种"新型的因环境而变化的批判性关系"正在形成。我同意卢克所认为的"后殖民时代的教育研究"应该关注于微观层面而不是宏观层面的政策，也就是说，应关注教育体制下的教师、学生以及其他一同联合起来应对挑战的所有人的工作。此外，我们还应把家长和社区成员加入到卢克的列表之中。在卡佤村的例子中，那些很少接受过正规学校教育的家长和村民，正利用本土资源，尤其是当地人的认识论和教学方式，在事件的过程中起到了非常关键的作用。

我们认为，在后殖民世界中，被边缘化的人会"产生一种能够适应社会的知识，并运用本土认识论（indigenous epistemology）和批判性实践（critical praxis）来解决当地问题"（Gegeo & Watson-Gegeo，2001：79），在这过程中他们并不使用西方的认识论。本土的认识论指的是"一个文化群体的思维方式，以及该群体通过传统的话语和交际媒介来对知识进行创造、重建和理论化的过程，并由此探寻到文化中话语的真相"（Gegeo & Watson-Gegeo，2001：58；Gegeo，1994，1998；Gegeo & Watson-Gegeo，2002b；Watson-Gegeo & Gegeo，1999a，2004）。在过去的20年里，本土认识论成为本土学者和当地学者的重要研究议题。(Grande, 2004；Meyer, 2003；Nabobo-Baba, 2006；Pollard, 2006；Pulitano, 2003；Sadler, 2008；Smith, 1999；Zulu, 2006)。

本土批判性实践"指的是人们对于自己所生活的文化、历史、知识、政治、经济和社会政治环境的批判性反映……在这之后，对这些批判性反映采取进一步的行动"（Gegeo & Watson-Gegeo，2001：59）。本土认识论和本土批判性实践是卡佤村村民用以应对种族冲突及其余波的核心要件。

种族冲突：起因及事件 [1]

所罗门群岛大约有 50 万人，由上百个小型岛屿和六个大型岛屿组成，横跨西南太平洋公共海域达 1600 多公里。马莱塔和瓜达卡纳尔（构成了所罗门群岛一半的人口）平行坐落，历史上曾有良好的族际关系和文化联系。在马莱塔农村，大多数人继续居住在由叶苫或带金属顶的木头建造的房屋内。屋内没有电和自来水，村民进行农业生产，并向当地市场销售产品来维持生活。

1978 年，当所罗门群岛取得独立时，全国有 95% 的人口住在农村。现在，农村人口比例降至 80%—85%，这很大程度上是因为国家在发展策略上不可避免地忽视了农村地区。在之后的几十年里，政府把关注的重点集中于首都霍尼亚拉的周边农村发展，以及以瓜达卡纳尔地区为主的大规模种植业的发展（所罗门群岛政府，1985）。然而，大多数用于发展的劳动力来自马莱塔岛。自殖民时期以来的连续几届政府都认为马莱塔岛"资源贫乏"，但那里有可以用来进行岛外发展的可靠而勤劳的劳动力（Bennett，1987；Moore，1985，2007）。从 20 世纪 60 年代以来，农村地区的缓慢发展导致大量岛民由农村迁移到城市，到那里去寻找工作。这些移民大部分来自马莱塔岛。马莱塔岛是所罗门群岛六个大型岛屿中人口最多（占全国总人口的 35%），但发展最缓慢的（占全国就业人数的 7%）岛屿（Kabutaulaka，2002）。马莱塔以其艰苦的生活环境、高出生率和高贫困率而著称（联合国儿童基金会，1993，2006）。在"循环移民"（Chapman，1995）的模式下，年轻人和男子通常到岛外工作，工作了几年之后再回来结婚。然而，马莱塔的土地压力和贫困状况渐渐地导致许多移民在瓜达卡纳尔永久定居。

以上的这些情况导致了霍尼亚拉的人口膨胀。事实上，在 20 世纪 90

---

[1] 除了此处标明的引用之外，我们对种族冲突的总结均来自独立的全国性报纸《所罗门星报》的各种新闻故事和分析文章，还来自所罗门群岛人在历年来在网上发表的各种文章。我们对马莱塔的各项事件及其反响的描述来自 1998 年到 2011 年村民的手记、录音、信件和电话，这些村民均来自沿海平原。另一个来源是戴维于 2007 年 7 月及 2008 年 12 月在去马莱塔岛他家所在的村庄途中进行的人种学调查和录音采访，还有他在 2009 年和 2011 年做的电话采访。——作者注

年代后期，有将近 20% 的所罗门人居住在所罗门群岛的城市和城郊地区。截至 1998 年，有数以千计的马莱塔人居住在霍尼亚拉附近的棚户区，其中很多人没有工作。除此之外，许多家庭已经在瓜达卡纳尔岛居住了两代或更多代人，他们和瓜达卡纳尔土著家庭结婚，购买了土地，做起了生意，或者成为了棚户区的永久居民。

造成种族冲突的原因有很多，但其根源在于殖民主义、全球化和新自由主义经济。相关的问题都酝酿已久：霍尼亚拉城郊的持续扩张影响了瓜达卡纳尔城市人口数量，油棕种植侵占了瓜达卡纳尔人原有的土地，棚户区人民对瓜达卡纳尔本土文化实践不尊重，土著人对种植园环境和新开发金矿遭到的持续破坏产生不满，以及瓜达卡纳尔的资源被企业夺走而没有合理赔付（Fraenkel，2004；Kabutaulaka，2000；Moore，2004，2008）。马莱塔人在人口中占了很大的比例，由此造成的社会状况的变化带来了原来的居民们的怨恨，他们因怨恨而联合起来，抵制马莱塔移民，而不是抵制剥削这些岛屿的腐败政府和企业力量。这点也被商业利益和当地的省领导层利用，他们鼓励瓜达卡纳尔人将挫折集中转化为对马莱塔人的种族怨恨，因为马莱塔人是他们所能见到的数目最为庞大的移民群体。

莫尔（2004）和卡布托拉卡（Kabutaulaka，2002）已经对种族冲突及其后果进行了详细的阐述。在这里，我们将大量复杂的事件进行浓缩，以勾勒出马莱塔种族冲突产生影响的背景，尤其是在我们工作的西卡佤村。事件发生于 1998 年下半年，瓜达卡纳尔激进分子在半夜袭击了马莱塔人位于农村的家园。他们对马莱塔人进行殴打、杀戮，有时也杀害、强奸或绑架马莱塔人的家庭成员，抢走那些家庭的钱和其他财产，烧毁房屋，然后将马莱塔人驱逐出去。那些成功逃跑的人徒步或做公共汽车到达霍尼亚拉寻求帮助，在途中还会遭到各种袭击。多个瓜达卡纳尔激进组织在年末联合起来，成立了"伊萨坦布自由运动"组织。在鼎盛时期，"伊萨坦布自由运动"拥有 500—2000 名来自农村地区的瓜达卡纳尔人，他们中有许多是青少年士兵（12—18 岁）（Amnesty International，2000）。他们用传统的武器武装自己，重制二战时使用的步枪，偷盗警察的枪支。他们中的许多人穿着传统服饰来履行宗教实践。

起初，马莱塔人对此鲜有回应，这让瓜达卡纳尔激进组织感到吃惊但也因此胆子更大了。历史上，马莱塔人以体型健壮、好战、可怕的斗士形象而著称。"伊萨坦布自由运动"对马莱塔人进行了嘲讽，并开始向霍尼亚拉前进，那里居住的是政府人员、城市商人及正在逃回马莱塔路上的马莱塔人。多数瓜达卡纳尔城市居民逃往内地来躲避"伊萨坦布自由运动","伊萨坦布自由运动"同样对瓜达卡纳尔的村庄展开了袭击,因此,许多来自别的岛屿的移民同样离开了那里。

马莱塔人保持沉默主要出于两个原因:首先,很多人承认瓜达卡纳尔人有权利捍卫自己的土地,甚至有人为马莱塔人破坏了瓜达卡纳尔传统而感到羞愧:"当这些事情发生在我们身上时,难道我们不会做同样的事情吗?"这句话是马莱塔人交谈中的话题之一。但是,从1999年到2000年年初,暴力行为持续升级,马莱塔人不得不秘密形成与之抗衡的组织。马莱塔人对于战争的部分本土认识正如他们会对敌人所说的那段话:"继续前进吧,做所有你能做的,我们会等着看你是否会自己冷静下来。但是如果你做过了头,我们就会进行强烈的反击。"马莱塔人成立了"马莱塔鹰派力量"(鹰象征马莱塔)组织,组织由150—300名穿着游击风格军装的成员组成,并向国外利益机构购买自动化武器。当"马莱塔鹰派力量"在马莱塔进行秘密训练时,大量回迁的移民继续通过渡船从霍尼亚拉逃往马莱塔。"伊萨坦布自由运动"对霍尼亚拉外的公立中学的马莱塔学生进行了一系列突袭和射击,致使马莱塔学生撤离霍尼亚拉,而他们的父母通过渡船到霍尼亚拉去接他们。从1998年到2000年,总共至少有2万名马莱塔人在几个月的时间内逃离了瓜达卡纳尔岛。

2000年6月初,"马莱塔鹰派力量"发动攻击,通过坐船到达并迅速占领霍尼亚拉。他们的武装政变得到了警察(他们中有一半的成员是马莱塔人,而许多瓜达卡纳尔警察之后加入了"伊萨坦布自由运动")的支持,基本上是和平进行的。"马莱塔鹰派力量"在城镇周围设立了边界,用来保护城镇免于"伊萨坦布自由运动"的破坏和攻击。与此同时,"伊萨坦布自由运动"切断了通往奥基(Auki)[1]的通信线路,截断了霍尼亚拉的水资源供应,并威胁要炸毁霍尼亚拉港口的油箱。因为现任总理没有能够保护马莱塔人和他们的商业利益,"马莱塔鹰派力量"将他(其实也是马莱塔人)扣为人质,并命令议会通过选举产生新总理。"马莱塔鹰派力量"对持久政变或统治所罗门群岛并无兴趣。然而,尽管选举产生了新总理,"马莱塔鹰派力量"也放弃了对霍尼亚拉的控制,和平协商还是面临一次又一次的失败,各方面的暴力冲突仍在继续,犯罪率不断上升。尽管民间社会,包括妇女组织、受人尊敬的长者和领导、教会、社区组织、非政府

---

1 奥基是马莱塔省的首府。

机构以及原本的或通过选举产生的领导都做出了努力，所罗门群岛还是处于接近无政府的状态（Hurtly，2001）。

澳大利亚和它的区域伙伴建立了"所罗门群岛区域援救计划"（RAMSI：Regional Assistance Mission to Solomon Islands），也正是因为这项计划的介入，所罗门群岛最终在2003年到2007年间迎来了不太稳定的和平状态。一支关注法律和秩序、报复性司法的半武装化维和部队成立，而"所罗门群岛区域援救计划"并没有推动所罗门群岛领导层的积极发展和不断加强，尽管这项重要的长期需求正是所罗门群岛要获得稳定所必须的（Sanga，2003）。除此之外，"所罗门群岛区域援救计划"决定和支配着各种事件，因为它没能够理解所罗门群岛的文化期望和实践，加上一些成员的不合理（有时是不道德的）行为，招致了当地人的怨恨。尽管事实正如本文中所写，"所罗门群岛区域援救计划"的存在对于所罗门群岛来说仍是十分重要的。

种族冲突这段时期对所罗门群岛的经济以及人们的安全意识产生了严重的影响。19世纪，当英属所罗门群岛保护地建立时，传统战争被废除。直到种族冲突时期，所罗门群岛拥有着"幸福之岛"的昵称，被当作是一个和平的国家。一小部分人拥有枪支用来打猎，但是自二战以来就没有人目睹过武装冲突。所罗门群岛从未真正产生过国家身份认同（Kabutaulaka，2004）。马莱塔和一些西部省份都曾考虑过分裂出去建立独立的国家。在20世纪90年代，一些考虑将政府由威斯敏斯特模式[1]向联邦模式转变的研究正在进行，这种转变会让这些省份像"国家"一样，拥有更多的自治权。

卡佤村对危机的回应：村民和学校

激进分子要求我们离开学校："只有那些来自其他省份的学生可以留下。"但是他们封锁了道路，并在路上来回踏步行军。他们向学校开火，然后我们就逃跑。我和妹妹试图呆在一起。美拉尼西亚教堂派出了两艘船，我们的老师帮助我们坐船逃跑。我们被带到了霍尼亚拉的一所房子里。之后的过程很艰难，因为我们被拥进了一个早已满

---

[1] 威斯敏斯特模式（westminster model），又称作西敏寺模式，是以英国西敏寺官的名字命名的。主要内容是确立议会制，即内阁是国家最高的行政机构，国家首脑为首相，而女王只是国家的象征元首，礼仪上代表国家。首相和内阁对议会负责。

是学生的学校。我们睡在教室的地板上,学校的食物很稀缺,我们也很少上课。然后,我的父亲和兄弟坐渡船过来将我和妹妹带回。他们说:"我们不想让你们呆在这里,即使你的学校再次开学,那也不安全,因为家离霍尼亚拉太远了。你们必须现在离开。"我和妹妹很失望,因为我的祖父在去世前相信我们能够上大学,然后帮助家庭摆脱贫困。但是,我们最后的机会就这样消失了。

——村民约翰(John O'ota'a),2008 年

2000 年,马莱塔岛只有很少的几所职业学校,没有学术性中学。那些将要上大学的马莱塔学生,因为种族歧视的缘故被放置在次要的位置。他们通常被送往瓜达卡纳尔的三所普通中学学习。"伊萨坦布自由运动"向塞尔文学院(Selwyn College)发动的袭击,致使这所距离霍尼亚拉几公里外的著名的美拉尼西亚教堂中学关闭了一年多的时间。学校里大多数的马莱塔学生被永久地遣返他们的故土。

种族冲突对瓜达卡纳尔岛的影响既体现在各种社会机构中,也体现在马莱塔人的个人生活中。大量家庭的涌入,外来学生进入马莱塔学校,这会产生出各种各样的社会问题,这些问题即使在和平时期也具有一定的复杂性。而种族冲突对西卡佤村的打击则最为严重(这里是戴维成长的地方,也是我们工作的地方),这次袭击沿着通往奥基的马莱塔路,到省会及主要城市地区,最后到达岛屿远方的北部地区。奥基的人口在一夜之间增加了一到两倍,因此出现了住房和食物短缺、药品供应不足的现象,这些现象也导致了奥基的犯罪率急剧上升。奥基和周边的村庄迅速为暴力打斗、毒品、酒精成瘾、性和其他问题所笼罩,村民将这些问题与霍尼亚拉的"城镇生活"和习惯相联系,而不是与马莱塔的农村地区相联系。一些作为"马莱塔鹰派力量"成员参与战斗的男子和年轻人,带着他们曾经用来袭击村庄的枪支回到了家乡,他们对自己的武装盗窃行为及其他罪行供认不讳。

当"伊萨坦布自由运动"切断通往马莱塔的通信线路后,人们在相当长的一段时间内,不能使用奥基的公用电话与尚在瓜达卡纳尔岛的亲戚取得联系,马莱塔省也很难与中央政府取得联系。在这样的隔离状况下,关于"伊萨坦布自由运动"将要入侵马莱塔的流言传播了开来,这也增加了人们的不安情绪。无论是移民还是当地的居民,他们都被自己亲属在瓜达卡纳尔遭受的事件,以及从移民那里听到的关于暴力、强奸、谋杀的事情

伤害。这种创伤带来的紧张情绪加剧了流行病在村庄的侵袭和人口大量死亡的现象，死亡的人年龄跨度很大，这些都加深了人们的悲痛情绪。

这一时期存在着一个重要的土地保护问题，即移民疏忽了对环境资源的利用，并在肥沃的土地上建造房屋，而社区土地所有者原本打算在今后利用这些土地来建设花园。这些行为，虽然侵犯了当地的文化，但因为移民到来时情况紧急而得到容忍。村民们也意识到，那些迁回的移民钻了种族冲突时期后马莱塔岛缺乏法律制约的空子。这种在肥沃的土地上建造房屋的情况对村民的长期食品安全造成了威胁，而且在这座岛上，可耕种的土地已经越来越稀缺了。

移民的行为、活动以及对乡村生活的误解造成了许多冲突。在调解冲突和商议村中事务的村民大会里，移民们的利益在讨论时是被忽视的（Gegeo & Watson-Gegeo, 2001）。而且，移民们采用了政府及其他组织在瓜达尔卡纳尔用于平息冲突的策略，这种策略被错误地称为"文化传统"，也就是使用大量的猪和现金作为对当地人的赔偿。在乡村中，在可以商谈或用其他方法解决的冲突中，提出或给予补偿金、赔偿金并不是一种常规手段。回迁移民比村民拥有更多的现金，他们甚至还因为确实的或误以为的冒犯而被要求付出更多的补偿金。事实上，大额的补偿金也反映了这一时期法律的不健全，因为法庭并没有在超额赔偿这些事上起到作用。创伤、压力、冲突、人口压力——"在种族冲突中的乡村根本没有稳定可言"（John O'ota'a, 2011）。

尽管中央政府致力于带来和平，他们在霍尼亚拉之外的服务却几乎止步不前。马莱塔省和乡村居民们在处理回迁移民的问题时只能依靠他们自己。在村这一级，社区必须发挥作用，因为省政府、教会和其他组织都在处理奥基的食物、住房、疾病、枪支和犯罪等问题。

在长达一天的村民大会中，其中一个讨论焦点就是应该为青年和孩子做些什么，包括那些从瓜达尔卡纳尔的学校回迁的学生，还有那些从霍尼亚拉回迁的移民。这些移民有酗酒、吸食大麻、偷窃的问题，还拒绝和成年人参加村民大会，并做出其他一些违反文化习俗的行为。村民大会长期以来在教导青少年文化和行为价值观念方面发挥着重要作用，它提醒成年人这些价值观念，解决冲突，同时也是村民们发展自己文化行为的地方。作为一个全马莱塔范围的社会实践，村民大会也是一个"正式"教授语言和交谈技巧的传统场所。在乡村中，父母在孩子们只有 18 个月大的时候就开始让他们参与这一活动（Watson-Gegeo & Gegeo，1986，1990）。乡村家庭与回迁移民在知识上和对这一交际行为的分裂是一个巨大的文化分歧。

由于回迁到马莱塔岛上的青年人无法就业，人们认为首先需要的就是用学校教育来占据孩子们的时间，使他们为未来可能有的就业机会做好准备，同时还需要认识到西方教育和英语教育在这个全球化的世界中的重要性。尽管没有合适的教材，但是人们还是在现有的小学中为回迁的中学生加入两个年级作为过渡。说西卡佤语的族群募集捐款，于 2000 年与省政府商议后得到准许，在基鲁萨瓦卢（Kilusakwalo）成立了一所职业中专，它是那时建立的几所使用该语言的学校之一。尽管省政府无法提供财政支持，说西卡佤语的家长们还是从澳大利亚和日本等国得到了援助。此外，家长们还自备建筑材料，亲手建造了教室。尽管基鲁萨瓦卢的中学并不是大学或某一专门行业的生源学校，许多以前在瓜达尔卡纳尔上普通中学的学生还是报名入学了。

这种积极的方式，也就是家长承担起成立和建成学校的责任，比过去 20 年的情况有了显著的进步。多年来，教师们都在抱怨家长们从来不在学校大扫除、维修旧教学楼和盖新教室的时候露面——省政府本来是将这些任务交给农村家长来做的。这些家长也从来不参加家长会。种族冲突改变了家长们的观念，马莱塔岛的村民们认为种族冲突是反马莱塔的，并且做出了回应："好吧，就让我们来接管。"每个人都想"做点儿什么"。

然而，当地的小学已经人满为患，充满了新生。每班人数增加到了 40—50 人，这已经违反了国家政策关于标准的 4—6 级（大致相当于美国的 4—6 年级）每班 28—30 人的规定。学生们上课的时间也分开了，一组学生早上 8 点到中午上学，另一组则是下午 1 点到 4 点上学。4、5、6 年级的学生们星期六还要上半天课，更高的年级则没有休息日。因为人手不足，没有经过专业训练的教师也被聘用了（为了满足自己省份回迁学生的需要，许多从别的省份来的专业的教师回到了原省份）。学校委员会成立了，目的是评估未受专业训练教师的资质和教学效率。但事实上，真正实施时，评估往往"什么也不是"（正如家长所抱怨的）。一位"未经训练的教师"是指完全没有接受过任何教师技能训练，甚至很多时候是连中学都没有读完的人。如果想要走学术道路而不是职业道路的话，中学生必须在中学 3 年级（大约相当于美国的 9 年级）以高分通过一项国家级考试，没有通过的则必须离开学校。有一些教低年级的新老师就是马莱塔岛冲突之后，在中学 3 年级时没有通过考试的人。在填补空缺教职和开新学校的浪潮之中，任何一个差不多能够读写的人都有可能被聘请为低年级教师。

农村中的父母们也试图影响课程设置，正如他们在过去不同时期曾尝试过的那样。全国通行的课程是由国家教育部制定的。有一段时间，国家政府的语言政策规定，如果教师和学生全部都使用同一语言，则允许前两到三年的课程用学生的第一语言（土语）教授。高年级的老师则被允许在需要时进行语码转换，但是授课语言必须是英语，即行政、商业和教育的官方语言。但是，在 20 世纪 90 年代，在低年级使用土著语的宽松政策被废除了（这是为了国家的发展，但也毫无疑问地与外部影响有关；在这一时期，许多国家的语言政策都从尊重使用语言的权利向标准化和排他性国家语言转换）。大多数马莱塔乡村学校的老师都在需要时进行语码转换。但是，随着数千名只说所罗门群岛皮钦语（通用的克里奥尔语）儿童的回迁，能够用卡佤语进行指导的教师越来越少了。农村学生被新来的以皮钦语为母语的学生们奚落、威吓。这些新来的学生已经学会了一些英语，他们既不尊重也不会说卡佤语，他们带着从商店里买来的而不是当地产的食物去学校（一种公然展示相对富有和有城市教养的行为），而且他们的交流方式和农村孩子截然不同。

尽管如此，当制度结构已经无法满足解决冲突的需求时，农村说西卡佤语的家长们行动起来，试图宣示对学校的所有权。过去，学校是学习"ara'I kwao"（意为"白人，欧洲人"）的知识的地方，而当地文化则是在家庭和农村环境中被教授和学习。也有一些零星的尝试要求加入文化材料（多数是在教育部咨询外部意见时提出的），但是这些文化材料往往是概括和代表了"所罗门群岛"或"美拉尼西亚"[1]的文化观点，而不是各个岛屿中实际存在的具体差别，与马莱塔有关的就更少。现在，在种族冲突的余波中，农村父母意识到，这些从城市和城市边缘回迁的卡佤家庭缺乏语言和文化方面的知识，他们正在破坏存在于家庭和乡村环境中的传统教育。在冗长的村民大会中，有一个议题是讨论"受过教育的人"的卡佤概念，以及这对学校教育和乡村中的教与学意味着什么。在学校会议中，由于担心卡佤的语言和文化会被新来的移民们压倒，农村家长和领导们强烈要求卡佤语（或相关的土语，马莱塔岛有 10 种土语在使用）应该成为 1、2 年级的授课语言，因为在掌握欧洲的知识和英语之前，这一阶段对学生给自己的文化和语言打下基础来说十分重要。他们选出的知识包括造房子、造

1　美拉尼西亚人最先来到所罗门群岛定居。

独木舟、园艺和本族土著语。

在争论孩子们早期教育中的土语和文化技能时，村民们使用了和政府不同的"受过教育的人"的概念。村民们关于教育和学校教育的理解与殖民时期、殖民时期之后的官员们一直都是不同的。卡伲语中的"sukulu'anga"（意为"学校教育"）是由"sukulu"（"学校"）衍生而来的。"Sukulu"原来的意思是"教会"（在传教过程中皈依基督教的主要原因就是能够学习读写）。

在 20 世纪 80 年代，村民们开始相信在全球化的世界里，只有"外人的知识"才能被算作知识，因为外来人和精英们不尊重村民，有时还嘲笑他们，许多村民除了一些基本生活技能（如园艺等）以外不再教导他们的孩子了，把其他的都交给了学校。这导致了卡伲语当中"受过教育的人"一词意义的改变。一个受过教育的，或者有知识的人是"ngwae/jubu sa'iru"，意思是"知道事情的男人（人）或女人"。过去，"sa'iru'anga"（"知识"）是指在"ala'anga"（"会议，讨论"）中或者在村民大会和别人一起并且向别人学习（Gegeo & Watson-Gegeo, 1999）。现在，这个词也表示"在学校受教育"。但是，一个非常重要的词的意思没有被学校教育改变："Liato'o'anga"（意为"智慧，洞察力，启发"）是指思维清楚地投入到生活和社会事务中的能力。其中，"Liato'o"是指"敏锐地看"（lia，"看"，to'o，"尖利，敏锐"），"to'o"表示一把尖刀，也表示"瞄准目标"，即精准地射箭或者投掷长矛。智慧和知识是村民大会召开期间的焦点。智慧是获得的，而不是用智力学到的，卡伲人不认为智慧能从学校教育中学到。

村民们发现在现代社会中，读写能力和西方教育对学习某种特定知识和就业来说是必须的。同时，许多村民是文盲，维持生计也不需要学校教育。村民们关于"受过教育的人"的概念就成了一个人可以没受过学校教育而成为一个"完整的人"。但如果接受过学校教育，却没有文化知识，那也不能使一个人成为一个"完整的人"。如今，村民们经常对竞选州或国家的政府部门职位的候选人这样说道："我们需要政府里有一个'完整的人'。"在为他们的教区选择新的牧师或神父时，村民们也经常这样说。

建造新的学校，并且为这些学校负担起更多责任，使农村家长们重新思考教育这件事。村长乔治说："我希望我们的孩子成为'完整的人'，在学习其他东西之前先牢牢掌握卡伲语。"这一说法广泛地挑战了所罗门群岛的公立学校和西方教育。在卡伲语中学习知识和获得智慧的目的是"在完满的状态下生活"，该目的关乎核心文化价值，其中每个词都是静态动词（表示状态或存在的动词）。该价值观包括心存爱意，平静，温柔，安稳或者安定，乐于接受，只求付出不求回报等等。这一切都是在后冲突氛围中重塑村庄的平静和平衡所必须的。"ali'afu'anga"也和一个人的"kula"（意为"角色，位置"）有关。每个人都被认为是由一系列的角色组成的，包括社会角色、个人角色、情感角色、心理角色和精神角色。当环境要求人们改变自己的行为或者解决人际间的存在的问题时，这些角色都在"ali'afu'anga"课程中被审查和分析（Watson-Gegeo & Gegeo，1990）。按照村民们的理解，最重要的文化知识都蕴含于卡佤语本身——在关键文化价值"ali'afu'anga"和"kula"系统之类的概念之中。农村父母要求学校低年级使用卡佤语教学，所以，他们其实是在批评在他们看来过于狭隘的学校教育，这种教育无法培养出"受过教育的人"。在他们看来，学校教育并不完整，且仅限于某些智力方面的知识。省政府乃至中央政府拒绝了家长们的要求。家长和老师又提议开设一门"kastom"课，尽管长者们能够并且愿意免费教授这些课程，这个提议还是被拒绝了。争论持续了数年，在本书写作期间，几个毗邻的西卡佤村落正在本地区为孩子们准备每周的文化课程。

卡佤人对危机的回应：文化项目

学校并不是冲突之后村民们活跃的唯一舞台。许多本地的和回迁的青少年已经放弃了学习并离开学校，或者选择不在马莱塔重新入学。但是，做小本买卖的就业机会很少。因为很多年轻人受到了精神创伤，而且心灰意冷，看不到自己的未来，他们选择回去以种地为生，或者为了在自己的家庭中感到爱和安全感而决定早早结婚。

为了让年轻男性有事可做，不惹麻烦，成年人和长者们组织了多种多样的文化节目表演团队和运动队伍，这些团队一直延续至今。例如，有学习并表演"mao"的俱乐部，"mao"是一种重要的、令人兴奋的舞蹈。还有竹乐乐队。舞蹈俱乐部和竹乐乐队不是学校教育的场所，而是促进本地身份认同和自尊心的场所。俱乐部和乐队成员要自己制作演出服装、乐器、舞蹈道具，自己化妆，还要学习舞步，学习如何专业地弹奏精巧复杂的竹制乐器。教导青少年并且和俱乐部一起演出，要求青少年和成年人都付出大量时间，尤其是为了参加省政府或者当地村庄组织的比赛时。参与者从年轻男孩到青年男人，从有经验的年轻人到教师之类的长者都有。通过这种方法，村民希望能树立专业技能和纪律的榜样，促进整个岛上对马莱塔文化遗产的认同感和骄傲，他们认为马莱塔文化遗产受到了种族冲突这一事件的威胁。

在2002年出版的《语言教育政策：关键问题（第一版）》"重要村民"一章中，我们描述了于1994年开始的卡佤宗谱项目。卡佤宗谱项目包括了从数个西卡佤村庄来的，横跨几代人的团体，他们对卡佤语和文化进行自己的研究，是为了记录、转录采访和讨论，并写成一本有关"falafala"[1] 或"kastom"的书。在他们进行研究的四年间，我们收到了许多录音带，这些录音带描述了这个团体的工作，以及他们在这一过程中学到了什么。他们使用诸如"赋予权力"、"智力启迪"和"深思"这样的术语，来描述他们使用的本土化的认知分析方法是如何让他们对自己的文化和世界"打开我们的视野"的。但是这个项目在冲突开始的时候被突然中止了，而且看起来回迁移民带来的新变化会使该项目再也无法重启。种族冲突附带的后果之一就是所罗门群岛的经济严重倒退以及高通货膨胀率，这使得村民们比以往任何时候都更加贫穷，他们没有时间进行非经济性的活动了。

但是，西卡佤村民们没有忘记他们的项目。2009年6月，在布玛的村庄（这个村庄以它持续不断的艺术和舞蹈闻名）举行了一项为期一周的活动，该活动是为了开展一个建立在过去努力成果基础上的新项目。来自全卡佤的族长们、长者们、成年人和孩子们都参加了这个活动，文化相近的托亚拜塔人（To'abaita），费它勒卡人（Fataleka）和瓜依沃人（Kwaio）也参与了，族长们表示："不管怎么说，我们也都是从卡佤而来的。"

所罗门群岛国家博物馆的退休馆长，来自托亚拜塔的劳伦斯·弗那塔（Lawrence Foanaota）做了主旨发言，他的高调参与加强了这个活动的重要性。接下来的一个星期中，有一系列成功的专题研讨会、讲座和传统表演，这一切都围绕着"falafala"或者"kastom"的主题。一位活动组织者在电话里向我们这样报告此次活动：

> 这个新的项目与金钱无关，和我们靠自己能做什么有关。有什么比以"falafala"作为开始更好？我们希望"falafala"成为一个引领性的概念，而不是金钱。这个项目不是另一个由外部发起的发展项目，相反地，我们想要振兴卡佤文化，从而更新它。这个项目由我们自己

1　falafala，在卡佤语中指被广泛共享的文化习俗和价值观。

的双手创造。

——村民奥古斯丁（Augustine Maelefaka），2009 年

当地十分看重如何对待"发展"，他们认为"发展"是一个活生生的、适应人和环境的过程。这种发展适应人的需求，并且在他们的眼界范围之内（Gegeo & Watson-Gegeo, 2002b）。在为期一周的活动中，项目的名称被改为"Ailako 文化工程"："Ailako"是几千年前马莱塔岛最早有人定居时建立的第一个村庄的名字。

在本书写作期间，由于过去几年全球经济危机，导致所罗门群岛经济严重衰退，该项目已经放缓了发展速度。但是，在卡佤语中许多重要概念和谈话这些资料逐渐消失之前，还有一些从事独立研究的个人正在从长者们那里收集它们。

讨 论

> 如果国家政府成为联邦制，如果马莱塔岛必须依靠自己，甚至如果卡佤人必须依靠自己，我们也能够做到，我们准备好了。我觉得我们已经拥有了这一新的文化工作需要的东西，并以此面对自己的未来。
>
> ——村民奥古斯丁，2009 年

作为一个国家，种族冲突给所罗门群岛带来了许多变化，作为一个省的马莱塔岛也是如此。总的来说，各个省在面对冲突时有了更大的自主权，这有一部分是因为立法方面的变化以及向联邦制的慎重演变。比较大的省——西部省，瓜达尔卡纳尔省和伊萨贝尔省最为积极地推动联邦制，而较小的省则承认他们无法依靠自己，因为它们的经济规模太小，所辖岛屿资源匮乏。

在马莱塔，种族冲突加剧了有关马莱塔省需要"接管"发展和社会服务（除了国家医保服务，大多数由澳大利亚承保）。在全马莱塔的一致认知下，岛民们悄悄向可能的独立努力，并且避免公开外露。马莱塔省已经与一些国家和国际组织建立了联系，比如，和以色列建立了关系（用宣称马莱塔岛人是以色列的"失落的部落"的手段）。与此同时，伊斯兰教也在西卡佤一个至今仍有 98% 居民是基督教徒的岛屿找到了立足点。曾经投

入在霍尼亚拉或其他地方的马莱塔岛的资本，现在都转而投入到马莱塔岛自身的发展中去了，因为一些富有的马莱塔岛人回到故乡，向自己岛上的社区投资。例如，奥基就发展得非常迅速，有属于本地的酒店和产业，还有一些用日本经济援助建立起来的新卖场。这条平静的发展道路包含了以往马莱塔岛在战争时期使用的同样策略。

复兴马莱塔岛文化认同与语言的努力必须要和当地土语的流失赛跑，当地土语面临着不说土语的回迁移民和日渐扩大的全球化的侵蚀。在种族冲突中，"伊萨坦布自由运动"切断了霍尼亚拉和奥基的联系。如今，西卡佤的村子依然没有水电，但是村民们可以买相对较便宜的预付费手机，这种手机可以在奥基付费充电。大学生们带着笔记本电脑回家，在某些地方有网络可以使用。仅仅十年间，卡佤语在词汇、形态和语音特征上的重大流失就在村民们的谈话中变得格外明显。具有高超修辞手段的交谈方法也几乎只在老年人当中使用，许多年轻人并没有继承这种技巧。尽管马莱塔岛当地语言正在急剧变化，但是在未来60年左右还不太可能消失。将会消失的是许多概念和语法方面的区别，以及许多蕴含在语言形式当中的文化知识。这就是为什么现在村民们进行的记录他们语言和文化的工作如此重要，正如印第安诗人欧迪斯（Ortiz）所说的，土著居民的责任是"文化传统的延续"（Brill de Ramírez & Lucero, 2009；Ortiz, 2002）。

结　论

在种族冲突之中或者之后，经历了这么多年的奋斗、苦难，还有这段过程中付出的一切生命，我们建立美好未来的决心并没有变得暗淡。我们村民继续靠自己的双手生存。我们将会坚持下去。

——村长乔治，2008年

2011年5月，一个马莱塔团体宣布在奥基开启"鹰巢"的运动，他们小心地将这一运动与"马莱塔鹰派力量"分开。这一运动的发言人米斯塔纳（Misitana）表示，"鹰巢"的目的是"在省内保护土著马莱塔人的权利"，就是说在商业经营上给予土著马莱塔人优先权。他强调（《所罗门星报》，2011年5月19日）：

> "鹰巢"是一个即将崛起的团体,它将保护我们下一代人的权利。但是我们所做的都将遵守法律,不会造成流血事件或任何别的东西……我们的名字只是表示我们(鹰)生活在自己的省里(巢),从想要夺走属于我们东西的外人那里保护自己的蛋(下一代)。

米斯塔纳说的"外人"指的是外岛人和跨国公司,他们想利用马莱塔岛有限的土地、木材、矿产和海产资源来启动大规模的经济发展。这个组织特别反对发展当中的腐败因素以及在霍尼亚拉和国家政府中进行的政治审核。

马莱塔发起"鹰巢"运动的原因之一正是政府当中普遍存在的腐败,这种腐败也是乡村当中讨论的主题。这也是为什么近期许多学者和时事评论员经常将所罗门群岛称为一个"衰弱的国家",更典型的说法是"失败的国家"(Allard, 2003;Kabutaulaka, 2002, 2004;Moore, 2008;Roughan, 2002)。正如英国在让所罗门群岛对公民权和国家统治上做好政治文化准备的努力失败了,澳大利亚和"所罗门群岛地区援救计划"也陷入了一种"缩水的国家建设",这一生动的短语是法利德·扎克里亚(Fareed Zakaria, 2001)用于形容美国"重塑阿富汗秩序"的努力的。"所罗门群岛地区援救计划"也隐喻地表现了所罗门群岛作为西方"反恐战争"一部分的现状。

尽管未来还不明朗,大多数所罗门群岛人都清楚"所罗门群岛地区援救计划"在国家希望展现新形象的现在仍然会发挥一定作用。但是,有一件事对我们来说是很清楚的,那就是与20年前相比,马莱塔岛的乡村居民更加依靠自己本地解决问题的方法,而不是依靠政府去拯救和援助他们。他们的某些解决方法也许不符合外人和研究者的期望,正如卢克(2005:17)提出的比喻,是"交融的、综合的和分层的"解决问题方式。殖民时期之后的马莱塔乡村居民可能用他们自己的方式奋斗,保存或者重新创造他们的本土身份、文化活动和语言,找到一条可持续发展和实践的道路,他们将有用的方法"联合"起来去战胜贫穷以及因资源匮乏而带来的各种困难。正如村长乔治富有表现力的说法,不管怎么样,多年来他们都靠自己的双手养活自己,他们将会坚持下去。

参考文献

Allard, T. (2003, June 26). PM ready to send troops to Solomons. *Sydney Morning Herald.* Retrieved from http://www.smh.com.au/articles/2003/06/25/1056449305044.html

Amnesty International. (2000). *Solomon Islands: A forgotten conflict.* AI Index: ASA 43/05/00. Retrieved from http://www.amnesty.org/en/library/info/ASA43/005/ 2000/en

Bennett, J. A. (1987). *Wealth of the Solomons: A history of an archipelago, 1800–1978.* Honolulu: University of Hawaii Press.

Brill de Ramírez, S. J., & Lucero, E. Z. (Eds.). (2009). *Simon J. Ortiz: A legacy of indigenous continuance.* Albuquerque: Univenity of New Mexico Press.

Chapman, M. (1995). *Island autobiographies of movement: Alternative way of knowing?* East-West Center Reprint 314. Honolulu: East-West Center.

Fraenkel, J. (2004). *The manipulation of custom: From uprising to intervention in the Solomon Islands.* Wellington, New Zealand: Victoria University Press.

Garrett, J. (2011). Solomons police target potent "kwaso" makers. Radio Australia, 24 March. Retrieved from http://solomonstarnews.com/news/national/4180-solomons-police-target-potent-kwaso-makers

Gegeo, D. W. (1994). *Kastom* and *bisnis:* Toward integrating cultural knowledge into rural development in the Solomon Islands. Unpublished Ph.D. dissertation, Department of Political Science, University of Hawaii, Manoa.

Gegeo, D. W. (1998). Indigenous knowledge and empowerment: Rural development examined from within. *The Contemporary Pacific, 10,* 289–315.

Gegeo, D. W., & Watson-Gegeo, K. A. (1999). Adult education, language change, and issues of identity and authenticity in Kwara'ae (Solomon Islands). *Anthropology and Education Quarterly, 30,* 22–36.

Gegeo, D. W., & Watson-Gegeo, K. A. (2001). "How we know": Kwara'ae rural villagers doing indigenous epistemology, *The Contemporary Pacific, 13,* 55–88.

Gegeo, D. W., & Watson-Gegeo, K. A. (2002a). The critical villager: Transforming language and education in Solomon Islands. In J. W. Tollefson (Ed.), *Language policies in education: Critical issues* (pp. 309–325). Mahwah, NJ: Lawrence Erlbaum.

Gegeo, D. W., & Watson-Gegeo, K. A. (2002b). Whose knowledge? The collision of indigenous and introduced knowledge systems in Solomon Islands community development. *The Contemporary Pacifc, 14,* 377–409.

Grande, S, (2004). *Red pedagogy: Native American social and political thought.* New York: Rowman & Littlefield.

Hurly, N. (2001). New Zealand and Solomon Islands ethnic conflict. Background Paper for the Solomon Islands Workshop: Building Peace and Stability, October 24–28, 2001, organized by the State Society and Governance in Melanesia Project. Canberra: Australian National University.

Johnson, D. C. (2009). Ethnography of language policy. *Language Policy, 8,* 139–159.

Kabutaulaka, T. T. (2000, May). Beyond ethnicity: Understanding the crisis in the Solomon Islands. *Pacific News Bulletin,* pp. 5–7.

Kabutaulaka, T. T. (2002, April). A weak state and the Solomon Islands peace process. *East-West Center Working Papers, Pacific Islands Development Series 14.* Honolulu: East- West Center.

Kabutaulaka, T. T. (2004, March). "Failed state" and the War on Terror: Intervention in Solomon Islands. *Asia Pacific Issues*, No. 72. Honolulu: East-West Center.

Luke, A. (2005). Foreword. In A. M. Y. Angel & P. W. Martin (Eds.), *Decolonization, globalization: Language-in-education policy and practice* (pp. xiv-ix). Clevedon, UK: Multilingual Matters.

Meyer, M. A. (2003). *Ho'ulu, our time of becoming: Hawaiian epistemology and early writings.* Honolulu: 'Ai Pōhaku Press & Native Books.

Moore, C. (1985). *Kanaka: A history of Melanesian Mackay.* Port Moresby: Institute of Papua New Guinea Studies and University of Papua New Guinea Press.

Moore, C. (2004). *Happy isles in crisis: The historical causes for a failing state in Solomon Islands, 1998–2004.* Canberra: Asia Pacific Press.

Moore, C. (2007). The misappropriation of Malaitan labor: Historical origins of the recent Solomon Islands crisis. *Journal of Pacific History, 42,* 211–232.

Moore, C. (2008). Pacific view: The meaning of governance and politics in the Solomon Islands. *Australian Journal of International Affairs, 62,* 386–407.

Nabobo-Baba, U. (2006). *Knowing and learning: An indigenous Fijian approach.* Suva, Fiji: Institute of Pacific Studies, University of South Pacific Press.

Ortiz, S. J. (2002). *Out there somewhere.* Tucson: University of Arizona Press.

Pennycook, A. (2006). Postmodernism in language policy. In T. Ricento (Ed.), *An introduction to language policy: Theory and method* (pp. 60–76). Oxford: Blackwell.

Pollard, A. (2006). Painaha: Gender and leadership in 'Are'Are society, the South Sea Evangelical Church and parliamentary leadership: Solomon Islands. Unpublished Ph.D. dissertation, Victoria University of Wellington, New Zealand.

Pulitano, E. (2003). *Toward a Native American critical theory.* Lincoln: University of Nebraska Press.

Ricento, T. (2006). Language policy: Theory and practice - An introduction. In T. Ricento (Ed.), *An introduction to language policy: Theory and method* (pp. 10–23). Malden. MA: Blackwell.

Roughan, J. (2002, 13 February). Pacific first: A failed state. *Solomon Star,* p. 5.

Sadler, H. (2008). Mātauranga Māori (Māori epistemology). *International Journal of the Humanities, 4,* 33–46.

Sanga, K. (2003). Solomon Islands leadership: Tough times and tougher acts. *Future Times Journal, 3,* 5–8.

Smith, L. T. (1999). *Decolonizing methodologies: Research and indigenous peoples.* Dunedin: University of Otago Press.

Solomon Islands Government. (1985). *National development plan 1985–1989.* Honiara: Solomon Islands Government.

Tollefson, J. W. (Ed.). (2002). *Language policies in education: Critical issues.* Mahwah, NJ: Lawrence Erlbaum.

Tollefson, J. W. (2006). Critical theory in language policy. In T. Ricento (Ed.), *An introduction to language policy: Theory and method* (pp. 42–69). Malden, MA: Blackwell.

UNICEF. (1993). *A situation analysis of women and children in the Solomon Islands.* Honiara: Government of Solomon Islands.

UNICEF. (2006). *Solomon Islands: A situation analysis of children, women and youth.* Honiara: Government of Solomon Islands.

Watson-Gegeo, K. A., & Gegeo, D. W. (1986). Calling-out and repeating routines in Kwara'ae children's language socialization. In B. B. Schieffelin & E. Ochs (Eds.), *Language socialization across cultures* (pp. 17–50). Cambridge: Cambridge University Press.

Watson-Gegeo, K. A., & Gegeo, D. W. (1990). Shaping the mind and straightening out conflicts: The discourse of Kwara'ae family counseling. In K. A. Watson-Gegeo & G. M. White (Eds.), *Disentangling: Conflict discourse in Pacific societies* (pp. 161–213). Stanford, CA: Stanford University Press.

Watson-Gegeo. K. A., & Gegeo, D. W. (1992). Schooling, knowledge and power: Social transformation in the Solomon Islands. *Anthropology and Education Quarterly, 23,* 10–29.

Watson-Gegeo, K. A., & Gegeo, D. W. (1994). Keeping culture out of the classroom in rural Solomon Islands schools: A critical analysis. *Educational Foundations, 8,* 27–55.

Watson-Gegeo, K. A., & Gegeo, D. W. (1995). Understanding language and power in the Solomon Islands: Methodological lessons for educational intervention. In J. W. Tollefson (Ed.), *Power and inequality in language education* (pp. 59–72). Cambridge: Cambridge University Press.

Watson-Gegeo, K. A., & Gegeo, D. W. (1999a). Culture, discourse, and indigenous epistemology: Transcending current models in language policy and planning. In T. Huebner & K. A. Davis (Eds.), *Sociopolitical perspectives on language policy and planning in the USA* (pp. 99–116). Amsterdam: John Benjamins.

Watson-Gegeo, K. A., & Gegeo, D. W. (1999b). (Re)modeling culture in Kwara'ae: The role of discourse in children's cognitive development. *Discourse Studies, 1,* 227–246.

Watson-Gegeo, K. A., & Gegeo, D. W. (2004). Deep Culture: Pushing the epistermolo-gical boundaries of multicultural education. In G. Goodman & K. Carey (Eds.), *Critical multicultural conversations* (pp. 235–256). Cresskill, NJ: Hampton Press.

Zakaria, F. (2001, 21 October). Next: Nation-building lite. *Newsweek.* Retrieved from http://www.thedailybeast.com/newsweek/2001/10/21/next-nation-building-lite.html

Zakharia, Z. (2008). Review of A. M. Y. Lin & P. W. Martin (Eds.), *Decolonization, globalization: Language-in-education policy and practice* (2005). *Language Policy, 7,* 179–181.

Zulu, I. M. (2006). Critical indigenous African education and knowledge. *Journal of Pan African Studies, 1,* 32–49.

第六部分　语言政策和社会变化

　　这一部分的三个章节主要探讨了这样的关键性问题：在面对更为强势的社会群体和语言集团所施加的巨大压力时，土著族群和其他语言少数族群是如何制定出能够满足其社会和语言需求的教育政策和教育项目的？新出现的各种身份与语言教育政策有着怎样的关系？前两章是对第五部分所关注的土著语言问题的延续，该部分特别关注实现"文化传承"的创造性努力，这主要指的是在面对持续的霸权式的同化压力下维系语言和文化社区的努力。在第十三章，特雷莎·L. 麦卡蒂主要介绍了对美国土著语言和文化复兴进行研究的结果。她分析探讨了年轻人在更大的文化传承背景下为语言再生而承担的角色。她尤其关注年轻人在面对自己的祖裔语言这一土著身份的关键符号同时也是社会经济发展的障碍时，如何掌控好这种互相冲突的意识形态和话语。

　　在第十四章，塞拉菲尼·M.科罗内尔-莫利纳探讨了新的大众媒体和社会媒体对安第斯山脉地区克丘亚语和艾马拉语的语言保持与语言复兴的影响。他特别指出，对于以语言典藏和语言复兴为目的的语言政策和语言规划而言，新媒体将成为支持其政策和规划的新机遇。他所列的克丘亚语和艾马拉语的可用媒体资源目录表明了语言教育新方法在文化传承过程中的无限可能。

　　第十五章是对本书几个关键性主题的整合性概览：限制性语言政策与相关政策领域诸如移民政策的紧密关系；全球化对语言教育政策的双重影响；"语言"、"身份"和"语言权利"观念的转变；双语制在语言保持和复兴过程中的复杂角色；法律框架对于语言政策的重要性；政策制定过程中社区参与的重要性；语言政策研究过程中的多种方法。此外，该章还分析了在解决多语言、多民族国家（事实上所有国家都是如此）所面临挑战的过程中语言政策的重要性。最后，该章评论道：涵盖民主多元化的语言政策将会是解决当前民主危机的至关重要的途径。

第十三章 美国土著人的语言规划与文化传承

特蕾莎·L.麦卡蒂

> 正是美国土著人坚持使用当地存活语言的行为极大地表现了他们的生命活力。
>
> ——梅迪辛（Medicine, 2001: 52）

以上这些话，是拉科塔（Lakota）[1]的人类学家、教育学家和语言权利活动家比阿特丽斯·梅迪辛（Beatrice Medicine）就保持多样化的美国土著社区时所说的，这些社区正是持续几个世纪的种族灭绝政策所试图消灭的。梅迪辛（2001: 51—52）补充道，在土著社区的"社会语言关系（sociolinguistic nexus）"里，"尽管数代人都面临着改变的压力，但土著文化仍得以繁荣和生存"。本章将根据语言人类学、教育人类学、土著研究以及批评应用语言学等领域的理论与实践（Pennycook, 2001; Tollefson, 2002），探讨这种社会语言关系的过去与现在。从以上跨学科的视角可以发现，土著人为保持他们的"活语言"而做出的努力不仅仅是语言学的问题，而且也是更大规模的"传承"（continuance）斗争中的一部分——"传承"这一说法源自埃克马（Acoma）[2]诗人和文学家西蒙·奥尔蒂斯（Simon Ortiz），其表达了明确的抵抗外界的决心和维持有活力的文化社区的集体意志。三个多世纪以来，学校及其教学媒介语政策一直是这场斗争的战场，而土著人的孩子、家庭和社区则一直处于斗争的前沿。本章对这一过程进行了批判性分析，并重点关注了语言规划与语言政策对文化传承和社会变化的驱动作用。

我将首先讨论当代美国土著语言政策和语言规划工作的语言人口背景和社会历史背景，并强调土著人的部落治权（tribal sovereignty）[3]和民族自治（self-determination）是这些努力的政治法律基础。本文将以土著社区学校为例来说明民族自治运动和奥尔蒂斯的"传承"观念。接着将讨论有关

---

1 拉科塔是美国土著之一，主要居住在西部。
2 埃克马属于北美西南印第安人中的普韦布洛部落，据说是在美洲定居的部落中最古老的一支。
3 部落治权指的是美国联邦所承认的印第安人部落所拥有的权力，部落有权在其区域内（有时也在区域之外）行使有限的司法权力。

美国土著语言政策和语言规划的一系列行动计划。在这里面，年轻人是一个很少被研究但至关重要的群体，因此本章的后半部分还将对美国土著年轻人的语言使用进行分析。一方面土著年轻人把他们的祖裔语言看作"真正"土著人身份的核心要素，另一方面，祖裔语言又会在全球化社会语言的"背景"下阻碍他们向上流动，那么，这些年轻人是如何与当地人以及社会人进行交流的呢（Blommaert，2010）？是什么影响了他们的语言选择？最后，本文从实用的角度来考虑这项工作及其启示——"邀请年轻人"（McCarty & Wyman，2009：286）参加旨在实现民族自治和文化传承的语言规划活动。

在整个分析过程中，我将运用新语言政策研究（New Language Policy Studies）[1]的理论框架，这是一种深受人类学影响的批评理论方法，其并不是将政策视为"孤立的文本"，而是将其"置于社会文化进程"中加以分析（McCarty，Collins & Hopson，2011：335）。在这一理论框架中，语言政策被看作既是隐性的又是显性的，既是事实的又是法律的，语言政策"是一个综合体，包含了语言实践、语言意识形态、语言态度以及普遍深刻地影响人们在日常生活中语言选择的各种正式和非正式的机制"（McCarty，2011：xii）。这并不是说要忽视官方正式政策的重要性，尽管政策确实在美国土著人身上的作用非常突出明显，而是要在相互交织的当地语境、民族语境以及全球语境中分析这些政策的进程。海姆斯（Hymes，1980）所说的"民族志监控"（ethnographic monitoring）是该理论框架的核心内容，它"不是人们对语言政策本身进行常规分析时的附带品，而是人们认识语言政策的理论核心，具有一定的价值地位，进而有助于人们理解语言政策"（McCarty，Collins & Hopson，2011：336）。与海姆斯的激进立场相同，批判民族志学致力于社会公平，并服务于那些"民族志所要研究并与之共同生活在一起的群体"（Gilmore, cited in Hornberger, 2002：2）。新语言政策研究的目标是以全新的方式来建构语言政策和语言规划，并以此来重新构想语言多样化和教育平等的各种可能。

语言人口状况与社会历史背景[2]

"统计"人口数量和语言数量存在不确定性，这不仅是由于数据的来

1　由社会语言学家海姆斯（Dell Hymes，1927—2009）所提出。——作者注
2　本节部分内容引自麦卡蒂（McCaty, 2012）。——作者注

源值得怀疑（Krauss，1998，关于人口普查计算的问题），而且计算工作的本身也是一个意识形态的问题。如希尔（Hill，2002：127）所指出的那样："人口普查是一种重要的行使权力的表现。"在本小节，我将列出醒目的数字，以让读者感受到北美土著人文化和语言的多样性。

土著人遍布美国每个州和地区，有560多个已获得联邦政府认可的部落，619个居留地以及阿拉斯加土著村庄，还有62个夏威夷土著家园（Snipp，2002；US Census Bureau，2001：9）。最近的美国人口普查数据显示美国土著人口有将近600万人，其中包括490万美国印第安人和阿拉斯加土著（占美国人口的1.5%），还有111.8万人的夏威夷土著和"其他太平洋岛屿上的人"（US Department of Health and Human Services，2011）。有将近三分之一的美国印第安人和阿拉斯加土著年龄在18岁以下，因此青少年的语言实践及相关问题尤其值得关注。美国印第安人中人数最多的是切罗基族，大约有70多万人（占美国印第安人和阿拉斯加土著人口的16%）。纳瓦霍族（Navajo）有约30万人口，在美国的印第安部落中人数位居第二，并且拥有最为广阔的领地，有着绵延西南部三个州的2.7万平方英里的保留地（US Census Bureau，2002：8）。大多数美国印第安人和阿拉斯加土著族群在地理分布上不广，人口数量上也相对较少。

语言学家估计，在美国目前已知的300多种土著语言中，有175种语言仍在使用。这些土著语言都处在濒危之中，其中90%的土著语言只有父辈及更年长的人群在使用（Krauss，1998）。例如，在2000年的人口普查中，有72%的五岁以上印第安人和阿拉斯加土著报告说自己在家只说英语（Ogunwole，2006：7）。大多数仍在使用土著语言的人主要生活在阿拉斯加和美国西部地区，而纳瓦霍部族中仍在使用祖裔语言的人数（约17.8万人）要比其他美国印第安人和阿拉斯加土著人中使用祖裔语言的人数的总和还要多（Benally & Viri，2005；Krauss，1998）。考虑到人口规模和不同的文化历史背景，真正使用美国土著语言的人数要少得多，而且其中超过三分之一的语言只有一些老年人在使用。例如，阿拉斯加南部的一种土著语言埃雅克语（Eyak），在2008年失去了最后一个以它为母语的使用者——玛丽·史密斯·琼斯（Marie Smith Jones）。

因此，21世纪美国土著的语言政策与规划很大程度上关注的是语言复活和将土著语言作为第二语言教授给祖裔语言学习者。然而，令人困扰的现实是，即使有更多的美国土著儿童进入以英语为主要语言或唯一语言的学校，他们仍在继续受到歧视，并被认为是"英语能力不足者"，需要上补救性课程。美国印第安人和阿拉斯加土著儿童无法从高中毕业的可能性是他们同龄白人的237%（National Caucus of Native American State Legislators，2008：14）。在所有的学业成绩评价中，类似的差异的确是显而易见的（DeVoe，Darling-Churchill & Snyder，2008）。

正如以上资料所显示的，美国土著人所要实现的语言公平，是与实现经济公平、社会公平、民族自治以及教育公平等紧密相关的。要理解这些问题，就需要了解美国土著民族和美国政府之间的特殊关系。尽管美国印第安人、阿拉斯加土著人和夏威夷土著人在政治上并入美国的方式有所不同，但美国所有土著民族都被给予了相同的政治法律地位，以确保他们与联邦政府建立的特殊的"信任"关系。自美国印第安人与欧裔美国人第一次相遇起，这两个族群处理问题的方式就是以政府对政府为基础的。支撑这一关系是部落治权的原则："民族自治、民族自决和自行教育的权利……（包括）……以当地的语言和方式来表达自己的思想和文化"（Lomawaima & McCarty，2006：9）。部落治权虽然早于美国宪法，但被后者承认并被联邦立法、联邦司法以及负责管理"印第安事务"的各个机构编入法典之中（Lomawaima & McCarty，2006；Snipp，2002）。但美国联邦政府一直以来都在亵渎这份信任。尽管如此，这种信任关系和对部落治权的尊重仍然是美国土著语言政策与规划制定的基础。

对于信任关系和部落治权而言，校内外的语言教育都是至关重要的。在1779年至1871年期间，美国联邦政府与印第安部落签署了400多项协议，其中有120项协议规定了联邦政府必须帮助招收土著学生的学校及其教师。然而，联邦政府自第一次涉足印第安人的教育起，就无情地实施了以灭绝土著人的语言和文化为目的的教育政策（Adams，1997）："用英语替代祖裔语言；用基督教替代异教信仰；替代一切经济、政治、社会、法律和艺术制度（Lomawaima & McCarty，2006：4）。"也许，最能说明问题的是联邦政府授权自己实施这些目标的法律：1819年《教化法案》（*Civilization Act*）授予了美国政府对土著学生接受学校教育的主要管辖权，尽管该法案在意识形态上表示土著人具有与白种人和盎格鲁—欧裔人同等教育的公平。

在19世纪末，美国寄宿制学校细致严密地"控制了所有环境，在这些环境下榜样和训导塑造着行为和信念"（Lomawaima，1994：112），这也成为首要的同化机制。早期的教会学校，尽管有着要通过一切可能的方式来传播基督教的强烈目的，但还是经常提供用土著语作为教学媒介语的教育，但寄宿制学校却强行禁止说土著语言。有大量记载显示这些学校对说母语（土著语）的孩子进行嘲弄、殴打，甚至把他们反锁在柜子里，或是用肥皂"清洗"他们的嘴巴（Benally & Viri，2005；McCarty，2002；Reyhner & Eder，2004）。这些经历导致许多土著人对社会主流制度产生了不信任感，并使土著人对自己所使用的语言感到矛盾和羞耻。N. 道恩豪斯和 R. 道恩豪斯（Dauenhauer and Dauenhauer，1998：60）在记录与阿拉斯加东南部的特林吉特人（Tlingit）、海达人（Haida）、钦西安人（Tsimshian）[1]的接触经历时说："现在我们所有人都要承担这一……种族灭绝政策所遗留的问题，这其中之一便是土著语言……正处于灭绝的边缘。"

1928 年刘易斯·梅里亚姆（Lewis Meriam）和他的同事写了一份具有重大影响力的报告，他们将寄宿制学校的虐待行为公之于众，这也促使了政府之后的政策有所改变（Meriam et al.，1928）。在印第安事务局（BIA：Bureau of Indian Affairs）专员约翰·科利尔（John Collier，1933—1945[2]）的努力下，该局最早出版了纳瓦霍语、拉科塔语和霍皮语（Hopi）的通俗读物。根据梅迪辛（2001：50）的研究，这些材料"不仅仅在于其是基督教赞美诗和《圣经》，更为重要的是它们是提高土著人土著语言能力的主要来源"，还反映了"双语双文化教育对土著人的早期影响"。

但随后一场并没有多加掩饰的运动，导致了土著人数百万英亩的土地被政府没收，联邦政策终结了部落和联邦之间的信任关系，之前的那些成效也就随风而逝（Adams，1997）。1969 年，美国参议院严厉批评了印第安人教育的联邦政策，其中理由之一便是印第安孩子的辍学率超出国家平均水平的两倍，并认为联邦政府对待美国印第安人的行为是"美国的悲剧"（US Senate Special Subcommittee on Indian Education，1969：9，21）。同时期的"国家印第安教育研究"（National Study of Indian Education[3]）报告了相似的发现，并注意到大多数的美国土著父母希望学校用土著语言来教育他们的孩子（Fuchs & Havighurst，1972）。

寄宿制学校无意之中带来的结果便是促使在这类学校中长大但来自各个不同部落的土著人联合起来，并在 20 世纪 60 年代民权运动和 70 年代

1　特林吉特人，美国阿拉斯加南海岸和加拿大英属哥伦比亚北部一带的印第安人；海达人，居住在北美的印第安人；钦西安人，加拿大英属哥伦比亚西北海岸及附近一带的美洲印第安人。——作者注

2　约翰·科利尔于 1933—1945 年间担任印第安事务局局长。

3　国家印第安教育研究是在美国相关教育部门指导下进行的，旨在调查美国印第安人和阿拉斯加土著人的教育状况。

美国印第安人运动[1]中联合各部落首领和活动家，为民族自治权向联邦政府施压。1954年最高法院就"布朗诉堪萨斯州托皮卡教育局案"所做出的判决也同样促成了变革，该判决认为在学校中进行种族隔离是不合法的。作为回应，约翰逊政府发起了"向贫困宣战"（War on Poverty）[2]运动，其成果是1964年颁布的《民权法案》和《经济机会法》[3]（*Economic Opportunity Act*），两项法案分别是为遭受种族歧视的人提供法律保护和向穷人提供社区发展计划。随后，1965年颁布的《中小学教育法》（ESEA）允许实行一些项目以满足贫困儿童和有色人种儿童的"特殊需求"，1968年的《双语教育法》规定学校应该向孩子提供用母语学习英语的项目。1972年，美国国会通过了《印第安人教育法》，允许美国土著人开展双语双文化教育项目。1975年《印第安人民族自治和教育援助法案》通过，为部落管理自己的学校和社会服务事务提供了法律保障。以上这些法律为土著人的语言权利、文化权利和教育权利的实现创造了新的"意识形态依据和履行依据"（Hornberger，2006）。

我们必须承认这些变化的出现，并非源自联邦政府的善意或良心发现；正如美国印第安人教育办公室的前任主管约翰·蒂皮康尼克三世（John Tippeconnic III，1999：37）所强调的，这些改变源自于"印第安教育家、印第安组织和机构以及部落的政治智慧和不断的坚持"。杰出的蒂奈（Diné[4]）教育家安妮塔·法伊弗尔（Anita Pfeiffer，1993）有力地影响了发生在纳瓦霍族内部的变化，用她的话来说：根本性的规则正在发生变化，十年前还无法想象的事情现在已经变得可行了。

在20世纪的后半叶，这些新机遇结出了硕果，其表现就是由土著社区管理的学校的出现（McCarty，1993，2008）。纳瓦霍族于1966年在亚利桑那州一个名为拉夫罗克（Rough Rock）的乡村小社区建立了第一所由

---

[1] 美国印第安人运动（AIM）起始于20世纪70年代初，目的是向联邦政府施压，要求联邦政府根据协议向部落履行应尽义务。1972年，该运动成员在华盛顿特区游行示威，向联邦政府官员发表20点声明，即《违背协议之路》（*The Trail of Broken Treaties*），要求归还印第安人的土地，保护印第安人宗教自由和文化自由，重组印第安事务局，改善医疗、住房、经济发展和教育状况（Wittstock & Salinas, n.d.）。——作者注

[2] 20世纪60年代，美国产生了大量贫困人口，约翰逊政府提出"向贫困宣战"的口号，推行包括发展教育、兴建住宅、增加营养、扩大就业等在内的社会福利计划。

[3] 1964年，联邦政府通过《经济机会法》主要目的之一是通过为生活在贫困线以下家庭提供教育和社会化的机会，打破贫困圈。

[4] 纳瓦霍语，英文中称作Navajo或者Navaho，本族人则称之为Diné bizaad。

社区管理的学校，下面我将用来自纳瓦霍族的例子来说明这些基层语言政策和语言规划的过程。

民族自治与传承：以纳瓦霍族的社区学校为例

纳瓦霍族遍布于美国西南部三个州[1]的全部范围，其成员占美国印第安人和阿拉斯加土著人总人口的7%。纳瓦霍语属于阿萨巴斯卡语系（Athabascan），该语系遍布于从极地北部到美国与墨西哥的边界的地域。在20世纪60年代中期，纳瓦霍族人的地理分布仍大部分远离说英语的城市中心，他们主要说纳瓦霍语。根据斯波斯基（Spolsky，1975）当年的纳瓦霍语阅读研究报告，3500名六岁儿童中有90%是纳瓦霍语和英语的双语人或纳瓦霍语的单语人，"我们的调查显示超过三分之二的儿童，几乎是所有人，在面对英语单语教师时有着严重的困难"。

在这种环境下，纳瓦霍族成为美国印第安社区学校运动的中心。这一运动起始于20世纪60年代中期亚利桑那州保留地内部的拉夫罗克社区，该社区人口大约为1300人。在那个时期，拉夫罗克是美国经济最萧条的地区之一，大家正努力从一项灾难性的联邦计划中恢复过来，该计划占用并杀死了大量家畜，还大幅度地削减了家庭土地拥有量（McCarty，2002）。新建立的拉夫罗克示范学校并非是这一社会经济环境下的唯一现象，而是作为当时国家补偿的一部分出现的。拉夫罗克（纳瓦霍）民族学校作为联邦"向贫困宣战"计划的衍生物，是根据纳瓦霍人委员会（由当地选举产生）和纳瓦霍托管委员会（由部落批准成立）与印第安事务局、美国经济机会办公室（US Office of Economic Opportunity）共同签署的独立协议成立的。

从一开始，拉夫罗克的学校就被定位为要促进社会变化与社区赋权。在学校课程设置中优先考虑纳瓦霍语，并不仅仅是为了帮助孩子学习纳瓦霍语和英语，同时也是要在"知识领域和社区活动所可能涉及的领域"优先考虑纳瓦霍语（Rivera，1999：485；Roessel，1977）。在学校资助的项目中，这些可能涉及的领域包括了社区家禽农场、由学生管理的温室、玩具家具厂、土著艺术工艺项目、培养传统礼仪执行人的项目等等。所有这

---

[1] 纳瓦霍族是北美洲地区现存最大的美洲土著族群，也拥有现今美国面积最大的印第安保留地，横跨亚利桑那、新墨西哥和犹他三州，面积7万平方公里。部族政府有地方自治权，首府设在亚利桑那州窗岩镇（Window Rock）。

些项目中都聘请了社区成员,并且请老年人和学生的父母进入学校课堂(McCarty,2002)。拉夫罗克学校的创建人之一,也是首任校长小罗伯特·A. 罗塞尔(Robert A. Roessel, Jr.)在学校1966年创建时特别强调:"这是社区主管的学校,与过去印第安人学校很少对社区感兴趣相比,我们希望成年人同未成年人、辍学者以及以前从来没来过学校的人都参与学校的活动。"(Roessel,引自Conklin,1967:8)

在十年内,又有六个纳瓦霍社区开办了由社区管理的学校。这些学校最迫切的需求是发展双语双文化课程和拥有会说纳瓦霍语的教师(McCarty,2002;Spolsky,1974)。1967年,拉夫罗克建立了纳瓦霍语课程中心,成立了第一家美国印第安人出版社,并在接下来的几十年内出版发行了数百种高质量的双语双文化图书。当斯波斯基在1975年结束他的纳瓦霍语阅读研究项目时,他也拿出了大量土著儿童读物和关于美国印第安人教育的技术性报告,同时他也培养了一批纳瓦霍双语教师。包括拉夫罗克学校在内的纳瓦霍社区学校联盟建立了美国土著人图书发展中心,该中心出版了多个年级不同系列的有关纳瓦霍语言、科学和社会学习的教科书,至今许多纳瓦霍学校仍在使用这些教科书。此外,新设立的纳瓦霍教育部门还在保留地学校为纳瓦霍学校的管理人员提供大学学分制课程和研究生培训(Read,Spolsky & Neundorf,1975)。蒂奈语言学家艾琳·赛伦特曼(Irene Silentman)是这些事件的重要参与者,她这样描述这一时期基层语言规划的活动情况:"我认为在这一时期,土著族群正在恢复活力,并试图保存他们的文化和语言,改善他们孩子的教育……这也是泛印第安主义(pan-Indianism)[1]的活跃期,土著人重新开始强调自己是印第安人。"(Silentman,1995,引自McCarty,2002:120—121)

随着纳瓦霍双语双文化项目数量的增多,这些项目也日益证明有助于土著儿童学校文化课程的学习。两项跟踪研究显示,说纳瓦霍语的儿童如果最初是用纳瓦霍语开展阅读的,其表现要胜过只说英语项目中的同类儿童,也超过了他们以前每年的发展速度(Holm & Holm,1990,1995;Holm,2006;McCarty,2002;Rosier & Farella,1976)。

这些学校的成功推动了社区学校运动的进一步发展,截至2011年,全美开办了122所这样的学校。所有这些学校都提供了各种形式的双语双文化教育。并不是说这些学校不存在任何问题或者没有任何挑战,它们尤

---

[1] 指印第安各部落间的相互影响和相互借鉴。

其是面临着联邦政府所提供的资金不充裕且经常中断的问题,还有与之对立的官僚机构压制甚至扼杀这些学校所要努力实现的自治。此外,"当前和过去留存下来"的互相交织的权力关系(Brill de Ramírez & Lucero,2009:13)也让学校和社区在意识形态上陷入了进退两难的境地。马莱西特族[1](Maliseet)学者安德烈亚·贝尔·尼古拉斯(Andrea Bear Nicholas,2009:234—235)发现加拿大印第安民族也遇到了相似的问题,他说:"对于双语双文化教育而言,最大的问题在于社区不感兴趣或者说是直接反对,这也是由于过去几十年以来土著人一直被大量灌输双语没用或者土著语在现代社会没用的观念所导致的。"正如贝尔·尼古拉斯和其他学者所指出的那样,要抵制或改变这些反对意见,就需要社区参与对话并医治过去所留下来的创伤。瓦莱排(Hualapai)[2]的教育工作者露西尔·沃塔霍米奇(Lucille Watahomigie,1995:191)将其称之为"反洗脑",即"重新教育我们的父母,让他们明白源自我们文化中的价值观和知识的重要性及其优越性"的过程。

尽管面临着这些挑战,但社区学校运动仍然是一个历史性的转折点、一个反霸权的分水岭,该运动使人们开始尊重并关注土著语言和文化在土著学生教育过程中的作用。语言权利、文化权利和教育权利的成功实现,所导致的"不仅是观念上的根本性变化,还包括了教师和教育控制权的变化"(Spolsky,1974:52)。正如纳瓦霍社区学校运动的领袖韦恩·霍尔姆(Wayne Holm)多年后在一次采访中所解释的,在美国土著学校的"教育工作者无需再次证明为什么他们要试图开设基于社区的课程"(Holm,引自McCarty,2002,16)。

当代的社会语言状况和教育全景

尽管社区学校教育是实现民族自治的重要平台,但是学校教育内部及其自身并不能抵抗驱动着语言转用的强大力量(Hornberger,2008)。事实证明这些转用在历史上是由学校之外的体制所实现的,该体制极富争议性,因为其蔑视、歪曲并忽视土著民族的知识,偏好于英语主流教学法和教学内容(Rockwell & Gomes,2009:104)。此外,用土著语言开展的学校教育在当地也并非总是受到欢迎或者说是可行的。考虑到这些问题,土

---

[1] 马莱西特族是居住在加拿大新不伦瑞克省的印第安部落。
[2] 瓦莱排是居住在美国亚利桑那州西北部山区的印第安部落。

著社区要实现语言复兴的计划，就必须考虑以各种方式来契合当地的情况、当地人的愿望和需求。在以下部分，我将讨论一系列的语言政策和语言规划的努力，并分析这种努力的各种具体方式。

在加利福尼亚州，"师徒型语言学习计划"（Master Apprentice Language Learning Program）是将部落的、民间的和高校的合作者集中起来，提供一对一的"语言学习指导方式……让那些不能进入课堂学习的人也可以直接接触到语言使用者"（Hinton，Vera & Steele，2002：8）。加州有50种美国土著语言仍在被人使用，但是多数只有十几个老年人在使用。在"师徒型语言学习计划"中，"师傅"（老年人）和年轻的语言学习者在一起生活长达几个月或几年，他们共同参与诸如烹饪、园艺等日常活动，因此在活动中运用土著语言交际也就变得非常自然且有真实语境。这项计划所建立的理论基础是"成年人可以从本族讲话人那里以非正式的方式学习语言，同时也是以在活动中自然使用语言的方式来学习"，这其中一个重要规则就是"不许说英语！"（Hinto et al.，2002：3，7）。根据语言学家、同时也是"师徒型语言学习计划"创立者之一的利安娜·欣顿（Leanne Hinton，2001b）所述，许多学生变得口语很流利，而且这项计划将继续推进，并有计划地向整个北美地区推广（Hinton，2001b，2011；Hinton et al.，2002）。

夏威夷沉浸计划是结合了学校、社区和家庭三者的语言复兴模式。曾经一度繁荣的波利尼西亚语，到了20世纪70年代，只有不到50个儿童还会说夏威夷语了（Wilson，Kamnā & Rawlins，2006）。在联合了其他太平洋岛屿上的人（特别是新西兰的毛利人）之后，一个包含语言复兴的"夏威夷复兴"计划落地生根：承认夏威夷语和英语一样具有夏威夷官方语言地位；并建立了非营利的学前"语言巢"（language nest）[1]（Warner，1999，2001；Wilson & Kamanā，2001，2006）。在儿童父母提供学费和劳动力的支持下，幼儿园让儿童以语言沉浸的方式，和流利的夏威夷语本族讲话人一同学习作为第二语言的夏威夷语。这一学前教育为州立教育系统中建立以夏威夷语为教学媒介语的教育奠定了基础。如今，大约有2000名夏威夷土著学生的受教育体系得到调整，他们从一开始就进入"语言巢"幼儿

---

[1] 语言巢（language nest）是语言复兴的沉浸式方法，起源于毛利语复兴计划。在语言巢中，本族语长者承担教职，向学前儿童传承本族语言和文化，以期改善族际代际传承。这一方法目前被认为是成功复兴了毛利语。2009年8月，澳大利亚政府宣布将语言巢试点作为国家土著语言政策的一部分。美国夏威夷复制了该方法，将其称为Pūnana Leo，并成功培养出第一语言是夏威夷语的儿童。

园,然后进入以夏威夷语为教学媒介语的中小学。夏威夷语言运动的目标是使已毕业的学生"在心理上认同夏威夷语是他们的优势语,并与同龄人和以后自己的孩子说夏威夷语"(Wilson & Kawai 'ae 'a, 2007: 39)。欣顿(2001a: 8)指出,夏威夷语沉浸计划"已培养出新一代的夏威夷语使用者",并成为其他美国土著社区的一个榜样。

  对于没有本族讲话人但有书面材料或者语音/影像资料以及现在还有祖裔语言社区的语言——被语言学家称之为"沉睡语"或"休眠语"(Hinton, 2001c; Leonard, 2008)而言,语言规划的目标是使之复活。当前在美国东北部使用的属于阿尔冈昆语系(Algonquian)的一种土著语言——万帕诺亚格语(Wôpanâak)就是这样的情况。该语言也被称为万帕诺亚格语(Wampanoag)、纳蒂克语(Natick)或马萨诸塞族语(Massachusett),该语言在1908年失去了它最后一个本族讲话人。尽管如此,马萨诸塞州鳕鱼湾的3000名万帕诺亚格人正在实施一项大胆的语言再生计划:万帕诺亚格语再生计划(Wôpanâak Language Reclamation Project, 2010: 2),其将利用历史上本民族语的日记、信件、法律文书以及1663年艾略特翻译的《圣经》[1],试图"使流利的万帕诺亚格语重新回到万帕诺亚格民族的身边,并成为该民族最主要的表达手段"。该计划委托了两位万帕诺亚格语言学家,编纂了一部收录1万词的词典,并为所有年龄段的学习者建设一门"不用英语"的课程(Ash, Fermino & Hale, 2001; Wôpanâak Language Reclamation Project, 2010)。更为重要的是,这些语言学习资源专门留给本部落成员使用。"我们仍然生活在我们祖先的土地上,"计划创立者之一的杰西·利特尔·多伊·贝尔德(Jessie Little Doe Baird)指出,"我们幸存下来,并且再度获得充分的力量……根据神圣的优先权和权利,来收回那些属于我们的东西(万帕诺亚格语)。"(little doe, 2000: 3)

  最后一个例子是在阿拉斯加,该地区的土著村落地处偏远,而且相互之间路程遥远,因此社区与大学间的合作成为最主要的语言规划策略。例如,位于费尔班克斯(Fairbanks)的阿拉斯加大学尤皮克(Yup'ik)语言研究所提出了"延续我们的语言"的一揽子计划(Charles, 2005),其中包括教师培训班、语言教学材料和暑期青年语言强化项目。尤皮克语的学

---

[1] 这是由传教士约翰·艾略特翻译成印第安语的《圣经》,包括新约和旧约,于1663年在美国马萨诸塞州出版。——译者注

者兼工作者沃尔基·查尔斯（Walkie Charles）认为，这些计划释放出了让尤皮克语自行发展的强烈信息，"不像过去那样只能说英语"。查尔斯强调说（2005：110）："现在课堂中可以使用尤皮克语，而且在任何地方都可以使用并发展这一语言。"

  在以上这些不多的语言推广运动的案例中，语言复兴推动了文化传承和民族自治两项目标的实现（更多的例子参见：Hinton & Hale，2001；Reyhner & Lockard，2009；Romero-Little，2010；Romero-Little，2010；Romero-Little，Oritz，McCarty & Chen，2011）。在地方层面，这一运动有时受到官方的部落语言政策的支持，这些政策"无论是要恢复、保留还是保持土著语言，都是将现行教育体制作为语言复兴的手段"（Zepeda，1990：249）。毫无疑问，这些地方性的努力也是在不断壮大的土著语言活动组织的推动下实现的，这些组织有：保卫加利福尼亚现存土著语言组织（http://www.aicls.org）、美国印第安语言发展研究院（http://aildi.arizona.edu）、土著语言发展研究院（http://www.ilinative.org）、保存土著语言国家联盟（http://www.savenativelanguages.org）和土著语言保持论坛（http://jan.ucc.nau.edu/~jar/History.html）。这些组织的参与者对于起草和确保1990/1992年《美国土著语言法》的通过都起着重要作用。《美国土著语言法》是美国唯一的联邦语言政策。《美国土著语言法》规定联邦政府有责任"保持、保护和推动美国土著人使用、运用和发展"美国土著语言的"权利和自由"，其中包括将这些语言作为学校教学媒介语（NALA，1990，sec. 104[1]，[5]；Warhol，2011）。在2006年，《美国土著语言法》的保护范围因《以斯贴·马丁美国本土语言保护法》（*Esther Martinez Native American Languages Preservation Act*）[1]的颁布而扩大。该语言保护法的命名是为纪念特瓦族（Tewa）（普韦布洛县[Pueblo]）的语言活动家以斯贴·马丁（Esther Martinez）。该语言保护法规定将为"语言巢"学前学校、保存土著语言的学校、师资培训和教材开发提供了基金。正如沃霍尔（Warhol，2011：281）所指出的，这些政策结合了自上而下和自下而上的语言政策与语言规划过程，再一次明确"美国土著人的语言权利是他们自治权的体现"。

---

1 美国2006年颁布了《以斯贴·马丁美国本土语言保护法》，旨在通过沉浸式教学项目来保存美国的本土语言，联邦政府将提供资金，为土著民族各部落成员，特别是儿童讲授他们濒临消失的语言。其中美国本土语言保护计划，包括了"语言巢"、保存本土语言学校和恢复本土语言项目等。

在所有这些语言复兴的努力中，年轻人毫无疑问是最为关键的利益相关者；毕竟，他们的语言机遇和语言选择将决定他们的祖裔语言以及文化传承的未来。年轻人是如何卷入这些语言政策与语言规划努力之中的呢？他们是如何应对语言转用的动态过程的呢？这些问题将我们的注意力引向了正在不断发展的有关土著青少年与语言复兴的研究（McCarty & Wyman, 2009）。在下一节中，我将探讨这方面的研究，并把重点放在美国土著社区的民族志研究上。

美国土著青少年与语言复兴的前景

尽管已有大量的著述探讨了语言濒危和语言复兴，但仍比较缺乏从语言使用者自身的角度所开展的研究（King & Ganuza, 2005；Kouritzin, 1999；Todeva & Genoz, 2009），而关注青少年语言使用者的研究则更少。这一节将综述该领域的最新研究成果，另外还有一项大型民族志研究关注了美国土著青少年与语言保持（language retention）的关系，本文随后将深入地探讨这一研究所获得的发现。

语言学家派伊（Pye, 1992：70）根据与加拿大英属哥伦比亚中部的奇尔科廷人（Chilcotin）一同生活的经历，写成了一部有关美国土著青少年语言实践的著作，这也是该领域最早的研究性著作之一。派伊在书中指出，任何有关语言消亡的分析都必然会密切关注到语言习得情况，特别是关注孩子们"在双语环境中只使用其中一种语言"的情况。派伊报告说（1992：80），在研究开展过程中，他发现奇尔科廷的孩子在"能听到"（within earshot）土著语的环境中不断成长。在奇尔科廷，只说英语的学校教育、新引进的电视节目以及相对于英语说土著语会有地位低下之感，这三者一起"冲击"了奇尔科廷土著语言的保持状况（Pye, 1992：70）。

蒂奈学者、同时也是儿童书作者的伊万杰琳·帕森斯－亚兹（Evangeline Parsons-Yazzie, 1996/1997）在她的研究中发现，在纳瓦霍部族生活的家庭中，代际语言传承面临着相似的问题。尽管在帕森斯－亚兹研究中的儿童和青少年都能接触到说纳瓦霍语的家庭成员，而且多数人至少还能听懂纳瓦霍语，但是他们在现实生活中都选择用英语回答成年人用纳瓦霍语发起的问话。年轻的家庭成员"更喜欢说英语，而成年人则没有坚持用纳瓦霍语回应"，帕森斯－亚兹（1996/1997：60, 64）将这一情况同父母的语言羞耻感联系起来，这种羞耻感来自他们自己的学校教育经历。十年之后再次写到这些情况时,霍尔姆指出(2006:7):"以这样或那样的方式,年幼的孩子们确立了家庭语言政策。"

儿童和青少年"确立了家庭语言政策"已经日益成为检验是否发生语言转用的一个常用标准;在强迫或社会压力下,摒弃祖裔语言的决定往往是由最年轻的语言使用者做出的,他们会反过来影响成年人的语言实践(Harison,2007:8)。但是,近期的青少年研究显示,尽管年轻人可能是语言濒危的动因,但当"他们所处的环境和语言学习机会发生改变时,青少年……仍然可能会激活他们的祖裔语言,并使语言发展到具有能产性的阶段,他们也成为推动祖裔语言走向未来的关键作用者"(McCarty & Wyman,2009:286)。

蒂奈-拉科塔(Diné-Lakota)学者蒂法尼·李(Tiffany Lee,2007,2009)分析了在蒂奈和普韦布洛的青少年和年轻成年人之间年轻人对"混合语码"的妥协。李用民族志的方式记录了相互对立的土著语言意识形态,她在年轻人所发起的社区语言运动、家庭语言政策的意识性变化、以及青少年语言学习材料的发展,三者之中发现了"批判性的土著语言意识"。"这些年轻人正在试图变得不同,"李继续说道,"其反映了一种批判性的土著意识,他们对自己在逆转语言转用上所具备的能力充满信心(2009:318)。"威尔逊和卡马纳(Wilson and Kamanā,2009:374)在夏威夷土著青少年身上发现了类似的反主流现象,青少年们"正在成为夏威夷语言复兴运动中的领导者"。

比伦贝格(Bielenberg,2002)和尼古拉斯(2010,2011)从家庭、社区和学校角度研究了影响青少年语言学习和语言实践的因素。在这两项研究中,青少年都表现出了学习祖裔语言的愿望,但同时他们也会因为语言错误受到嘲笑而表现出恐惧的心理,以上这些在青少年语言研究中都普遍有所发现。虽然如此,和李对纳瓦霍青少年的研究结论一样,尼古拉斯(2009:333)也发现,霍皮人的口头传统,如"歌词、祈祷、教导、仪式表演、宗教仪式和文化组织"等,引发了青少年对霍皮语言和文化传承的情感性投入。尼古拉斯(2009,2011)将这些理论化为"由感情所引发的文化熏染",这在仍然十分重要的霍皮文化实践环境中,强化了霍皮人的身份认同,同时也促使当代霍皮青少年产生了学习祖裔语言的愿望。

在阿拉斯加开展研究的怀曼(Wyman,2004,2009,2012)接连记录了在两代尤皮克青少年群体身上发生的相似的社会语言过程:第一代非常明显地从尤皮克语转向英语,他们被当地人认为是"最后的正宗语言使用者",而更年轻的一代则被认为是尤皮克语"勉强过得去"的群体。通过民族志追踪"勉强过得去"群体的"策略性的即时强调或者语言界线的消除",怀曼揭示了在青少年同龄人文化中复杂且矛盾的语言意识形态运作过程。她认为"尽管尤皮克语在该群体中曾经作为一种同龄人语言消失过,但它仍然是当地归属的一系列标志之一",它曾被用来创造一种独特的同龄人文化(Wyman,2004:255—256)。

迈阿密语[1]的语言学家韦斯利·伦纳德(Wesley Leonard)描述了迈阿密语的情况,该情况与上文有所不同但能够形成补充,其研究的是在五大湖区南部地区(如今认为是美国中西部)的"休眠的"土著语言。在这项研究中,伦纳德(2007:223)分析了通过父母个人的语言学习努力来实现家庭重新使用祖裔语言的案例,他发现显在的家庭语言政策强调无论何时都要尽可能地说祖裔语言,这一家庭的努力要比任何部落语言政策和规划都更为有效。在这一案例中,家庭中的孩子无论是在家庭内外,都日益沉浸在"迈阿密语和迈阿密特质受到珍视和尊重"的环境之中,因此也就促进了他们双语发展和作为迈阿密人的社会心理认同。

上述的每一项研究都揭示出微观力量、宏观力量和中观力量的相互交织作用,这些力量能够加速或阻止好几代年轻人的语言转用情况。在下一节中,我将会根据最近在美国西南部完成的一项有关印第安青少年语言能力、语言意识和实践的多地研究发现,更加深入地探讨这些进程。

土著青少年语言实践和教育:土著语言的转用和保持性学习

从2001年到2006年,玛丽·尤妮斯·罗梅罗-利特尔(Mary Eunice Romero-Little)、奥菲利亚·塞佩达(Ofelia Zepeda)和我合作进行了一项得到联邦政府资助的、涉及多个地区的研究,该项目主要是研究变化的语言生态对美国土著学生语言学习、身份形成和学业成绩的影响。[2]该研究的目标是超越那些关于语言消亡的残酷数据,进而探索体现在"如今年轻人

---

[1] 迈阿密语,是旧时北美印第安人的一支所使用的土著语,他们亦被称作迈阿密印第安人(Miami Indian)。

[2] 土著语言转用和保持研究受到美国教育部教育科学研究所的资助。亚利桑那州州立大学的玛丽·尤妮斯·罗梅罗-利特尔和亚利桑那州大学的奥菲利亚·塞佩达和本文作者是共同的主要研究者。亚利桑那州州立大学的拉里萨·沃霍尔(Larisa Warhol)是项目的数据分析师和研究助理。我们感谢该项目的社区研究合作者以及其他帮助该研究的助理。本文的报告改编自已有研究(McCarty, Romero-Little, Warhol & Zepeda, 2009, 2011)。——作者注

经历中"的语言转用方式和重新使用濒危土著语言的努力方式（Bucholtz，2002：352）。青少年在何时何地，为何目的而使用土著语言？他们的交际言语库（communicative repertoire）的实质是什么？青少年对于土著语言和英语所持的态度和意识又是怎样的？这些意识形态是如何塑造年轻人的文化发展和语言认同的？最后，我们能从青少年语言研究中获得怎样的有益于土著语言政策与语言规划工作的启示？

在这项研究中，我们与美国西南部的五个土著社区紧密合作。我们的研究范围包括那些土著语言的代际传承仍在继续（即使是以一种不断递减的态势）的地区，那些几乎所有的祖裔语言使用者都超过了生育年龄的地区，以及只有几位年老的本族讲话人的地区。研究涵盖了城市与乡村保留地的社区学校，共研究了 2000 多名土著学生。

在每个地方，我们都与土著教育工作者团队，也就是社区研究合作者（community research collaborators）密切合作。社区研究合作者帮助我们进入研究场地，使研究协议更趋合理，帮助我们收集数据，参与语言规划和民族志研究方法的大学学分制课程等。我们运用民族志的案例分析法，在五年里开展了 80 次实地访问并搜集数据，还与社区研究合作者一同做情况汇报和方案设计，然后将报告反馈给部落委员会、学校董事会议及其他利益相关者。我们的数据包括了民族志记录、对青少年和成人在校内外语言使用状况的观测、学生成绩记录、对成人和青少年的深度民族志访谈（212 人）和社会语言学问卷（500 份）以了解他们的语言态度、语言意识和语言实践（McCarty，Romero-Little，Warhol & Zepeda，2009；McCarty，Romero-Little & Zepeda，2006；Romero-Little，McCarty，Warhol & Zepeda，2007）。

在所有这些研究地点，我们发现青少年和成年人对于当地的语言生态，以及对于青少年的语言意识形态和交际言语库的认识有着非常明显的差异。正如我们在其他地方报告的那样（McCarty et al.，2006，2009；McCarty，Romero-Little，Warhol & Zepeda，2011；McCarty & Zepeda，2010），成年人倾向于将学生的家庭语言环境和交际言语库认定为单质的（monoglossic），也就是说，在整个言语社区多多少少都是相同的语言实践；然而青少年则将其描述为更加多样化的异质的语言生态。一位教育工作者坚持认为"青少年现在只说英语，没有人说土著语言"，这也是在研究过程中许多成年人所持有的观点（访谈，2003 年 1 月 23 日）。非土著的教育工作者特别喜欢用"余晖"（afterglow）、"残迹"（remnant）和"凋零"

(withering）等词汇来比喻当地的土著语言。与此同时，青少年通常被认为是"语言被耽搁"者，他们的土著语和英语的能力都不足，我们可以联想到马丁–琼斯（Martin-Jones）和罗曼（Romaine）称之为"半熟"（half-baked）的语言半通半懂（semilingulism）理论。对年轻人语言能力的负面观念导致了学校强化英语阅读教学，并限制土著语言项目。在有些学校，用土著语教学只占一周课时中的半个小时，并且也主要是大量的词汇训练。这由此也导致了青少年更加认为"土著语已成为过去"（访谈，2004年5月5日）。

与之相反，年轻人更多地认为社会语言环境是动态的，交际言语库也是混杂的。事实上，所有年轻人都报告说无意之中会在家庭、文化活动和当地广播里听到社区语言。一些年轻人将土著语作为第一语言，一些年轻人正通过双语教育项目在学校里学习祖裔语言的读写技能，但当他们与土著语本族讲话人交际时，他们有时会掩盖或否认具有这一能力。尽管大多数年轻人在报告中称说英语最感到"惬意"，但大多数人也表达了学习和保持他们祖裔语言的愿望。一个年轻人表示："对我来说，这很重要，因为它是我的语言，……而且当我说这一语言的时候，我认为它使我看起来更加像[土著]。"（访谈，2004年1月1日）另一位年轻人在填写青少年问卷时说："我只想学习我的文化语言。"语言和身份认同的联系，也同样表现在年轻人对英语和土著语的不同看法上。正如一个青少年所说的："我真的是在说英语，但这不是我的文化。"（访谈，2004年1月1日）

在这些话语中，年轻人表达了他们对祖裔语言未来的关注。一个年轻人说："保持[我的部落语言]非常重要，因为这个语言正在消亡。"（访谈，2004年5月5日）另一个年轻人则说："现在，我们正在失去它，因此对我来说，要学习它并使用它，这非常重要。"（访谈，2004年4月19日）

但是，年轻人同时也表达出了语言不安全感和羞耻感，这种感觉是与种族歧视和殖民学校教育的身体暴力和话语暴力紧密相关的。一个16岁的学生描述了他的父母和祖父母在寄宿制学校时的经历："大家被告知[土著语言]是愚蠢的，……说印第安语就是魔鬼之道。因此，你……抛弃了你自己，你放弃了已学的[土著语言]，以适应主流生活。"（访谈，2004年5月6日）一个高中生说："年轻人被那些英语说得比他们好的人评价，整个事情让人感到有些窝囊。"（访谈，2004年5月5日）正如上面所说的，这导致年轻人在同龄人和成年人面前隐藏了他们的土著语言能力。上面这个高中生还说道："他们[同龄人]表面上很假，而且还努力让别人相信他

们的英语说得要比土著语更好。"(访谈，2004年5月5日)

正如我们在其他文章中所论述的（McCarty et al., 2009；McCarty, Romero-Little, Warhol & Zepeda, 2011），事实上这些年轻人所接收到的每一条信息——从出版界、媒体和技术领域的语言优先序列到显在或潜在的学校教育实践中将土著语言学习贬低为简单的词汇训练——都传递出土著语言相对于英语社会等级要低的信息。与此同时，青少年经常成为父母及其他成年人"对社区语言消亡的社会性焦虑的关注点"（McCarty & Wyman，2009：286）。年轻人以各种不同的方式来处理这些家庭和社会所传达的信息，他们抵制、适应，有时候会感到不得不"抛弃真实的自己"。在同龄人中间或者与成人交际时，年轻人可能并不愿意展现出祖裔语言的能力或者是学习兴趣。他们交际言语库的混杂性导致了语言不安全感，也导致了成年人认为青少年对祖裔语言漠不关心。这最直接的结果就是同龄人之间以及孩子与成年人之间减少了用土著语进行自然交际的机会，并且形成了实际上的语言政策——就是派伊（1992：80）在论述奇尔科廷语时所说的，土著语言"最好就是让它不被使用"。

这种民族志研究揭示出青少年与成年人在日常社会实践中以一种非常微妙的方式构建了隐性的语言政策。研究也显示出隐性政策与正式的学校教育政策，以及与将土著语言及其使用者污名化的社会性话语互相交织的关系。由于意识形态领域的霸权，隐性的语言政策"很难被觉察"（Shohamy，2006：50）。民族志监控（Hymes，1980）可以使影响青少年语言选择和语言实践的现实语言政策变得清晰可见。

尽管青少年有着互相对立的语言意识形态（Lee, 2009），但本文的研究以及其他对青少年的研究（Lee, 2007；Meek, 2007, 2010；Messing, 2009；Nicholas, 2011；Wyman, 2009, 2012）显示很多青少年正在将选择学习祖裔语言作为"一种身份认同的行为，显示自己属于某个特定的群体"（Nettle & Romaine, 2000：173）。本研究最为关键的就在于其具有潜在的实用价值：基于民族志研究所发现的年轻人语言意识和实践的微妙关系，预示着可以采用新的策略来"邀请年轻人"加入其社区和学校的语言规划工作之中（McCarty & Wyman, 2009：286—287）。在本文的结尾部分，我将进一步指出该研究所具有的重大意义。

文化传承和美国土著语言的未来

> 传承就是……生命本身。
> ——奥尔蒂斯（1992：10）

本章在开头引用了梅迪辛（2001：52）有关坚持土著语言就是体现"土著民族生命活力"的观点。对于文学家奥尔蒂斯而言，这种"坚持"充分体现了"传承"——是"以一种不仅是为了记忆或者说是待到其濒危时才想起来"的观念来主动参与到文化遗产保护工作中（1992：9）。将这一观念应用到语言规划与语言政策之中，我们可以考虑将传承作为恢复土著语言的决定性实践，而且它可以将土著语言带入当代新的社会语言领域。正如霍恩伯格和金（Hornberger and King，1996：314）在十多年前所提到的，"将语言带入当代"意味着土著语言的使用和出现通常将以非传统的方式来实现，但符合了土著人的愿望。

尽管各案例的情况有所不同，但本章的土著语言规划和语言政策工作显示出土著社区正在以各自的方式开始从事这项工作。在一些案例中，在家庭和社区的支持下，学校被用来实现语言的复兴。在另外一些案例中，语言复兴更多是在家庭和社区领域。所有这些努力的重要性在于他们为土著儿童和青少年开启了新的语言学习路径。

本文所讨论的民族志研究显示：当学习者的家庭—社区语言环境的异质特性及其交际言语库的混杂性被承认或被看作是资源而不是语言缺陷（linguistic deficit）的时候，以上这些努力才会变得更为有效。同样重要的是，要以个人有意义的方式和学界认可的方式，为年轻人创造使用他们祖裔语言的机会。正如李（2007：29）所主张的："如果土著语言要想在学校获得与英语同等的地位，那么它就必须同当今青少年的世界联系起来。"她将基于社区的学习服务计划作为实现这一目标的策略。

最后，土著青少年语言研究强有力地表明：基于社区的语言研究、语言规划以及语言政策制定必须将年轻人考虑在内。正如涉及年轻人参与的土著语言转用和保持的研究显示"这项研究……真的非常好……[它]找到了将语言带回到土著民族身边的方式"（访谈，2004年5月5日）。这种以年轻人为中心的语言政策与语言规划工作为文化传承开创了有活力的新环境，大而言之，正如比阿特丽斯·梅迪辛（Medicine，2001：52）所言，其"表现了美国土著语言生命的活力"。

参考文献

Adams, D. (1997). *Education for extinction: American Indians and the boarding school experience, 1875–1928.* Lawrence: University Press of Kansas.

Ash, A., Fermino, J. L.-D., & Hale, K. (2001). Diversity in local language maintenance and restoration: A reason for optimism. In L. Hinton & K. Hale (Eds.), *The green book of language revitalization in practice* (pp. 19–44). San Diego, CA: Academic Press.

Bear Nicholas, A. (2009). Reversing language shift through a Native language immersion teacher training programme in Canada. In T. Skutnabb-Kangas, R. Phillipson, A. K. Mohanty, & M. Panda (Eds.), *Social justice through multilingual education* (pp. 220–237). Bristol: Multilingual Matters.

Benally, A., & Viri, D. (2005). *Diné bizaad* (Navajo language) at a crossroads: Extinction or renewal? *Bilingual Research Journal, 29,* 85–108.

Bielenberg, B. T. (2002). "Who will sing the songs?" Language renewal among Puebloan adolescents. Unpublished Ph.D. dissertation, Graduate School of Education, University of California, Berkeley.

Blommaert, J. (2010). *The sociolinguistics of globalization.* Cambridge: Cambridge University Press.

Brill de Ramírez, S. B., & Lucero, E. Z. (2009). Introduction: Simon J. Ortiz - A poetic legacy of Indigenous continuance, belonging, and commitment. In S. B. Brill de Ramírez & E. Z. Lucero (Eds.), *Simon J. Ortiz: A poetic legacy of Indigenous continuance* (pp. 1–71). Albuquerque: University of New Mexico Press.

Bucholtz, M. (2002). Youth and cultural practice. *Annual Review of Anthropology, 31,* 525–552.

Charles, W. (2005). *Qaneryaramta egmiucia:* Continuing our language. *Anthropology and Education Quarterly, 36* (1), 107–111.

Conklin, P. (1967). Good day at Rough Rock. *American Education,* February, 4–9.

Dauenhauer, N. M., & Dauenhauer, R. (1998). Technical, emotional, and ideological issues in reversing language shift: Examples from southeast Alaska. In L. A. Grenoble & L. J. Whaley (Eds.), *Endangered languages: Language loss and community response* (pp. 57–98). Cambridge: Cambridge University Press.

DeVoe, J. F., Darling-Churchill, K. E., & Snyder, T. D. (2008). *Status and trends in the education of American Indians and Alaska Natives: 2008.* Washington, DC: US Department of Education, National Center for Education Statistics, Institute of Education Sciences.

Fuchs, E., & Havighurst, R. (1972). *To live on this earth: American Indian education.* New York: Doubleday.

Harrison, K. D. (2007). *When languages die: The extinction of the world's languages and the erosion of human knowledge.* Oxford: Oxford University Press.

Hill, J. H. (2002). "Expert rhetorics" in advocacy for endangered languages: Who is listening, and what do they hear? *Journal of Linguistic Anthropology, 12* (2), 119–133.

Hinton, L. (2001a). Language revitalization: An overview. In L. Hinton & K. Hale (Eds.), *The green book of language revitalization in practice* (pp. 3–18). San Diego, CA: Academic Press.

Hinton, L. (2001b). The Master-Apprentice Language Learning Program. In L. Hinton & K. Hale (Eds.), *The green book of language revitalization in practice* (pp. 217–226). San Diego, CA: Academic Press.

Hinton, L. (2001c). Sleeping languages: Can they be awakened? In L. Hinton & K. Hale (Eds.), *The green *book of language revitalization in practice* (pp, 413–417). San Diego, CA: Academic Press.

Hinton, L. (2011). Revitalization of endangered languages. In P. K. Austin & J. Salla-bank (Eds.), *The Cambridge handbook of endangered languages* (pp. 291–311). Cambridge: Cambridge University Press.

Hinton, L., & Hale, K, (Eds.) (2001). *The green book of language revitalization in practice.* San Diego, CA: Academic Press.

Hinton. L., Vera, M., & Steele, N. (2002). *How to keep your language alive: A one-on-one approach to language learning.* Berkeley, CA: Heyday Press.

Holm, A., & Holm, W. (1990). Rock Point, a Navajo way to go to school: A valediction. *Annals of the American Academy of Political and Social Science, 508,* 170–184.

Holm, A., & Holm, W. (1995). Navajo language education: Retrospect and prospects. *Bilingual Research Journal, 19,* 141–167.

Holm, W. (2006). The "goodness" of bilingual education for Native American children. In T. L. McCarty & O. Zepeda (Eds.), *One voice, many voices: Recreating Indigenous language communities* (pp. 1–46). Tempe: Arizona State University Center for Indian Education.

Hornberger, N. H. (2002). Center for Urban Ethnography Forum history. *Penn GSE Perspectives on Urban Education, 1* (2) (entire).

Hornberger, N. H. (2006). *Nichols* to *NCLB:* Local and global perspectives on US language education policy. In O. García, T. Skutnabb-Kangas, & M. E. Torres-Guzmán (Eds.), *Imagining multilingual schools: Languages in education and glocalization* (pp. 223–237). Clevedon, UK: Multilingual Matters.

Hornberger, N. H. (Ed.) (2008). *Can schools save Indigenous languages? Policy and practice on four continents.* Basingstoke, UK: Palgrave Macmillan.

Hornberger, N. H., & King, K. A. (1996). Bringing the language forward: School-based initiatives for Quechua language revitalization in Ecuador and Bolivia. In N. H. Hornberger (Ed.), *Indigenous literacies in the Americas: Language planning from the bottom up* (pp. 299–320). Berlin: Mouton de Gruyter.

Hymes, D. (1980). Ethnographic monitoring. In D. Hymes, *Language in education: Ethnolinguistic essays* (pp. 104–118). Washington, DC: Center for Applied Linguistics.

King, K. A., & Ganuza, N. (2005). Language, identity, education, and transmigration: Chilean adolescents in Sweden. *Journal of Language, Identity, and Education, 4* (2/3), 213–221.

Kouritzin, S. (1999). *Face[t]s of first language loss.* Mahwah, NJ: Lawrence Erlbaum.

Krauss, M. (1998). The condition of Native North American languages: The need for realistic assessment and action. *International Journal of the Sociology of Language, 132,* 9–21.

Lee, T. S. (2007). "If they want Navajo to be learned, then they should require it in all schools": Navajo teenagers experiences, choices, and demands regarding Navajo language. *Wicazo Sa Review,* Spring, 7–33.

Lee, T. S. (2009). Language, identity, and power: Navajo and Pueblo young adults' perspectives and experiences with competing language ideologies. *Journal of Language, Identity, and Education, 8* (5), 307–320.

Leonard, W. V. (2007). Miami language reclamation in the home: A case study. Unpublished Ph.D.

dissertation, Department of Linguistics, University of California, Berkeley.

Leonard, W. (2008). When is an "extinct language" not extinct? Miami, a formerly sleeping language. In K. A. King, N. Schilling-Estes, L. Fogle, J.J. Lou, & B. Soukup (Eds.), *Sustaining linguistic diversity: Endangered and minority languages and language varieties* (pp. 23–33). Washington, DC: Georgetown University Press.

little doe, J. (2000). The "re-awakening" of the Wôpanâak language. *Native Language Network*, Winter, 3.

Lomawaima, K. T. (1994). *They called it Prairie Light: The story of Chilocco Indian School*. Lincoln: University of Nebraska Press.

Lomawaima, K. T., & McCarty, T. L. (2006). *"To remain an Indian": Lessons in democracy from a century of Native American education*. New York: Teachers College Press.

Martin-Jones, M., & Romaine, S. (1986). Semilingualism: A half-baked theory of communicative competence. *Applied Linguistics, 7* (1), 26–38.

McCarty, T. L. (1993). Federal language policy and American Indian education. *Bilingual Research Journal, 17* (1 & 2), 13–34.

McCarty, T. L. (2002). *A place to be Navajo: Rough Rock and the struggle for self-determination in Indigenous schooling*. Mahwah, NJ: Lawrence Erlbaum.

McCarty, T. L. (2008). Bilingual education by and for American Indians, Alaska Natives, and Native Hawaiians. In J. Cummins & N. H. Hornberger (Eds.), *Encyclopedia of language and education*. Volume 5: *Bilingual education* (pp. 239–251). New York: Springer.

McCarty, T. L. (2011). Preface. In T. L. McCarty (Ed.), *Ethnography and language policy* (pp. xii-xiii). New York: Routledge.

McCarty, T. L. (2012). Indigenous language planning and policy in the Americas. In B. Spolsky (Ed.), *The Cambridge handbook of language policy* (pp. 544–569). Cambridge: Cambridge University Press.

McCarty, T. L., Collins, J., & Hopson, R. K. (2011). Dell Hymes and die New Language Policy Studies: Update from an underdeveloped country. *Anthropology and Education Quarterly, 42* (4), 335–363.

McCarty, T, L., Romero-Little, M. E., Warhol, L., & Zepeda, O. (2009). Indigenous youth as language policy makers. *Journal of language, Identity, and Education, 8* (5), 291–306.

McCarty, T. L., Romero-Little, M. E., Warhol, L., & Zepeda, O. (2011). Critical ethnography and Indigenous language survival: Some new directions in language policy research and praxis. In T. L. McCarty (Ed.), *Ethnography and language policy* (pp. 31–51). New York: Routledge.

McCarty, T. L., Romero-Little, M. E., & Zepeda, O. (2006). Native American youth discourses on language shift and retention: Ideological cross-currents and their implications for language planning. *International Journal of Bilingual Education and Bilingualism, 9* (5), 659–677.

McCarty, T. L., & Wyman, L. T. (2009). Indigenous youth and bilingualism: Theory, research, praxis. *Journal of Language, Identity, and Education, 8* (5), 279–290.

McCarty, T. L., & Zepeda, O. (2010). Native Americans. In J. A. Fishman & O. García (Eds.), *Handbook of language and ethnic identity* (2nd ed., pp. 323–339). Oxford: Oxford University Press.

Medicine, B. (2001). Contemporary cultural revisitation: Bilingual and bicultural education. In B. Medicine & S.-E. Jacobs (Eds.), *Learning to be an anthropologist and remaining "Natiue": Selected writings* (pp. 50–57). Urbana: University of Illinois Press.

Meek, B. (2007). Respecting the language of elders: Ideological shift and linguistic discontinuity in a

Northern Athapaskan community. *Journal of Linguistic Anthropology, 17* (1), 23–43.

Meek, B. (2010). *We are our language: An ethnography of language revitalization in a Northern Athabaskan community.* Tucson: University of Arizona Press.

Meriam, L., Brown, R. A., Roe Cloud, H., Dale, E. E., Duke, E., Edwards, H. R., McKenzie, F. A., Mark, M. L., Ryan, W. C., & Spillman, W.J. (1928). *The problem of Indian administration.* Baltimore, MD: Johns Hopkins Press for the Institute for Government Research.

Messing, J. H. E. (2009). Ambivalence and ideology among Mexicano youth in Tlaxcala, Mexico. *Journal of Language, Identity, and Education, 8* (5), 350–364.

National Caucus of Native American State Legislatures. (2008). *Striving to achieve: Helping Native American students succeed.* Denver, CO: National Conference of State Legislatures. Retrieved from http://www.ncsl.org/Portals/l/documents/statetribe/striving- toachieve.pdf (accessed July 24, 2011).

Native American Languages Act of 1990 (NALA). (US Public Law 101–477). (1990). Retrieved from http://www.nabe.org/files/NALanguagesActs.pdf (accessed July 24, 2010).

Nettle, D. & Romaine, S. (2000). *Vanishing voices: The extinction of the world's languages.* Oxford: Oxford University Press.

Nicholas, S. E. (2009). "I live Hopi, I just don't speak it": The critical intersection of language, culture, and identity in the lives of contemporary Hopi youth. *Journal of Language, Identity, and Education, 8* (5), 321–334.

Nicholas, S. E. (2011). "How are you Hopi if you can't speak it?" An ethnographic study of language as cultural practice among contemporary Hopi youth. In T. L. McCarty (Ed.), *Ethnography and language policy* (pp. 53–75). New York: Routledge.

Ogunwole, S. U. (2006). *We the people: American Indians and Alaska Natives in the United States: Census 2000 special reports.* Washington, DC: US Department of Commerce, Economic and Statistics Administration, US Census Bureau. Retrieved from http:// www.census.gov/prod/2006pubs/censr-28.pdf (accessed July 23, 2010).

Ortiz, S. J. (1992). *Woven stone.* Tucson: University of Arizona Press.

Ortiz, S. J. (2002). *Out there somewhere.* Tucson: University of Arizona Press.

Parsons-Yazzie, E. (1996/97). Niha'ałchíní daistł'ǫ́ nahalin. *Journal of Navajo Education, 14* (2), 60–67.

Pennycook, A. (2001). *Critical applied linguistics: A critical introduction.* London: Roudedge.

Pfeiffer, A. (1993, August). American Indian educational issues. Presentation at the Quarterly Regional Meeting of the Bilingual/Multicultural Personnel Training Alliance. BUENO Center for Multicultural Education, University of Colorado, Boulder.

Pye, C. (1992). Language loss among the Chilcotin. *International Journal of the Sociology of Language, 93,* 75–86.

Read, J., Spolsky, B., & Neundorf, A. (1975, March) Socioeconomic implications of bilingual education on the Navajo reservation. Paper presented at the Annual Meeting of the American Educational Research Association, Washington, DC.

Reyhner, J., & Eder, J. (2004). *Indian education: A history.* Norman: University of Oklahoma Press.

Reyhner, J., & Lockard, L. (2009). *Indigenous language revitalization: Encouragement, guidance and lessons learned.* Flagstaff: Northern Arizona University College of Education.

Rivera, K. (1999). Popular research and social transformation: A community-based approach to critical pedagogy. *TESOL Quarterly, 33 (3)*, 485–500.

Rockwell, E., & Gomes, A. M. R. (2009). Introduction to the special issue: Rethinking Indigenous education from a Latin American perspective. *Anthropology and Education Quarterly, 40* (2), 97–109.

Roessel, R. A. (1977). *Indian education in action: The Rough Rock Demonstration School.* Chinle, AZ: Navajo Curriculum Center Press.

Romero-Little, M. E. (2010). How should young Indigenous children be prepared for learning? A vision of early childhood education for Indigenous children. *Journal of American Indian Education, 49* (1 & 2), 1–21.

Romero-Little, M. E., McCarty, T. L., Warhol, L., & Zepeda, O. (2007). Language policies in practice: Preliminary findings from a large-scale study of Native American language shift. *TESOL Quarterly, 41* (3), 607–618.

Romero-Little, M. E., Ortiz, S. J., McCarty, T. L., & Chen, R. (Eds.). (2011). *Indigenous languages across the generations: Strengthening families and communities.* Tempe: Arizona State University Center for Indian Education.

Rosier, P., & Farella, M. (1976). Bilingual education at Rock Point: Some early results. *TESOL Quarterly, 10* (4), 379–388.

Shohamy, E. (2006). *Language policy: Hidden agendas and new approaches.* London: Routledge.

Silentman, L (1995). Navajo bilingual education in the 1970s: A personal perspective. Unpublished MS.

Snipp, M. (2002). *American Indian and Alaska Native children in the 2000 census.* Baltimore, MD: Annie E. Casey Foundation; Washington, DC: Population Reference Bureau.

Spolsky, B. (1974). *American Indian bilingual education. Navajo Reading Study progress report no. 24.* Albuquerque: University of New Mexico.

Spolsky, B. (1975). Linguistics in practice: The Navajo Reading Study. *Theory into Practice, 14,* 347–352.

Tippeconnic, J. T. III. (1999). Tribal control of American Indian education: Observations since the 1960s with implications for the future. In K. G. Swisher & J. W. Tippeconnic III (Eds.), *Next steps: Research and practice to advance Indian education* (pp. 33–52). Charleston, WV: Clearinghouse on Rural Education and Small Schools.

Todeva, E., & Cenoz, J. (2009). *The multiple realities of multilingualism: Personal narratives and researchers' perspectives.* Berlin: Mouton de Gruyter.

Tollefson, J. "W. (Ed.) (2002). *Language policies in education: Critical issues.* Mahwah, NJ: Lawrence Erlbaum.

US Census Bureau. (2001). *The Native Hawaiian and other Pacific Islander population: 2000. Census 2000 brief.* Washington, DC: US Department of Commerce, Economics and Statistics Administration.

US Census Bureau. (2002). *The American Indian and Alaska Native population: 2000. Census 2000 brief.* Washington, DC: US Department of Commerce, Economics and Statistics Administration.

US Department of Health and Human Services. (2011). *American Indian/Alaska Native profile.* Washington, DC: Office of Minority Health. Retrieved from http://minority-health.hhs.gov/templates/browse.aspx?lvl=2&lvlID= 52 (accessed November 13, 2011).

US Senate Subcommittee on Indian Education. (1969). *Indian education: A national tragedy - A national challenge.* Report of the Committee on Labor and Public Welfare, United States Senate. Washington, DC: US Government Printing Office.

Warhol, L. (2011). Native American language education as policy-in-practice: An interpretive policy analysis of the Native American Languages Act of 1990/1992. *International Journal of Bilingual Education and Bilingualism, 14(3)*, 279–299.

Warner, S. L. N. (1999). *Kuleana:* The right, responsibility, and authority of Indigenous peoples to speak and make decisions for themselves in language and cultural revitalization. *Anthropology and Education Quarterly, 30* (1), 68–93.

Warner, S. L. N. (2001). The movement to revitalize Hawaiian language and culture. In L. Hinton & K. Hale (Eds.), *The green book of language revitalization in practice* (pp. 133–144). San Diego, CA: Academic Press.

Watahomigie, L. J. (1995). The power of American Indian parents and communities. *Bilingual Research Journal, 19* (1), 189–194.

Wilson, W. H., & Kamanā, K. (2001). *"Mai loko mai o ka 'i' ini:* Proceeding from a dream": The 'Aha Pūnana Leo connection in Hawaiian language revitalization. In L. Hinton & K. Hale (Eds.), *The green book of language revitalization in practice* (pp. 147–176). San Diego, CA: Academic Press.

Wilson, W. H., & Kamanā, K. (2006). "For the interest of the Hawaiians themselves": Reclaiming the benefits of Hawaiian-medium education. *Hūlili: Multidisciplinary Research on Hawaiian Well-Being, 3* (3), 153–181.

Wilson, W. H., & Kamanā, K. (2009). Indigenous youth bilingualism from a Hawaiian activist perspective. *Journal of Language, Identity, and Education, 8* (5), 369–375.

Wilson, W. H., Kamanā, K., & Rawlins, N. (2006). Nāwahī Hawaiian Laboratory School. *Journal of American Indian Education, 45* (2), 42–44.

Wilson, W. H., & Kawaiʻaeʻa, K. (2007). *I kumu; I lālā:* "Let there be sources; let there be branches": Teacher education in the College of Hawaiian Language. *Journal of American Indian Education, 46* (3), 37–53.

Wittstock, L., & Salinas, E. J. (n. d.) *A brief history of the American Indian Movement.* Minneapolis, MN: American Indian Movement. Retrieved from http://www.aimove-ment.org/ggc/history.html (accessed July 12, 2010).

Wôpanâak Language Reclamation Project. (2010). Project history. Retrieved from http://www.wlrp.org/History.html (accessed July 24, 2010)

Wyman, L. T. (2004). Language shift, youth culture, and ideology: A Yup'ik example. Unpublished Ph.D. dissertation, School of Education, Stanford University.

Wyman, L. T. (2009). Youth, linguistic ecology, and language endangerment: A Yup'ik example. *Journal of Language, Identity, and Education, 8* (5), 335–349.

Wyman, L. T. (2012). *Youth culture, language endangerment and linguistic survivance.* Clevedon, UK: Multilingual Matters.

Zepeda, O. (1990) American Indian language policy. In K. L. Adams & D. T. Brink (Eds.), *Perspectives on official English: The campaign for English as the official language of the USA* (pp. 247–256). Berlin: Mouton de Gruyter.

第十四章 克丘亚语和艾马拉语的新功能域：大众传媒和社会媒体

塞拉菲尼·M.科罗内尔—莫利纳

包括平面媒体在内的传统大众传媒与新兴社会媒体相互结合，大大扩展了渠道，以便让人们能在当地乃至全球范围内获取以克丘亚语和艾马拉语承载的资讯及其他各种形式的话语。在 21 世纪，无论是传统的还是新兴的文字表达都通过大众传媒及社会媒体，以书面或口头的形式呈现在人们眼前，但近来它们更多的是以多模态数字形式出现的。多模态资源作为全面且具有创新性的教育手段，有效地促进了克丘亚语[1]和艾马拉语[2]作为第一语言和第二语言的教学和学习。本章中，我将阐明这些新发展是如何推动语言政策和规划的，特别是安第斯及周边地区的土著语言是如何得到复兴和记录的。

我将使用斯图尔德（Stewart，1968）和盖德里（Gadelii，1999）的功能域（functional domain）框架来描述克丘亚语和艾马拉语的社会语言状况，我也将考察克丘亚语和艾马拉语的新功能域，这些新功能域与语言政策、语言规划、语言复兴、语言记录等都密切相关。最后，我将提供一份关于多媒体及多模态资源的信息目录。所谓多模态资源，包括传统大众传媒和新兴媒体。传统大众传媒包括了报纸、电影、录像、广播、电视等，而新兴媒体包括了社会媒体，如电子游戏、博客、虚拟论坛、脸书、谷歌+（Google+）、讯佳普（Skype）、推特（Twitter）和手机等。此外，我还将提供在现今大众传媒和社会媒体中可以获得的，改编成或翻译成克丘亚语和艾马拉语的文字材料及录像信息。

安第斯地区的克丘亚语和艾马拉语

安第斯地区是一个多语言、多民族和多文化的区域，该地区形成了占主体地位的说西班牙语的社会和众多说不同语言的土著族群。在这些土著

1　也译为盖丘亚语、凯楚奇语，克丘亚语有许多"方言"，有时被看成彼此相关但独立的语言。这些语言分布在南美洲秘鲁、玻利维亚、阿根廷、巴西、智利、哥伦比亚、厄瓜多尔等地区。克丘亚语曾经是印加帝国的通用语言。

2　艾马拉语，是一种由住在南美洲安第斯山脉地区的艾马拉人的语言。

语言中,克丘亚语和艾马拉语的使用最为广泛。根据《拉丁美洲土著民族社会语言地图集》(2009:517),克丘亚语和艾马拉语的使用者分别有6,617,639人和2,488,924人。也有调查估计克丘亚语的使用者高达1000万到1300万。由于不同国家的人口普查以及其他对这两种语言使用人数的统计缺乏系统性,所以我们很难得到更为精准的数据。因此,如果我们在南美进行专门的语言调查,这会使以上数据更加精确,但这样自发的调查需要耗费大量的时间和精力,还需要良好的规划以及充足的人力和物力。

既然如此,为什么还有必要进行这样一项调查呢?原因就在于,尽管表面上看来,克丘亚语和艾马拉语的使用者很多,但这两种语言仍被视为濒危语言。要理解这个悖论,就必须了解以下情况:这两种语言与西班牙语有长达500多年的接触历史,在接触过程中这两种语言深受西班牙语的影响,不仅如此,两种语言内部的多样性也会导致其自身的衰落。举例来说,克丘亚语有两大语言分支:"第一类克丘亚语",也称为"中部地区克丘亚语",分布在秘鲁中部地区;"第二类克丘亚语",或称"南部和北部克丘亚语",围绕着"中部克丘亚语"分布在秘鲁南部和北部。塞隆-帕洛米诺(Cerrón-Palomino,1987)、帕克(Parker,1963)和托雷洛(Torero,1964,1974)各自在这两大分支中划分出超过20多种不同方言。长时间以来,这些方言差异之大使得许多说克丘亚语的人都带着怀疑和鄙夷的目光去看待其他方言的使用者。而这种克丘亚语的内部偏见导致那些原本使用范围就很小或者声望不高的方言的使用率就更低了,此外还阻碍了对克丘亚语作为一个整体的地位规划。

另外一个导致克丘亚语和艾马拉语濒危的主要原因就是它们与西班牙语的接触。由于西班牙语的主导地位,以及在安第斯地区强制推行西班牙语的殖民行为,导致无数土著语言的灭绝。然而,我认为,如果有精心的语言规划,克丘亚语和艾马拉语就有可能避免成为同样的牺牲品。

语言规划通常可分为三类:地位规划、本体规划和习得规划。从本质上来说,语言地位规划就是处理社会中语言或语言变体的功能域,即人们在哪些领域使用该语言。而语言本体规划关注的是语言的形式:语言标准的制定,语言使用的规范化,语言词汇、书写系统和表达方式的改变。最后,习得规划关注的是语言的使用者,其最终目标是增加语言的使用人数,这在某种意义上来说就是语言教育。

语言的使用域

功能域，即语言地位规划的主要关注点，是一种语言在日常生活中所使用的不同社会环境。一般来说，一种语言在公共领域使用得越多，它的地位就越高。对基本功能域的认定有很多种研究范式，例如赛拉芬－莫丽娜（Coronel-Molina，1999a，2005，2007）、费尔斯通（Firestone，2006）、霍恩伯格（Hornberger，1998）、霍恩伯格和赛拉芬－莫丽娜（Hornberger and Coronel-Molina，2004）及霍恩伯格和金（Hornberger and King，2001）在安第斯及其周边地区进行的对克丘亚语的具体分析。我认为评估克丘亚语和艾马拉语地位最有效的是斯图尔德（1968）的模式和联合国教科文组织（Gadelii，1999）的模式。这两个模式之间有一些重合，所以我对其加以整合，剔除多余条目，并加上我所坚持的而两者均未列出的观点，最终归纳如下：

1. *官方使用*，在此种使用域中，语言被赋予国家的政治、法律和文化的目的。这类语言通常由国家的宪法所规定。在安第斯地区的国家中，就是这种情况。比如在秘鲁 1993 年宪法中，克丘亚语和艾马拉语都被赋予官方语言地位，但这一地位仅限于国家的特定地区。就大多数而言，这种地位与其说是功能性的，还不如说是象征性的。

2. *政府使用*，包括了在法律文书、议会会议或集会、法律颁布、政府官员公开讲话中的语言使用，以及其他类似的语言使用。克丘亚语和艾马拉语在这一功能域的使用并不常见，不常见的一些例子从本质上来说也是象征性的，例如在秘鲁共和国国会的官方网站上。克丘亚语和艾马拉语也出现在一些工具性的政府使用上，如出现在一些特定的官方文件，以及秘鲁 1993 年宪法的克丘亚语版本上（Chirinos Rivera，1999）。

3. *法律／法院的司法使用*，指的是语言在司法系统中的使用，即在庭审或其他法律行为，以及法律声明或法律文件中的语言使用。据秘鲁宪法和 2003 年《国家语言法》的规定，克丘亚语使用者在法庭上有权要求将诉讼程序翻译成克丘亚语，但这在书面司法文件中并不常见。克丘亚语也曾经在秘鲁"真相与和解委员会"（Truth and Reconciliation Commission, 2001—2003）的听证会上被广泛使用过。从最基本的层面上来说，宪法承认克丘亚语和艾马拉语的合法性，这为安第斯地区国家提高这两种语言的地位所做的自上而下的努力奠定了基础。然而遗憾的是，这种宪法层面的认可在不同地区有着很大差异（Coronel-Molina，2011）。

4. *省级的使用*，指的是一种语言在特定省份内的广泛使用，而不论其是否同时被列为官方语言。克丘亚语和艾马拉语在这个领域使用，同时也与下面第 5 项的领域相关联。

5. *地区使用*，是指一种语言在特定地区的广泛使用（如一省的城市地区或农村地区）。同样的，克丘亚语和艾马拉语也被用作地区语言。

6. *通用的交际*，是指在一个国家中，某种语言被用作跨语言的沟通媒介。这一类别不包括已被认定为官方语言的语言。因此，在当前秘鲁，西班牙语不能被称作通用的交际语言，因为它已是官方语言。在秘鲁被征服和殖民的时期，克丘亚语曾是通用的交际语言，但现在已不具备该功能（Cerrón-Palomino，1989；Coronel-Molina，2007；Mannheim，1991）。

7. *国际使用*，即一种语言在国际上被用作主要交流媒介，如在外交、国际贸易及旅游业等方面所使用的交流语言。英语和西班牙语是典型的国际性语言；而克丘亚语和艾马拉语不是，尽管这两种语言被安第斯地区各个国家的使用者在跨国边境和跨国层面上使用（Coronel-Molina，1999a）。

8. *商业使用*，包括广告、旅游、商业管理公告、包装标签、使用说明书及商品印刷品上的语言使用；还包括各类标识，例如在商行、机场或街道上可以见到的标识语言，以及在民间集市上所使用的语言。在这一使用域中，比如周末市场和集市上，克丘亚语和艾马拉语的使用十分有限。但对于某些使用西班牙语的人来说，这两种语言也有工具性价值：为了工作需要，他们（例如在高原农村工作的医生、护士和教师等）在使用克丘亚语及艾马拉语的地区必须入乡随俗。

9. *首都的使用*，指一种语言在首都或首都周边地区被用作主要交流媒介。克丘亚语和艾马拉语在这一功能域的使用并不典型。这一使用域与下一项——行政使用域密切相关。

10. *行政使用*，不仅指在联邦以及省市政府的行政中，还指在其他事业部门（如卫生部门、军事部门和警察部门）的行政中，包括口头和书面上的语言使用。在大多数情况下，行政中所使用的语言仍是西班牙语，尽管在农村医疗站，一些患者信息小册子与健康广播节目中使用的可能会是克丘亚语和艾马拉语。

11. *群体间的使用*，也就是语言在单一文化、单一族群或言语社区的群体中被用作正常的交际工具。这一功能域包括了在单语社区中所有的语言使用域，也包括了在双语社区中，除了被主体语言所占据的公共和行政功能域以外，所剩下的家庭、社区和亲密社交网络的功能域。在安第斯地区，尤其是在高原地区的农村，仍有大量的群体使用克丘亚语和艾马拉语。

12. *教育使用*，指的是从幼儿园到大学，各级教育中所使用的教学语言，也包括了在语言复兴项目、成人识字教学项目和非正式教育部门的语言使用。据报道，在当今玻利维亚、厄瓜多尔及秘鲁所必修的双语跨文化教育（BIE：Bilingual Intercultural Education）中，教学是采用各族群的母语进行的。在一些地区，识字课程也是采用克丘亚语和艾马拉语教学的（Albó，1999；Coronel-Molina，2007；García，2005；von Gleich，2004；Hornberger，1988；Hornberger & Coronel-Molina，2004；Hornberger & King，2001；López，2005；Zúñiga，Cano & Gálvez，2003）。

13. *作为学校课程的学习*，是指语言不是作为教学语言，而是作为一门课程加以学习。有意思的是，克丘亚语和艾马拉语不仅在安第斯地区各国的各级教育机构中作为一门语言学习课程，而且在国外大学中也有该语言课程。

14. *文学和翻译*，不仅包括公开出版的文学作品，而且还包括见证文学（testimonial literature）、戏剧、音乐或歌曲。克丘亚语和艾马拉语正逐步建立自己的书面文学传统，一方面是原创文学作品，另一方面是翻译成这两种语言的文学作品；此外它们还拥有着影响广泛的音乐传统。

15. *宗教*，在这个功能域中，语言与某种特殊宗教仪式密切相关。克丘亚语就被用于一些宗教目的（如祷告、布告和土著仪式），《圣经》也曾被翻译成克丘亚语和艾马拉语的不同方言版本。但克丘亚语和艾马拉语本身与宗教并没有任何联系。

16. *学术和社会领域*，这一领域有别于教育领域，因为语言并不是用于教育本身，而是用于学术或专业目的，如在科研发表、学术会议和专业会议上。语言还被用于公共典礼、演讲以及其他相关事宜。克丘亚语和艾马拉语已在此领域取得了有限的进展,那些完全用克丘亚语和艾马拉语写成的学术文章就是例证,详见相关文章(Coronel-Molina, 1999b;Huayhua Pari, 1999;Itier, 1999)。

显然,克丘亚语和艾马拉语在许多功能域中并没有突出的表现,但在新旧科技的帮助下,这些语言在某些领域已取得了一些进展,且在其他方面也有新的进展,这些也将会在以下的讨论中显现出来。与此同时,这些新进展促进了两种语言地位的提高,也促进了这些地区的语言本体规划(尤其是在词典编纂领域)及习得规划(语言教育)的发展。

大众传媒

在任何一种语言复兴努力中,大众传媒所起的核心作用是不可忽视的。当然,正规教育的作用也同样重要,但要说传媒与教育同等重要,或者说更为重要,是因为它能让人们在日常生活中看到他们的语言在各种社会场景中出现,比如通过网络、电影、纪录片、电视和广播节目,以及各种纸质或电子的平面媒体,语言都可以展现出来。利用这些传播方式可以加强土著语言的地位;无论对于使用还是不使用这种语言的人来说,使用这些方式可以激起他们的语言自豪感,改变他们对这些语言的负面态度。提升语言自豪感会在一定程度上有助于语言的保存和复兴。克丘亚语和艾马拉语在某种程度上已经找到了通往大众传媒,尤其是广播和互联网的方式(Albó, 1998;Coronel-Molina, 2005;Firestone, 2006;von Gleich, 2004;Hornberger & Coronel-Molina, 2004;Hornberger & King, 2001)。

报纸和杂志

事实上,安第斯地区的语言在利用大众传媒方面已经有一段时间了,报纸和广播是其向民众传播的最普遍的媒介。自19世纪70年代起,玻利维亚就已经有克丘亚语和艾马拉语的报纸了。2000年,玻利维亚拉巴斯市[1](La Paz)的日报《现状报》(*Presencia*)每期开始增加克丘亚语、艾马拉语和巴拉圭语的插页,这项创举在一定程度上推进了这三种语言的复兴。

---

1 拉巴斯是玻利维亚的中央政府所在地和实际上的首都,该国法定首都为苏克雷。

玻利维亚的许多期刊都在或者部分在使用土著语言（Albó，1998）。根据玻利维亚团结基金会（Fundación UNIR Bolivia）的国家媒体观察中心（Obervatorio Nacional de Medios）最近的调查，使用克丘亚语和艾马拉语的大众传媒在拉巴斯市、奥尔托市（El Alto）和科恰班巴市（Cochabamba）仍处于边缘地位。在拉巴斯和奥尔托的 17 家使用艾马拉语的大众媒体资源中，11 家是广播节目（占 65%），另外 6 家是提供部分艾马拉语节目或片段的电视频道（占 35%）。而在这 17 家媒体中，仅有 8 家播出艾马拉语新闻，而且仅在早间时段，这样自然就减少了大部分受众。在科恰班巴的 10 家大众媒体（包括 8 家广播节目、1 家电视频道和 1 家报纸）中，6 家（5 家广播节目和 1 家电视频道）播出克丘亚语节目，且同样是仅限于清晨时段（Poma Ulo，2011）。

相较于广播节目，克丘亚语和艾马拉语在平面媒体的出现率要低得多。尽管如此，一些期刊仍在努力做着促进语言复兴的工作。那些用克丘亚语和艾马拉语（及其他土著语）撰写的文章，有助于人们理性地对待语言，将语言的使用功能扩展到不同的领域。正如艾伯（Albó，1998：147）所说的："这为该地区的语言保存与语言丰富化做出了重要贡献，因为迄今为止，双言现象仍留存在说西班牙语的人群身上。"

玻利维亚安第斯传播与发展中心也在通过纸质版和电子版的报纸 *Periódico Conosur Ñawpaqman*[1] 来推动克丘亚语的发展。这份报纸创办于 1983 年，以克丘亚语和西班牙语出版，每月发行两次，受众是当地及全球的克丘亚语社区及组织。该报包含两个特别专栏，其中一个专栏的阅读对象是儿童，完全使用克丘亚语。《历史》（*Wiñay Kawsay*）[2] 是玻利维亚的另一份月刊报纸，它使用的是厄瓜多尔克丘亚语和西班牙语双语。

还有一些学术期刊、杂志和新闻通讯也是用克丘亚语和艾马拉语出版的。最典型的就是由美洲土著语言研究中心出版的《美洲土著评论》（*Revue Amerindia*），该学术期刊发表了包括完全用美洲印第安语言来撰写的学术论文和文献等。2011 年，完全用库斯科（Cuzco）[3] 克丘亚语撰写的彩色电子杂志 *Noqanchis:lliwpa revistanchis* 第一期问世了，不久第二版也将问世。

1　这是一份西班牙语—克丘亚语的双语报纸，第一个词意思是报纸，第二个词意思是南边的锥形，最后这个词是克丘亚语"向前"的意思。本章中有大量克丘亚语、艾马拉语的专有名词，有些无法翻译，望读者谅解。

2　Wiñay Kawsay 是克丘亚语，意为"历史"。

3　库斯科，是秘鲁东南部的城市，是古老的印加帝国的首都，库斯科也是库斯科大区的首府。

在秘鲁，自 1975 年官方承认克丘亚语的地位以来，曾出现过一份名为《万纪事报》(*Cronicawan*) 的克丘亚语日报。在这之前，秘鲁首都利马（Lima）的著名报纸《商报》(*El Comercio*) 在其周日版经常会出现克丘亚语和西班牙语的双语专栏。然而，现今秘鲁已没有定期出版的克丘亚语和艾马拉语报纸了。当前首要的任务就是出版更多的克丘亚语、艾马拉语以及其他土著语言的报纸，以刊载在主流语言报纸上所刊载的新闻消息。尽管这不是一项简单的工作，但经过慎重的规划，通过语言规划者、当地记者及作家的积极合作，将有可能达成此目标。若在网络上出版这样的期刊，能减少甚至是免除纸张和印刷费用，同时也可以使出版物迅速、便捷、低成本地获取广泛的国际读者。

广播节目

克丘亚语和艾马拉语的广播节目在整个安第斯地区都非常著名。很多节目在本质上都属于宗教类或教育类节目；实际上，广播是一种传统手段，它为偏远地区提供远程教育。然而在最近几年，这一传统手段有了更多样的意义和主题。尤其是玻利维亚，已在广播节目中有效地利用了克丘亚语。20 世纪 70 年代，拉巴斯市有 20 家克丘亚语广播电台，而科恰班巴市有 11 家（von Gleich, 1994: 93）。从消极的一面看，克丘亚语节目总是仅在一些特定时段播出，如黎明前后和下午晚些时候，这样是为了与乡村农业社区人们的作息时间一致（Hornberger, 1988）。在其他时段，广播都是用西班牙语播出。恰马撒世界（Pacha Qamasa）[1] 广播由艾马拉行政局（Consejo Ejecutivo Aymara）创办于 2003 年，它的所有内容都是用艾马拉语播出的。这家广播电台提升了人们的民族意识，并试图使玻利维亚土著人摆脱殖民化的教育。作为其中一部分，大地之母广播（Radio Pachamama[2]），用克丘亚语和艾马拉语广播，促进了土著社区教育、文化和历史的发展。此外还有圣地亚哥克丘亚屋檐（Alero Quichua Santiagueño）广播，通过网络播出，并用阿根廷克丘亚语播送各类新闻。

长期以来，还有一家克丘亚语无线广播电台，隶属于 HCJB 世界广播公司，主要用于福音派教会传教活动。这家公司于 1932 年开始用克丘亚语进行广播（Albó, 1998），现在它在整个厄瓜多尔、玻利维亚和秘鲁地

---

[1] Pacha Qamasa 是艾马拉语，Pacha 意思是"世界"。
[2] 古印地安人称大地之母为 Pachamama（艾马拉语）。

区用"厄瓜多尔克丘亚语"、"第一类克丘亚语"和"第二类克丘亚语"的20多种方言进行广播。其节目在基多（Quito）[1]和美国录制，并通过短波在厄瓜多尔的安第斯之声（Voice of the Andes）进行广播。从哥伦比亚南部，经过厄瓜多尔、秘鲁和玻利维亚，一直向南到阿根廷的圣地亚哥—德尔埃斯特罗省（Santiago del Estero），这些地区均能收听该节目，尽管有一些方言差异，但是这些地区的人们依然能够听懂广播内容（Albó，1998）。其他宗教广播还包括厄瓜多尔当地的钦博拉索土著基督教堂协会之声（La voz de AIIECH），以及在玻利维亚全国范围内广播的南十字广播（Radio La Cruz del Sur）等。

最近几年，在玻利维亚农村地区，一些天主教电台也开始用土著语言广播。艾伯（1998）注意到，新教徒的电台更多的是想让土著人改变宗教信仰，而天主教电台则更多是立足于教育引导。事实上，在安第斯农村地区分散着几家天主教电台，他们已经开始筹建"广播学校"（escuelas radiofónicas），并最终在1972年合并形成了以基多市为中心的拉丁美洲电台教育协会（ALER：Asociación Latinoamericana de Educación Radiofónica）。之后，1983年成立了世界社区广播电台协会（AMARC：Asociación Mundial de Radios Comunitarias）。截止到1990年，在世界社区广播电台协会的201家成员电台中，有至少80家用土著语言进行教育在线广播。现在，安第斯地区内有很多城市的、地方的、全国性的和国际范围的广播站，至少有一部分节目是用克丘亚语和艾马拉语播出。很多城市的国家级和国际广播电台中，部分节目是用克丘亚语和艾马拉语来广播的。有些甚至形成了电台协会、电台联合体、广播网等，如厄瓜多尔大众广播协调处（CORAPE：Coordinadora de Radios Populares del Ecuador）、广播教育及制作中心（CEPRA：Centro de Educación y Producción Radical），以及克丘亚卫星广播网（RKS：Red Kiechus Satelital），后者在秘鲁、厄瓜多尔及玻利维亚有着30多家广播电台。RKS于1997年创立于玻利维亚的科恰班巴市，当时是拉丁美洲电台教育协会的一部分。它将节目录成MP3 Pro及OGG格式，通过网络发送到拉丁美洲电台教育协会的FPT服务器。RKS还同时使用卫星网络、Sound Forge[2]、Las Vegas、Adobe Audition、ADAS MSM，数字记录及讯佳普等。

1　基多是厄瓜多尔的首都。

2　Sound Forge是索尼公司开发的一款功能极其强大的专业化数字音频处理软件。

其他使用克丘亚语和艾马拉语的广播网隶属于玻利维亚教育广播（ERBOL：Educación Radiofonica de Bolivia），玻利维亚教育广播主要为玻利维亚民众服务的，它既是一个广播协会，又是一个教育传播机构，旗下的媒体包括网络报纸《土著人消息报》（Agencia de Noticias Indígenas）及十多家广播电台。

菲德斯广播（Radio Fides）是拉巴斯市的一家电台，以娱乐节目为主。尽管它主要是用西班牙语广播，但节目中也包括一些克丘亚语和艾马拉语的商业广播及公共服务通告。在其最受欢迎的节目"国家时间"（La hora del país）中，通常包括用五六种土著语言播报的简短趣闻。Red ACLO 是另一个娱乐性质的电台，其大本营在玻利维亚南部，但隶属于一个覆盖整个玻利维亚的广播网。这使得它的听众范围更加广泛，特别是在涉及国家利益的事件时，如总统候选人辩论，有时需要听众参与，它就会播出多种克丘亚方言的节目，通过互联网传播到整个网络，同时还会出版西班牙语的网络报纸。

以前，"我们"（Ñuqanchik）是一档同时通过广播和网络播报的克丘亚语电台节目。这档节目由三家机构联合制作的，分别是厄瓜多尔的新闻出版机构（Agencia Informativa Pulsar），以及来自秘鲁并受到联合国教科文组织支持的秘鲁科学广播网（RCP：Red Científica Peruana）和秘鲁社会学习中心（Centro Peruano de Estudios Sociales）。该节目通过邮件和网络发布到安第斯地区的广播台，并设有一个专门的网站。遗憾的是，现在它不像过去那么活跃了。秘鲁的乡村网络广播（Radio Web Rural）是另一个制作克丘亚语节目的广播网，包括了22家广播电台，这些电台中，有一些播出有限的克丘亚语节目。最后，是库斯科男孩与女孩广播（Radio con Niñas y Niños de Cusco），这是一个非常重要的克丘亚语电台组织，致力于克丘亚语儿童节目的制作。

这些为数众多的广播电台及联合组织满足了多样的节目需求。在广播节目中出现土著语言不是一件新奇的事，当然如此多的使用不能影响到语言复兴的初衷。在大众传媒中，通过各种方式对双言的坚持是不能被否定的。但我们需要意识到，最为明显的就是，克丘亚语和艾马拉语的直播广播节目的播出时间仍然十分受限，而且通常在非黄金时间播出。

电　视

　　正如和平面媒体一样，克丘亚语和艾马拉语在电视媒体中的使用也同样受到限制，但也不乏少数例外，例如在一些纪录片、游戏、报告和民俗庆典中，还会少量出现这类语言，在这一方面，玻利维亚和厄瓜多尔做得要好于秘鲁，比如，它们在早晨用克丘亚语和艾马拉语播出电视新闻节目，再如玻利维亚拉巴斯市的"大众广播电视台"(Radio Televisión Popular)，通过节目"民众自由讲坛"(La tribuna libre del pueblo)，"每天将话筒与镜头直接伸向郊区的印第安观众，传递他们的不满与诉求"(Albó, 1998: 150—151)。

　　与之相似，在厄瓜多尔的钦博拉索山地区，阿贝亚也拉电视台(Abyayala TV) (http: //abyayala.tv) 制作了一档名为 Ayllupak kawsay[1] 的克丘亚语新闻节目，并通过网络播出。另一个名叫"萨奇拉库纳入门节目"(Saqrakuna primer progarma) 的克丘亚语电视节目为克丘亚语的保持、发展、推广以及复兴做出了重要贡献。这个节目之所以有这么大的影响力，是因为它由一群年轻人编导和播出的，但他们并不是传播领域的专业人士，其25位成员来自秘鲁各省。这个节目于2009年开始制作，起初是由一个公益组织 Apurímac Tarpurisunchis 的教育与发展推动协会(Asociación para la Promoción de la Educación y el Desarrollo) 资助的(该组织于2003年成立，致力于秘鲁亚马孙河地区的教育发展)。这是一种独特而开创性的努力，以使年轻人意识到自己的语言和文化。

　　从以上这些例子我们可以看出，尽管土著语言目前在电视领域中尚处于弱势地位，但其发展已初见端倪，希望它能够持续下去。

电影和纪录片

　　电影和纪录片一般都被归为大众传媒，这两者绝对是能够触及大众并且影响大众观念的重要方式。克丘亚语电影并没有一个良好的传统，但是同电视一样，人们在这一领域付出了不少努力。在农民组织、矿工组织和地区社团的支持下，玻利维亚本土拍摄了一些混合克丘亚语、艾马拉语和西班牙语的电影：《艾萨》(1965)、《它就是如此》(1966)、《秃鹫之血》(1969)、《主要敌人》(1973) 和《莱奥西·卡埃曼塔》(1977)，以上

1　Kawsay 在克丘亚语中意思是生活、生命。

都是由玻利维亚的约吉·桑杰尼斯导演的。其他经典电影包括《雅瓦尔节》(导演路易斯·菲格罗亚，1979)，《库库里》(导演路易斯·菲格罗亚，1961)，还有让人惊奇的《星球大战》(1977)，这些电影里都有克丘亚语的简短对话。最近的克丘亚语电影有《楼上的舞者》(2002)、《歉意的牛奶》(导演克劳迪雅·洛萨，2009)。克丘亚语纪录片有《艾马拉领袖》、《安第斯女人》、《高危》、《印加人》等等。为了推广这些语言，使这些语言更具活力、得到更好的保存，我们需要更多的克丘亚语和艾马拉语的这类作品。

网　络

网络或许是当今最为重要的大众传媒。尽管互联网上的许多信息是以各种语言承载的，但最主要的还是那些被广泛使用的语言。因此，对于网站而言，内容的可持续发展，不仅在于使用克丘亚语和艾马拉语，更为重要的是要承载这些语言的文化。如果不这样做的话，要想利用互联网或其他传播技术的力量来发展土著语言，将面临着真正的挑战。

最近一些年，无数对土著语言发展和教学感兴趣的组织和个人，都致力于消除贫富之间的"数字鸿沟"(digital divide)。他们在世界范围内开展了无数次阻止土著语言灭绝，或者说至少阻止语言转用的行动。现在网络上已经有为数众多的土著语言网页，它们有的是由本地组织、政府组织或者非政府组织制作的，有的是由宗教团体、政治团体、慈善机构或者学术团体制作的，还有的是由对土著语言有强烈兴趣的出版商、研究者、积极分子或个人等制作的。这些网站包含了丰富的克丘亚语和艾马拉语的资源，以及大量关于这两种语言的信息。

这些致力于消除"数字鸿沟"的人也开始试图参与到与语言消亡和灭绝作战的事业中。通常情况下，最成功的计划通常都拥有广泛的参与者，尤其是该计划所服务的当地社区成员。当明白了这一点以后，这些组织就会想方设法地动员相关的土著社区参与其中。世界各地的项目中，有些是制作有关当地文化的视频，这些视频都是由社区成员们自己完成的。社区成员希望通过这种方式不仅有助于复兴承载着其文化的语言，而且能够重新增强他们的族群认同。

由于这些努力，克丘亚语和艾马拉语在互联网上的出现越来越频繁，目前大概有数以千计的、涵盖这两种语言的网页，尽管实际上完全使用两种语言的网页数量要少一些。有的网站为人们提供了自学课程，很多包含了多媒体元素，例如视频和音频，它们提供录制播放功能以让学习者练习发音及会话；有的网站收集了很多翻译资料、故事、神话、民间故事、笑话、歌曲和音乐；还有一些网站突出展现各种原创诗歌。一些网站提供了克丘亚语的各种内容，如克丘亚语言调查者协会（Asociación de Invesigadores en Lengua Quechua）的网站、法律数据库（Llaqta Amachaq）、秘鲁共和国国会（Perú Suyu Rimanan Wasi）的网站（http://www.congreso.gob.pe/_quechua/index.htm）、克丘亚语言暨语言学（Quechua Language and Linguistics）网、克丘亚语言（Runasimi）网等。有艾马拉语内容的网站有艾马拉之屋（Aymare Uta）、艾马拉全球之声（Aymarata Globe Voices）、艾马拉语言文化研究院（ILCA：Instituto de Lengua y Cultura Aymara; http://www.ilcanet.org）网等。同时有克丘亚语和艾马拉语内容的网站还包括Llajta-Net.com、Música等，后者提供了克丘亚语和西班牙语的安第斯音乐音频和视频材料，这个网站还设有音乐博客。克丘亚音乐节目的出现，也意味着歌曲可以用克丘亚语写作和创作，也为民众带来了一种全新的语言表达形式。

此外，人们为了复兴克丘亚语和艾马拉语，还努力设计了完全使用这些语言的网页界面。这样的网站应当是由本族语和非本族语的专家组成的团队来研发。我们上面提到过的网站有些已经开始使用克丘亚语和艾马拉语的界面了，并且网页内容也都完全使用这两种语言。考虑到网页的优势，这或许是发展和复兴土著语言的最好方式之一。

社会媒体

社会媒体提供了一种重要且具有影响力的新功能域。卡普兰和亨莱因（Kaplan and Haenlein，2010：61）将社会媒体定义为："基于第二代互联网模式（web2.0）的理念和技术的一组网络应用程序，这一模式（web2.0）允许用户交流自创内容。"社会媒体有很多种在线界面或移动界面，如脸书、谷歌+、推特、优管（YouTube）、博客、网上论坛、维基百科和播客。这些应用能够使个人用户同时和多个联系人互动，并且与他们分享不同形式的用户自创内容，例如音乐、视频、照片、新闻等等。与单向的、静态的交流方式（如电子邮件）不同，这些新型技术支持实时的交流互动，这样的交流技术是"能够广泛利用、可扩展的"（Social Media, online）。

卡普兰和亨莱因建立了一个分类系统，将不同的社会媒体划分为五类，它们分别是：(1) 合作性项目，如维基百科、博客和微博；(2) 内容社区，如优管和 Flickr[1]；(3) 社交网站；(4) 虚拟游戏世界；(5) 三维虚拟社区世界，如第二人生虚拟世界（Second Life）。社会媒体之所以发展如此迅速，如此流行，是因为社交生活具有七项基本功能特征：身份、会话、分享、存在、关系、声誉和群体。大部分的社会媒体都能够满足这七项中的全部或部分功能，因此也就满足了用户的需求（Kietamann, Hermkens, McCarthy & Silvestre, 2011）。例如，"邻英（LinkedIn）用户主要关注身份、声誉和关系"，而优管的用户则更关注"分享、会话、群体和声誉"。

克丘亚语和艾马拉语已经明显地存在于社会媒体之中。目前有数量巨大的社交媒体应用这两种语言，这些媒体包括聊天室和虚拟论坛、博客、脸书、谷歌+、推特、优管、在线论坛、维基百科、播客、社交网站、虚拟游戏世界、虚拟社交世界等。土著人可以借助这些技术，用克丘亚语和艾马拉语彼此联系，共同分享彼此的信息和知识。

在脸书上使用克丘亚语和艾马拉语最典型的例子有"克丘亚语在纽约大学"（Quechua at NYU）、"每周克丘亚语"（Weekly Quechua）、"克丘亚语言"（Idioma Quechua）、"我们希望恢复克丘亚语"（Queremos recuperar el QUECHUA）、"艾马拉语"（Lengua-aymara.com）、"人言"（Jaqi Aru）[2]等。博客在推广克丘亚语和艾马拉语方面也很受欢迎，比如"克丘亚语网络搜索"（Buscando al Quechua en Internet）、"我们的语言克丘亚语"（Quechua nuestra lengua）、"克丘亚时间"（la hora del quechua）等。最近推特留言也开始出现克丘亚语和艾马拉语了，例如"克丘亚谈话"（Hablemos quechua）等。与之相似，这两种语言在维基百科上也时时出现。近期，纽约大学的拉丁美洲和加勒比海地区研究中心（CLACS：Center for Latin American and Caribbean Studies）建立了一个克丘亚语的播客，旨在推广和传播克丘亚语。在三维虚拟社交世界中，我们也能看到这两种语言的身影。我们最近在印第安纳大学伯明顿分校开展的项目，其中就包括在第二人生游戏中教学克丘亚语和艾马拉语。除此之外，人们还可以利用在线幻灯分享社区（Slide Share）、在线文档分享社区（Scribd）以及其他的工具，来分享克丘亚语和艾马拉语版本的资料，或者与之相关的报告及出版物。

目前根据我的研究，优管是承载克丘亚语和艾马拉语最为普遍的社

---

1 Flickr 为一家提供免费及付费数字照片存储、分享方案之在线服务，也有提供网络社区平台。一般认为 Flickr 是 Web 2.0 应用方式的绝佳例子。

2 Jaqi Aru 是艾拉马语，Jaqi 意思是人，Aru 意思是语言、舌头、词汇或词典。

媒体，紧随其后的是博客，接着是脸书。在优管上，现在有数千个与克丘亚语有关的视频，有数百个与艾马拉语有关的视频，这些视频囊括的范围很广，包括商业广告、卡通、喜剧表演、肥皂剧，以及和语言文化有关的电影、纪录片、广播节目、故事、诗歌、宗教节目、会议、访谈，此外还有克丘亚语和艾马拉语虚拟课堂与安第斯地区的节目。其中最吸引人也是最新奇的就是现代音乐表演，例如康巴加（cumbias）和萨尔萨（salsas）音乐（这两者都属于拉美音乐流派）表演，还有浪漫情歌、摇滚、蓝调、儿歌，用多种克丘亚方言演绎的嘻哈音乐等，最后还有克丘亚语和艾马拉语的说唱音乐（所有这些音乐类型的示例都列在了附录之中）。此外，还有在国内外演出的混合电子音乐，一些比较有名的如秘鲁歌手珊娜·蓓娜（Susana Baca）以秘鲁港口打击乐"第13街"（Calle 13）演唱的《拉美之歌》（*Latinoamérica*）；秘鲁艺术家达玛瑞斯（Damaris）用克丘亚语演唱的《让我们跳舞吧》（*Tusuy Kusun*）；玻利维亚歌手祖尔马·育加（Zulma Yugar）用艾马拉语演唱的《美丽的小花》（*K'oli Pankarita*）等。

软件和程序

当前在玻利维亚，除了新兴的社会媒体以外，一些信息技术工具例如自动提款机，也为人们提供克丘亚语、艾马拉语、瓜拉尼语（Guaraní）和西班牙语的服务（有关这一话题的更多信息详见 BBC 新闻，2001）。同时"'儿童一人一台笔记本电脑'计划"，以及手机、CD-ROMs、DVDs 和 iPods 等瞬态技术（transient technology），也都成功运用到安第斯地区的儿童克丘亚语和艾马拉语教育中。例如基础克丘亚语学习软件，它可以在 iPhone、iPad 以及其他类似设备上使用。与之类似的，拼写检查软件、视频游戏、机器翻译程序、Windows XP 和 Windows 7 安装包等都应用了克丘亚语和艾马拉语。

微软正在与不同国家的母语使用者和翻译人员密切合作，开发菜单和对话框中电脑界面的基础术语。这些语言集应用于 Windows 和 Office 程序，为不同国家的人提供母语界面，克丘亚语就是其中一种正在开发的语言。此外，谷歌开发了谷歌克丘亚（Google Quechua）。最后同样重要的还有像《危险边缘》（*Jeopardy*）[1] 和《谁想成为百万富翁》（*Who Wants to be a Millionaire?*）这样的电子互动游戏，它能够把克丘亚语作为外语或者第二

---

[1] 《危险边缘》是哥伦比亚广播公司开发的益智问答游戏节目，已经经历了数十年历史。

语言教授给人们，而且这同样可以适用于艾马拉语或者其他语言的教学。所有这些新型的技术结成了强大的同盟，必将推动语言的教学、学习、保存、发展、记录、推广乃至语言的复兴。

多媒体及多模态的教学资源

所有这些新技术对于语言教学和教学材料的开发都起着重要的作用。在安第斯及其周边地区，大众传媒和社会媒体都为当地的母语教学改革做出了巨大的贡献，例如，音频视频存储库的技术便于学生在真实的文化环境中使用语言。这些多媒体及多模式资源包括了在不同的语境下正式和非正式的自然对话，例如包括对话、人生故事、访谈、商业公告、抱怨、争论、闲聊、浪漫邂逅等；也包括了语言的交际功能、语用功能以及互动方式，例如道歉、打招呼、在不同情境下表达不同感情；同时还包括副语言形式，即借助手势、面部表情、声调等表达的辅助语言。尽管对教师和学生来说，应用多媒体技术是一种挑战，但是多媒体技术的作用却是极其重要的，因此，对教学资源的开发以及语言教学来说，训练教师学会使用多媒体技术就显得尤为重要。但是，能否达到这个效果，很显然要取决于我们能否获得相关的技术设备。

在网上，现在已经有许多关于克丘亚语和艾马拉语的多媒体教学资源，除了上述提到过的，还有很多电子书、电子词典、电子语法等等，弥补了纸质教学资源的不足。这些新型的教学资料不仅可以在课堂环境中使用，还有助于远程教育。远程教育传统上都是通过无线广播和电视节目来完成的。如今，通过网络和像视讯会议系统（Adobe Connect）、播客、讯佳普这样的软件，多媒体模式使得教育发生了翻天覆地的变化。在某一地方的学习者可以录制一节课或者制作一个虚拟课程，借助电视或网络传播到几乎世界上任何地方。这些项目能够充分利用自学资源和虚拟导师的指导。

互联网和社会媒体通过标准的制定（如编纂字典、整理语法以及词汇表）在语言复兴过程中起着重要的作用。事实上，使用克丘亚语和艾马拉语各种不同方言的出版物早已大量存在。我们现在需要做的是，利用媒体信息技术，继续制作更多的可以出版的和数字化的口语材料。包括图片、音频录音、视频录像等在内的基本的资源，应当转换为数字化资源，存储在专门的虚拟图书馆或者优管的存储空间中，让人们可以通过网络获得。目前越来越多的克丘亚语和艾马拉语专业在线词典可以在网上使用，这也是标准制定方面的重要成果。当然，目前还需要更多的教授这两门语言的在线课程。

当前已经有一些学术视听材料，这些材料是由教育家、人类学家、文学学者、音乐家、语言学家以及安第斯语言的母语者共同制作完成的。在这里我只列举其中的几个：第一个是有关安第斯地区的人类学、历史学和艺术的系列音频视频资料，这是由秘鲁天主教大学民族音乐学研究院（the Instituto de Etnomusicología of the Pontificia Universidad Católica of Peru）制作的（http://ide.pucp.edu.pe/index.php?opyion=com_publication&task=publication&secc=4&cat=13&Itemid=49）；第二个是视听材料档案库，这是由设在秘鲁的法国安第斯研究院（http://www.ifeanet.org）的研究员制作的。他们从2001年开始就着手保存这些档案，并按照民族志的方式，将这些具有安第斯地区口头传统和音乐传统的多媒体资源进行编目，这些资源的目录可以从网上下载。其他重要的贡献还有 Runasimi-Kuchu.com，这个网站上有丰富的克丘亚语和艾马拉语资源，还有 Runasiminet（克丘亚语在线课程），Ciberaymara（艾马拉语在线课程），美国伊利诺伊大学香槟分校（University of Illinois at Urbana-Champaign）的克丘亚语在线课程，纽约大学的克丘亚语在线课程，印第安纳大学伯明顿分校（Indiana University-Bloomington）的克丘亚语在线课程，以及优管和脸书上的"每周克丘亚语"（Weekly Quechua）课程等等。所有这些网站上都有丰富的克丘亚语和艾马拉语的教学资源。其他地方也有很多分散的资源，但是需要系统地整合成一个综合网站（比如虚拟图书馆）。

困难和局限性

所有这些例子都向我们证明，通信技术给人们带来了巨大的机会，然而也带来了困扰，其中最大的困难就在于这些技术的互连性。早些年，这种连接主要受到安第斯地区地形因素的影响，如今由于当代卫星及无线技术的快速发展，这些连接问题都得到了便捷和有效的解决。

与此相似，应用技术资源需要花费大量的资金，而大部分的土著社区都难以负担，因为他们的生活常常处于困境中，勉强凑够日常生活所需。尽管如此，我认为可靠的财政和技术支持能够使最边远的地区也能用上这些新技术。至于这样的计划能否出台，就取决于联邦政府、语言规划者、政治领导人、教师以及土著组织之间的对话、理解、合作的情况。

此外，在采用这些新技术之前，我们需要考虑以下几个重要问题：获得语言复兴项目支持的社区成员能否接触到电脑？在一个社区里，有没有足够的电脑专家能够做好电脑维护，并且定期更新软件硬件、电脑程序及系统？社区复兴目标是否导致自身变成了教人们怎样学会使用电脑？是否有足够的资源来开发程序或者软件，从而实现该社区的既定目标？由于电脑技术本身并不是传统的社区交际媒介，这会不会导致人与人之间互动交流的减少？

牢记这些问题，并向农村地区提供一些必需品，国家教育系统就能够在安第斯地区的乡村学校中，用土著语言和现代技术来实施教育计划。与此同时，还可以实施一些培训项目，让社区成员积极主动地参与其中。

在乡村社区中，由于缺少资金和教育机会，因此最难克服的困难就是缺乏识字教育。这一问题仍将是阻碍农村地区利用技术实现语言复兴目标的巨大障碍。或许可能的解决方案之一就是使用文本—语音转换软件（text-to-speech software）。然而，我们也不能理所当然地认为，现在已经存在土著语言能使用的转换软件。

一般而言，考虑到拉丁美洲不同社会阶层之间经济资源和机会的明显差异，数字鸿沟将导致拉大该地区社会阶层之间的差距，而不是给所有人带来机会。为了避免加剧这种社会不平等，规划有必要考虑技术、经济、语言、政治、教育的议题及其远景，在规划和实施过程中将社会所有阶层都包括和参与进来。

我们也要清楚地认识到，在农村地区，大众传媒特别是互联网的接入，存在着一些不利条件。其中的两个不利条件分别是，缺乏对信息中心（例如公共互联网亭 [public internet booths][1]）的认识以及在这些地区获得的信息可靠性较低。不仅如此，在大多数偏远地区，建立这样的信息中心存在着很大的困难。一种可能的解决方案或许是，融合多种技术以让更多的用户得到便利。比如，无线广播可以作为首要的技术，通过公共互联网中心，发展另外的传播方式。不用说，广播节目可以继续传输，新的技术可以使这些土著语言应用其中。通过这样的方式，人们就不仅仅是接收这些语言信息，更能进行交流分享（Van Koert, 2000）。更重要的是，能让人

1　公共互联网亭是提供公共互联网接入的独立建筑物，类似于电话亭。其与网吧的区别在于，不提供食物或饮料。在秘鲁，公共互联网亭是向没有个人电脑和互联网连接的个人提供上网服务。据估计，在秘鲁首都利马市区，十个家庭中有六个是用这些公共互联网亭来上网的。

们感到这些技术是属于他们的，而不是外界强加给他们的，他们能够掌控这些技术并且认为这些技术是与他们的生活密切相关（Lieberman，2002；Van Koert，2000）。

结　论

要想充分利用新传播技术给我们带来的便利，我们还要继续努力。纵览这一章，我先是讨论了大众传媒和社会传媒的优势，然后就一些项目将利用新技术来复兴和推广克丘亚语和艾马拉语，我提了一些建议。这其中一项重要的基本原则就是：我们所做的努力应得到西班牙语人群的坚定支持和积极合作。此外，要想有力地保持、复兴和传播克丘亚语和艾马拉语，正如费什曼（1991）所指出的，我们应当考虑到遍布学校、家庭、社区以及整个社会的社交网络。如果我们想要实现以上目标，就无论如何也要避免紧密连接各个成员的关系链被解开。

大众媒体、社会媒体、电脑以及学校教育在语言复兴的过程中都起着重要的作用，但它们绝不是语言保持和语言复兴的灵丹妙药。振兴和维持土著语言功能域的最有力、最有效的"药方"仍然是母语的代际传承（Fishman，1991）。

有人说土著语言的使用者才是唯一真正担负着语言代际传承责任的人，这种说法就太过于简单了。由于大量的社会文化、地缘政治、意识形态、社会语言、社会历史以及经济因素的影响，这一问题的复杂程度令常人难以想象。为了巩固语言教学、语言学习和语言复兴的目标，我们有必要在不同层面采取有力措施，这样才能使我们努力的成果巩固、扩大并有影响。此外，还需要自上而下和自下而上的参与，可靠的语言、财政和技术方案，真正的教育改革，以使土著语言能够在教育和广阔的社会中有自己合适的位置。所有这些都需要土著民族自己以及社会其他群体的积极参与。否则，克丘亚语和艾马拉语将会慢慢地消亡，终有一天不复存在。

参考文献

Albó, X. (1998). Expresión indígena, diglosia y medios de comunicación. In L. E. López & I. Jung (Eds.), *Sobre las huellas de la voz: sociolingüística de la oralidad y la escritura en su relación con la educación* (pp. 126–156). Madrid: Morata/PROEIB Andes/DSE.

Albó, X. (1999). *Iguales aunque diferentes: hacia unas políticas interculturales y lingüísticas para Bolivia.*

La Paz: Ministerio de Education, UNICEF, and CIPCA.

Atlas sociolingüístico de pueblos indígenas de América Latina, vol. 2 (2009). Cochabamba, Bolivia: FUNPR OEIB Andes/UNICEF.

BBC News. (2001, June 13) Smart money goes bilingual. Retrieved from http://news.bbc.co.uk/1/hi/business/1386310.stm

Cerrón-Palomino, R. (1987). *Lingüística quechua.* Cusco: Centro de Estudios Rurales Andinos "Bartolomé de las Casas."

Cerrón-Palomino, R. (1989). Language policy in Peru: A historical overview. *International Journal of the Sociology of Language,* 77, 11–33.

Chirinos Rivera, A. (1999). *Perumanta hatun kamachina/Constitución política del Perú, 1993.* Lima: Fondo Editorial del Congreso del Perú.

Coronel-Molina, S. M. (1999a). Functional domains of the Quechua language in Peru: Issues of status planning. *International Journal of Bilingual Education and Bilingualism,* 2 (3), 166–180.

Coronel-Molina, S. M. (1999b). Piruw malka kichwapiq hatun qillqa lulay/Planificación del corpus del quechua en el Perú. *Amerindia,* 24 (2nd semestre), 1–30.

Coronel-Molina, S. M. (2005). Lenguas originarias cruzando el puente de la brecha digital: Nuevas formas de revitalización del quechua y el aimara. In S. M. Coronel-Molina & L. L. Grabner (Eds.), *Lenguas e identidades en los Andes: perspectivas ideológicas y culturales* (pp. 31–82). Quito: Abya Yala.

Coronel-Molina, S. M. (2007). Language policy and planning, and language ideologies in Peru: The case of Cuzco's High Academy of the Quechua Language (Qheswa-Simi Hamut'ana Kuraq Suntur). Unpublished Ph.D. dissertation. University of Pennsylvania, Philadelphia.

Coronel-Molina, S. M. (2011). Revitalization of endangered languages: Quechua in the Andes. *Droit et Cultures,* 62, 105–118.

Firestone, A. R. (2006.) *Runakuna hatarinqaku:* Revitalizing Quechua in urban Ayacucho, Peru. Unpublished Master's thesis, University of Illinois, Urbana-Champaign.

Fishman, J. A. (1991). *Reversing language shift.* Clevedon, UK: Multilingual Matters.

Gadelii, K. E. (1999). *Language planning: Theory and practice. Evaluation of language planning cases worldwide.* Paris: UNESCO.

García, M. E. (2005). *Making indigenous citizens: Identity, development, and multicultural activism in Peru.* Palo Alto, CA: Stanford University Press.

Gleich, U. von. (1994). Language spread policy: The case of Quechua in the Andean republics of Bolivia, Ecuador and Peru. *International Journal of the Sociology of Language,* 101, 77–113.

Gleich, U. von. (2004). New Quechua literacies in Bolivia. *International Journal of the Sociology of Language* (special edition on Quechua sociolinguistics), *167,* 131–146.

Hinton, L. (2001). Language revitalization: An overview. In L. Hinton & K. Hale (Eds.), *The green book of language revitalization in practice* (pp. 3–18). San Diego, CA: Academic Press.

Hornberger, N. H. (1988). *Bilingual education and language maintenance.* Dordrecht: Foris.

Hornberger, N. H., & Coronel-Molina, S. M. (2004). Quechua language shift, maintenance and revitalization in the Andes: The case for language planning. *International Journal of the Sociology of Language* (special edition on Quechua sociolinguistics) *167,* 9–67.

Hornberger, N. H., & King, K. A. (2001). Reversing Quechua language shift in South America. In J. A.

Fishman (Ed.), *Can threatened languages be saved?* (pp. 166–194). Clevedon, UK: Multilingual Matters.

Huayhua Pari, F. (1999). Peru markana aksa jaqi aru yatichawi/La enseñanza de la lengua aborigen en el Perú. *Amerindia, 24* (2nd semestre), 47–52.

Itier, C. (1999). Literatura nisqap qichwasimipi mirayñinmanta/El desarrollo actual de la literatura quechua. *Amerindia, 24* (2nd semestre), 31–46.

Kaplan, A. M., & Haenlein, M. (2010). Users of the world, unite! The challenges and opportunities of social media. *Business Horizons, 53* (1), 59–68.

Kietzmann, J. H., Hermkens K., McCarthy, I. P., & Silvestre, B. S. (2011). Social media? Get serious! Understanding the functional building blocks of social media. *Business Horizons, 54* (3), 241–251.

Lieberman, A. E. (2002). Bringing Mayan language and culture across the digital divide. *TechKnowLogia* (July-September), pp. 80–83. Retrieved from www.techknowlogia.org/TKL_Articles/PDF/432.pdf

López, L. E. (2005). *De resquicios a boquerones: La educación intercultural bilingüe en Bolivia.* La Paz: PROEIB Andes and Plural Editores.

Mannheim, B. (1991). *The language of the Inka since the European invasion.* Austin: University of Texas Press.

National Languages Law of Peru. (2003). Internet. Retrieved from http://www.mapuche.info/indgen/aipin031031.html

Parker, G. J. (1963). La clasificación gentica de los dialectos quechuas. *Revista del Museo Nacional, 32,* 241–252.

Political Constitution of Peru. (1993 [2006]). J. Gotelli, E. Velarde, & P. Zuazo (Trans.). PDF. Retrieved from http://www.congreso.gob.pe/_ingles/CONSTITUTION_29 08_08.pdf

Social media. Wikipedia. Retrieved from http://en.wikipedia.org/wiki/Social_media

Stewart, W. (1968). A sociolinguistic typology for describing national multilingualism. In J. A. Fishman (Ed.), *Readings in the sociology of language* (pp. 531–545). The Hague: Mouton.

Torero, A. (1964). Los dialectos quechuas. *Anales Científicos de la Universidad Agraria, 2,* 446–478.

Torero, A. (1974). *El quechua y la historia social andina.* Lima: University Ricardo Palma.

Van Koert, R. (2000). Providing content and facilitating social change: Electronic media in rural development based on case material from Peru. *First Monday, 5* (2). Retrieved from http://firstmonday.org/htbin/cgiwrap/bin/ojs/index.php/fm/rt/metadata/728/0

Zúñiga, M., Cano, L., & Gálvez, M. (2003). *Construcción de políticas regionales: lenguas, culturas y educación.* Ayacucho, Peru: Institute de Estudios Regionales "José María Arguedas."

媒体文献及来源

Abyayala TV Online. Website. Retrieved from http://abyayala.tv

Agencia de Noticias Indígenas. Online newspaper. Retrieved from http://www.indigena.erbol.com.bo

Alero Quichua Santiagueño. Radio network. Website. Retrieved from http://www.aleroquichua.org.ar/sitio/index.php

Allillanchu. Blog. Retrieved from http://allillanchu.blogspot.com

Asociación de Investigadores en Lengua Quechua (ADILQ). Website. Retrieved from http://www.adilq.

com.ar/index.htm

Asociación Latinoamericana de Educación Radiofónica (ALER), Radio network. Website. Retrieved from http://www.aler.org

Asociación Mundial de Radios Comunitarias (AMARC). Radio network. Website. Retrieved from http://www.amarc.org

Asociación Pukllasunchis: radio con niños y niñas de Cusco. Website. Retrieved from http://www.pukllasunchis.org/radio/

Ayllupak Kawsay. Television. Quito: Abyayala TV. Retrieved from http://ayllupakkaw-say.com

Aymara Global Voices. Blog. Retrieved from http://aym.globalvoicesonline.org

Aymara Uta. Website. Retrieved from http://www.aymara.org

Buscando al quechua en Internet. Agencia de Noticias Servindi. Website. Retrieved from http://servindi.org/actualidad/50705

Calle 13 & Baca, S. "Latinoamérica." Song. Retrieved from http://www.larepublica.pe/27-09-2011/susana-canta-el-tema-latinoamerica

Centro de Comunicación y Desarrollo Andino de Bolivia. Website. Retrieved from http://www.cenda.org

Centro de Educación y Producción Radial (CEPRA). Radio. Website. Retrieved from http://www.ceprabolivia.org

Chami Radio. Website. Retrieved from http://www.chamiradio.org.pe

Chuqiyapu jach'a suyu. Wikipedia entry. Retrieved from http://ay.wikipedia.org/wiki/Chuqiyapu_jach%27a_suyu

Ciberaymara. Instituto de Lengua y Cultura Aymaras (ILCA). Online Aymara course. Retrieved from www.ilcanet.org/ciberaymara/

Congress of the Republic of Peru. Website. Retrieved from http://www.congreso.gob.pe/_ingles/index.htm

Coordinadora de Radio Popular Educativa del Ecuador (CORAPE). Radio network. Website. Retrieved from http://www.corape.org.ec

Cultures of the Andes. Website. Retrieved from http://www.andes.org

Damaris. "Tusuy Kusun" (in Viña del Mar, Chile). Lunazul Producciones. Song. Retrieved from http://www.youtube.com/watch?v=Shag7dvoVXA

Dancer Upstairs, The (2002). Film. John Malkovich (Dir.). Fox Searchlight Pictures.

Documentary Educational Resources. Website. Retrieved from http://www.der.org

Educación Radiofónica de Bolivia (ERBOL). Radio network. Website. Retrieved from http:// www.erbol.com.bo

El Comercio. Newspaper. Retrieved from http://elcomercio.pe

"El zorro y el cóndor" (Quechua legend). YouTube. Retrieved from http://www.youtube.com/watch?v=kzK89qz337k

Google Quechua. Search engine. Retrieved from http://www.google.com/webhp?hl=qu

Hablemos quechua. Twitter. Retrieved from https://twitter.com/#!/hablemosquechua

Hawansuyo. Blog. Retrieved from http://hawansuyo.blogspot.com

HCJB World Radio. Website. Retrieved from www.hcjb.org/Latin-America-Region/latin-america-region.html

Idioma Quechua. Facebook. Retrieved from http://es-es.facebook.com/pages/EL-IDIOMA-

QUECHUA/243579189007229

Jaqi Aru. Blog. Retrieved from http://jaqi-aru.org/blog/

Jaqi Aru. Facebook. Retrieved from http://es-es.facebook.com/jaqiaru

Jaqi Aru. Twitter. Retrieved from https://twitter.com/#!/jaqiaru

La hora del quechua/Runasiminchis. Blog. Centro Guaman Poma de Ayala. Retrieved from http://www.guamanpoma.org/blog/?p=3117

Learning basic Quechua. Software for iPhone, iPad, etc. Website. Retrieved from http://www.arch.cam.ac.uk/~pahl003/quechua/Eng/Main/i_EuroTalkSoftware.HTM

Lengua-Aymara.com. Facebook. Retrieved from http://www.facebook.com/pages/lengua-aymaracom/138670876177388

Llaqta Amachaq. Website. Retrieved from http://www.defensoria.gob.pe/quechua.php

LlajtaNet.com - Música. Website. Retrieved from http://www.llajtanet.com

Los Nin Mushuk Runa. Song. Retrieved from http://www.youtube.com/watch?v=VKCJfAFpjIc&feature=related

Mayachat Aymara. Twitter. Retrieved from http://twitter.com/#!/MayachatAymara

Noqanchis:Iliwpa revistanchis. Centro Guaman Poma de Ayala. Online magazine. Retrieved from www.guamanpoma.org/blog/wp-content/uploads/2011/06/Revista-Noqanchis-l.pdf

Observatorio National de Medios (ONADEM). Fundación UNIR Bolivia. Website. Retrieved from http://www.unirbolivia.org/nueva3/index.php?option=com_content&view=article&id=151&Itemid=23

One Laptop per Child. Website. Retrieved from http://one.laptop.org/stories

Oralidad modernidad: hacia el encuentro de las lenguas indígenas del Ecuador. Website. Retrieved from http://www.oralidadmodernidad.com

Poma Ulo, B. (2011). En los medios de La Paz y El Alto: se habla, pero no se lee aymara. ONADEM. Blog, June 2011. Retrieved from http://onadembolivia.blogspot.com/2011_06_01_archive.html

Portal del cine y el material audiovisual latinoamericano y caribeño. Website. Retrieved from http://www.cinelatinoamericano.org/cineasta.aspx?cod=48

Quechua at Indiana University, Bloomington. Website. Retrieved from http://www.iub.edu/~celtie/quechua.html

Quechua at New York University. Website. Retrieved from http://clacs.as.nyu.edu/page/quechua

Quechua at NYU. Facebook. Retrieved from http://www.facebook.com/#!/QuechuaatNYU

Quechua at the University of Illinois at Urbana-Champaign. Website. Retrieved from http://www.clacs.illinois.edu/quechua/

Quechua Language and Linguistics. Website. Retrieved from www.quechua.org.uk

Quechua nuestra lengua. Blog. Retrieved from http://quechuanuestralengua.blogspot.com

Queremos recuperar el Quechua!!! Facebook. Retrieved from http://www.facebook.com/scarch.php?q=Quechua&init=quick&tas=0.35648112926189285#!/pages/Queremos-recuperar-el-QUECHUA/10150119886325111

Qullana Aymara Yatichawi Ulaka/Consejo Educativo Aymara (CEA). Website. Retrieved from http://www.cepos.bo/index.php?option=com_content&view=article&id=13&Itemid=100008

Red ACLO. Website. Retrieved from http://aclo.org.bo/bolivia/

Radio Fides.com. Website. Retrieved from http://www.radiofides.com

Radio Juliaca. Website. Retrieved from http://www.radiojuliaca.com.pe

Radio la Cruz del Sur. Website. Retrieved from http://radiocruzdelsur.com

Radio Pacha Qamasa. Website. Retrieved from http://pachaqamasa.blogspot.com

Radio Pachamama 850 AM. Website. Retrieved from http://www.pachamamaradio.org

Radio Quillabamba. Website. Retrieved from http://quillabambanoticias.org/radioquil-labamba

Radio Web Rural. Website. Retrieved from http://www.cepes.org.pe/portal/radio

Rap in Quechua and Aymara. Song. Retrieved from http://www.youtube.com/watch?v=qUIk7YwfORg

Red Kiechua Satelital (RKS). Radio network. Retrieved from http://rks.aler.org

Reportaje Movistar. YouTube. Retrieved from http://www.youtube.com/watch?v=Wmvcv0R V54M

Revue Amérindia. Online magazine. Retrieved from http://celia.cnrs.fr/Fr/Amenndia.htm

Rimanakusunchik. Blog. Retrieved from http://numa-armakanki.blogspot.com/2011/10/stlilla-2011.html

Rimasun. Podcasts. CLACS at New York University. Retrieved from http://itunes.apple.com/podcast/id469419183

Rock'n'roll in Quechua. Song. Retrieved from http://www.youtube.com/watch?v=pn8KrBC5b0s&feature=related

Runasimi.DE. Website. Retrieved from www.runasimi.de

Runasimi Kuchu.com. Website. Retrieved from http://runasimi-kuchu.com

Runasimi ñawpa willana. Blog. Retrieved from http://runasimiwillana.blogspot.com

Runasimillapi. Blog. Retrieved from http://www.runasimillapi.blogspot.com

RunasimiNet. Pontificia Universidad Católica del Perú. Online Quechua course. Retrieved from http://facultad.pucp.edu.pe/ciencias-sociales/curso/quechua/home.htm

Runasimipi Qespisqa Software. Runasimipi.org. Website. Retrieved from http://www.runasimipi.org

Runasimi Simi Yuyariway. Retrieved from http://www.facebook.com/#!/profile.php?id=100000926356725&sk=wall

Salsa in Quechua. Song. Retrieved from http://www.youtube.com/watch?v=wo2o4rm-DT0w

Saqrakuna Primer Programa. .Television. Retrieved from http://www.youtube.com/watch?v=_q3qpqe9VgM and http://www.youtube.com/watch?v=f2jkY8f4IgM

Star Wars. Quechua conversation. YouTube. Retrieved from http://www.youtube.com/watch?v=Oaj9Th-2avM

Trailer Q'eros. CANNES 2010 Short Film Comer. YouTube. Retrieved from http://www.youtube.com/watch?v=fjnSy Te61 kY

Universo audiovisual de los pueblos indígenas - Muestra Documental Kikinyari. May 2010. YouTube. Retrieved from http://www.youtube.com/watch?v=MZy0w5IjJdY

Voz de AIIECH (Asociación de Iglesias Indígenas Evangélicas de Chimborazo). Radio. Website. Retrieved from http://www.lavozdeaiiech.org.ec

Weekly Quechua. Facebook. Retrieved from http://es-es.fecebook.com/livejaime

Wikipidiya Nayriri uñstawi. Wikipedia in Aymara. Retrieved from http://ay.wikipedia.org/wiki/Nayriri_u%C3%B 1 stawi

Wikipidiya Chuqiyapu jach'a suyu. Wikipedia in Quechua. Retrieved from http://ay.wikipedia.org/wiki/

Chuqiyapu_jach'a_suyu

Wikipidiya Qhapaq P'anqa. Wikipedia in Quechua. Retrieved from http://qu.wikipedia.org/wiki/Qhapaq_p%27anqa

Wiñay Kawsay. Online periodical. Retrieved from http://www.scribd.com/doc/13417717/Diario-WINAY-KAWSAY

Windows® XP Qhishwa Rimapayqhpa T'iqinta. Windows XP interface in Quechua. Retrieved from http://www.microsoft.com/downloads/details.aspx?FamilyID=0db2e8f9–79c4–4625-a07a-0cclb341be7c&DisplayLang=qu

Windows® 7 Interfaz Simikuna Pataqan. Windows 7 interface in Quechua. Retrieved from http://www.microsoft.com/downloads/details.aspx?FamilyID=a1a48de1-e264–48d6–8439-ab7139c9cl4d&displaylang=qu

Yawarpampa/Campo de sangre. Television. Retrieved from http:/www.youtube.com/watch?v=2-Mcrayrocw

Yugar, Z. K'oli Pankarita. Song. Retrieved from http://www.youtube.com/watch?v=jmhfuq6bevo&feature=related

第十五章　语言政策和民主多元化

詹姆斯·W.托尔夫森

经济、政治、文化和社会力量等都可能成为影响语言教育政策的因素，诸如民族主义（肯尼亚）、经济不平等（美国）、全球化（印度和日本）、种族冲突（卢旺达、所罗门群岛）、由于不同的语言权观念而引发的紧张（尼加拉瓜的加勒比沿岸地区、美国原住民、费城学区）、后殖民国家的经济压力（莱索托、斯威士兰、肯尼亚）、精英竞争（卢旺达）和文化复兴（南美安第斯地区、美国原住民）。尽管影响语言教育政策的因素多种多样，但本书中的各个研究反映了全球范围内许多国家经常遇到的共同问题。我将在下文总结这些问题，并提出语言教育政策中的共同议题。

（1）限制性语言政策与其他相关政策（如移民政策）有着密切的联系

威利在研究美国限制性语言政策时发现，语言限制（language restriction）常伴随着其他限制性政策的出现。莱博维茨（1974：6）指出，国家语言运动和其他语言教育限制并不只涉及教学语言，这两者是"针对少数族裔的，并且总是和法律歧视以及其他领域里的不公平现象（包括私人侮辱）共同出现，这些现象让我们清楚地认识到，语言政策的涉及面是很广泛的"。在美国，主要是在州的层面以州宪或法律的方式限制少数族裔的教学语言，其他领域的限制也大多是发生在州的层面。以美国亚利桑那州为例，该州不仅取缔了各种形式的双语教育，还出台了一系列针对非法移民的法律，比如禁止政府使用公共经费开设面向该群体的英语课程，要求警察查看任何可疑移民的入境资格，以及吊销雇佣非法移民的雇主的营业执照，但法院已禁止其中某些法律条款的实施。因此，当我们分析语言教育政策时，就必须要承认有一些更广泛的影响因素的存在，而这些因素很可能会引起上文所说的种种限制：比如由政客煽动并支持的反移民运动；当某些语言族群积极投身政治从而威胁到执政党时，其他人会努力限制他们的参政资格；执政领袖采用"分而治之"的方式以推广某些不得人心的经济政策等。

（2）全球化对于语言教育政策而言是把"双刃剑"

在日本，人们强烈关注日本国民有限的英语熟练程度，并认为需要通过英语来增强日本的经济竞争力。事实上，20多年来，英语已成为日本公众舆论的焦点，开设英语课的年级不断在降低，并且得到了国家政策的鼓励和支持。与此同时，负责学校英语推广政策的政府官员承认，民族复兴教育是构建日本国民民族认同的核心价值所在，所采取的方式包括：开设公民课程、增强爱国意识（如在学校唱国歌）以及强化学生对母语学习的兴趣等。英语对日语威胁的严峻性和直接性，在日本已经成为共识，一个明显的例子就是2000年将英语列为第二官方语言的建议遭到了日本公众的反对（PMC，2000）。因此比起提高英语能力，日本的英语新课程大纲更多地聚焦于如何提高日语能力。而在印度，人们多多少少都认为英语传播可以带来更多的教育机会和经济机遇。但事实上，对于那些来自贫穷农村的印度孩子来说，他们事实上很难接触到英语，或者说几乎很少能接受到高质量的英语教学，由此英语越被用作教学语言，他们就越难得到受教育的机会，也就离成功越遥远。

在其他地方，比如卢旺达，在那里英语的使用显然体现了社会的不公平现象，这也是某些人有意制造的结果。卢旺达人正在迅速地抛弃法语而选择英语作为教学语言，这一转变并不仅仅是因为英语具有经济价值，更多是由于利益集团政治的影响：因为说英语的精英集团找准机会，取代了法语集团在中央政府的掌控地位。以上实例均可证明，全球化并非简单地意味着英语成为语言学习或教学的首选语言，或者英语能给所有人带来同样的学习机会；全球化还意味着英语被卷入新的经济资源分配与政治权力分割的斗争。在这些新的斗争中，某些集团可能会利用英语的经济优势作用，打着英语推广政策有利于大众的幌子，来实现他们自身的利益。

全球化一方面会威胁到社区语言的生存，另一方面，它也有可能通过与自身相关的新技术，来提供这些语言保持的手段。比如，科罗内尔－莫利纳归纳罗列了克丘亚人和艾马拉人可以使用的大量媒体资源，这为社区语言的未来发展提供了可能。尤其是新媒体为语言的积极使用提供了可能性，使其不再是被动地出现在出版物、电影和电视上。除此之外，对克丘亚和艾马拉的年轻人来说，新媒体的吸引力，就在于其所具有的社会身份认同功能，这也是麦卡蒂在对纳瓦霍年轻人的研究中所发现的，其可以使濒危语言突破原来被认为只是和老年人、"老传统"或"过去"挂钩的观念，进而使濒危语言与新的多语多族群的身份认同相联系（Maher，2005）。

(3) "语言"、"身份"、"语言权利"等观念的转变

本书前面的各章显示出，即使是相同的政策也可能有着完全不同的动机和目的。比如，在印度，尽管英语推广政策有可能加剧社会的贫富差距（如贫民和中产阶级之间的差距）和城乡差别，但人们还是认为这一政策具备社会和政治双重价值，并且不会导致宗派矛盾；而另一方面，卢旺达的英语推广政策则伴随着该国不断加剧的种族语言分化，其中最极端的表现就是发生于 1994 年的种族大屠杀。虽然英语推广政策本身在大多数情况下与派系无关，但不容置疑的是，在卢旺达及其他地方，国家语言运动及教学媒介语之争一直是与民族语言身份紧密相关的。

在多语的尼加拉瓜加勒比海沿岸地区、美国土著人社区、南美安第斯地区及其他地方，用"语言"、"方言"之类的简单概念并不能很好地描述该地区复杂的语言社区情况。一个能够恰当描述社会语言的模型必须涵盖以下概念：语言生态、社会语言网络、异质的家庭—社区环境和复杂的交际言语库。当然现在越来越多的研究开始采用这一角度，以使研究者能够更好地理解现实生活中的语言使用，并可以帮助他们解释政策结果，比如分析尼加拉瓜在实施语言权利法案时所遇到的难题。

传统观念上的"语言"和"身份"很难恰当地描述多语社区中语言生态的复杂情况，而这一点也已得到语言政策学者的普遍认同。弗里兰提出语言权利话语的潜在观念"需要根据目标群体的当地语言意识形态进行解构和重建，这样他们的权利才会得到保障"。她还提出，最好不再使用"语言权利"这一说法，而改用"一个更广泛的概念，比如'语言公民'"。尼加拉瓜加勒比海沿岸地区的例子就反映了这样的道理：即使族群就"保持语言权利的重要性"这一观点达成一致，他们也可能对这一观点的含义有着完全不同的理解。关于语言权利的话语不仅普遍不同，而且很少能与多语社区中实际的语言使用联系起来，这主要是由于语言权利起源于欧洲的民族主义观念。

(4) 双言制在语言保持和语言复兴中所起的复杂作用

穆尔豪斯勒（1996）、奈特尔和罗曼（2000）认为，双言制通常是在社区语言无法与强势群体所说语言变体相竞争的领域，以提供明确的有区分的社会功能形式来保护各种社区语言。弗里兰在分析尼加拉瓜加勒比沿岸地区的情况时认为，相对于优势语言变体（例如西班牙语），社区语言只有很少的经济价值，因此双言制可能是唯一的保护社区语言的语言功能分化系统。弗里兰担心，要实现不同语言功能平等的替代性目标，将会导

致"在竞争中，落后者永远败给领先者"的结果。因此正如尼加拉瓜加勒比沿岸地区歌谣中所唱的："为了公平而竞争，结果却是差距越来越大，分歧越来越多，公平越来越远。"

在某些情况下，双言制可能会被移民及其他动摇语言功能分化系统的社会力量破坏，由此被边缘化了的群体及其所使用的语言也就受到了威胁。费什曼（1967，2000）在对双言制所做的经典分析中指出，从长远来看，如果没有双言制，多语社区的语言功能分化系统从根本上来说将是一个不稳定的、只支持优势语言的系统。正如安第斯地区的例子所告诉我们的那样，当某些语言变体的经济价值表现得非常有限时，该社区的语言使用域就会受到持续的侵蚀，特别是当双言制限制了这些社区语言，以至于学习这些语言的机会也随之变得十分有限时，侵蚀情况更加严重。这种侵蚀过程不仅出现在贫穷的小型乡村社区，而且也出现在其他特殊地方，前者是因为这些地方的语言不为外人所学，后者是因为英语或其他强势语言逐渐入侵到这些地方的家庭及其他亲密场合的语言空间。肯尼亚如今就在经历这个过程。英语在肯尼亚的家庭中被越来越多的人使用，尤其是在城市、中产阶级以及家庭成员的母语互不相同的家庭中。在新加坡的很多家庭中，英语逐渐取代了马来语和华语的地位（Chew，2007）。在这种情况下，对于受到威胁的语言社区来说，最好的应对方法也许就是尽可能地将其语言扩散到更多的使用域，包括当地政府行政领域、商业领域和教育领域。安第斯地区和美国原住民已经在实践这一方法，其结果就是，在某些情况下，纳瓦霍语已经成为高等教育和当地政府的正式语言。语言政策的一个重要研究方向就是：发现在哪些具体情形下，双言制能为少数族群语言提供保护，在哪些情形下双言制可能毫无用处。

（5）法律框架在语言政策中的重要性

从20世纪90年代开始，人们已经对语言政策研究达成了共识，那就是在研究语言政策时，必须将该政策所处的历史、政治、经济、社会和文化环境结合起来研究。在很多情况下，宪法和法律框架的作用尤其重要，语言政策正是依托于它们而制定、解释和实行的。以肯尼亚为例，该国的新宪法从法律上确定了英语和斯瓦希里语的地位，阐明了两者的关系。尽管这一法律框架并不能保证斯瓦希里语能够取得与英语同样的使用功能和地位，然而它还是为斯瓦希里语推广政策的支持者们提供了新的话语支持，以及政策制定过程中的新的法律框架。

研究语言政策时，首先需要弄清楚哪些是与语言相关的法律框架，尤其是要明白判例法、成文法、宪法以及习俗惯例对语言政策的复杂影响。以美国为例，宪法中的正当性法律程序原则和言论自由原则在法律层面保证了某些语言权利（如梅耶诉内布拉斯加州案）；与此同时，1964 年的《民权法案》禁止一切基于种族、肤色和民族的歧视，这成为要求语言教育权利的法律基础（如刘诉尼克尔斯案）。在费城学区，美国联邦教育法案《不让一个孩子掉队法》同时成为双语教育支持者和反对者推行其政策的依据。尽管约翰逊在对费城学区的语言政策分析过程中，明确指出该学区个别主管人员的观念对语言政策的影响极大，但所有管理人员都认为其受法律约束，其所提政策的基础是《不让一个孩子掉队法》。因此，在费城，尽管个别主管人员控制着语言政策的制定，但是在整个语言政策的制定过程中，起核心作用的还是体制话语和法律框架。正如这些案例所表明的，语言教育政策的研究更应当阐明语言教育政策的法律框架。

（6）社区参与语言政策制定的重要性

要制定支持语言保持和语言复兴的语言政策，就必须让这些社区的成员参与其中。正如科罗内尔－莫利纳在文中强调的那样，成功的语言保持和语言复兴计划需要有社会多数人的参与，并且是长期参与。要想实现计划的成功，就必须让计划所针对的社区成员参与其中，让他们设计并执行方案。费城学区的主管人员，致力于发动教师参与双语教育项目的设计工作，并认为要想项目成功，就必须让学校的教师把这个项目当成自个儿的事去积极推动才行。从更本质的角度来看，语言学习和语言使用有赖于学习者个人、家庭以及更广泛的社区，他们对该语言政策的结果往往起着至关重要的影响。这一参与非常明显地体现在美国土著社区的项目之中，同样也体现在所罗门马莱塔岛的长者和成人积极让心灵受伤的孩子进入学校的努力之中，那些孩子由于社会冲突不得不逃离他们以前的家园，并与不同的并且敌对的群体一同接受学校教育。

在这种情况下，任何语言政策制定者若想要通过自上而下的方式来试图让社区参与语言保持和语言复兴，这些计划很少能取得成功。尼加拉瓜加勒比海岸地区就是一个很好的明证，它说明了自上而下的语言政策很难处理好复杂的社会生态，因为这种社会生态涉及多语社区所特有的语言和身份认同的复杂关系。更加有效而成功的方式就是走自下而上的民主决策过程。用弗里兰的话说："（应该）让社区自己来决定是否、何时以及如何用自己的'母语'来实现自己受教育的权利。"

(7) 语言政策研究的多种方法

如今的语言政策研究已经由关注课堂（如教学媒介语，教师培训，教材、教学材料和测试的发展等）扩展至关注更为广阔的社会（如经济发展、社会治理、语言意识形态和语言政治等），因此采用多种研究方式就显得格外重要了。语言政策的法律框架分析需要研究者具备法律分析方面的专门技能。分析语言学习、语言丧失和语言转变的经济诱因与结果，则需要对研究者进行经济学、统计学和定量研究方法等方面的培训。只有通过语言人类学、文化研究和话语分析才能很好地理解政治和意识形态之间紧密的联系。由于语言政策与政治进程之间的关系非常密切，因此政治学理论能给予研究者一个重要的视角，从而更好地了解政策制定的各个层面。解释性的政策分析和语言政策调查是要发现"有关语言和社会的话语"（Blommaert，1996），其也为语言政策研究提供了有力而高效的研究路径。每个个人和群体都会对发生在社区中的复杂的日常性的政策制定有着现实的感受，而这也就要运用到民族志研究以及其他研究方法。

正如麦克格罗蒂在书中所阐述的，研究方法的激增反映出"语言政策"作为一个研究领域，人们对于其构成的理解也在不断地扩充。人们对其关注已经从"民族国家的政策"扩展到制度、社区以及其他众多的影响因素；从正式显在的政策声明转向研究潜在的隐性政策（Tollefson，1998）以及个人和社区的日常现实经历，因此有必要用到多重研究方法。语言政策作为一门学科始于20世纪60年代（Tollefson，2010），从那时起语言政策就开始发展一整套成体系的研究方法，来处理该领域所面对的复杂问题。

语言政策和民主危机

在20世纪，英国历史学家埃里克·霍布斯鲍姆（Eric Hobsbawm，1994：584—585）用"人类社会结构自身，乃至包括资本主义经济的社会基础，都将毁灭"这句话来表达对人类未来的深切关注。他所关注的核心是民主的危机：世界各主要民主国家（包括美国、英国、法国和德国等）的政治体制都无法解决人类社会所面临的主要问题。

民主危机的核心是民主决策过程的崩溃。当经济不平等现象日益严重，而政治领袖对此的回应却不是出于民众的意愿，而是为了商业资本主义和少数富人的狭隘的利益；宪法、法律和政府的变化不再是为了大多数民众而是为了少数人，少数人可以利用自身财富的强大力量来促使政策为他们狭隘的利益而改变。由此所导致的结果就是，全国性的大选常常是虚伪的闹剧，而地方的决策者也为财富和权力的强大力量所控制。与此同时，代表工人阶级和中产阶级的组织，例如工会、职业协会和政党等都被削弱。在某种程度上，富人的利益通过所谓的"民主过程"施加影响而造成了如今的结果，在民主进程中强大的财富力量压倒了大多数民众的声音。美国部分地区劳资双方代表谈判的结果就可以证明以上这一点。

仅仅在数年之前，专业工作者（比如教师，消防员，铲雪、维修公共设施、开公共汽车的市政工人）被认为是任何一个社会健康发展的重要力量，而如今，他们发现自己被政治家们攻击，尤其是在欧洲，来自金融领域的技术官僚已然替代了那些通过选举上任的政治家（比如在意大利和希腊）。数百万的工人已经失去了工作，还有退休金、医疗保险和其他各种形式的延迟薪酬，而这些福利都是在20世纪20年代至50年代伟大的工人运动中赢得的。由于受到近30年来经济衰退和政治倒退的负面影响（尤其是北美和欧洲），民众情绪低落，身旁一边是右翼政治煽动家及媒体的呼吁演说，另一边是团结一致的主张革新的人民运动，他们夹在这两者之间左右为难、摇摆不定。然而不管他们是如何在左翼和右翼间徘徊，很多国家的工人阶级和中产阶级从上世纪80年代开始就已经被逐渐排除在决策过程之外。

与此同时，由于移民潮及全球资本主义的其他进程，种族和语言的多样性在很多国家都日益明显。当这种"多样性"与由于社会变迁（如第二章所述）所引起的公众焦虑一结合，一些政治家就以"分而治之"的策略，利用这些"多样性"来分裂选民，以阻止要求变化的民主运动。我们需要记住的是：语言族群冲突通常都是由政治家和有影响力的煽动者人为制造的，目的是想方设法制造和操纵社会分化。以所罗门群岛为例，瓜达卡纳尔岛的实际社会问题引起了民愤，而这一民愤却直接针对来自马莱塔岛的移民，而不是针对着应当为这些问题负责的当地政府及其共同利益集团。在美国亚利桑那州，说西班牙语的移民承担着巨大的经济压力，他们的就业受到了法律的层层限制，此外还受到在美墨边境巡逻的警员的密切监视，这些都得到了州政府和联邦政府的鼓励和支持，尽管亚利桑那州的拉美裔不应该为该州所面临的重大经济社会问题负责。

当一个国家或地区的失业率攀升至10%、20%或30%时，总要归咎于某些人，替罪羊经常会是那些"他者"：外国人、非法移民、穆斯林、恐怖分子和穷人。族群语言方面的紧张局势由此产生并持续，这也为政治家提供了人为制造两类人的理论基础，这两类人是：享有完全权利和优先权的人与完全不享有这些权利的人（Kymlicka，1995）。由此，权利和优先权也就以限制性语言政策的方式来进行配给，当然不同环境下表现有所不同，比如在土耳其、卢旺达、法国和美国。

  限制性语言政策的替代方案是民主的多元化，就是建立和支持能保证使所有社会、经济、文化和语言的群体能以最大可能参与政策制定过程的制度、法规以及决策体系和实践。扩大民主多元化就意味着要终止基于"归类"（比如基于语言和种族）而产生的歧视，并确保那些受政策影响的个人和群体拥有直接参与政策制定的权力。任何旨在终止歧视的努力都必然意味着将减少基于语言和种族而形成的社会经济严重不平等。要减少不平等就需要保证20世纪的一些基本价值观：法律面前人人平等、不受语言歧视、自我表达的权利，有在社区里使用自己语言的权利，充分平等的受教育权利。所有这些价值观念对于民主多元化而言都极为重要。

  在这里存在着一个基本的悖论：全球资本主义加重了经济不平等，而民主的政治体制也被商业资本的强大力量挖空。在这种情况下，民主多元化不可避免地挑战了资本主义自身。由此，人类社会面临着一个意义深远的问题：全球政治经济体系能否行使民主之责？或者说其最终不可避免地为少数人控制和操纵，而不会成为所有人的政策制定过程？

  在本书第一版的总结中，我用提问的方式引出了这个话题：在日益受到超越国家之上的决策力量的支配下，如何发展民主的治理模式？当民族国家和国家文化认同受到削弱，传统的国家决策方式的式微，许多人转向语言民族主义以寻求保护（如所罗门群岛），或重建民族归属感并展望未来（如日本）。在某种程度上，反全球化的运动体现在语言民族主义运动之中（如菲律宾、肯尼亚、巴基斯坦、墨西哥、西班牙等地）。有些国家以压制性政策来回应全球化，例如将少数族裔语言踢出教育领域（如美国和法国）；限制移民入境（如德国）；以及军事镇压（如土耳其）——以上种种冒着违反人权的危险，使得更多的人加入了语言民族主义运动。其他国家则在适应全球资本主义，通常的做法有：教全球通用语英语，弱化或改变民族文化认同，使教育系统私有化从而更好地服务于商业资本。在本书中，我们可以看到不少类似的适应全球化的方式，例如印度、莱索托和卢旺达。还有的国家则小心翼翼地行走于适应全球化和重建爱国的民族主义之间，例如日本。

  然而迄今为止，所有这些努力都无法很好地解决民主危机，也无法消除在世界范围内由于社区语言和文化受到威胁而产生的深刻的不安全感。结果，主张"真正"的民族之本（其建立在"民族"虚构的历史上）的右翼民族主义运动也就愈发大行其道。甚至是在大多数语言政策并非压制性的，而且其主体民族语言也很安全的地方，民族主义运动也在加强，例如日本即如此。

因此，我们所面临的挑战在于要发展公民观念：保护和承认语言的基本社会认同功能，并同时确保所有人能学习主流语言，因为这对于能否充分参与到教育、经济和政治体系之中是十分重要的。唯一能实现目标的办法是增强民主多元化。在全球化变迁的洪流中，这样一种努力可能看上去太过于空想，但不那么做的结果却让人难以接受：如果社会经济不平等继续严重下去，那么面对全球化会愈发显得无力，政治压制的威胁与日俱增，安纳马莱所担心的社会动荡也将是不可避免的。换句话说，全球化给社区、语言和文化带来了严重的威胁，也正是因为这种威胁，所以公民有必要在思想上和话语中重视民主多元化的重要性。

因此，只有在所有语言社区都能完全参与的社会中，民主的决策过程才有可能得以发展。只有通过发展民主多元化的方式，人类才能制定出真实的、进步的语言政策，从而取代那些限制性和压制性的语言政策。只有这样，使用多语就能够获得公开的保护和热情的支持。多语使用本身就是发展的潮流，它无处不在，势不可挡，而且其复杂性是难以想象的。本书所有章节都指向这一基本结论：我们所有有关语言教育政策的制定都是与民主自身的存亡息息相关。

参考文献

Blommaert, J. (1996). Language planning as a discourse on language and society: The linguistic ideology of a scholarly tradition. *Language Problems and Language Planning, 20,* 199–222.

Chew, P. G.-L. (2007). Remaking Singapore: Language, culture, and identity in a globalized world. In A. B. M. Tsui & J. W. Tollefson (Eds.), *Language policy, culture and identity in Asian contexts* (pp. 73–93). Mahwah, NJ: Lawrence Erlbaum.

Fishman, J. A. (1967). Bilingualism with and without diglossia; diglossia with and without bilingualism. *Journal of Social Issues, 23* (2), 29–38.

Fishman, J. A. (Ed.) (2000). *Can threatened languages be saved?* Clevedon, UK: Multilingual Matters.

Hobsbawm, E. (1994). *The age of extremes: A history of the world, 1914–1991.* New York: Vintage.

Kymlicka, W. (1995). *Multicultural citizenship*. Oxford: Oxford University Press.

Leibowitz, A. H. (1974, August). Language as a means of social control. Paper presented at the Eighth World Congress of Sociology, University of Toronto.

Maher, J. (2005). Metroethnicity, language, and the principle of cool. *International Journal of the Sociology of Language, 175/176*, 83–102.

Mühlhäusler, P. (1996). *Linguistic ecology: Language change and linguistic imperialism in the Pacific region*. London: Routledge.

Nettle, D. & Romaine, S. (2000). *Vanishing voices: The extinction of the world's languages*. Oxford: Oxford University Press.

[PMC] Prime Minister's Commission on Japan's Goals in the 21st Century. (2000). 日本のフロンティアは日本の中にある−自立と協治で築く新世紀 [The frontier within: Individual empowerment and better governance in the new millennium]. Retrieved from www.kantei.go.jp

Tollefson, J. W. (1988). Covert policy in the United States refugee program in Southeast Asia, *Language Problems and Language Planning, 12* (1), 30–43.

Tollefson, J. W. (2010). Perspectives on language policy and planning. In R. B. Kaplan (Ed.), *The Oxford handbook of applied linguistics* (2nd ed.), (pp. 463–473). Oxford: Oxford University Press.

作者名单

E. 安纳马莱（芝加哥大学）
塞拉菲尼·M. 科罗内尔 – 莫利纳（印第安纳大学伯明顿分校）
简·弗里兰（南安普顿大学）
戴维·韦尔什曼·基迪欧（坎特伯雷大学）
桥本加代子（昆士兰大学）
戴维·卡斯尔斯·约翰逊（华盛顿州立大学）
卡姆万咖马鲁（霍华德大学）
阿拉明·马兹瑞（罗格斯大学）
特蕾莎·L. 麦卡蒂（亚利桑那州立大学）
玛丽·麦克格罗蒂（北亚利桑那大学）
贝丝·刘易斯·塞缪尔森（印第安纳大学伯明顿分校）
詹姆斯·W. 托尔夫森（香港大学）
卡伦·安·沃森 – 基迪欧（加利福尼亚大学戴维斯分校）
特伦斯·G. 威利（美国应用语言学中心，亚利桑那州立大学）

译名表

Abu-Lughod 阿布–卢格霍德
accessibility 可及性
Acoma 埃克马
acquisition planning 习得规划
adequate yearly progress 适度年度进步
Adobe Connect 视讯会议系统
Adorno 阿多诺
African Union 非洲联盟
Alamin Mazrui 阿拉明·马兹瑞
Alidou 阿利杜
Al-Muthanna Club 穆萨纳俱乐部
Andenson 安德森
Annamalai 安纳马莱
Anthony Enahoro 安东尼·安胡诺
Appalachian Einglish 阿巴拉契亚英语
Athabascan 阿萨巴斯卡语系
Auki 奥基
Aymara 艾马拉语
Bafokeng 巴福肯族
Baker 贝克
Bakwena 巴奎纳族
balkanization 巴尔干化
Barolong 巴罗龙族
Batlokwa 巴特罗科瓦族
Beatrice Medicine 比阿特丽斯·梅迪辛
Benedicto 贝内迪克托
Beth Lewis Switches 贝丝·刘易斯·塞缪尔森
BIA：Bureau of Indian Affairs 印第安事务局
BIE：Bilingual Intercultural Education 双语跨文化教育
Bilingual Articulation Project 双语表达项目
Bilwi 毕维
Black English 黑人英语
Black Sandinista 黑人桑地诺主义者
Brazilian Integralism 巴西整合主义
Brown v. Board of Education 布朗诉皮卡教育局案
Cape Colony 开普殖民地

Casteñeda v. Pickard 卡斯特内达诉皮卡德案
Central Advisory Board of Education（印度）中央教育咨询委员会
Charles Njonjo 查尔斯·恩琼乔
charter school 特许学校
Cherokee 切罗基语，切罗基族
Chigiryama 奇基拉马语
Chilean Popular Freedom Alliance（智利）人民自由联盟
Choctaw 乔克托族
Ciro Rodriguez 西罗·罗德瑞古兹
CLACS：Center for Latin American and Caribbean Studies 拉丁美洲和加勒比海地区研究中心
Cobarrubias 科瓦鲁维亚斯
Cochabamba 科恰班巴市
code mixing 语码混合
code switching 语码转换
Colonial Office（英国）殖民部
communicative repertoire 交际言语库
community research collaborators 社区研究合作者
continuance 传承
corpus planning 本体规划
costeños 海岸人
Creek 克里克族
Creole 克里奥尔人
critical theory 批评理论
cumbias 康巴加
Cuzco 库斯科
Cushitic 库什语
Drakensberg 达肯斯伯格山
Das Gupta 达斯–顾普塔
David Cassels Johnson 戴维·卡斯尔斯·约翰逊
David Welchman Gegeo 戴维·韦尔什曼·基迪欧
deculturation 文化消亡
Dholuo 卢奥语
Diane Ravitch 黛安娜·拉维奇
digital divide 数字鸿沟

diglossic 双言制
Diné-Lakota 蒂奈－拉科塔
Diné 蒂奈
discourse of human rights 人权话语
domain 使用域
Drogheda Report 《杜希达报告》
dual language 双重语言
dual mandate 双重委任
early-exit 早退
East African Community 东非共同体
East African Royal Commission 东非皇家委员会
educational scene 教育图景
Edward Steinman 爱德华·斯坦曼
Egerton University 埃格顿大学
El Alto 奥尔托市
elite closure 精英阶层的封闭性
Elizabeth Chain 伊丽莎白·钱恩
Eloy Frank Gómez 埃洛伊·弗兰克·戈麦斯
ELT：English Language Teaching 英语教育
emerging 涌现
Emily Dixon-Marquez 艾米丽·迪克森－马可兹
empathic imagination 同理的想象
English Only "唯英语"
Eric Hobsbawm 埃里克·霍布斯鲍姆
Esther Martinez Native American Languages Preservation Act 《以斯贴·马丁美国本土语言保护法》
Estrella 埃斯特雷利亚
ethnographic monitoring 民族志监控
ethnographic study 民族志研究
Eve Island 伊芙·艾兰德
Experience Corps 体验服务团队
Facebook 脸谱网
Fairbanks 费尔班克斯
Farrington *v.* Tokushige 法灵顿诉德重聪案
Farsi 波斯语
Fataleka 费它勒卡人
Fishman 费什曼
footing 话语立场
Foucault 福柯
functional domain 功能域

Fundación UNIR Bolivia 玻利维亚团结基金会
Gadamer 伽达默尔
García 加西亚
Garífuna 加利福纳人
Gene Glass 吉恩·格拉斯
George Lakoff 乔治·莱考夫
Gikuyu 基库尤语
Gloria Fenly Cisneros 格洛丽亚·芬利·希斯内罗丝
Google+ 谷歌+
Gordon 戈登
governmentality 治理术
government 治理
graphized 文字化
Grin 格林
Grogan 格罗根
Guadalcanal 瓜达卡纳尔岛
Guaraní 瓜拉尼语
Guillermo McLean Herrera 吉尔莫·麦克林·艾雷拉
Gujarati 古吉拉特语
Habermas 哈贝马斯
Haida 海达人
Hale 黑尔
Harlem Children's Zone 哈莱姆儿童地带
Harry Boyte 哈里·波蒂
Hass 哈斯
Hausa 豪萨语
Hawaii Creole English 夏威夷克里奥尔英语
Heath 希斯
Helms 赫尔姆斯
Hera 赫拉方言
heritage language 祖裔语言
Holliday 韩礼德
Honiara 霍尼亚拉
Hopi 霍皮语
Horace Mann 霍勒斯·曼
Horn *v.* Flores 霍恩诉弗洛里斯案
Hualapai 瓦莱排
Human Rights Watch 人权观察
Humboldt 洪堡特

Hutu 胡图族
Ido 伊多语
IMF：International Monetary Fund 国际货币基金组织
imperial language 帝国语言
Indian languages 印度语言
indigenous epistemology 本土认识论
individual empowerment 个人赋权
Irene Silentman 艾琳·赛伦特曼
Iron Guard 铁卫团
isiXhosa 科萨语
isiZulu 祖鲁语
James W.Tollefson 詹姆斯·W.托尔夫森
Jane Freeland 简·弗里兰
Japheth Kiptoon 贾费特·基普托恩
Jessie Little Doe Baird 杰西·利特尔·多伊·贝尔德
Jiménez 希门尼斯
John Berry 约翰·贝里
John Maher 约翰·马赫
Joiner 乔伊纳
Joseph Nye 约瑟夫·奈
Juvénal Habyariman 朱韦纳尔·哈比亚利马纳
Kakabila 卡卡比拉
Karega Mutahi 卡雷加·穆塔希
Karen Ann Watson-Gegeo 卡伦·安·沃森–基迪欧
Karnataka 卡纳塔卡邦
Kayoko Hashimoto 桥本加代子
Kelman 凯尔曼
Kembo-Sure 克姆博–休尔
KIE：Kigali Institute of Education 基加利教育学院
Kigali 基加利
Kilusakwalo 基鲁萨瓦卢
Kinyarwanda 卢旺达语
Kirundi 基隆迪语
KIST 基加利科技学院
Kisumu 克苏姆县
Kiswahili 斯瓦希里语
Know-Nothing movement "一无所知运动"
Kothari Commission 科塔里委员会
Kumaravadivelu 库玛

Kwaio 瓜依沃人
Kwara'ae Genealogy Project 卡佤宗谱项目
Lakota 拉科塔
language behavior 语言行为
language economics 语言经济学
language loss 语言消失
language maintenance 语言保持
language management 语言管理
Language Plan of Action for Africa《非洲语言行为计划》
language reclamation 语言再生
language recovery 语言复活
language restriction 语言限制
language retention 语言保持
language revitalization 语言复兴
language shift 语言转用
Larry Cuban 拉里·库班
late-exit 晚退
Lau Remedies 刘氏补救方案
Lau v. Nichols 刘氏诉尼克尔斯案
Lawrence Foanaota 劳伦斯·弗那塔
LEP：Limited English Proficiency 英语能力不足者
Lera 勒拉方言
Lesotho 莱索托
Lewis Meriam 刘易斯·梅里亚姆
Lima 利马
Lingala 林加拉语
linguistic citizenship 语言公民身份
linguistic deficit 语言缺陷
linguistic fractionalization 语言分化
linguistic instrumentalism 语言工具主义
linguistic landscape 语言景观
linguistic liberalism 语言自由主义
linguistic secularism 语言世俗主义
LinkedIn 邻英
Lo Bianco 洛·比安科
Lord Lugard 卢加德勋爵
Lucía Sanchez 露西亚·桑切兹
Luganda 卢干达语
Lyons 莱昂斯
Macías 马西亚斯

Malaitan 马莱塔人
Malaita 马莱塔岛
Malindi 马林迪县
Marcus Garvey 马库斯·加维
Marie Smith Jones 玛丽·史密斯·琼斯
Markos 马科斯
Martha Nussbaum 玛莎·努斯鲍姆
Martin-Jones 马丁–琼斯
Mary Eunice Romero-Little 玛丽·尤妮斯·罗梅罗–利特尔
Mary McGroarty 玛丽·麦克格罗蒂
Master Apprentice Language Learning Program 师徒型语言学习计划
medium of instruction 教学媒介语
mestizaje 混血
Mestizo 麦士蒂索人
Meyer v. Nebraska 梅耶诉内布拉斯加州案
Misitana 米斯塔纳
Miskitu 米斯基托人
Mombasa 蒙巴萨县
Moore 莫尔
moral economy 道德经济
Moravian missionary 摩拉维亚传教士
Morrell Act《莫雷尔法案》
Moshweshwe 莫舒舒酋长
Mpumalanga 普马兰加省
Mudaliyar Commission 穆达莱委员会
Mühlhäusler 穆尔豪斯勒
Murri 穆里
mutual intelligibility 方言互懂度
mutually intelligible 互通
Mzee Jomo Kenyatta 乌胡鲁·肯雅塔
Naomi Silverman 娜奥米·西尔弗曼
National Institute for Japanese Language and Linguistics（日本）国立国语研究所
National Study of Indian Education 国家印第安教育研究
Native Speakerism 英本主义
Navajo 纳瓦霍族
NCBE：National Clearinghouse for Bilingual Education 全国双语教育信息处
NCELA：National Clearinghouse for English Language Acquisition 全国英语语言习得信息处
NCERT（印度）国家教育研究与培训委员会
Ndara 讷达拉方言
Ndogo 恩多哥方言
Neighborhood Learning Community 邻里学习型社区
Nettle 奈特尔
New Primary Approach 新基础方法
Nietschmann 尼奇曼
Ninyoles 尼内勒斯
Nkonko Kamwangamalu 卡姆万咖马鲁
No Child Left Behind《不让一个孩子掉队法》
NUR：National University of Rwanda 卢旺达国立大学
OAU：Organization of African Unity 非洲统一组织
OBEMLA：Office of Bilingual Education and Minority Languages Affair 双语教育及少数民族语言事务处
Obervatorio Nacional de Medios 国家媒体观察中心
OELA：Office of English Language Acquisition 英语语言习得处
Ofelia Zepeda 奥菲利亚·塞佩达
offshore finance 离岸金融
Okiek 奥凯克语
Ominde 奥民德
Opération Turquoise "绿松石"行动
Ortiz 欧迪斯
Panamahka 帕纳玛卡人，帕纳玛卡语
pan-Indianism 泛印第安主义
participation framework 参与框架
Paul Kagame 保罗·卡加姆
Paul Starr 保罗·斯塔尔
Pennycook 彭尼库克
people 民族
Phelps-Stokes Commission 费尔普斯—斯多克斯委员会
Phillipson 菲利普森
pidgins 皮钦语
political rhetoric 政治修辞

postconflict context 后冲突语境
Prime Minister's Commission on Japan's Goals in the 21st Century 日本首相21世纪目标委员会，日本首相的咨询机构"21世纪日本的设想"恳谈会
Proyecto Sahwang 萨凡戈项目
public internet booths 公共互联网亭
Pueblo 普韦布洛县
Punjabi 旁遮普语
Quechua 克丘亚语
Quito 基多
Ralph Yarborough 拉尔夫·亚伯勒
Rama 拉玛人
RAMSI：Regional Assistance Mission to Solomon Islands 所罗门群岛区域援救计划
Red Shirts（墨西哥）红衫军
regional lingua francas 地区通用语
relational power 关系型实力
relational wealth 关系财富
Rexist movement 雷克斯主义运动
Rios v. Reed 里奥斯诉里德案
ritual brackets 仪式性程序
Robert A. Roessel，Jr. 小罗伯特·A. 罗塞尔
Rod Paige 罗德·佩奇
Romaine 罗曼
Rosita 罗茜塔
Ruanda-Urundi 鲁安达—乌隆迪
Runyankole-Ruchiga 鲁尼昂克尔—鲁西加语
Rutwa 卢特瓦
Rwandan Patriotic Front 卢旺达爱国阵线
Salazar 萨拉查
Salgado 萨尔加杜
salsas 萨尔萨
Sandinista revolution 桑地诺革命
Sandra Silberstein 桑德拉·西尔伯斯坦
Sapir-Whorf hypothesis 萨丕尔—沃尔夫假说
SAT：Scholastic Aptitude Test 学术能力测试
Second Life 第二人生虚拟世界
SEI：Structured Immersion English 结构性英语沉浸
self-determination 民族自治

Selwyn College 塞尔文学院
Seminole 塞米诺尔族
Sequoyah 塞阔雅
Serafin M. Coronel-Molina 塞拉菲尼·M. 科罗内尔－莫利纳
Serna v. Portales Municipal Schools 塞尔纳诉波塔利斯市立学校案
seSotho 塞索托语
Shobyo 舒比奥方言
Shohamy 肖哈米
Silvestre Reyes 希尔弗斯特·雷耶斯
Simon Ortiz 西蒙·奥尔蒂斯
siSwati 斯瓦特语
Skutnabb-Kangas 斯古纳伯·康格斯
Skype 讯佳普
SLA：Second Language Acquisition 第二语言习得
Smitherman 史密瑟曼
Society of Japanese Linguistics 日本语言学协会
sociolinguistic ecology 社会语言生态
speech community 言语社区
Spolsky 斯波斯基
Spring 斯普林
state violence 国家暴力
states' rights 州权
status planning 地位规划
Stephen Andrews 史蒂芬·安德鲁斯
Stephen Krashen 史蒂芬·克拉申
strategically essentialist 策略式本质主义
subaltern counterpublics 次反公众
Suba 苏巴语
sub-group 亚群体
Sudanic 苏丹语
Sulzbach 苏尔茨巴赫
Sumu-Mayangna 苏莫—玛雅格纳人
Swaziland 斯威士兰
Tamil Nadu 泰米尔纳德邦
Tawahka 塔瓦卡人
Teresa L. McCarty 特蕾莎·L. 麦卡蒂
Terrence G. Wiley 特伦斯·G. 怀利
testimonial literature 见证文学
Tewa 特瓦族

text-to-speech software 文本—语音转换软件
The Native American Language Act 《美国土著语言法》
Title VII funding "第七次资金法案"
Tlingit 特林吉特人
To'abaita 托亚拜塔人
Tom Donahue 汤姆·唐纳休
transient technology 瞬态技术
tribal sovereignty 部落治权
Truth and Reconciliation Commission 真相与和解委员会
Tshogo 乔戈方言
Tsimshian 钦西安人
Tuahka 图阿卡人
Tucson 图森市
Tutsis 图西族
Twa 特瓦人
Twitter 推特
Ululera 乌鲁勒拉方言
Ulwa 乌卢亚人
US Office of Economic Opportunity 美国经济机会办公室
Ustashi 乌斯塔沙
Venda 文达语
venture philanthropy 公益创投
vernaculars 当地语言
Walagallo 瓦拉格罗
Walkie Charles 沃尔基·查尔斯
Wampanoag 万帕诺亚格人
Wayne Holm 韦恩·霍尔姆
Wesley Leonard 韦斯利·伦纳德
Whiteley 怀特利
William O. Douglas 威廉·O.道格拉斯
within earshot "能听到"
Wôpanâak Language Reclamation Project 万帕诺亚格语恢复计划
Wôpanâak 万帕诺亚格语
working knowledge of English 英语应用知识
Wyman 怀曼
YouTube 优管
Yup'ik 尤皮克

译后记

时光荏苒，从接到书稿到提交译稿，近一年半的时间过去了。在这一年多的时间里发生了很多事，但我在这里想先写一点与这套丛书有关的回忆。2007年8月，我还在南京大学中文系读硕士，就是在这一年，南京大学中国语言战略研究中心正式成立。当年11月7日，中心举办了首届国家语言战略高峰论坛，并提出其工作计划之一便是将翻译出版一系列国外经典的语言规划著作。那次论坛，我躬逢其盛，但当时始终没有想过自己会参与其中。过了一年，中心又召开会议，讨论出版"语言规划经典译丛"和创办语言规划学术刊物。我清晰地记得在那次会议上，同门汇报了他所翻译的某本语言规划图书中的一章，但很可惜的是，这本书后来被别人抢先翻译出版了。之后我在中心读博，这期间有关译丛的消息总是时不时地冒出来，但我并没有特别留意过，只是清楚地记得中心在确定"语言规划经典译丛"项目架构后，又以"语言资源与语言规划丛书"为名继续引进翻译国外经典语言规划著作，虽然丛书名称发生了变化，但我想其推动国内语言规划学科发展、促进语言规划实践工作的核心宗旨并没有任何改变。到2011年9月，"语言规划经典译丛"中的第一本译著出版之时，我刚刚博士毕业离开南京大学。在这期间，具体负责协调工作的学长换了好几拨，图书出版乃至中心其他工作（如《世界语文动态》相关事宜）所遇到困难，或许只有亲历者才能体会到。这么多年，我能感受到导师徐大明教授在这些事情上所付出的巨大心力。

在博士毕业前，好友兼丛书主编之一的吴志杰博士邀我翻译"语言资源与语言规划丛书"中的一本书，我当时满口答应下来，但在随后入职华东师范大学的一年里，由于自身工作和生活上的事情太多，便临阵退缩了。但吴兄丝毫没有因我的临阵退缩而介意，反而一再邀我参与其中。在他的鼓励下，我于2012年10月初答应试着翻译这本 *Language Policies in Education: Critical Issues*。

在翻译本书的过程中，我遇到了不少问题：一是本书汇集了多篇论文，各篇风格迥异，有的语言比较晦涩，有的具有一定的理论深度，理解和翻译都存在着不小的难度；二是本书所涉及的内容和学科都较广，全书涉及了十多个国家的语言政策情况，除语言学以外，还涉及政治、法律、历史、哲学、经济、教育、文化和地理等，某些章节还有不少西班牙语、法语、日语以及一些土著民族语言文字等。所幸已出版的几本译著都附有译名表，可做参考，另外，责任编辑的督促、提醒并协助添加注释等，使得本书的翻译工作顺利不少。鉴于全书所涉及的内容较多，为方便读者阅读，我们在参考大量词典、百科全书、学术专著、维基百科等的基础上，在页下做了不少译者注，由于篇幅有限，没有一一列出其来源，但在此要感谢这些资料的作者、编者和译者们。

在这里我还要特别感谢华东师范大学对外汉语学院一帮有激情的同学，如果没有他们的积极参与，这本书的译稿可能至今仍难产。华东师范大学对外汉语学院的本科生、研究生以及来自上海理工大学等其他高校的好友承担或参与了以下章节的初译工作：第四、五章（刘若茜），第六章（刘雨晨、曹燕），第七章（李自娟、李端），第八章（曹毓方、俞丹薇），第九章（张蓉），第十章（牟蕾、张婕、王雪），第十一章（徐兆星、张蓉等），第十二章（陈晓云、唐紫昕），第十四章（牟蕾、张婕），第十五章（化玥珉、曹燕）。我根据原文逐字逐句地对初稿做了仔细的修改，部分做了重译。王天晓协助我修改了第四章和第十一章，胡婷婷协助修改了第五、九、十三章。谨致谢忱！

另外，尤其要感谢的是本书的审订者张治国教授。张治国教授几乎逐词逐句地核对了译文和原文，指出了译文的不足和错误。他对本书的翻译功不可没！

最后，需要指出的是，时间仓促，译稿中漏译、误译或专业术语使用不当之处在所难免，本人恳请各位专家、读者原谅并不吝赐教。

俞玮奇
2014 年 5 月底于上海